무료 텝스 온라인 실전모의고사 이용하기

방법

해커스인강(HackersIngang.com) 접속 ▶ 상단의 [텝스 → MP3/자료 → 온라인 모의고사]
클릭해 이용하기

무료 단어암기장 및 단어암기 MP3 이용하기

방법

해커스인강(HackersIngang.com) 접속 ▶ 상단의 [텝스 → MP3/자료 → 무료 MP3/자료]
클릭해 다운받기

* QR코드로 [MP3/자료] 바로 가기 ▶

무료 텝스 적중예상특강 이용하기

방법 1

PC에서 **해커스텝스**(HackersTEPS.com)
접속 ▶ 상단의 [텝스 시험 D-7~당일 →
텝스 적중예상특강] 클릭해 이용하기

방법 2

모바일에서 **해커스텝스**(HackersTEPS.com)
접속 ▶ 중단의 [추천 무료강의 →
텝스 적중예상특강] 클릭해 이용하기

* QR코드로 [텝스 적중예상특강] 바로 가기 ▶

해커스 텝스 중급
독해·어휘

David Cho

해커스 어학연구소

시험에 나올 문제를 미리 풀어보고 싶을 땐?

해커스텝스(HackersTEPS.com)에서
텝스 적중예상특강 보기!

해커스 텝스 중급 독해·어휘

서문

―――――◯―――――

《해커스 텝스 중급 독해·어휘》는 텝스 독해·어휘의 중급 실력을 완성하고 나아가 상급 실력으로 발돋움하기 위한 중급용 학습서입니다.

《해커스 텝스 중급 독해·어휘》는 중급 학습자들이 실제 시험에 출제되는 문제를 유형별로 체계적으로 학습함으로써 보다 높은 수준의 독해·어휘 실력을 쌓을 수 있도록 구성되어 있습니다. 본 교재는 텝스 출제 경향을 철저히 분석하여 세심하게 반영한 지문 및 문제로 구성되었습니다. 또한 다양한 문제 유형을 가장 확실하게 풀어낼 수 있는 전략을 제공하고, 출제 경향을 분석 반영한 실전 문제를 풍부하게 수록하여 텝스 독해·어휘 영역에 효과적으로 대비할 수 있도록 하였습니다. 제시된 학습 플랜에 따라 꾸준히 학습하면 실력 향상을 기대하실 수 있을 뿐만 아니라, 실생활에서의 영어 활용에도 큰 도움이 될 것이라 확신합니다.

더불어, 텝스 전문 커뮤니티 해커스텝스 사이트(HackersTEPS.com)에서 교재 학습 중 궁금한 점을 다른 학습자들과 나누고, 다양한 무료 텝스 학습 자료를 함께 이용한다면, 학습 효과를 더욱 높일 수 있을 것입니다. 또한, 실시간으로 공유하는 텝스 시험 정보를 통해 보다 효과적으로 시험에 대비할 수 있을 것입니다. 또한 강의를 들으면서 공부하고 싶은 학습자들은 해커스인강 사이트(HackersIngang.com) 에서 유명 강사님들의 해설 강의와 함께 학습할 수 있습니다.

《해커스 텝스 중급 독해·어휘》를 통해 학습자들이 텝스 독해·어휘 고수의 위치로 성큼 올라서고, 나아가 더 커다란 목표에 도달하는 과정에서 함께하기를 바랍니다.

David Cho

CONTENTS

책의 특징	6
책의 구성	8
텝스 시험 소개	12
영역별 문제 유형	14
학습 플랜	18
성향별 학습 방법	20

독해 (Reading Comprehension)

Chapter 01	빈칸에 문장의 일부·전체 넣기 (Part 1)	24
Chapter 02	빈칸에 연결어 넣기 (Part 1)	36
Chapter 03	어색한 문장 골라내기 (Part 2)	48
Chapter 04	중심 내용 문제 (Part 3&4)	60
Chapter 05	세부 정보 문제 (Part 3&4)	72
Chapter 06	추론 문제 (Part 3&4)	84

주제별 기출 어휘   96

Mini Test   103

Mini Test 1	104
Mini Test 2	109
Mini Test 3	114
Mini Test 4	119
Mini Test 5	124

Actual Test   131

해커스 텝스 중급 독해·어휘

어휘 (Vocabulary)

Chapter 01	Collocation	150
Chapter 02	관용적 표현	158
Chapter 03	동사	166
Chapter 04	명사	174
Chapter 05	형용사와 부사	182
Chapter 06	혼동하기 쉬운 어휘	190

Mini Test 197

Mini Test 1 198
Mini Test 2 200
Mini Test 3 202
Mini Test 4 204
Mini Test 5 206

Actual Test 209

정답·해석·해설 [책 속의 책]

 무료 텝스 온라인 실전모의고사
 무료 단어암기장 & 단어암기 MP3
해커스인강 | HackersIngang.com

책의 특징

01   **중급에서 상급으로 도약하기 위한 텝스 독해·어휘 학습서**

이 책은 기초를 다진 학습자들이 중급 실력을 완성하고, 나아가 상급 실력으로 발돋움하기 위한 중급용 텝스 독해·어휘 교재입니다. 실제 시험과 동일한 난이도의 지문과 문제로 교재를 구성하여 학습자들이 텝스 독해와 어휘에 익숙해질 수 있도록 하였습니다.

02   **텝스 시험 분석 반영**

텝스 시험 독해·어휘 영역을 철저히 연구, 분석하여 교재에 반영하였고, 이 분석을 근거로 한 효과적인 문제 풀이 전략을 제시하였습니다. 따라서 학습자들이 책의 내용을 따라 공부하면서 텝스 시험에 충분히 대비할 수 있도록 하였습니다.

03   **텝스 독해·어휘 4주 완성**

텝스 독해·어휘 영역을 4주 학습 분량으로 구성하여, 학습 플랜에 따라 체계적으로 학습할 수 있도록 하였습니다. 학습 플랜을 따라 꾸준히 학습하면 중급 수준의 실력을 완성할 수 있도록 하였습니다.

04   **풍부한 양의 실전 문제 수록**

각 챕터별로 실제 시험에 출제되는 모든 유형의 문제를 풍부하게 수록하여 실전 문제를 충분히 연습할 수 있도록 하였으며, 이를 통해 실질적인 텝스 독해·어휘 실력 향상이 가능하게 하였습니다.

05   **독해 문제 유형별 전략 제시**

문제 유형별로 체계적인 실전 독해 전략을 익히고 학습할 수 있도록 하였으며, 독해 영역의 주제별 기출 어휘를 엄선하여 수록하였습니다. 학습자들의 독해 점수와 실력 향상에 큰 도움이 되도록 하였습니다.

해커스 텝스 중급 독해·어휘

06 텝스 핵심 어휘 수록
텝스 어휘에 익숙하지 않은 학습자들도 부담 없이 학습할 수 있도록 상세한 예문과 해석 및 퀴즈를 통해 필수 어휘부터 차근차근 익힐 수 있도록 하였습니다.

07 Mini Test 5회분과 실전 모의고사 1회분 수록
학습한 내용을 실전에 적용할 수 있는 Mini Test 5회분과 실전과 동일한 구성 및 내용을 갖춘 텝스 실전 모의고사 1회분을 각 영역별로 교재에 수록하였습니다. 모의고사를 풀어봄으로써 시험 응시 전 자신의 실력을 점검할 수 있도록 하였습니다.

08 상세한 해설과 정확한 해석 수록
문제 유형별 풀이 전략을 적용한 상세한 해설, 정확한 해석, 필수 어휘 등을 제공합니다. 친절한 해설집을 통해 보다 수월하게 실력을 키워갈 수 있을 것입니다.

09 텝스 온라인 모의고사와 단어암기장 & 단어암기 MP3 무료 제공 - HackersIngang.com
실전과 동일한 구성 및 내용을 갖춘 텝스 온라인 모의고사를 해커스인강 사이트(HackersIngang.com)에서 무료로 제공하고 있습니다. 이 무료 온라인 모의고사를 통해 학습자들이 시험 응시 전 자신의 실력을 미리 평가하고 점검할 수 있도록 하였습니다. 또한, 교재에서 학습한 문제에 포함된 단어를 효과적으로 복습하고 암기할 수 있도록 정리한 단어암기장과 이를 녹음한 단어암기 MP3 파일을 해커스인강 사이트(HackersIngang.com)에서 무료로 다운로드 받을 수 있습니다.

10 텝스 학습 자료 무료 제공 - HackersTEPS.com
실시간 토론과 정보 공유의 장인 해커스텝스 사이트(HackersTEPS.com)를 통해 매일매일 올라오는 텝스 문제를 풀어보고, 시험에 대한 정보를 공유하며 궁금한 것에 대해 토론할 수 있습니다. 또한 영어 회화나 AP 뉴스 받아쓰기 등 방대한 학습 자료를 통해 시험 준비뿐만 아니라 전반적인 영어 실력을 향상시킬 수 있습니다.

책의 구성

독해(Reading Comprehension)

① 출제 포인트 ② 예제 ③ 문제 풀이 Step

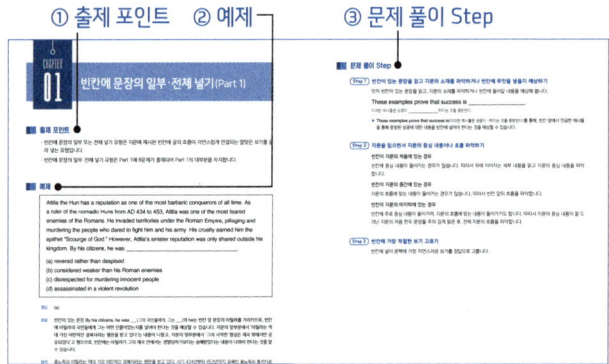

① 출제 포인트
독해 유형에 따른 출제 포인트를 파악할 수 있습니다.

② 예제
독해 예제를 영어 지문과 함께 정답, 해설, 해석을 제시하며, 텝스에 출제되는 지문의 내용과 문제 유형을 확인해 볼 수 있습니다.

③ 문제 풀이 Step
해당 유형의 문제 풀이 전략을 Step별로 제시하여, 텝스에 필요한 독해 능력을 기를 수 있습니다.

④ Hackers Practice

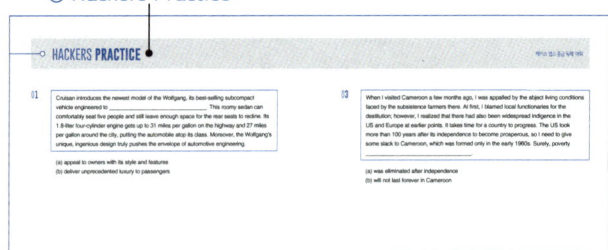

④ Hackers Practice
본문에서 학습한 내용을 실제 텝스보다 간단한 문제를 풀어 보며 연습해 볼 수 있습니다.

⑤ Hackers Test

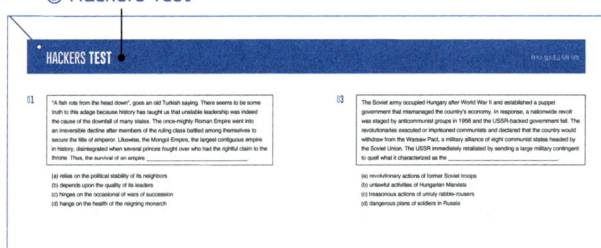

⑤ Hackers Test
본문에서 학습한 내용을 실제 텝스 시험과 유사한 문제를 풀어 보며 확인해 볼 수 있습니다.

⑥ 텝스 핵심 어휘와 퀴즈

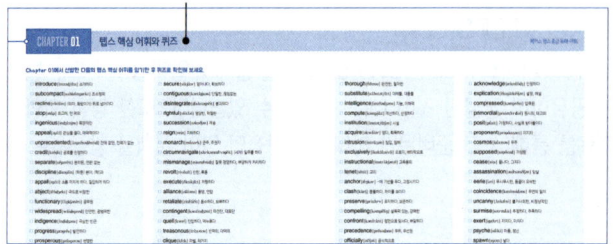

⑥ 텝스 핵심 어휘와 퀴즈
문제를 풀면서 익힌 어휘를 암기한 후 퀴즈를 풀어 보며 확인해 볼 수 있습니다.

해커스 텝스 중급 독해·어휘

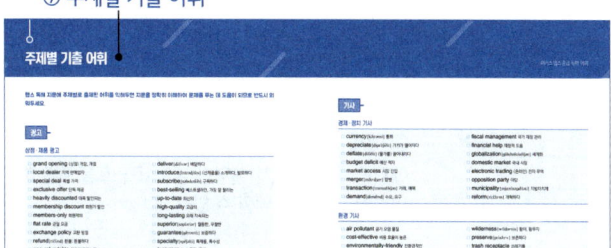

⑦ 주제별 기출 어휘
독해 영역에서 주제별로 자주 등장하는 어휘를 익힐 수 있습니다.

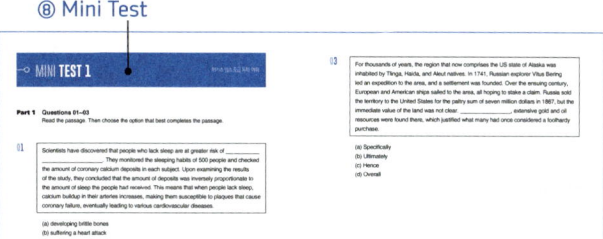

⑧ Mini Test
실전 유형이 반영된 Mini Test를 풀어보면서 앞에서 학습한 내용을 확인하고 실전에 대비할 수 있습니다.

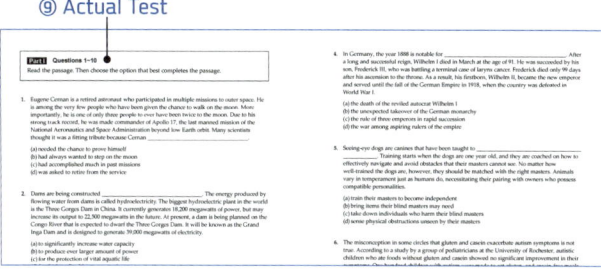

⑨ Actual Test
실전 모의고사를 풀어보면서 교재 학습을 마친 후 자신의 실력을 점검하고 확실한 시험 감각을 익힐 수 있습니다.

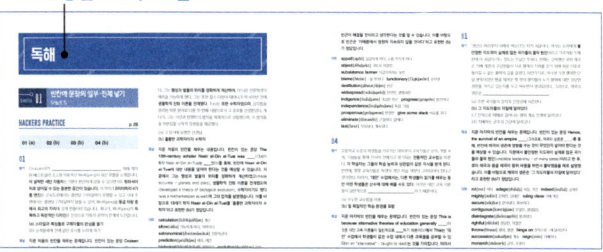

⑩ 정답·해석·해설
상세한 해설, 정확한 해석, 문제에 등장한 필수 어휘를 통해, 더 완벽하게 학습을 마무리할 수 있습니다.

책의 구성

■ 어휘(Vocabulary)

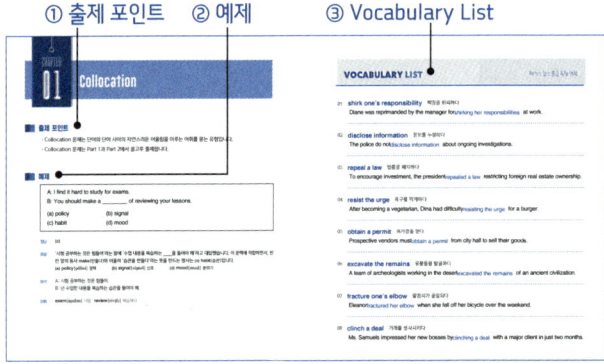

① 출제 포인트
어휘 유형에 따른 출제 포인트를 파악할 수 있습니다.

② 예제
예제를 통해 앞에서 설명한 출제 포인트를 확인하고 어휘 문제 유형을 익힐 수 있습니다.

③ Vocabulary List
텝스 핵심 어휘를 예문과 함께 학습할 수 있습니다.

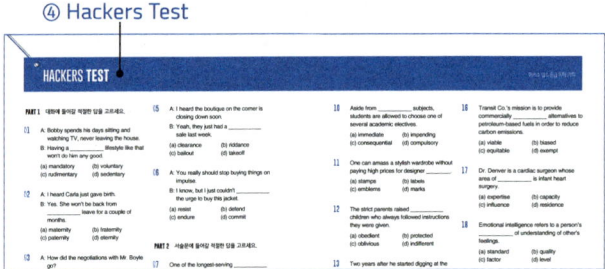

④ Hackers Test
앞에서 학습한 어휘를 실전과 유사한 형식의 문제를 풀면서 확인해 볼 수 있습니다.

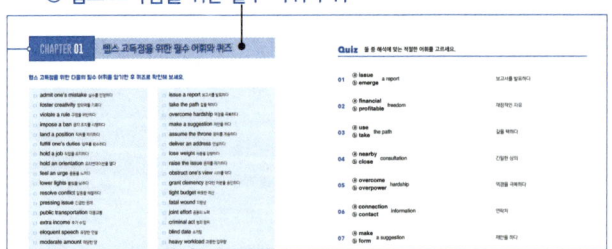

⑤ 텝스 고득점을 위한 필수 어휘와 퀴즈
텝스 어휘 영역 고득점을 위한 필수 어휘를 암기한 후 퀴즈를 풀어보며 확인해 볼 수 있습니다.

해커스 텝스 중급 독해 · 어휘

⑥ Mini Test

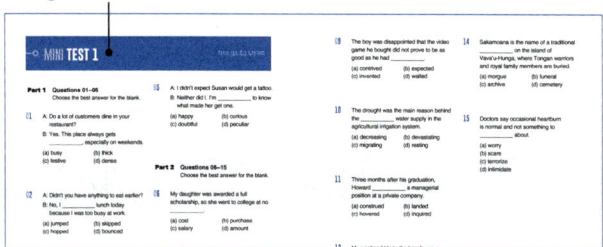

⑥ Mini Test

실전 유형이 반영된 Mini Test를 풀어보면서 앞에서 학습한 내용을 확인하고 실전에 대비할 수 있습니다.

⑦ Actual Test

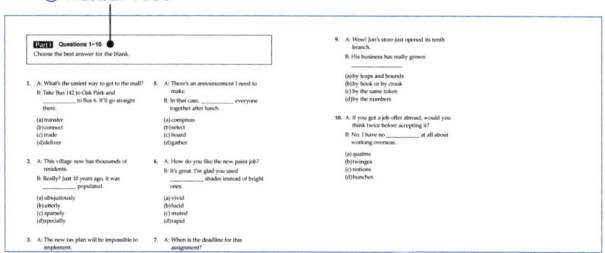

⑦ Actual Test

실전 모의고사를 풀어보면서 교재 학습을 마친 후 자신의 실력을 점검하고 확실한 시험 감각을 익힐 수 있습니다.

⑧ 정답·해석·해설

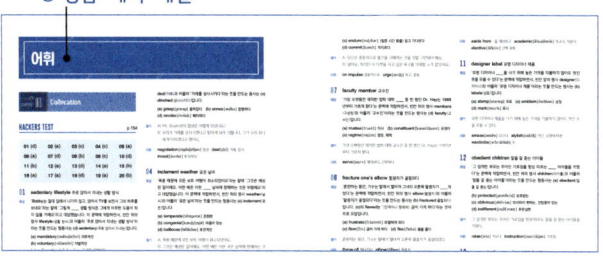

⑧ 정답·해석·해설

상세한 해설, 정확한 해석, 문제에 등장한 필수 어휘를 통해, 더 완벽하게 학습을 마무리할 수 있습니다.

책의 구성 **11**

텝스 시험 소개

■ TEPS란 무엇인가요?

TEPS란 Test of English Proficiency developed by Seoul National University의 약자로, 서울대학교 언어교육원에서 개발하고 TEPS 관리위원회에서 주관하는 국내 개발 영어 인증 시험입니다. 실제 활용하는 영어 능력을 평가하므로, 기업체 및 공사, 고시 및 대학 입시 등 각종 자격 요건 평가 시험으로 활용되고 있습니다.

■ TEPS는 어떻게 구성되어 있나요?

영역	파트	내용	문항 수	시간	배점
청해	Part 1	질의 응답 (하나의 문장을 듣고 이어질 응답 고르기)	10	40분	240점
	Part 2	짧은 대화 (3턴의 주고받는 대화를 듣고 이어질 응답 고르기)	10		
	Part 3	긴 대화 (6~8턴의 주고받는 대화를 듣고 질문에 알맞은 답 고르기)	10		
	Part 4	담화문 (한 명의 화자가 말하는 긴 내용을 듣고 질문에 알맞은 답 고르기) (1지문 1문항)	6		
	Part 5	긴 담화문 (한 명의 화자가 말하는 긴 내용을 듣고 질문에 알맞은 답 고르기) (1지문 2문항)	4		
어휘	Part 1	구어체 (대화문의 빈칸에 가장 적절한 어휘 고르기)	10	25분	60점
	Part 2	문어체 (단문의 빈칸에 가장 적절한 어휘 고르기)	20		
문법	Part 1	구어체 (대화문의 빈칸에 가장 적절한 답 고르기)	10		60점
	Part 2	문어체 (단문의 빈칸에 가장 적절한 답 고르기)	15		
	Part 3	대화 및 문단 (어법상 틀리거나 어색한 부분 고르기)	5		
독해	Part 1	빈칸 채우기 (빈칸에 가장 적절한 답 고르기)	10	40분	240점
	Part 2	흐름 찾기 (한 단락의 글에서 내용 흐름상 어색한 부분 고르기)	2		
	Part 3	내용 이해 (지문을 읽고 질문에 가장 적절한 답 고르기) (1지문 1문항)	13		
	Part 4	내용 이해 (지문을 읽고 질문에 가장 적절한 답 고르기) (1지문 2문항)	10		
14개 파트			135문항	105분	600점

* 각 문항의 난이도에 따른 반응 패턴을 근거로 평가하는 문항 반응 이론 적용

■ 시험은 어떻게 접수하나요?

텝스 시험은 인터넷 접수와 방문 접수가 가능합니다.

- 인터넷 접수: www.teps.or.kr로 접속합니다. 사진 파일을 미리 준비해야 하고, 응시료는 신용카드 또는 계좌이체로 결제할 수 있습니다.
- 방문 접수: www.teps.or.kr의 시험 접수 → 접수처 안내에서 가까운 접수처를 확인한 후 방문하여 접수합니다. 3*4 사진 한 장과 응시료가 필요합니다.

■ 시험 당일에는 무엇을 지참해야 하나요?

텝스 시험 당일에는 다음과 같은 준비물을 지참해야 합니다. 시험 전, 반드시 체크해 보세요.

- □ 규정 신분증 (주민등록증, 운전면허증, 청소년증 등이 인정되며, 자세한 신분증 규정은 www.teps.or.kr에서 확인하세요!)
- □ 컴퓨터용 사인펜 (연필은 사용할 수 없어요!)
- □ 수정 테이프 (수정액을 가져가면 안 돼요!)
- □ 아날로그 손목시계 (전자식 시계를 가져가면 안 돼요!)
- □ 수험표 (검사하지 않으므로 반드시 소지하지 않아도 괜찮아요!)

■ 시험일 팁! 이것만은 알고 가세요!

1. 고사장 가기 전
- 체크리스트를 확인하여 시험에 필요한 준비물을 챙기고, 규정된 입실 시간에 늦지 않도록 유의합니다.

2. 고사장 입구에서
- 수험표에 기재된 수험 번호가 적힌 고사실을 확인합니다.

3. 시험 전
- 모든 영역의 시험이 끝날 때까지 휴식 시간이 없으므로 화장실은 미리 다녀옵니다.

4. 시험 시
- 답안을 마킹할 시간이 따로 없으므로 풀면서 바로 마킹합니다.
- 연필이나 볼펜으로 먼저 마킹한 후 사인펜으로 마킹하면 OMR 카드에 오류가 날 수 있으니 주의합니다.
- 정해진 영역을 푸는 시간에 다른 영역의 문제를 풀면 부정 행위로 간주되므로 주의합니다.
- 대부분의 영역이 앞에는 쉬운 문제가, 뒤에는 어려운 문제가 나오므로 앞 부분을 빨리 풀어 시간을 확보합니다.
- 문항 난이도, 변별도 및 영역별 특정 가중치에 따라 문항 배점이 다르므로, 어려운 문제를 많이 맞히면 높은 점수를 받을 확률이 더 높습니다.
- 청해 시험 시 문제지의 빈 공간에 조금씩 필기하는 것은 괜찮습니다.

5. 시험 후
- 해커스텝스 사이트(HackersTEPS.com)의 텝스자유게시판에서 유저들과 정답을 확인해보고, 맞은 개수를 해커스 텝스 점수 환산기에 입력해서 예상 점수를 알아봅니다.

영역별 문제 유형

📘 어휘(Vocabulary)

텝스 어휘 영역은 Part 1에서 10문항, Part 2에서 20문항, 총 30문항을 풀도록 구성되어 있습니다. Part 1에서는 구어체, Part 2에서는 문어체를 통해 어휘 능력을 평가합니다. 단어의 단편적인 의미보다는 문맥에서 쓰인 상대적인 의미를 더 중요하게 다룹니다. 참고로, 문제 길이가 짧은 어휘 영역에는 어휘&문법 영역 시간 총 25분 중 약 10분을 분배하는 것이 권장됩니다.

PART 1 짧은 대화 중 빈칸 채우기   1번~10번 (10문항)

A와 B의 짧은 대화 내의 빈칸에 알맞은 보기를 선택하는 유형입니다. 일상적인 내용의 대화가 나오며, 어휘의 다양한 구어적인 활용과 관용 표현 등을 주로 묻습니다.

> A: Let's ask Donna what she thinks of our idea.
> B: We already _____ about it. She said it sounds great.
>
> (a) talked   (b) advocated
> (c) explained   (d) commented   정답 (a)

PART 2 서술 문장 중 빈칸 채우기   11번~30번 (20문항)

한두 문장 내의 빈칸에 알맞은 보기를 선택하는 유형입니다. 일상 생활 외에도 학술 분야를 다룬 문장이 나오며, 문맥에 알맞은 어휘와 관용 표현 등을 주로 묻습니다.

> The editor _____ irrelevant details from the contributor's article to make it more readable.
>
> (a) canceled   (b) ceased
> (c) omitted   (d) ejected   정답 (c)

독해 (Reading Comprehension)

텝스 독해 영역은 40분 동안 Part 1에서 10문항, Part 2에서 2문항, Part 3에서 13문항, Part 4에서 10문항, 총 35문항을 풀도록 구성되어 있습니다. 따라서 응시자는 1분에 1문제 꼴로 빠르게 문제를 해결해야 합니다. Part 1~3은 보통 1개의 단락으로 이루어진 지문 한 개당 하나의 문제가 출제되고, Part 4는 2개 이상의 단락으로 이루어진 지문 한 개당 두 개의 문제가 출제됩니다. 지문은 편지/코멘트, 광고, 공지/양식, 기사/논평 등의 실용문과 인문·사회·자연과학 등의 분야에 걸친 비전문적 학술문으로 구성되며, 일부 지문에서는 실제를 반영하는 다양한 디자인이 적용됩니다.

PART 1 빈칸에 흐름에 맞는 내용 넣기   1번~10번 (10문항)

한 개의 지문 내의 빈칸에 지문의 흐름상 적절한 내용 또는 연결어를 선택지 4개 중에 고르는 유형입니다. 1번~8번에는 내용을 넣는 문제가, 9번~10번에는 연결어를 넣는 문제가 나옵니다.

> A team of scientists believes a giant asteroid that hit Chicxulub, Mexico, more than 65.5 million years ago was solely responsible for the extinction of dinosaurs. They reexamined previously gathered evidence, including iridium deposits that scientists had always figured pointed to a series of impacts. The experts became convinced a single asteroid struck with a force one billion times stronger than the Hiroshima atomic bomb, resulting in earthquakes and tsunamis that killed all the dinosaurs. They refute the argument that _____
> _____.
>
> (a) iridium poisoning caused the mass extinction of dinosaurs
> (b) multiple asteroid impacts caused the dinosaur disappearance
> (c) dinosaurs survived massive earthquakes 65 million years ago
> (d) tsunamis and earthquakes drove dinosaurs into extinction
>
> 정답 (b)

PART 2 지문 흐름상 어색한 문장 찾기   11번~12번 (2문항)

지문에서 전체 흐름에 맞지 않는 보기를 고르는 유형입니다. 지문은 총 다섯 문장으로 이루어지며, 첫 문장을 제외한 네 개의 문장이 보기로 주어집니다.

> The Ladies Professional Golf Association has gradually become more international. (a) For decades, the best players were North American. (b) Only in 1987 did the leading money winner came from another continent. (c) Once women's golf spread into Asia and Europe, golfers from these places dominated. (d) Top female players can make millions of dollars on the LPGA tour.
>
> 정답 (d)

영역별 문제 유형

PART 3 지문 읽고 질문에 답하기 (1지문 1문항) 13번~25번(13문항)

보통 1개의 단락으로 이루어진 지문을 읽고 질문에 대해 가장 적절한 답을 고르는 유형입니다. 일반적으로 중심 내용을 묻는 문제, 세부 내용을 묻는 문제, 바르게 추론된 것을 묻는 문제 순으로 출제됩니다.

> The city orchestra has been forced to downsize because of low ticket sales. The worst affected is the percussion section, which lost six members. Many people were not surprised, however, since audience numbers have declined for seven years running. To support the orchestra in the past, several businesses had pledged financial support, but this source of funding disappeared after last year's stock market crash.
>
> Q: Which of the following is true according to the passage?
>
> (a) The business community helped the orchestra sell tickets.
> (b) The orchestra felt compelled to lay off performers.
> (c) The members of the percussion section were not surprised.
> (d) The gradual layoff of performers started seven years ago.
>
> 정답 (b)

해커스 텝스 중급 독해·어휘

PART 4 지문을 읽고 질문에 답하기 (1지문 2문항)   26번~35번 (10문항)

2개 이상의 단락으로 이루어진 지문을 읽고 두 개의 문제에 대해 가장 적절한 답을 고르는 유형입니다. 보통 중심 내용을 묻는 문제, 세부 내용을 묻는 문제, 바르게 추론된 것을 묻는 문제 중 두 문항이 주어집니다.

> The Canadian city of Vancouver is less than 25 kilometers from the Canada-US border, so it is not particularly surprising that Americans have had a strong influence on it. When it was still a small settlement, the discovery of gold in the Fraser River, which flows through modern-day Vancouver, drew thousands of Americans into the region. Development ensued at an extremely fast pace, with roads being constructed and towns being built to accommodate the miners.
>
> Though many of the Americans left after the gold was exhausted, some continued to play a part in the area's pioneer industries. Lumber processing and sugar refining enterprises were started by Americans. More importantly, it was an American who suggested that the city be named Vancouver in honor of British Royal Navy Captain George Vancouver, one of the first Europeans to explore the area. That American, William Van Horne, eventually moved to Canada and oversaw the construction of a transcontinental railway.
>
> Q: What is the passage mainly about?
> (a) The role that Americans have played in Vancouver's history
> (b) Changes in the process for crossing an international border
> (c) The range of export goods that are produced in a region
> (d) Harmful effects caused by European explorers in North America
>
> 정답 (a)
>
> Q: Which of the following is correct about Vancouver according to the passage?
> (a) It was first explored by a man named William Van Horne.
> (b) It was named after an officer in the British navy.
> (c) It derives a large part of its income from gold mining.
> (d) It grew in size after Americans decided to settle down there.
>
> 정답 (b)

학습 플랜

'독해 → 어휘' 순서로 학습하는 경우

	1일	2일	3일	4일	5일
1주	독해 Ch 01 (p.24-35)	독해 Ch 02 (p.36-47)	독해 Ch 03 (p.48-59)	독해 Ch 04 (p.60-71)	독해 Ch 05 (p.72-83)
2주	독해 Ch 06 (p.84-95)	독해 주제별 기출 어휘 Mini Test 1 (p.96-108)	독해 Mini Test 2 (p.109-113)	독해 Mini Test 3 (p.114-118)	독해 Mini Test 4 (p.119-123)
3주	독해 Mini Test 5 (p.124-128)	독해 Actual Test (p.132-146)	어휘 Ch 01~02 (p.150-165)	어휘 Ch 03~04 (p.166-181)	어휘 Ch 05~06 (p.182-195)
4주	어휘 Mini Test 1 (p.198-199)	어휘 Mini Test 2 (p.200-201)	어휘 Mini Test 3 (p.202-203)	어휘 Mini Test 4~5 (p.204-207)	어휘 Actual Test (p.210-213)

8주 완성형의 경우는 위의 표에서 하루 분량을 2일에 걸쳐서 학습하면 됩니다.

'독해 + 어휘'를 혼합하여 학습하는 경우

		1일	2일	3일	4일	5일
1주	독해	Ch 01 (p.24-29)	Ch 01 (p.30-35)	Ch 02 (p.36-41)	Ch 02 (p.42-47)	Ch 03 (p.48-53)
	어휘	Ch 01 (p.150-155)	Ch 01 (p.156-157)	Ch 02 (p.158-163)	Ch 02 (p.164-165)	Ch 03 (p.166-171)
2주	독해	Ch 03 (p.54-59)	Ch 04 (p.60-65)	Ch 04 (p.66-71)	Ch 05 (p.72-77)	Ch 05 (p.78-83)
	어휘	Ch 03 (p.172-173)	Ch 04 (p.174-179)	Ch 04 (p.180-181)	Ch 05 (p.182-187)	Ch 05 (p.188-189)
3주	독해	Ch 06 (p.84-89)	Ch 06 (p.90-95)	Ch 01~06 복습	주제별 기출 어휘 (p.96-101)	Mini Test 1 (p.104-108)
	어휘	Ch 06 (p.190-193)	Ch 06 (p.194-195)	Ch 01~03 복습	Ch 04~06 복습	Mini Test 1 (p.198-199)
4주	독해	Mini Test 2 (p.109-113)	Mini Test 3 (p.114-118)	Mini Test 4 (p.119-123)	Mini Test 5 (p.124-128)	Actual Test (p.132-146)
	어휘	Mini Test 2 (p.200-201)	Mini Test 3 (p.202-203)	Mini Test 4 (p.204-205)	Mini Test 5 (p.206-207)	Actual Test (p.210-213)

8주 완성형의 경우는 위의 표에서 하루 분량을 2일에 걸쳐서 학습하면 됩니다.

성향별 학습 방법

**혼자 공부할 때
더 집중이 잘되는 당신!**

개별 학습형
- 교재와 해커스텝스 사이트 등을 적극적으로 활용하여 실력을 쌓습니다.
- 계획을 세워 공부하고, 한 번 세운 계획은 절대 미루지 않습니다.

**여러 사람과 함께
토론하며 공부할 때
더 이해가 잘되는 당신!**

스터디 학습형
- 팀원끼리 스터디 원칙을 정해 놓고 문제 토론도 하고 시험도 칩니다.
- 스터디 시작 전에 미리 공부할 분량을 정해 해당 부분을 각자 예습합니다.
- 너무 긴 잡담으로 인하여 휴식 시간이 늘어지지 않도록 하며, 틀린 문제에 대한 벌금 제도 등은 학습에 건전한 자극이 될 수 있습니다.

**선생님의 강의를 들으며
확실하게 공부하는 것을
선호하는 당신!**

학원 학습형
- 학원 강의를 듣고, 반별 게시판을 적극 활용해 공부합니다.
- 선생님과 상호 작용을 통해 모르는 것을 바로 바로 해결합니다.
- 결석하지 않겠다는 의지를 가지고 수업에 임하며 반드시 복습합니다.

**때와 장소에
구애 받지 않고
공부하길 원하는 당신!**

동영상 학습형
- 해커스인강의 선생님께 질문하기 코너를 적극 활용합니다.
- 시간에 구애 받지 않고 학습할 수 있지만, 시작 전에 공부 시간과 계획을 미리 정해두고 꼭 지키도록 합니다.
- 인터넷 접속 시 절대 다른 사이트의 유혹에 빠지지 않도록 합니다.

해커스 텝스 중급 독해·어휘

교재 | 날짜별로 계획하여 학습 → Practice·Test로 확인 → 틀린 문제는 오답 노트 작성하여 복습
HackersTEPS.com | 교재/무료MP3 > 정보나눔터 > 교재 Q&A에서 궁금증 해결 → 텝스 > 텝스 무료학습 > 매일텝스풀기·매일텝스어휘에서 연습
HackersIngang.com | MP3/자료 > 텝스 > 무료 MP3/자료에서 단어암기장과 단어암기 MP3를 다운로드 받아 암기

교재 | 스터디 전 오늘 학습 부분 예습 → 팀원끼리 쪽지 시험(단어, 문제 등) → 시간을 정하여 실전과 같은 느낌으로 Test 풀기 → 헷갈리는 문제나 틀린 문제는 토론하여 해결
HackersTEPS.com | 교재/무료MP3 > 정보나눔터 > 교재 Q&A에서 궁금증 해결 → 텝스 > 텝스 무료학습 > 매일텝스풀기·매일텝스어휘에서 연습
HackersIngang.com | MP3/자료 > 텝스 > 무료 MP3/자료에서 단어암기장과 단어암기 MP3를 다운로드 받아 암기

교재 | 수업에 빠짐없이 참여 → 의문점은 선생님께 질문하여 해결 → 틀린 문제는 오답 노트 작성하여 복습
Hackers.ac | 반별 게시판에서 선생님 및 함께 수업을 듣는 다른 학생들과 적극적인 상호 작용
HackersTEPS.com | 교재/무료MP3 > 정보나눔터 > 교재 Q&A에서 궁금증 해결 → 텝스 > 텝스 무료학습 > 매일텝스풀기·매일텝스어휘에서 연습
HackersIngang.com | MP3/자료 > 텝스 > 무료 MP3/자료에서 단어암기장과 단어암기 MP3를 다운로드 받아 암기

교재 | 날짜별로 계획하여 학습 → Practice·Test로 확인 → 틀린 문제는 오답 노트 작성하여 복습
HackersIngang.com | 강의를 보면서 몰랐던 부분 확실히 학습 → 핵심 내용 노트 정리 → 게시판에 모르는 부분 질문 → MP3/자료 > 텝스 > 무료 MP3/자료에서 단어암기장과 단어암기 MP3를 다운로드 받아 암기
HackersTEPS.com | 교재/무료MP3 > 정보나눔터 > 교재 Q&A에서 궁금증 해결 → 텝스 > 텝스 무료학습 > 매일텝스풀기·매일텝스어휘에서 연습

성향별 학습 방법

시험에 나올 문제를 미리
풀어보고 싶을 땐?

해커스텝스(HackersTEPS.com)에서
텝스 적중예상특강 보기!

해커스 텝스 중급 독해·어휘

독해

Chapter 01 빈칸에 문장의 일부·전체 넣기 (Part 1)
Chapter 02 빈칸에 연결어 넣기 (Part 1)
Chapter 03 어색한 문장 골라내기 (Part 2)
Chapter 04 중심 내용 문제 (Part 3&4)
Chapter 05 세부 정보 문제 (Part 3&4)
Chapter 06 추론 문제 (Part 3&4)

주제별 기출 어휘
Mini Test
Actual Test

빈칸에 문장의 일부·전체 넣기 (Part 1)

■ 출제 포인트

- 빈칸에 문장의 일부 또는 전체 넣기 유형은 지문에 제시된 빈칸에 글의 흐름이 자연스럽게 연결되는 알맞은 보기를 골라 넣는 유형입니다.
- 빈칸에 문장의 일부·전체 넣기 유형은 Part 1에 8문제가 출제되어 Part 1의 대부분을 차지합니다.

■ 예제

Attila the Hun has a reputation as one of the most barbaric conquerors of all time. As a ruler of the nomadic Huns from AD 434 to 453, Attila was one of the most feared enemies of the Romans. He invaded territories under the Roman Empire, pillaging and murdering the people who dared to fight him and his army. His cruelty earned him the epithet "Scourge of God." However, Attila's sinister reputation was only shared outside his kingdom. By his citizens, he was _____.

(a) revered rather than despised
(b) considered weaker than his Roman enemies
(c) disrespected for murdering innocent people
(d) assassinated in a violent revolution

정답 (a)

해설 빈칸이 있는 문장 By his citizens, he was ___(그의 국민들에게, 그는 ___)의 he는 빈칸 앞 문장의 아틸라를 가리키므로, 빈칸에 아틸라의 국민들에게 그는 어떤 인물이었는지를 넣어야 한다는 것을 예상할 수 있습니다. 지문의 앞부분에서 '아틸라는 역대 가장 야만적인 정복자라는 평판을 받고 있다'는 내용이 나왔고, 지문의 뒷부분에서 '그의 사악한 명성은 제국 밖에서만 공유되었다'고 했으므로, 빈칸에는 아틸라가 그의 제국 안에서는 경멸당하기보다는 숭배받았다는 내용이 나와야 한다는 것을 알 수 있습니다.

해석 흉노족의 아틸라는 역대 가장 야만적인 정복자라는 평판을 받고 있다. 서기 434년부터 453년까지 유목민 흉노족의 통치자로서, 아틸라는 로마인들이 가장 두려워하는 적들 중 하나였다. 그는 로마 제국 지배 하에 있는 영토들을 침략했고, 감히 그와 그의 군대에 투쟁하려는 사람들을 약탈하고 살해했다. 그의 잔인함은 그에게 '신의 재앙'이라는 별칭을 얻게 해주었다. 그러나, 아틸라의 사악한 명성은 그의 제국 밖에서만 공유되었다. 그의 국민들에게, 그는 _____.
(a) 경멸당하기보다 숭배받았다
(b) 그의 로마 적군들보다 더 약하다고 여겨졌다
(c) 무고한 사람들을 살해한 것 때문에 경멸당했다
(d) 격렬한 혁명으로 암살당했다

어휘 reputation[rèpjutéiʃən] 명성 barbaric[bɑːrbǽrik] 야만적인 conqueror[káŋkərər] 정복자 invade[invéid] 침략하다
pillage[pílidʒ] 약탈하다 cruelty[krúːəlti] 잔인함 scourge[skəːrdʒ] 재앙 sinister[sínəstər] 사악한
revere[rivíər] 숭배하다 despise[dispáiz] 경멸하다

■ 문제 풀이 Step

Step 1 빈칸이 있는 문장을 읽고 지문의 소재를 파악하거나 빈칸에 무엇을 넣을지 예상하기

먼저 빈칸이 있는 문장을 읽고, 지문의 소재를 파악하거나 빈칸에 들어갈 내용을 예상해 봅니다.

These examples prove that success is _____.

이러한 예시들은 성공이 _____하다는 것을 증명한다.

▶ These examples prove that success is(이러한 예시들은 성공이 ~하다는 것을 증명한다)를 통해, 빈칸 앞에서 언급한 예시들을 통해 증명된 성공에 대한 내용을 빈칸에 넣어야 한다는 것을 예상할 수 있습니다.

Step 2 지문을 읽으면서 지문의 중심 내용이나 흐름 파악하기

빈칸이 지문의 처음에 있는 경우

빈칸에 중심 내용이 들어가는 경우가 많습니다. 따라서 뒤에 이어지는 세부 내용을 읽고 지문의 중심 내용을 파악합니다.

빈칸이 지문의 중간에 있는 경우

지문의 흐름에 맞는 내용이 들어가는 경우가 많습니다. 따라서 빈칸 앞뒤 흐름을 파악합니다.

빈칸이 지문의 마지막에 있는 경우

빈칸에 주로 중심 내용이 들어가며, 지문의 흐름에 맞는 내용이 들어가기도 합니다. 따라서 지문의 중심 내용이 잘 드러난 지문의 처음 한두 문장을 주의 깊게 읽은 후, 전체 지문의 흐름을 파악합니다.

Step 3 빈칸에 가장 적절한 보기 고르기

빈칸에 넣어 문맥에 가장 자연스러운 보기를 정답으로 고릅니다.

HACKERS PRACTICE

01

Cruisan introduces the newest model of the Wolfgang, its best-selling subcompact vehicle engineered to _____. This roomy sedan can comfortably seat five people and still leave enough space for the rear seats to recline. Its 1.8-liter four-cylinder engine gets up to 31 miles per gallon on the highway and 27 miles per gallon around the city, putting the automobile atop its class. Moreover, the Wolfgang's unique, ingenious design truly pushes the envelope of automotive engineering.

(a) appeal to owners with its style and features
(b) deliver unprecedented luxury to passengers

02

The 13th-century scholar Nasir al-Din al-Tusi was _____. He made accurate calculations of the positions of the planets and stars, which allowed for better astronomical predictions. He also developed a theory of biological evolution some 600 years before Charles Darwin was born. Tusi was a mathematician as well, and is credited as the first person to have treated trigonometry as a separate academic discipline. In addition, he formulated the laws of sines and tangents, and provided mathematical proofs to back these laws.

(a) a well-known teacher during his time
(b) a brilliant scientist and mathematician

03

When I visited Cameroon a few months ago, I was appalled by the abject living conditions faced by the subsistence farmers there. At first, I blamed local functionaries for the destitution; however, I realized that there had also been widespread indigence in the US and Europe at earlier points. It takes time for a country to progress. The US took more than 100 years after its independence to become prosperous, so I need to give some slack to Cameroon, which was formed only in the early 1960s. Surely, poverty _____.

(a) was eliminated after independence
(b) will not last forever in Cameroon

04

Most elementary-level educators follow traditional teaching methods, wherein knowledge is imparted and assessed through lectures, individual assignments, and tests. Each learner receives the same information irrespective of their learning abilities. On the other hand, some educators believe students' individual capacities to learn must be taken into account. Hence, in an "alternative" classroom, some students may be learning about numbers while others are being taught to read. This is because alternative theories of education generally _____.

(a) utilize superior methods of teaching
(b) involve a less uniform learning environment

HACKERS TEST

01

"A fish rots from the head down", goes an old Turkish saying. There seems to be some truth to this adage because history has taught us that unstable leadership was indeed the cause of the downfall of many states. The once-mighty Roman Empire went into an irreversible decline after members of the ruling class battled among themselves to secure the title of emperor. Likewise, the Mongol Empire, the largest contiguous empire in history, disintegrated when several princes fought over who had the rightful claim to the throne. Thus, the survival of an empire _____.

(a) relies on the political stability of its neighbors
(b) depends upon the quality of its leaders
(c) hinges on the occasional of wars of succession
(d) hangs on the health of the reigning monarch

02

In 1949, the United States Air Force bomber Lucky Lady II _____.
Because of technical limitations, no airplane had ever gone around the world on a single flight before Lucky Lady II took off from Carswell Air Force Base in Texas. Lucky Lady II was assisted by other planes that served as aerial refueling tankers because its tanks were not big enough to hold the amount of fuel needed for the mission. The operation was significant because it showed the world that the US military had the capability to launch an air strike from American soil to any country on the globe.

(a) was the first aircraft to circumnavigate the globe
(b) was fitted with a large fuel tank to fulfill its job
(c) bombed targets halfway around the globe
(d) broke speed and fuel efficiency records

03

The Soviet army occupied Hungary after World War II and established a puppet government that mismanaged the country's economy. In response, a nationwide revolt was staged by anticommunist groups in 1956 and the USSR-backed government fell. The revolutionaries executed or imprisoned communists and declared that the country would withdraw from the Warsaw Pact, a military alliance of eight communist states headed by the Soviet Union. The USSR immediately retaliated by sending a large military contingent to quell what it characterized as the _____.

(a) revolutionary actions of former Soviet troops
(b) unlawful activities of Hungarian Marxists
(c) treasonous actions of unruly rabble-rousers
(d) dangerous plans of soldiers in Russia

04

Cliques are informal social groupings whose memberships tend to form around shared interests or commonly held beliefs. Over time, members of a clique exhibit strikingly similar behavior. Because of their desire for social acceptance, these individuals often appear to be of one mind. This is especially true among teenagers, who possess _____.

(a) a strongly felt need to conform
(b) a natural ability to form friendships
(c) a sudden aversion to figures of authority
(d) a yearning to assert their individuality

05

Bug Off insect killer offers _____. Our all-in-one formula not only kills all known pests, but also protects your crops from future infestations to ensure that your plants continue to provide high-quality yields. Bug Off is better than alternative products that offer nothing more than pest removal. If it's thorough pest elimination and quality harvests that you're looking for, Bug Off is for you.

(a) a unique and long-lasting approach to pest elimination
(b) a cheaper substitute for other anti-pest farm products
(c) additional protection from harsh environmental conditions
(d) an organic pesticide formula for your plants and crops

06

Everyone expects schools of the future to have an array of technology in every classroom, library, and study hall. However, experts point out that even the most technologically advanced school will also need to have spaces free of technological devices. This is because certain aspects of intelligence are best developed using non-digital methods such as writing by hand, computing by long division, and doing research using physical books. Therefore, it is not feasible for any learning institution to _____.

(a) acquire technologically advanced teaching materials
(b) escape the intrusion of technology in the classroom
(c) teach non-digital skills to students in the future
(d) rely exclusively on digital instructional materials

07

The rapid advancement of science in the decades following the end of the Middle Ages forced _____. Realizing that many of their long-held beliefs may not have a basis in actual fact, religious leaders started to doubt some of the tenets that anchored their faith. In the 1700s, when many scientific discoveries clashed head-on with religious teachings, church leaders were caught in a bind. They wanted to preserve the power of their church but the compelling arguments presented by science were too strong to completely ignore.

(a) scientists to confront the church over religious issues
(b) church leaders to reevaluate their beliefs
(c) society to give it precedence over religion
(d) people to reexamine their scientific knowledge

08

The AK-47 assault rifle is _____. Developed in the USSR toward the end of World War II, it officially entered the service of the Soviet Armed Forces in 1949 and was subsequently peddled to Soviet allies. Over six decades later, it remains the most commonly smuggled rifle in the world and is the weapon of choice for insurgents in Iraq, Afghanistan, and Somalia. Experts believe that there is currently an oversupply of AK-47s on the black market that is forcing the weapon's price down.

(a) still in widespread usage today
(b) the favorite firearm of soldiers
(c) no longer a Russian-made product
(d) a valued legal export to many countries

09

The 14th Dalai Lama, Tenzin Gyatso, was _____ of the 13th Dalai Lama, Thubten Gyatso, when he correctly identified the relics of his predecessor. Two years after Thubten died, a high-ranking monk had a vision that, immediately after the leader's death, he had been reborn in a house located in the Amdo region of Tibet. Monks found the home and presented the two-year-old Tenzin with objects that belonged to Thubten. Upon seeing them, he reportedly shouted, "That's mine!"

(a) living in one of the many houses
(b) confirmed to be the reincarnation
(c) recognized as an apprentice
(d) acknowledged to be the long lost eldest son

10

There are currently two models explaining _____. The more widely accepted explication, called the big bang theory, holds that the universe started in a highly compressed primordial state with a fixed amount of matter, which started to expand 13.7 billion years ago and is still expanding today. An alternative model, the steady state theory, posits that the universe has no beginning or end. Proponents of this theory claim that the universe will expand forever, but new matter will be continuously created to keep the density of the cosmos constant.

(a) why the universe is always expanding
(b) the supposed shape of the universe
(c) when the universe will cease to exist
(d) the nature of the known universe

11.

The assassinations of presidents Abraham Lincoln and John F. Kennedy have _____ _____. Lincoln was shot in the back of his head while sitting next to his wife at Ford's Theatre on a Friday. Likewise, Kennedy died when a bullet entered through the back of his skull while riding in a Ford Lincoln car, also on a Friday. These and other eerie coincidences are so uncanny that some individuals surmise there are supernatural connections between the two leaders.

(a) shown amazing similarities that surprise many people
(b) exerted a strong impact on the American psyche
(c) spawned several copycat murders of politicians
(d) been linked to the highly influential Ford family

12.

The latest statistics have shown that overall demand for ice cream bars has declined significantly in the past year, especially among young consumers. This trend is very alarming, since teenagers are our main market. An increase in the number of companies competing in our industry is also a matter of concern. In addition, prices of raw materials are on the upswing, resulting in higher production costs, and market forecasts also point to slower sales in the coming months. Taking all these things into consideration, it is important to refocus our marketing strategy in order to _____.

(a) finalize mergers with more established companies
(b) generate more profits from a younger demographic
(c) manufacture higher quality ice cream products
(d) purchase ingredients at more affordable prices

CHAPTER 01 텝스 핵심 어휘와 퀴즈

Chapter 01에서 선별한 다음의 텝스 핵심 어휘를 암기한 후 퀴즈로 확인해 보세요.

- introduce [ìntrədjúːs] 소개하다
- subcompact [sʌbkámpækt] 초소형의
- recline [rikláin] (의자, 등받이가) 뒤로 넘어가다
- atop [ətáp] 최고에, 맨 위의
- ingenious [indʒíːnjəs] 독창적인
- appeal [əpíːl] 관심을 끌다, 매력적이다
- unprecedented [ʌnprésədèntid] 전에 없던, 전례가 없는
- credit [krédit] 공로를 인정하다
- separate [sépərèit] 분리된, 연관 없는
- discipline [dísəplin] (학문) 분야, (학)과
- appall [əpɔ́ːl] 소름 끼치게 하다, 질겁하게 하다
- abject [ǽbdʒekt] 극도로 비참한
- functionary [fʌ́ŋkʃənèri] 공무원
- widespread [wáidspred] 만연한, 광범위한
- indigence [índidʒəns] 극심한 빈곤
- progress [prəgrés] 발전하다
- prosperous [práspərəs] 번영한
- eliminate [ilímənèit] 근절하다, 없애다
- impart [impáːrt] 전하다, 알리다
- assess [əsés] 평가하다
- capacity [kəpǽsəti] 역량, 수용력
- alternative [ɔːltə́ːrnətiv] 대안의
- rot [rɑt] 썩다
- adage [ǽdidʒ] 속담, 격언
- mighty [máiti] 강력한, 강대한

- secure [sikjúər] 얻어내다, 확보하다
- contiguous [kəntígjuəs] 단일한, 끊임없는
- disintegrate [disíntəgrèit] 붕괴되다
- rightful [ráitfəl] 정당한, 적절한
- succession [səkséʃən] 계승
- reign [rein] 지배하다
- monarch [mánərk] 군주, 주권자
- circumnavigate [sə̀ːrkəmnǽvəgèit] (세계) 일주를 하다
- mismanage [mismǽnidʒ] 잘못 경영하다, 부당하게 처리하다
- revolt [rivóult] 반란, 폭동
- execute [éksikjùːt] 처형하다
- alliance [əláiəns] 동맹, 연합
- retaliate [ritǽlièit] 응수하다, 보복하다
- contingent [kəntíndʒənt] 파견단, 대표단
- quell [kwel] 진압하다, 억누르다
- treasonous [tríːzənəs] 반역의, 대역의
- clique [kliːk] 파벌, 패거리
- striking [stráikiŋ] 눈에 띄는, 두드러지는
- conform [kənfɔ́ːrm] 집단의 구성원들과 행동을 같이 하다
- aversion [əvə́ːrʒən] 혐오감
- yearning [jə́ːrniŋ] 갈망, 동경
- assert [əsə́ːrt] 확립하다, 주장하다
- infestation [ìnfestéiʃən] 피해, 침략
- ensure [inʃúər] 보장하다
- yield [jiːld] 수확량, 산출량

Quiz 각 단어의 알맞은 뜻을 찾아 연결하시오.

01	assert	ⓐ 대안의	06	treasonous	ⓐ 보장하다
02	widespread	ⓑ 확립하다, 주장하다	07	ingenious	ⓑ 군주, 주권자
03	retaliate	ⓒ 근절하다, 없애다	08	ensure	ⓒ 독창적인
04	alternative	ⓓ 만연한, 광범위한	09	prosperous	ⓓ 반역의, 대역의
05	disintegrate	ⓔ 응수하다, 보복하다	10	monarch	ⓔ 번영한
		ⓕ 붕괴되다			ⓕ 눈에 띄는

01 ⓑ 02 ⓓ 03 ⓔ 04 ⓐ 05 ⓕ 06 ⓓ 07 ⓒ 08 ⓐ 09 ⓔ 10 ⓑ

- thorough [θə́:rou] 완전한, 철저한
- substitute [sʌ́bstətʃùːt] 대체물, 대용물
- intelligence [intéləʒəns] 지능, 이해력
- compute [kəmpjúːt] 계산하다, 산정하다
- institution [ìnstətjúːʃən] 시설
- acquire [əkwáiər] 얻다, 획득하다
- intrusion [intrúːʒən] 침입, 침해
- exclusively [iksklúːsivli] 오로지, 배타적으로
- instructional [instrʌ́kʃənəl] 교육용의
- tenet [ténit] 교리
- anchor [ǽŋkər] ~에 기반을 두다, 고정시키다
- clash [klæʃ] 충돌하다, 차이를 보이다
- preserve [prizə́ːrv] 유지하다, 보존하다
- compelling [kəmpéliŋ] 설득력 있는, 강력한
- confront [kənfrʌ́nt] 정면으로 맞서다, 부딪히다
- precedence [présədəns] 우위, 우선권
- officially [əfíʃəli] 공식적으로
- subsequently [sʌ́bsikwəntli] 나중에, 그 뒤에
- peddle [pedl] 팔다, 소매하다
- smuggle [smʌgl] 밀반입하다
- insurgent [insə́:rdʒənt] 반란자, 반정부 운동가
- usage [júːsidʒ] 사용, 취급
- predecessor [prédəsèsər] 전임자
- reportedly [ripɔ́ːrtidli] 전하는 바에 따르면
- apprentice [əpréntis] 제자, 실습생

- acknowledge [æknálidʒ] 인정하다
- explication [èkspləkéiʃən] 설명, 해설
- compressed [kəmprést] 압축된
- primordial [praimɔ́ːrdiəl] 원시의, 태고의
- posit [pázit] 가정하다, 사실로 받아들이다
- proponent [prəpóunənt] 지지자
- cosmos [kázməs] 우주
- supposed [səpóuzd] 가정된
- cease [siːs] 끝나다, 그치다
- assassination [əsæsənéiʃən] 암살
- eerie [íəri] 무시무시한, 등골이 오싹한
- coincidence [kouínsidəns] 우연의 일치
- uncanny [ʌnkǽni] 불가사의한, 비정상적인
- surmise [səːrmáiz] 추정하다, 추측하다
- exert [igzə́ːrt] 끼치다, 미치다
- psyche [sáiki] 마음, 정신
- spawn [spɔːn] 낳다
- statistics [stətístiks] 통계
- significantly [signífikəntli] 현저하게, 눈에 띄게
- alarming [əláːrmiŋ] 걱정스러운, 심상치 않은
- upswing [ʌ́pswiŋ] 상승, 상승 기세
- forecast [fɔ́ːrkæst] 전망, 예측
- finalize [fáinəláiz] 마무리 짓다, 완결하다
- merger [mə́ːrdʒər] 합병
- demographic [dìːməgrǽfik] 인구 통계학의

Quiz 각 단어의 알맞은 뜻을 찾아 연결하시오.

01 acquire — ⓐ 걱정스러운, 심상치 않은
02 surmise — ⓑ 얻다, 획득하다
03 alarming — ⓒ 설득력 있는, 강력한
04 subsequently — ⓓ 추정하다, 추측하다
05 preserve — ⓔ 나중에, 그 뒤에
　　　　　　　　ⓕ 유지하다, 보존하다

06 substitute — ⓐ 가정된
07 confront — ⓑ 정면으로 맞서다, 부딪히다
08 supposed — ⓒ 현저하게, 눈에 띄게
09 significantly — ⓓ 대체물, 대용물
10 acknowledge — ⓔ 인정하다
　　　　　　　　ⓕ 끝나다, 그치다

CHAPTER 02 빈칸에 연결어 넣기 (Part 1)

■ 출제 포인트

- 빈칸에 연결어 넣기 유형은 지문의 빈칸에 앞뒤 내용을 자연스럽게 연결하는 적절한 연결어를 골라 넣는 유형입니다.
- 빈칸에 연결어 넣기 유형은 Part 1의 마지막 9번, 10번에 2문제가 출제됩니다.

■ 예제

> The invention of the chainsaw marked a turning point for workers involved in the timber industry. Previously, lumberjacks would rely on either an axe or a traditional saw in order to fell trees. Sometimes they would use a tandem saw, which allows two individuals to share the work of cutting down a tree by using an alternating push-pull motion. Needless to say, this was backbreaking and tiring work. The chainsaw, with its gas-powered engine and rotating, chain-fed blade, is faster and much easier to manipulate. _____, it takes much of the physical burden out of cutting down trees.
>
> (a) Therefore
> (b) Besides
> (c) However
> (d) Instead

정답 (a)

해설 빈칸 앞에는 동력 사슬톱은 더 빠르고 다루기가 훨씬 쉽다는 내용이 나오고, 빈칸 뒤에는 그것은 나무를 베는 데 드는 육체적 부담을 덜어준다고 했습니다. 육체적 부담의 감소는 동력 사슬톱의 장점에 대한 결과임을 알 수 있으므로, 두 문장의 관계를 가장 자연스럽게 나타내는 연결어인 결론을 나타내는 (a) Therefore(그러므로)를 정답으로 고릅니다.

해석 동력 사슬톱의 발명은 목재 산업 관련 노동자들에게 전환점을 마련해주었다. 이전에, 벌목꾼들은 나무를 베어 넘어뜨리기 위해 도끼나 전통적인 톱에 의지하곤 했다. 가끔 그들은 이중톱을 사용하였는데, 그것은 두 명의 사람이 교차로 밀고 당기는 동작을 함으로써 나무를 베는 작업을 함께 하는 것이었다. 말할 필요도 없이, 이것은 몹시 힘들고 피곤한 일이었다. 가스로 작동하는 엔진과 회전하는 체인의 작동으로 움직이는 날이 있는 동력 사슬톱은 더 빠르고 다루기가 훨씬 쉽다. _____, 그것은 나무를 베는 데 드는 육체적 부담을 덜어준다.
(a) 그러므로
(b) 게다가
(c) 하지만
(d) 그 대신

어휘 timber[tímbər] 목재 lumberjack[lʌ́mbərdʒæ̀k] 벌목꾼 alternating[ɔ́:ltərnèitiŋ] 교차의
manipulate[mənípjulèit] 다루다

문제 풀이 Step

Step 1 빈칸 앞뒤 문장을 읽고 문장들 사이의 논리적 관계 파악하기

빈칸 앞뒤의 문장을 읽고, 두 문장의 논리적 관계를 파악합니다.

The tennis player performed well. _____, she was unable to defeat her stronger opponent.

그 테니스 선수는 경기를 잘 했다. _____, 그녀는 더 강력한 상대를 이기지 못하였다.

▶ 빈칸 앞에 The tennis player performed well(그 테니스 선수는 경기를 잘 했다)이라는 내용이 나오고, 빈칸 뒤에 she was unable to defeat her stronger opponent(그녀는 더 강력한 상대를 이기지 못하였다)라는 앞의 문장과 반대되는 내용의 문장이 나왔습니다. 이 두 문장은 서로 내용이 달라서 대비를 이루는 대조 관계입니다.

Step 2 파악한 논리적 관계를 가장 자연스럽게 나타내는 연결어 고르기

두 문장의 관계를 가장 자연스럽게 나타내는 연결어를 보기에서 정답으로 고릅니다. 위 두 문장의 경우, 대조를 나타내는 연결어를 선택합니다.

연결어 넣기 문제에서 자주 등장하는 연결어

문장 간의 관계	연결어 종류
대조	however 하지만, 그러나 in contrast 대조적으로 instead 그 대신
결론	consequently 따라서 therefore 그러므로 in conclusion 결론적으로
첨가	moreover, furthermore, in addition 게다가
원인과 결과	as a result 그 결과 for this reason 이러한 이유로 since 왜냐하면
강조	in fact 실제로 indeed 정말로 of course 당연히 in effect 사실상
경과	at the same time 동시에 later on 나중에 ultimately 결국
양보	nevertheless, notwithstanding 그럼에도 불구하고 despite ~에도 불구하고
유사	likewise, similarly 마찬가지로

HACKERS PRACTICE

01

The video you are about to watch discusses the two kinds of rainforests — tropical and temperate. Both types experience heavy rainfall throughout the year, but they differ in other respects. Tropical rainforests are warm, contain hundreds of plant species, and have trees whose ages mostly range from 50 to 100 years old. _____, cool, temperate rainforests only harbor a few tree species, but they survive for much longer, up to 1,000 years.

(a) On the other hand
(b) For this reason

02

An imitation of King Arthur's legendary round table is hung in the great hall of Winchester Castle in Hampshire, England. The table, which was constructed in the 13th century, bears the names of Arthur's knights around its edge. Although people know that it is not the actual round table mentioned in the Arthurian legend, Winchester's table has become a tourist attraction. _____, the castle is packed with busloads of visitors during tours.

(a) Consequently
(b) Overall

03

Coal mining grew significantly in the United Kingdom during the early 1800s, making it Britain's most economically viable industry. However, the economic benefits derived from the industry were overshadowed by numerous disasters. Because safety regulations were often ignored, many deadly explosions occurred in mining pits. _____, Britain's coal mining industry earned a reputation for being hazardous.

(a) As a result
(b) Nonetheless

04

Are you sick of spending your precious time waiting for your food to fully cook? Try the Presto XL pressure cooker! This kitchen device creates pressure that allows foods to cook at a higher temperature than conventional oven or stove-top methods. A higher cooking temperature means that you can prepare a meal in a fraction of the time it would normally take. _____, a whole chicken only takes 20 minutes to prepare, and brown rice, which takes 45 minutes to cook in a saucepan, can be finished in 10 minutes using a pressure cooker. Take the wait out of cooking with the Presto XL!

(a) For instance
(b) In sum

HACKERS TEST

01 In my comparative religion class at university, we spent a good deal of time discussing Hinduism and Buddhism. Despite both religions having been first introduced on the Indian subcontinent thousands of years ago, they espouse some very different beliefs. In Hinduism, the notion of caste is paramount, _____ Buddhism rejects such an idea outright. In fact, one of the fundamental aspects of the Buddha's teachings, that attracted many adherents, was its stronger sense of equality among all beings.

(a) whereas
(b) in spite of
(c) since
(d) or else

02 Most of the world's cultures can be described as patrilineal. This means lineage is seen as passing through the male side of the family and, typically, that men hold a greater degree of power. The Mosuo culture in southern China, however, defies such characterization. Among the Mosuo, women have most of the power and can take multiple male partners. They do most of the work, own the family property, and make all important business decisions. _____, men still have some duties in the culture. Males are responsible for slaughtering animals and participating in political life.

(a) Nevertheless
(b) Moreover
(c) Therefore
(d) Similarly

03

During his rise to power in the 1960s and 70s, Pol Pot devised a social reform program in which city-dwellers were relocated to the countryside and made to work on farms. Most of these individuals came from the capital, Phnom Penh. The plan was intended to reeducate the urban classes and turn Cambodia into a purely agrarian-based communist society. _____, once the program was implemented, more than a million people died because of rampant food shortages caused by the transformation.

(a) Lastly
(b) Actually
(c) Moreover
(d) However

04

The age of the universe continues to be a contentious issue among scientists, and will likely be for the foreseeable future. A simple explanation for this is the lack of sufficient data. As it stands, because theories about the age of the universe are based on estimation and hypothesis, reaching an indisputable answer is next to impossible. _____, nobody can tell if technology that can calculate the exact date of the conception of the universe will ever be available.

(a) Alternatively
(b) Moreover
(c) In contrast
(d) Of course

05

People agree that the whale shark, the largest fish in the world, needs to be protected because it is classified as vulnerable by conservation groups. _____, people also believe that fishermen in poor countries should not be prevented from catching whale sharks for food, because their poverty forces them to rely upon any available means for survival. To avoid this irreconcilable dilemma, some governments are training local fishermen to become guides on whale shark watching tours so that they can earn money without killing the giant fish.

(a) As a result
(b) In short
(c) At the same time
(d) Instead

06

Dear Mr. Hodges,

After reading your assessment of the books competing for National Book of the Year, I have two main points of your contention. First, just because a book is written for an adolescent audience, that doesn't mean it has no value to adults. I feel this is the case with *Jean's Diary* — a book you panned — which was a heartwarming story. Second, you did not give the works by newer authors fair evaluations. Although the established authors shortlisted for the prize have a history of producing strong novels, nominated books should stand on their own merits. _____, I must respectfully disagree with your views.

Regards,
Alice Taylor

(a) Particularly
(b) Rather
(c) Therefore
(d) Nonetheless

07

Your new laptop computer is covered by a limited manufacturer's warranty. All items that ship with the device, including the power supply and battery, are protected for the duration of one year. In the case of any malfunctions, the company agrees to service the item free of charge. _____, the hard drive, memory, and other internal mechanisms are guaranteed for three years. Please keep in mind that the warranty only covers "normal use," the conditions of which are defined on the back of this card.

(a) In principle
(b) Subsequently
(c) For instance
(d) Likewise

08

One reason for the small number of professional musicians and singers during the first half of the 20th century was the dearth of recognition given to entertainers. Before the 1950s, there was little industry recognition of achievements in the musical arts, which insiders recognized needed to change. _____, the National Academy of Recording Arts & Sciences established the Grammy Awards in 1959 to honor outstanding accomplishments in the music industry and, at the same time, encourage people to become musicians and singers.

(a) Momentarily
(b) Eventually
(c) Additionally
(d) Instead

09

The fossils of 22 individual Albertosaurus dinosaurs were discovered by paleontologists in Alberta, Canada — the biggest group of Cretaceous theropods ever found in a single dig. The large number of specimens allows scientists to study dinosaur pack behavior and population biology, research that cannot be conducted on other species whose fossil records are scant. _____, the rare collocation of multiple skeletal remains makes the excavation site in Alberta very unique.

(a) Lastly
(b) In contrast
(c) After all
(d) In fact

10

In 2002, pharmaceutical giant Merck and Co. conducted an experiment to prove the effectiveness of a new antidepressant. In the study, half of the patients were given the medicine while the other participants were surreptitiously given a fake concoction of sugar and milk, or a placebo. When later asked about their mood, those who had taken the actual medicine reported a vast improvement. _____, those who had taken the placebo also reported an improvement in their disposition. The doctors suspected it was because they had anticipated a positive response to the medicine.

(a) However
(b) Thus
(c) Meanwhile
(d) Otherwise

11. It is a common belief that orcas, also known as killer whales, are bloodthirsty predators that will attack fishermen or boaters at will. _____, there has never been a documented attack by an orca on a human, so seafarers have nothing to fear. Orcas are still extremely dangerous, however, as the creatures are very skillful predators and eat a variety of prey. Their diet consists primarily of fish and marine mammals, including other whales.

(a) To illustrate
(b) For this reason
(c) In other words
(d) In contrast

12. Saudi Arabia is one of the richest countries in the world because of its vast oil reserves. Although it has a thriving economy today, the country did not experience affluence for most of its history. From antiquity up through the Middle Ages, the area covering present-day Saudi Arabia was inhabited by nomadic tribes. _____, it came under the control of the Ottoman Empire, which ruled the region until the early 20th century. In 1932, Saudi Arabia became an independent state. Five years later, its oil deposits were discovered, catapulting the new nation to prosperity.

(a) Moreover
(b) Meanwhile
(c) Later on
(d) In effect

CHAPTER 02 텝스 핵심 어휘와 퀴즈

Chapter 02에서 선별한 다음의 텝스 핵심 어휘를 암기한 후 퀴즈로 확인해 보세요.

- temperate [témpərət] 온대의
- rainfall [réinfɔ:l] 강우, 강수량
- differ [dífər] 차이를 보이다, 다르다
- respect [rispékt] 측면, 점
- contain [kəntéin] 포함하다, 품다
- harbor [háːrbər] 살다, (동물·벌레의) 집이 되다
- imitation [ìmətéiʃən] 모조품
- legendary [lédʒəndèri] 전설의
- construct [kənstrʌ́kt] 만들다, 건설하다
- viable [váiəbl] 성장할 만한, 실행 가능한
- overshadow [òuvərʃǽdou] 무색하게 만들다
- numerous [njúːmərəs] 수많은
- disaster [dizǽstər] 재앙
- regulation [règjuléiʃən] 규정
- deadly [dédli] 치명적인
- explosion [iksplóuʒən] 폭발, 폭파
- reputation [rèpjutéiʃən] 평판, 명성
- hazardous [hǽzərdəs] 위험한
- precious [préʃəs] 귀중한, 값비싼
- conventional [kənvénʃənəl] 재래식의
- fraction [frǽkʃən] 부분, 일부
- subcontinent [sʌ̀bkɑ́ntənənt] 아대륙 (큰 대륙의 일부)
- espouse [ispáuz] 지지하다, 옹호하다
- paramount [pǽrəmàunt] 다른 무엇보다 중요한
- reject [ridʒékt] 거부하다, 거절하다

- outright [àutráit] 완전히, 전면적으로
- fundamental [fʌ̀ndəméntl] 기본적인, 근본적인, 본질적인
- adherent [ædhíərənt] 지지자
- lineage [líniidʒ] 혈통, 계통
- typically [típikəli] 일반적으로, 대체로
- defy [difái] 거부하다, 반항하다
- characterization [kæ̀riktərizéiʃən] 특징, (성격) 묘사
- multiple [mʌ́ltəpl] 다수의, 많은
- property [prɑ́pərti] 재산, 소유물
- slaughter [slɔ́:tər] 도살하다
- participate [pɑ:rtísəpèit] 참여하다
- political [pəlítikəl] 정치의
- devise [diváiz] 고안하다, 창안하다
- relocate [ri:loukéit] 이주시키다
- intend [inténd] 의도하다, 작정하다
- agrarian [əgrɛ́əriən] 농업의
- implement [ímpləmənt] 시행하다
- rampant [rǽmpənt] 걷잡을 수 없는, 만연하는
- shortage [ʃɔ́:rtidʒ] 부족
- transformation [trænsfərméiʃən] 변화, 변신
- contentious [kənténʃəs] 논쟁을 초래하는
- estimation [èstəméiʃən] 추정, 판단
- hypothesis [haipɑ́θəsis] 가설, 추정
- unanimous [ju:nǽnəməs] 만장일치의
- conception [kənsépʃən] 기원, 발달

Quiz 각 단어의 알맞은 뜻을 찾아 연결하시오.

01	reputation	ⓐ 규정
02	overshadow	ⓑ 귀중한, 값비싼
03	regulation	ⓒ 평판, 명성
04	espouse	ⓓ 무색하게 만들다
05	paramount	ⓔ 다른 무엇보다 중요한
		ⓕ 지지하다, 옹호하다

06	intend	ⓐ 시행하다
07	outright	ⓑ 완전히, 전면적으로
08	implement	ⓒ 참여하다
09	participate	ⓓ 의도하다, 작정하다
10	rampant	ⓔ 논쟁을 초래하는
		ⓕ 걷잡을 수 없는, 만연하는

01 ⓒ 02 ⓓ 03 ⓐ 04 ⓕ 05 ⓔ 06 ⓓ 07 ⓑ 08 ⓐ 09 ⓒ 10 ⓕ

- classify [klǽsəfài] 분류하다
- vulnerable [vʌ́lnərəbl] 공격받기 쉬운, 취약한
- conservation [kànsərvéiʃən] (자연) 보호
- prevent [privént] 막다
- avoid [əvɔ́id] 피하다
- irreconcilable [irékənsàiləbl] 양립할 수 없는
- contention [kənténʃən] 견해, 주장
- adolescent [ædəlésnt] 청소년
- pan [pæn] 혹평하다
- heartwarming [háːrtwɔ̀ːrmiŋ] 마음을 따뜻하게 하는
- evaluation [ivæljuéiʃən] 평가
- established [istǽbliʃt] 저명한, 인정받는
- shortlist [ʃɔ́ːrtlist] 최종 후보자 명단에 넣다
- nominate [námənèit] (수상 후보자로) 지명하다
- merit [mérit] 가치, 장점
- respectfully [rispéktfəli] 정중하게
- manufacturer [mænjufǽktʃərər] 제조사
- duration [djuréiʃən] (지속되는) 기간
- malfunction [mælfʌ́ŋkʃən] 오작동, 고장
- internal [intə́ːrnl] 내부의
- mechanism [mékənìzm] 기계 장치, 기구
- guarantee [gæ̀rəntíː] 보장하다
- dearth [dəːrθ] 부족
- recognition [rèkəgníʃən] 인식, 인정
- entertainer [èntərtéinər] 연예인

- achievement [ətʃíːvmənt] 업적, 성취
- establish [istǽbliʃ] 설립하다, 수립하다
- outstanding [àutstǽndiŋ] 뛰어난, 두드러진
- accomplishment [əkámpliʃmənt] 업적, 공적
- encourage [inkə́ːridʒ] 장려하다, 조장하다
- specimen [spésəmən] 표본
- scant [skænt] 희귀한
- excavation [èkskəvéiʃən] 발굴, 발굴지
- surreptitiously [sə̀ːrəptíʃəsli] 몰래, 남모르게
- concoction [kɑnkákʃən] 혼합물
- suspect [səspékt] 추측하다, 짐작하다
- anticipate [æntísəpèit] 기대하다
- therapeutic [θèrəpjúːtik] 치료상의
- bloodthirsty [blʌ́dθə̀ːrsti] 잔인한
- document [dákjumənt] 기록하다
- seafarer [síːfɛ̀ərər] 선원, 뱃사람
- skillful [skílfəl] 숙련된, 솜씨 좋은
- primarily [praimérəli] 주로
- reserve [rizə́ːrv] 매장량, 비축
- thriving [θráiviŋ] 번창하는, 번화한
- affluence [ǽfluəns] 풍족함
- antiquity [æntíkwəti] 고대, 태고, 낡음
- rule [ruːl] 통치하다, 지배하다
- deposit [dipázit] 매장물
- catapult [kǽtəpʌ̀lt] 날개를 달다, 발진하다

Quiz 각 단어의 알맞은 뜻을 찾아 연결하시오.

01 respectfully	ⓐ 양립할 수 없는	06 encourage	ⓐ 풍족함
02 irreconcilable	ⓑ 저명한, 인정받는	07 surreptitiously	ⓑ 몰래, 남모르게
03 established	ⓒ 마음을 따뜻하게 하는	08 affluence	ⓒ 장려하다, 조장하다
04 recognition	ⓓ 인식, 인정	09 primarily	ⓓ 추측하다, 짐작하다
05 guarantee	ⓔ 보장하다	10 accomplishment	ⓔ 주로
	ⓕ 정중하게		ⓕ 업적, 공적

CHAPTER 03 어색한 문장 골라내기(Part 2)

■ 출제 포인트

- 어색한 문장 골라내기 유형은 지문의 첫 문장 뒤에 나오는 4개의 보기 문장 중 전체 흐름과 어울리지 않는 문장을 골라내는 유형입니다.
- Part 2의 2문제 모두 어색한 문장 골라내기 유형에 속합니다.

■ 예제

> Vellum, a type of writing surface made of mammal skin, is used for important documents because of its high quality. (a) The parliaments of Britain and Ireland print their legislation on vellum due to its long life expectancy. (b) For the same reason, Jewish scrolls, especially the Torah, are printed on vellum. (c) Some schools, like the universities of Notre Dame, Glasgow, and Heriot-Watt, still issue diplomas made of vellum. (d) Enterprising manufacturers have come up with imitations made of cotton called "paper vellum".

정답 (d)

해설 첫 문장이 '피지는 품질이 높아서 중요한 문서를 작성할 때 사용된다'는 내용임을 파악합니다. 첫 문장이 피지는 중요한 문서를 작성할 때 사용된다는 내용인데 (d)는 '피지 모조품의 제조'에 대한 내용이므로 첫 문장과 관련이 없음을 알 수 있습니다. 따라서, 보기 (d)를 제외하고 지문을 읽으면, 여러 중요 문서에 사용되는 피지의 쓰임새에 대해 설명하는 내용이 되어 지문의 흐름이 자연스러움을 확인할 수 있습니다.

해석 피지는 포유 동물의 가죽으로 만들어져 글을 쓸 수 있는 표면의 종류로, 그것의 높은 품질 때문에 중요한 문서에 사용된다. (a) 영국과 아일랜드의 의회는 그것의 긴 기대 수명 때문에 피지에 법안을 인쇄한다. (b) 같은 이유로, 유대교의 두루마리책, 특히 토라는 피지에 인쇄된다. (c) 노트르담대학교, 글래스고대학교, 헤리엇-와트대학교와 같은 몇몇 학교들은, 여전히 피지로 만든 졸업장을 발부한다. (d) 기업적인 제조사들은 '모조 양피지'라고 불리는 면직물로 만든 모조품을 내놓았다.

어휘 legislation [lédʒisleiʃn] 법안 issue [íʃuː] 발부하다 diploma [diplóumə] 졸업 증서 enterprising [éntərpraiziŋ] 기업적인

문제 풀이 Step

Step 1 첫 문장의 내용을 정확히 파악하기

지문의 첫 문장은 대부분 주제문이며, 이 주제문과 관련이 없는 보기가 정답인 경우가 많습니다. 따라서 첫 문장의 내용을 정확히 파악해 둡니다.

Step 2 첫 문장 또는 중심 내용과 관련이 없거나 흐름상 어색한 문장을 정답으로 고르기

보기 중에서 첫 문장 또는 중심 내용과 관련이 없는 문장을 정답으로 고릅니다. 이때, 정답에는 첫 문장에 나온 단어, 바로 앞 문장에 나온 단어, 또는 지문의 주제와 연관된 단어가 나와서 다른 문장들과 잘 어울리는 것처럼 혼동하게 하는 경우가 많으므로 이에 주의하세요.

Step 3 선택한 보기를 제외한 지문의 흐름이 자연스러운지 확인하기

선택한 보기를 제외하고 지문을 읽으면서, 글의 흐름이 자연스러운지 확인해 봅니다.

HACKERS PRACTICE

01 During the Spanish colonial period in Cuba, the indigenous population decreased from 600,000 to only 3,000 people. (a) One reason for this was the lack of resistance to European diseases native inhabitants possessed. (b) There were some attempts at rebellion, which infuriated the Spaniards, but none were successful. (c) Also leading to a population decline were the unhealthy working conditions in gold mines where the natives were forced to work.

02 The story behind acclaimed director Oliver Berenger's newest film, *Squad*, was based on his experiences as a soldier. (a) Like Berenger, the movie's main character left college to fight in Vietnam — a decision Berenger later regretted. (b) The story's disapproving tone with regard to international conflict mirrors the philosophy of the director. (c) During the 1970s, peace advocates opposed the Vietnam War through street protests.

03 Luciano Pavarotti was a popular Italian opera singer who spent most of his life on stage. (a) He was born in the northern Italian city of Modena in 1935, but his family abandoned their hometown at the height of World War II and moved to the countryside. (b) He spent seven years taking voice lessons, and at age 19, he won an award singing in a choir with his father, which convinced him to become a professional. (c) He is fondly remembered for always holding a handkerchief during his performances.

04 When putting up a tent, be sure to find a level piece of land to erect it on that is clear of debris. (a) Next, it is advised purchasing a tarp before your trip to go under your tent to assure that rain can't seep through the floor. (b) Then after laying your tent flat, you'll want to put together the two long tent poles, which are typically broken down for easier storage. (c) Lastly, slide the poles through the easy-to-find loops and stake down the tent's corners, and your shelter will be complete.

HACKERS TEST

01 The renowned French architect Guy Lagneau was known for his work in Africa. (a) One of his first major projects was the Hotel de France, now called the Novotel Grand Hotel de L'Indépendence, located in the west African nation of Guinea. (b) He was also asked to review the urban plans for the capital city of the Republic of Cote d'Ivoire, also located in west Africa. (c) Lagneau was passionate about adapting architectural designs to climate, so he created blueprints of houses suited for African weather. (d) Because of his longtime career working on the continent, Lagneau cultivated many powerful African contacts.

02 There are numerous challenges facing the youth of today. (a) Emotional issues, such as feelings of inferiority and depression, often plague teenagers that come from broken homes. (b) It is the duty of family members to provide an environment of support and mutual respect. (c) Even within "intact" families, children are often left unsupervised because both parents work long hours. (d) When this happens, many teens succumb to negative peer pressure and end up smoking, drinking alcohol, and taking drugs.

03 Belcot Sands is everything that you have been looking for in a luxurious island getaway. (a) We have five world-class hotels on site, each with over 200 suites offering panoramic views of the island. (b) Passenger ferries to Belcot Island depart from the southern coast frequently and take less than an hour. (c) Belcot boasts many attractions that can be enjoyed by people of all ages, including a theme park, a golf course, and a private beach. (d) We also host sports events and festivals throughout the year to ensure that our visitors are never bored during their stay.

04 *The Revolution Will Not Be Televised*, a documentary film about the 2002 coup attempt in Venezuela, was widely praised by critics. (a) Its plot focuses on President Hugo Chavez's actions during the national crisis. (b) Frank Scheck of *The Hollywood Reporter* said that the documentary has an engrossing narrative that can match any fictional political thriller. (c) Its camerawork and editing were applauded by *Variety*'s Scott Foundas. (d) "The film's use of videowork successfully conveyed the panic and fear in Caracas", wrote Desson Thomson of *The Washington Post*.

05 I believe that many deserving soldiers have not been presented the Medal of Honor due to racial discrimination, religious intolerance, and politics. (a) Before the 1990s, no American of African or Asian descent had been awarded the medal. (b) It has also been documented that anti-Semitism has prevented many Jews from being decorated. (c) Jewish Americans have been serving in the US military since it was formed. (d) Today, many brave soldiers remain unrecognized because of the intense partisan politics in Congress, which bestows the honor.

06 Scientists at Emory University in Atlanta, Georgia, paired captive capuchin monkeys to test their inclination for sharing. (a) Monkeys have always been known to demonstrate some human characteristics. (b) Surprisingly, the monkeys were more likely to share when they were paired with a close relative or any other capuchin that was familiar to them. (c) However, when paired with a stranger, the monkeys refused. (d) The findings suggest that capuchin monkeys, like humans, care for the welfare of their family and friends.

07 In 2009, the sport of swimming was rocked by debates over the use of swimsuits employing high-tech materials that made swimmers move faster. (a) In response to the controversy, the sport's international governing body, the Fédération Internationale de Natation, convened to settle the dispute. (b) The United States delegation proposed that only textile swimsuits be allowed in competitions. (c) Many swimsuits are shaped to compress the body and make it more hydrodynamic. (d) The American proposal won out when the delegates voted 168-6 in favor of banning performance-enhancing bodysuits.

08 There is still debate among experts regarding the purpose of the ancient potbelly sculptures found in Central America. (a) Some believe that these statues of obese humans represent Mayan rulers because of the adornments depicted on the figures. (b) The leaders of the Mayan empire usually wore necklaces, chest ornaments, and headdresses. (c) Other scholars say that the bloated bodies, closed eyes, and distended bellies of the carvings seem to suggest that they are representations of dead ancestors. (d) However, there are also those who assert that the potbelly sculptures are associated with the fat god of Mesoamerican mythology.

09 Bob's Used Autos is your best bet for finding a new set of wheels cheap. (a) Our lot has over 100 cars, both foreign and domestic, all priced at or below market value. (b) The quality of domestic cars has caught up with that of the best Japanese and German models. (c) We specialize in sedans and family cars, but if an affordable sports car is more your style, we have you covered as well. (d) Bob's offers a variety of payment plans and loan options, so you'll have no problem leaving with the car of your dreams.

10 FIFA, the international soccer federation, continues to uphold its ban on the headscarves worn by Muslim women that was first instituted in 2007. (a) The prohibition was first brought into effect with the claim that the headscarves, or hijabs, were a safety issue on the field. (b) The French government also passed a similar ruling that bans the hijab and other conspicuous religious symbols in schools. (c) The ruling disproportionately affects women playing on teams representing Muslim countries, including Iran. (d) The country's president has spoken out against the ban, which he claims infringes on human rights.

11 Our active lifestyles leave us little time to make the right food choices, which is why the DietMinder program was invented. (a) After installing the software from the provided DVD, enter in the meals and snacks you've recently consumed. (b) The software will track which specific ingredients you've eaten and determine the nutritional components those foods contain. (c) It uses this information to figure out any essential vitamins or minerals you are missing out on and recommends foods that will help you balance your diet. (d) Keeping a good diet is essential because so many serious diseases are linked to poor diet and nutritional choices.

12 Celebrated Danish visual artist Poul Hans Lange's career took shape in New York City. (a) His large body of work includes photographs, book jackets, magazine illustrations, and collages. (b) Lange left Denmark in 1984 to study at the prestigious School of Visual Arts in New York. (c) After a few years of working in his home country, he went back to New York in 1989 and cofounded the publication design firm WBMG. (d) In 1991, he started his own company, the Poul Lange Design, also based in the city.

CHAPTER 03 텝스 핵심 어휘와 퀴즈

Chapter 03에서 선별한 다음의 텝스 핵심 어휘를 암기한 후 퀴즈로 확인해 보세요.

- colonial [kəlóuniəl] 식민지의
- indigenous [indídʒənəs] 토착의
- resistance [rizístəns] 내성, 저항력
- inhabitant [inhǽbətənt] 주민, 거주자
- rebellion [ribéljən] 반란, 폭동
- infuriate [infjúərièit] 격분시키다
- experience [ikspíəriəns] 경험
- disapprove [dìsəprúːv] 비난하다
- conflict [kɑnflíkt] 분쟁
- advocate [ǽdvəkèit] 지지자, 옹호자
- oppose [əpóuz] 반대하다
- abandon [əbǽndən] 시위
- countryside [kʌ́ntrisàid] 시골, 지방
- convince [kənvíns] 확신시키다
- fondly [fɑ́ndli] 애정 어리게, 다정하게
- level [lévəl] 평평한, 반반한
- lastly [lǽstli] 마지막으로
- renowned [rináund] 유명한, 명성 있는
- passionate [pǽʃənət] 열정적인
- adapt [ədǽpt] 조화시키다, 순응시키다
- architectural [ɑ̀ːrkətéktʃərəl] 건축의
- blueprint [blúːprìnt] 청사진, 계획
- suit [suːt] 적합하다, ~에 알맞다
- continent [kɑ́ntənənt] 대륙
- contact [kɑ́ntækt] 인맥, 연고, 연줄

- challenge [tʃǽlindʒ] 어려움, 도전
- emotional [imóuʃənəl] 감정적인
- inferiority [infiəriɔ́ːrəti] 열등
- depression [dipréʃən] 우울, 의기소침
- plague [pleig] 괴롭히다, 성가시게 하다
- support [səpɔ́ːrt] 지지
- mutual [mjúːtʃuəl] 상호간의, 서로의
- intact [intǽkt] 온전한, 손상되지 않은
- succumb [səkʌ́m] 굴복하다, 압도당하다
- negative [négətiv] 부정적인, 거부적인
- luxurious [lʌgʒúːriəs] 호화로운
- getaway [gétəwèi] 휴양지
- depart [dipɑ́ːrt] 출발하다
- frequently [fríːkwəntli] 자주, 흔히
- host [houst] 개최하다, 열다
- attempt [ətémpt] 시도
- crisis [kráisis] 위기, 최악의 고비
- engrossing [ingróusiŋ] 마음을 사로잡는
- narrative [nǽrətiv] 이야기
- fictional [fíkʃənl] 허구의, 꾸며낸
- applaud [əplɔ́ːd] 갈채를 보내다, 절찬하다
- convey [kənvéi] 전달하다
- deserving [dizə́ːrviŋ] 자격이 있는, 마땅히 받을 만한
- intolerance [intɑ́lərəns] 편협
- decorate [dékərèit] 수여하다

Quiz 각 단어의 알맞은 뜻을 찾아 연결하시오.

01 passionate	ⓐ 유명한, 명성 있는	06 engrossing	ⓐ 온전한, 손상되지 않은
02 disapprove	ⓑ 지지자, 옹호자	07 mutual	ⓑ 개최하다, 열다
03 renowned	ⓒ 적합하다, ~에 알맞다	08 depression	ⓒ 우울, 의기소침
04 convince	ⓓ 열정적인	09 applaud	ⓓ 마음을 사로잡는
05 advocate	ⓔ 비난하다	10 intact	ⓔ 상호간의, 서로의
	ⓕ 확신시키다		ⓕ 갈채를 보내다, 절찬하다

01 ⓓ 02 ⓔ 03 ⓐ 04 ⓕ 05 ⓑ 06 ⓓ 07 ⓔ 08 ⓒ 09 ⓕ 10 ⓐ

- unrecognized [ʌ̀nrékəgnáizd] 인정받지 못하는
- partisan [pá:rtizən] 당파적인
- bestow [bistóu] 수여하다, 주다
- captive [kǽptiv] 포획된
- inclination [ìnklənéiʃən] 성향, 의향
- demonstrate [démənstrèit] 보여주다, 입증하다
- relative [rélətiv] 친족, 동족
- stranger [stréindʒər] 낯선 상대
- refuse [rifjú:z] 거부하다
- finding [fáindiŋ] 결과, 결론
- welfare [wélfɛ̀ər] 행복, 복지
- rock [rɑk] 동요시키다, 흔들다
- employ [implói] 이용하다, 쓰다
- governing [gʌ́vərniŋ] 통치하는
- convene [kənví:n] (회원 등이) 모이다, 소집하다
- dispute [dispjú:t] 논쟁, 분쟁
- delegation [dèligéiʃən] 대표단
- propose [prəpóuz] 제안하다
- textile [tékstail] 직물의
- compress [kəmprés] 압축하다
- obese [oubí:s] 비만인, 지나치게 살찐
- represent [rèprizént] 나타내다, 표현하다
- adornment [ədɔ́:rnmənt] 장식, 장식품
- depict [dipíkt] 그리다, 묘사하다
- ornament [ɔ́:rnəmənt] 장신구

- bloated [blóutid] 부푼, 부은
- distended [disténdid] 팽창한
- mythology [miθɑ́lədʒi] 신화
- specialize [spéʃəlàiz] 전문적으로 다루다
- affordable [əfɔ́:rdəbl] (가격이) 적당한
- loan [loun] 대출, 대여
- option [ɑ́pʃən] 선택권
- federation [fèdəréiʃən] 연합
- headscarf [hédskɑ:rf] 머릿수건
- uphold [ʌphóuld] 유지하다
- prohibition [pròuhəbíʃən] 금지 규정
- ruling [rú:liŋ] 판결, 결정
- conspicuous [kənspíkjuəs] 눈에 잘 띄는
- disproportionately [dìsprəpɔ́:rʃənitli] 불균형적으로
- infringe [infríndʒ] 침해하다
- consume [kənsú:m] 먹다, 소비하다
- track [træk] 추적하다
- ingredient [ingrí:diənt] 성분, 재료
- nutritional [nju:tríʃənəl] 영양의
- component [kəmpóunənt] 요소
- mineral [mínərəl] 무기질
- balance [bǽləns] 균형을 잡다
- celebrated [séləbrèitid] 유명한
- collage [kəlɑ́:ʒ] 콜라주
- publication [pʌ̀bləkéiʃən] 출판

Quiz 각 단어의 알맞은 뜻을 찾아 연결하시오.

01 convene	ⓐ 그리다, 묘사하다	06 disproportionately	ⓐ (가격이) 적당한
02 bestow	ⓑ 나타내다, 표현하다	07 affordable	ⓑ 불균형적으로
03 represent	ⓒ (회원 등이) 모이다, 소집하다	08 component	ⓒ 금지 규정
04 demonstrate	ⓓ 수여하다, 주다	09 prohibition	ⓓ 요소
05 depict	ⓔ 보여주다, 입증하다	10 infringe	ⓔ 먹다, 소비하다
	ⓕ 제안하다		ⓕ 침해하다

CHAPTER 04 중심 내용 문제(Part 3&4)

■ 출제 포인트

· 중심 내용 문제는 글의 주제나 요지, 글의 내용을 대표할 수 있는 제목, 또는 글을 쓴 목적 등 지문에서 전달하고자 하는 중심 내용을 가장 잘 표현한 보기를 정답으로 고르는 유형입니다.

· 중심 내용 문제는 Part 3의 초반에 4문제 정도 나오며, Part 4에는 보통 2~3문제가 출제됩니다.

■ 예제

> Historians still disagree on the etymology of "London." The 12th-century cleric Geoffrey of Monmouth wrote that the city was named after King Lud, a ruler of pre-Roman Britain. Centuries later, Alexander Jones claimed that London's name was derived from the Welsh "Llyn Dain", or "pool of the Thames", referring to the River Thames that passes through the city. Similarly, Richard Coates postulated in 1998 that pre-Celtic peoples named the city "Plowonida" or "boat river", which alludes to the vast width and depth of the Thames.
>
> Q: What is the passage mainly about?
>
> (a) Theories on how the city of London got its name
> (b) The evolution of the name for London's biggest river
> (c) Effects of the River Thames on daily life in London
> (d) The changes London has undergone through the centuries

정답 (a)

해설 지문 처음에서 Historians still disagree on the etymology of "London"(역사가들은 여전히 '런던'의 어원에 대해 의견이 다르다)이라고 한 후, 지문 전체에 걸쳐 세 명의 다른 역사가들이 제안한 런던의 이원에 대한 이론들을 나열했습니다. 따라서, 지문 전체의 중심 내용을 '런던 시가 어떻게 이름을 얻었는지에 대한 이론들'이라고 표현한 (a)를 정답으로 고릅니다.

해석 역사가들은 여전히 '런던'의 어원에 대해 의견이 다르다. 12세기의 성직자 Geoffrey of Monmouth는 도시의 이름이 로마 제국 시대 이전의 영국의 통치자였던, Lud 왕의 이름을 따서 지어졌다고 기록했다. 수 세기 후에, Alexander Jones는 런던의 이름이 도시를 가로지르는 템즈 강을 가리키는 웨일즈어 'Llyn Dain', 즉 '템즈의 연못'에서 유래되었다고 주장했다. 마찬가지로, 1998년에 Richard Coates는 켈트족 이전 시대의 사람들이 도시의 이름을 'Plowonida', 즉 '나룻배 강'으로 지었다고 주장했는데, 이것은 템즈 강의 어마어마한 너비와 깊이를 암시한다.

Q: 지문은 주로 무엇에 관한 내용인가?

(a) 런던 시가 어떻게 이름을 얻었는지에 대한 이론들
(b) 런던에서 가장 큰 강의 이름의 발전
(c) 템즈 강이 런던에서의 일상 생활에 미치는 영향
(d) 수 세기 동안 런던이 겪은 변화

어휘 etymology[ètəmálədʒi] 어원   claim[kleim] 주장하다   postulate[pástʃulèit] 주장하다   allude[əlúːd] 암시하다

문제 풀이 Step

Step 1 지문을 읽으며 중심 내용 파악하기

지문의 중심 내용은 Part 3의 경우 주로 지문의 처음이나 마지막에 나오거나, 앞과 마지막 모두에 나옵니다. 따라서 지문의 처음과 마지막을 특히 집중해서 읽습니다. Part 4의 경우 주로 첫 번째 단락의 앞부분, 마지막 부분 혹은 지문 전체에 걸쳐 나옵니다. Part 4에서는 간혹 두 번째 단락에만 해당되는 중심 내용을 묻기도 합니다.

Step 2 파악한 중심 내용을 가장 잘 나타낸 보기를 정답으로 고르기

지문의 중심 내용을 가장 잘 나타낸 보기를 정답으로 고릅니다. 지문의 일부만을 다루거나, 지문에 언급되지 않은 보기가 함정으로 나오므로, 이런 보기를 정답으로 혼동하지 않도록 주의합니다.

HACKERS PRACTICE

01

Roasting a turkey is a popular tradition during Thanksgiving. Before cooking, the bird is stuffed with spices and brushed with melted butter or oil. It is then placed inside an oven that has been preheated to 175 degrees Celsius. The turkey is baked until its skin turns brown. Some people choose to baste the bird with pan drippings or juices to promote even browning.

Q: What is the best title for the passage?

(a) How to Prepare a Turkey
(b) How to Stuff a Turkey

02

Tired of the usual old tourist destinations in Europe? If so, you might want to go to Warsaw, a city in Poland that is virtually ignored by American tourists. The part of the city known as Old Town has even been designated a World Heritage Site by UNESCO. One notable building there is the Church of the Holy Cross, which houses the heart of the composer Frédéric Chopin. Does it sound worth a visit? Call our information hotline and ask about our Warsaw tour packages.

Q: What is mainly being advertised?

(a) The UNESCO sites in Warsaw
(b) A tourist destination in Poland

03   Many successful rock bands end up disbanding. From the modern rock era, the highly political Rage Against the Machine and the genre-crossing Smashing Pumpkins were two notable casualties. Some groups break up because a member wants to embark on a solo career. Others fail when the hectic lifestyle typical in the entertainment world takes its toll on the band members' family life and health. Additionally, a number of bands call it quits simply because they lose interest in the music that they used to love.

Q: What is the best title for the passage?

(a) Reasons Why Musical Groups Split Up
(b) Problems Facing the Music Industry

04   Thousands of animal species around the world are classified as threatened. There is a need for more stringent legislation that endeavors to protect the waning population of imperiled fauna. The government is not doing enough to stop illegal killing and trade. It is of paramount importance that sufficient resources be allotted to fund and strengthen conservation efforts. Hence, the Animal Lovers Society will be holding a rally outside Ridge Park on Friday to raise awareness about the plight of endangered wildlife. We must let lawmakers know how much these animals need protection.

Q: What is the main purpose of the passage?

(a) To publicize a gathering organized by animal welfare advocates
(b) To invite people to join a wildlife organization

HACKERS TEST

01

Guy Morrell Bradley was one of the first game wardens employed by the United States government. In 1902, he was assigned to single-handedly patrol the approximately 4,500-square-mile area spanning Florida's west coast, the Everglades, and Key West. His main duty was to protect the several plume bird species that nested in the region. These included egrets, herons, and spoonbills, which were already threatened by overhunting. Bradley was killed in the line of duty on July 8, 1905 when a poacher he tried to arrest fatally wounded him in a brief altercation.

Q: What is the best title for the passage?

(a) Risks Faced by Game Wardens in the United States
(b) Guy Bradley's Fascination with Plume Birds
(c) Guy Bradley's Life Sacrificed Fighting Against Poachers
(d) How Game Wardens Were Chosen in the 1900s

02

Video games offer more to players than hours of mindless enjoyment. They also exercise certain cognitive processes, which help develop strong analytical skills. This is because the act of mastering and completing a game stimulates diverse intellectual functions such as thinking, memorizing, analyzing, computing, and identifying. These are the same mental abilities that teachers aim to develop among school children.

Q: What is the purpose of the passage?

(a) To describe how video games cultivate mental skills
(b) To explain how teachers use video games in their teaching
(c) To comment on why people play video games at home
(d) To illustrate the academic abilities children need in school

03

Compared to other water filters on the market, the HealthTech Portable offers the most value for your money. This easy-to-carry filter is not only long-lasting, but also environmentally friendly. That's because it is made entirely of biodegradable and nontoxic plastic. Moreover, each HealthTech Portable unit can filter 5,000 liters of water before it needs to be replaced. The HealthTech Portable's unmatched longevity results in huge savings, while its largely recycled materials ensure that you get clean water without hurting the environment.

Q: What is the passage mainly about?

(a) An expensive water purification process
(b) A reusable plastic water dispenser
(c) The importance of saving water
(d) The advantages of a brand of filter

04

There are numerous competitive car racing circuits, but drivers who compete in the Formula One series are usually considered the best racers in the world. One of them is Germany's Michael Schumacher, who won seven world championships from 1994 to 2004. Many people consider him the greatest Formula One driver in history. Not far behind is Juan Manuel Fangio, who won his last of five titles at 46 years old, becoming the oldest to ever win a championship. Lastly, Alain Prost won four championships and 51 grand prix races before retiring in 1993.

Q: What is the passage mainly about?

(a) The most popular Formula One race cars
(b) Credentials of current Formula One drivers
(c) The background of Formula one
(d) Successful Formula One drivers

05

Providing top-notch automotive service is a breeze when you have the most advanced equipment at your disposal. Fortunately for you, Larson Mechanical has everything you need to effectively fix your customers' problems. With our technologically superior products, reliability and efficiency will surely become hallmarks of your shop. By relying on Larson Mechanical, you can be sure of delivering only the best service to your customers.

Q: What is mainly being advertised?

(a) Repair equipment for an auto maintenance business
(b) A shop that offers low-cost vehicle modification
(c) A company that provides vehicle maintenance services
(d) Comprehensive training for automotive mechanics

06

Many students find history boring, but it needs to be taught for a variety of reasons. Studying history helps people understand the society they live in by tracing its development through the centuries. Famous historical figures serve as inspirations and role models to children, who are still deciding what they want to be when they grow up. Historians also assert that a knowledge of history promotes national identity, which is essential for any country's culture to survive in this age of globalization.

Q: What is the passage mainly about?

(a) Role models from throughout history
(b) Why history is an important topic
(c) Globalization's effect on national identity
(d) How history encourages patriotism

07
Some experts say that foreign aid donors, by adding conditions to development assistance, encroach on the sovereignty of recipient countries. As a result, these nations are prevented from choosing which development strategies to pursue. For example, financial grants from the World Bank often carry a proviso that recipients must privatize services traditionally offered by the government. The leaders of the receiving countries may not agree with this condition because it removes direct governmental control over key industries, but they have no choice, as the aid is badly needed.

Q: What is the best title for the passage?

(a) Soliciting Monetary Donations from Global Financial Groups
(b) Conditions to International Aid Impinge on State Autonomy
(c) Development Assistance Badly Needed by Third World Countries
(d) Accepting Aid from International Donors Without Any Stipulations

08
The Snowdonia hawkweed is considered one of the rarest plants in the world. It was thought to have become extinct in the 1950s, and botanists disagreed as to whether its disappearance was due to the overgrazing of its habitat by livestock or because of an increase in acid rain. Surprisingly, the Snowdonia hawkweed reappeared in 2002 at the Cwm Idwal Nature Reserve in South Wales, the same place where it had last been seen. Experts immediately collected and preserved the plant's seeds to prevent it from disappearing again. Sheep grazing has also been prohibited in the area to protect the plant.

Q: What is the main point about the Snowdonia hawkweed in the passage?

(a) It is a threatened plant species now under conservation.
(b) It was first discovered in 2002 in a protected area.
(c) It is abundant in regions of South Wales.
(d) Its reemergence is due to extensive work by botanists.

09~10

≡ MENU Q SEARCH

Finance Monthly

Global Economics

Economists cite a number of reasons for the global recession that started in mid-2007 and lasted until 2010. Chief among them are the US subprime mortgage losses. With a large number of homeowners struggling to pay back subprime mortgage loans, the values of their properties fell. This put the banks that had made the loans in a difficult situation. Though these banks were entitled to repossess the houses whose owners failed to repay their mortgages, the values of the properties had fallen below their original levels.

As concern mounted about subprime mortgages, risky lending practices in other parts of the world, including Europe, were exposed. Many banks had insufficient assets to back the loans they had made. Consequently, several major banking institutions went bankrupt. As a result of these closures, large multinational companies found their access to credit reduced and were forced to lower expenditures by cutting staff, thereby increasing unemployment. Global economic activity decreased across all sectors.

09. Q: What is the main idea of the passage?

(a) The US was the first to recover from the recession.
(b) High interest rates on bank loans caused economies to crash.
(c) International trade resulted in the closure of local companies.
(d) Several interconnected events led to the global financial meltdown.

10. Q: Why did some international companies reduce their staff?

(a) They were unable to borrow as much money as they needed.
(b) The cost of office space rose drastically within a short time.
(c) Regional policies made it more difficult to hire foreign workers.
(d) Banks were unable to agree on a set of standard regulations.

11~12

Appearing in the first season of the reality show the *Biggest Couch Potato*, and eventually being voted the winner, has completely changed Samuel Lower's life. His formerly stagnant routine has turned into one giant circus dominated by interviews with journalists, photo shoots for magazines, and appearances on television. While Lower used to lounge around at home, now he spends his days attending acting workshops, replying to fan mail, and promoting several major brands. As well, he spends at least three hours every evening on the set of his soap opera.

People might wonder how he suddenly motivated himself to be as active as he is now, but considering his astronomical climb in net worth and celebrity status, his enthusiasm about his career is not surprising. Lower is also keenly aware that his popularity may fade before too long, so he is capitalizing on it while he still can.

11. Q: What is the best title for the passage?

 (a) Contest Win Propels Man to Lifestyle Change
 (b) TV Star Hosts Multiple Talk Shows
 (c) Reality Show Winner Becomes Highest Paid Actor
 (d) Network Launches New Actor's Soap Opera

12. Q: Which of the following is correct according to the passage?

 (a) An intensive acting workshop lasts for three hours per day.
 (b) A reality show cast appeared together on a talk show.
 (c) Samuel Lower believes that his fame may be temporary.
 (d) Samuel Lower motivated himself to take up sports.

정답 p.16

CHAPTER 04 텝스 핵심 어휘와 퀴즈

Chapter 04에서 선별한 다음의 텝스 핵심 어휘를 암기한 후 퀴즈로 확인해 보세요.

- stuff [stʌf] (음식의) 소를 채우다
- spice [spais] 양념, 향신료
- brush [brʌʃ] 솔질하다, 닦다
- preheat [priːhíːt] 예열하다
- promote [prəmóut] 더 ~하게 만들다, 촉진하다
- virtually [və́ːrtʃuəli] 거의, 사실상
- designate [dézignèit] 지정하다
- composer [kəmpóuzər] 작곡가
- hotline [háːtlɑin] 상담 전화
- disband [disbǽnd] 해체하다
- notable [nóutəbl] 주목할 만한
- casualty [kǽʒuəlti] 피해자
- hectic [héktik] 빡빡한, 몹시 바쁜
- typical [típikəl] 전형적인
- face [feis] 직면하다
- threatened [θrétnd] 멸종할 위기에 처한
- stringent [stríndʒənt] 엄격한
- legislation [lèdʒisléiʃən] 제정법, 법률의 제정
- endeavor [indévər] 노력하다
- wane [wein] 줄어들다
- imperil [impérəl] 위험에 빠뜨리다
- allot [əlát] 할당하다, 배당하다
- raise [reiz] 높이다, 일으키다
- plight [plait] 곤경, 역경
- publicize [pʌ́bləsàiz] 홍보하다, 광고하다

- span [spæn] 걸치다, 포괄하다
- fatally [féitəli] 치명적으로
- altercation [ɔ̀ːltərkéiʃən] 언쟁, 논쟁
- mindless [máindlis] 머리를 쓸 필요가 없는, 생각 없는
- exercise [éksərsàiz] 훈련시키다, 연습시키다
- cognitive [kágnətiv] 인지의
- analytical [æ̀nəlítikəl] 분석적인
- stimulate [stímjulèit] 자극하다
- intellectual [ìntəléktʃuəl] 지적인
- cultivate [kʌ́ltəvèit] 키우다, 배양하다
- biodegradable [bàioudigréidəbl] 자연 분해성의
- nontoxic [nɑntáksik] 무독성의
- unit [júːnit] 장치, 도구
- unmatched [ʌnmǽtʃt] 타의 추종을 불허하는, 비길 데 없는
- longevity [lɑndʒévəti] 수명
- compete [kəmpíːt] 경쟁하다
- credential [kridénʃəl] 자격, 자격증
- current [kə́ːrənt] 현재의, 지금의
- superior [səpíəriər] 우수한
- reliability [rilàiəbíləti] 신뢰도, 확실성
- efficiency [ifíʃənsi] 효율성, 능률
- hallmark [hɔ́ːlmɑ̀ːrk] 특징
- maintenance [méintənəns] 정비
- modification [màdəfikéiʃən] 개조, 수정
- comprehensive [kàmprihénsiv] 종합적인, 포괄적인

Quiz 각 단어의 알맞은 뜻을 찾아 연결하시오.

01 stringent	ⓐ 직면하다	06 cognitive	ⓐ 자격, 자격증
02 notable	ⓑ 위험에 빠뜨리다	07 credential	ⓑ 인지의
03 allot	ⓒ 엄격한	08 altercation	ⓒ 우수한
04 imperil	ⓓ 할당하다, 배당하다	09 efficiency	ⓓ 언쟁, 논쟁
05 designate	ⓔ 주목할 만한	10 superior	ⓔ 잘못된 인식
	ⓕ 지정하다		ⓕ 효율성, 능률

01 ⓒ 02 ⓔ 03 ⓓ 04 ⓑ 05 ⓕ 06 ⓑ 07 ⓐ 08 ⓓ 09 ⓕ 10 ⓒ

- trace [treis] 거슬러 올라가다
- figure [fígjər] 인물
- inspiration [ìnspəréiʃən] 영감
- identity [aidéntəti] 정체성
- essential [isénʃəl] 필수적인, 가장 중요한
- encroach [inkróutʃ] 침해하다
- sovereignty [sávərənti] 자주권, 통치권
- recipient [risípiənt] 수령자, 받는 사람
- pursue [pərsúː] 추진하다, 밀고 나가다
- grant [grænt] 보조금
- traditionally [trədíʃənəli] 전통적으로
- solicit [səlísit] 요청하다
- impinge [impíndʒ] 영향을 미치다
- autonomy [ɔːtánəmi] 자치권
- stipulation [stìpjuléiʃən] 조건, 조항
- extinct [ikstíŋkt] 멸종된
- graze [greiz] 방목하다
- prohibit [prouhíbit] 금지하다
- conservation [kànsərvéiʃən] 보호
- abundant [əbándənt] 풍부한
- extensive [iksténsiv] 광범위한, 대규모의
- cite [sait] (이유를) 들다
- recession [riséʃən] 불황, 불경기
- practice [præktis] 관행
- expose [ikspóuz] 드러내다

- insufficient [ìnsəfíʃənt] 불충분한
- asset [æset] 자산
- closure [klóuʒər] 폐쇄, 종결
- expenditure [ikspénditʃər] 비용, 지출
- unemployment [ʌ̀nimplɔ́imənt] 실업(률), 실업지수
- sector [séktər] 분야
- crash [kræʃ] 무너지다
- interconnected [ìntərkənéktid] 상호 연결된
- meltdown [méltdaun] 붕괴
- drastically [dræstikəli] 대폭, 과감하게
- stagnant [stǽgnənt] 활기 없는
- vote [vout] 투표하다
- formerly [fɔ́ːrmərli] 예전에, 이전에
- lounge [laundʒ] 빈둥거리다
- motivate [móutəvèit] 동기를 부여하다, 자극하다
- status [stéitəs] (사회적) 신분, 지위
- enthusiasm [inθúːziæzm] 열정
- keenly [kíːnli] 예리하게
- aware [əwɛ́ər] 알고 있는
- popularity [pàpjulǽrəti] 인기
- capitalize [kǽpətəlàiz] 이용하다
- propel [prəpél] 몰고 가다, 나아가게 하다
- launch [lɔːntʃ] 시작하다
- intensive [inténsiv] 집중적인
- fame [feim] 명성

Quiz 각 단어의 알맞은 뜻을 찾아 연결하시오.

01	impinge	ⓐ 영감	06	expenditure	ⓐ 대폭, 과감하게
02	essential	ⓑ 금지하다	07	asset	ⓑ 비용, 지출
03	prohibit	ⓒ 영향을 미치다	08	keenly	ⓒ 자산
04	inspiration	ⓓ 필수적인, 가장 중요한	09	drastically	ⓓ 예리하게
05	pursue	ⓔ 거슬러 올라가다	10	propel	ⓔ 몰고 가다, 나아가게 하다
		ⓕ 추진하다, 밀고 나가다			ⓕ 시작하다

Chapter 04 중심 내용 문제 (Part 3&4)

CHAPTER 05 세부 정보 문제(Part 3&4)

■ 출제 포인트

· 세부 정보 문제에는 지문의 내용과 일치하는 것을 묻는 Correct 문제와 의문사로 시작하여 지문의 세부 내용을 묻는 육하원칙 문제가 있습니다.
· Correct 문제는 평균적으로 Part 3에 4~6문제가 나오며, Part 4에는 2~4문제 가량 출제됩니다.
· 육하원칙 문제는 평균적으로 Part 3에 1~2문제 정도 출제되고, Part 4에는 2~3문제 가량 출제됩니다.

■ 예제

British scientists contend that there are two types of killer whales, which they simply call "type 1" and "type 2". These large animals are carnivorous and are considered apex predators, or organisms at the top of their particular food chains. Type 1 killer whales have a highly diverse diet ranging from small fish to seals. On the other hand, type 2 whales are more specialized, only eating marine mammals like dolphins and other whales.

Q: Which of the following is correct according to the report?

(a) Types 1 and 2 whales eat only marine mammals.
(b) Type 1 whales feed on both plants and animals.
(c) Type 1 and 2 whales consume meat regularly.
(d) Type 2 whales are preyed on by other species.

정답   (c)

해설   지문을 빠르게 읽고 지문이 '두 종류의 범고래의 식성'에 대한 내용임을 파악한 후, (c)의 키워드 'consume meat(고기를 섭취하다)'을 바꾸어 표현한 'carnivorous(육식성의)'를 통해 두 종류의 범고래는 육식성 동물이라는 것을 알 수 있습니다. 지문의 내용과 일치하는 보기 (c)를 정답으로 고릅니다.

해석   영국 과학자들은 범고래에 두 종류가 있다고 주장하였는데, 간단하게 '타입 1'과 '타입 2'라고 부른다. 이 커다란 동물들은 육식성이며 꼭대기 포식자, 또는 특정 먹이 사슬의 윗부분에 있는 생물체로 여겨진다. 타입 1 범고래들은 작은 물고기에서 바다표범에 이르는 매우 다양한 식성을 가지고 있다. 반면에, 타입 2 고래들은 더 특화되어서, 돌고래와 다른 고래들 같은 해양 포유동물만 먹는다.

Q: 다음 중 보도 자료의 내용과 일치하는 것은 무엇인가?

(a) 타입 1과 타입 2 고래들은 오직 해양 포유동물만 먹는다.
(b) 타입 1 고래들은 식물과 동물을 모두 먹는다.
(c) 타입 1과 타입 2 고래들은 정기적으로 고기를 섭취한다.
(d) 타입 2 고래들은 다른 종들의 먹이가 된다.

어휘   contend[kənténd] 주장하다   apex[éipeks] 꼭대기   organism[ɔ́:rɡənìzm] 생물, 유기체   diverse[divə́:rs] 다양한

문제 풀이 Step

Step 1 질문 유형을 확인한 후 질문의 키워드 혹은 지문 내용을 확인하기

Correct 문제의 경우
지문을 빠르게 읽으며 전체 내용을 간략하게 파악합니다.

육하원칙 문제의 경우
질문의 의문사와 키워드를 파악합니다.

Step 2 질문의 키워드 혹은 보기의 키워드와 관련된 부분을 지문에서 찾고, 그 내용을 보기와 비교하기

Correct 문제의 경우
보기의 키워드와 관련된 부분을 지문에서 찾아 하나씩 비교합니다. 이때 보기의 키워드는 대부분 다른 말로 paraphrase되어 지문에 제시됩니다.

육하원칙 문제의 경우
질문의 키워드와 관련된 부분을 지문에서 찾아 그 주변의 내용을 파악합니다. 이때 질문의 키워드는 대부분 다른 말로 paraphrase되어 지문에 제시됩니다.

Step 3 지문의 내용과 일치하는 보기를 정답으로 고르기

지문에서 찾은 정답의 단서가 되는 부분과 보기를 비교하면서 단서와 내용이 일치하는 보기를 정답으로 고릅니다.

HACKERS PRACTICE

01

The stomach may be described as the body's food processor because, just like the kitchen appliance, it grinds food to make it easier to digest. It breaks down food by secreting acids and other enzymes. These acids also act as sanitizing agents, killing bacteria and other infectious organisms that may have entered the stomach. The stomach also ensures that excess food is excreted.

Q: What is correct about the stomach according to the passage?

(a) It prevents infection while processing food.
(b) It eliminates excess enzymes from the body.

02

Port-au-Prince is a city beset with many difficulties. Located near a fault line, Port-au-Prince has frequently suffered from earthquakes. Quakes in 1751, 1770, and 2010 destroyed much of the city and killed thousands. Aside from natural disasters, Port-au-Prince has also been tormented by social problems like high unemployment. Statistics show that most citizens who work do so informally, mainly as day laborers. Another dilemma is violence. United Nations peacekeeping forces have been trying to restore order in the city, but conflicts among armed gangs continue.

Q: Which of the following is correct according to the passage?

(a) Peacekeeping forces have eliminated gangs.
(b) Port-au-Prince has a history of catastrophes.

03
An emirate is an independent state or jurisdiction ruled by a Muslim ruler known as an emir. The largest emirate in terms of land area is Abu Dhabi, whose highly developed economy is propelled by oil reserves. Another oil-producing emirate is Kuwait, the country with the highest human development index (HDI) in the Arab world. This index includes data for life expectancy, education, and gross domestic product (GDP), which is a good measure of national wealth. Also located in the Middle East is Qatar, which boasts the highest GDP per capita in the world.

Q: Which of the following is correct according to the passage?

(a) Most Middle Eastern states enjoy high HDI levels.
(b) Qatar is one of the richest countries in the world.

04
During the Counter-Reformation, the period of Catholic revitalization that occurred in response to the upsurge of Protestantism, an artistic style called Baroque emerged. This aesthetic mode was characterized by unpretentious iconography that, unlike previous forms, communicated religious themes in an unambiguous and poignant manner without relying upon a viewer's comprehension of artistic conventions. Famous artists that painted in the Baroque style include Peter Paul Rubens, Michelangelo Merisi da Caravaggio, and Gian Lorenzo Bernini.

Q: What differentiated Baroque art from its predecessors?

(a) Complex artistic techniques
(b) Direct visual style

정답 p.19

HACKERS TEST

01

Klein is one of the most trusted names in the laundry appliance market. The new Klein C120 washing machine is fully automatic and has the capacity to wash loads of laundry weighing up to 15 kilograms. It is characterized by a user-friendly control panel for easy access, a special filter that effectively collects lint, a tempered glass window on the lid, and a new water flow system that saves water and provides better wash performance. It also has a rust-proof plastic exterior that is elegantly designed and is available in black or silver.

Q: Which of the following is a feature of the Klein C120?

(a) A digital display panel
(b) A durable metallic exterior
(c) A system that conserves water
(d) An overall weight of 15 kilograms

02

While heading home from the stadium after a practice, I caught one of my players, Waldo, sitting alone in the locker room. When I asked him why he was still around when his teammates had already left, he said that he was just trying to rest his sore muscles before going home. However, I knew what was going on because I saw a used syringe and a bottle of performance-enhancing drugs lying under the bench. I was furious, not only because he was violating team regulations, but because he was doing it so blatantly.

Q: Which of the following is correct according to the passage?

(a) The coach wanted to catch Waldo in the act.
(b) The team was playing in a different town.
(c) Waldo used illegal substances inside the locker room.
(d) Waldo was suffering from severe sore muscles.

03 In Britain, a red poppy flower is worn by people on Remembrance Day, also known as Poppy Day. This is done to honor the memory of all the service members who have given the ultimate sacrifice in defending their country. The color of the poppy symbolizes the blood these soldiers shed. The tradition of wearing poppies was inspired by a poem entitled *In Flanders Fields*. Poppies grew abundantly in Flanders, the site of many battles during World War I. Seeing the flowers on battlefields and in cemeteries inspired John McCrae to pen the verse in 1915 to memorialize the death of his fellow soldiers.

Q: Which of the following is correct about the red poppy?

(a) It is worn every day to honor the soldiers who died.
(b) It was the subject of a poem written for dead soldiers.
(c) It grew plentifully in many parts of the British countryside.
(d) It is seen as a symbol of the destructiveness of World War I.

04 In 2002, Sylvester H. Roper was posthumously inducted into the Motorcycle Hall of Fame by the members of the American Motorcyclist Association. Roper was a talented inventor, having created a stationary steam engine at 12 years of age. Two years later, he fabricated a locomotive engine even though he had not seen one before. In 1867, he built what is now known as the Roper steam velocipede, which is considered one of the first motorcycles ever made. He died in 1896 while taking a ride on one of his later velocipede models.

Q: Which of the following is correct about Roper according to the passage?

(a) He displayed amazing abilities at a young age.
(b) He was fond of riding trains during his youth.
(c) He died when he was run over by a motorcycle.
(d) He was very grateful for the Hall of Fame award.

05

In the late 1800s, steel began to be manufactured cheaply and in large quantities, leading to its utilization in the construction of buildings. Louis Sullivan was an American architect who quickly recognized the potential of this new material. His innovative use of steel to create the framework of buildings made the construction of tall structures with large windows possible. The visual appeal of his designs, such as the Wainwright Building in St. Louis, inspired other architects to adopt his methods to construct early skyscrapers.

Q: Which of the following is correct according to the passage?

(a) Steel was a common construction material throughout the 1800s.
(b) Sullivan was instrumental in the development of high-rise architecture.
(c) Tall buildings with large windows were commonly built without steel frames.
(d) The Wainwright Building was based on a design by an earlier architect.

06

Nonprofit organizations, often referred to as NPOs, may legally generate profits from their activities; however, these funds must be used solely to continue or expand operations. Executives and employees of the organization are not permitted to benefit financially from these excess revenues, although they do receive salaries that are in accordance with industry norms. In addition, NPOs are prohibited by law from participating in certain political affairs. Adherence to these guidelines enables nonprofits to qualify for federal tax-exempt status, as the organizations often provide invaluable public services that benefit society as a whole.

Q: What are NPOs not allowed to do?

(a) Establish offices in certain countries
(b) Pay different salaries depending on the position
(c) Disclose their tax records to the public
(d) Engage in some politically related activities

07

The 1915 film *The Birth of a Nation* is considered one of the most controversial movies of all time. Despite the decidedly less tolerant cultural climate during the time it was made, many contemporary viewers considered it racist. In one sequence, black legislators were shown making fun of the traditions of the American South and consuming alcohol while legislative sessions were in progress. Other memorable scenes include the attempt of a power-hungry mulatto to marry a white woman by force. The film was denounced by the National Association for the Advancement of Colored People and banned in eight states.

Q: Why was *The Birth of a Nation* banned in some places?

(a) It worsened conflicts that had broken out between regional groups.
(b) It includes scenes that promote the consumption of alcohol.
(c) It contains inappropriate depictions of African-Americans.
(d) Its producer used footage of a court case without receiving permission.

08

Notice

As part of our lowest price guarantee, we are offering to match any of our competitors' prices in New York. All you have to do is present proof of an item's price and we will instantly match it. Even if you have already bought the item from our store, we will match any lower price for up to seven days after your initial purchase by offering you store credit in return. Please note that some conditions apply. Prices must be advertised and valid at the time of purchase. Furthermore, this promotion applies to in-store purchases only at our locations in New York. Differences in price as a result of taxes or delivery fees will not be taken into account.

Q: Which of the following is correct according to the passage?

(a) The price guarantee applies to all stores nationwide.
(b) The store is holding a one-time-only discount sale.
(c) The sales tax difference between items is not reimbursed.
(d) The delivery fee is based on the buyer's location.

09~10

Harvey   10:45 a.m.

Hi, Andrea.
How are things going with you these days? I'm glad to hear that you will be coming back home to Granbury soon. Actually, there is going to be an art exhibition here next Thursday night. It will showcase different artists from Latin America and Asia. Would you like to go? My brother and I are planning on going at around 6 p.m.

Andrea   11:03 a.m.

Hi, Harvey.
I'm so excited to be visiting Granbury. There's so much that we need to catch up on when we meet up. I'd love to go to the exhibition. We'd be able to reminisce about the days when we studied different styles of art at Granbury University. Anyway, my schedule is a little bit tight that day. I can join you and your brother at 7 p.m. if you're OK with that. It sounds like so much fun.

09. Q: Which of the following is correct about Harvey?

(a) He will be participating in an art show overseas.
(b) He went to university in the town he currently resides in.
(c) He intends to begin selling works of art in Granbury.
(d) He is in charge of organizing events for former classmates.

10. Q: What is mainly being discussed in the chat messages?

(a) A town hall event
(b) A dinner with an artist
(c) A family gathering
(d) A display of art

11~12

To the publisher,

As a scholar of theology, I was drawn to the essay about Pope Leo XIII in last week's issue of your magazine. I enjoyed the overview of his career before he was elected pope. Indeed, Leo XIII had many difficulties while serving the church in Brussels and then later in Perugia. On the whole, though, I found the essay to be misleading. I strongly believe that the writer failed to present a balanced view of Leo XIII's tenure as head of the Catholic Church.

In the essay, the writer portrays Pope Leo XIII as a conservative authoritarian because of his opposition to secular liberalism and his condemnation of Freemasonry. However, she neglected to mention Leo XIII's positions on other matters that brought a new spirit to the church. For instance, Leo XIII initiated a public dialogue through the many letters he published. With these, he gave guidance on various issues, and his words were accepted by members of the faith in many countries. Furthermore, the pope instructed church leaders to be sympathetic to scientific progress and open to technological changes.

Sincerely,
Roger Albert

11. Q: What is the purpose of this letter?

   (a) To explain why Leo XIII was opposed to science
   (b) To dispute an assertion about a controversial religious practice
   (c) To call attention to an incomplete depiction of a religious figure
   (d) To argue against the main principles of secular liberalism

12. Q: Which of the following claims is NOT made by Mr. Albert?

   (a) Leo XIII encouraged church officials to accept modern developments.
   (b) Leo XIII provided spiritual advice that was embraced by many Catholics.
   (c) Leo XIII began a public discussion by publishing his written correspondence.
   (d) Leo XIII was a conservative who opposed secular liberalism.

CHAPTER 05 텝스 핵심 어휘와 퀴즈

Chapter 05에서 선별한 다음의 텝스 핵심 어휘를 암기한 후 퀴즈로 확인해 보세요.

- appliance [əpláiəns] (가정용) 기기
- grind [graind] 갈다
- secrete [sikríːt] 분비하다
- sanitize [sǽnitàiz] 살균하다, 위생 처리하다
- infectious [infékʃəs] 전염성의
- excess [iksés] 과다한, 여분의
- excrete [ikskríːt] 배설하다
- beset [bisét] (어려움이) 따라다니다, 괴롭히다
- torment [tɔːrmént] 고통을 주다
- informally [infɔ́ːrməli] 비정규적으로, 비공식으로
- restore [ristɔ́ːr] 복구하다, 재건하다
- catastrophe [kətǽstrəfi] 대참사, 큰 재앙
- independent [ìndipéndənt] 독립적인
- jurisdiction [dʒùərisdíkʃən] 관할 구역
- boast [boust] 자랑하다, 뽐내다
- revitalization [riːvàitəlaizéiʃən] 활성화
- upsurge [ʌ́psə́ːrdʒ] 급증
- emerge [imə́ːrdʒ] 나타나다
- aesthetic [esθétik] 미술의, 심미적인
- unpretentious [ʌ̀npriténʃəs] 가식 없는, 잘난 체 하지 않는
- religious [rilídʒəs] 종교적인, 종교의
- unambiguous [ʌ̀næmbígjuəs] 분명한, 확실한
- poignant [pɔ́injənt] 신랄한, 통렬한
- comprehension [kɑ̀mprihénʃən] 이해력
- convention [kənvénʃən] 전통, 관습

- lint [lint] 보풀
- tempered [témpərd] 강화된, 단련된
- performance [pərfɔ́ːrməns] 성능, 효율
- durable [djúərəbl] 내구성이 있는
- sore [sɔːr] 아픈
- syringe [sərínʒ] 주사기
- furious [fjúəriəs] 몹시 화가 난, 격노한
- violate [váiəlèit] 어기다, 위반하다
- blatantly [bléitəntli] 뻔뻔스럽게
- substance [sʌ́bstəns] 물질
- severe [səvíər] 심한, 극심한
- symbolize [símbəlàiz] 상징하다
- shed [ʃed] 흘리다
- entitle [intáitl] 제목을 붙이다, 부르다
- pen [pen] 쓰다
- verse [vəːrs] 시, 운문
- memorialize [məmɔ́ːriəlàiz] 추모하다, 기념하다
- posthumously [pɑ́stʃuməsli] 사후에, 죽은 뒤에
- induct [indʌ́kt] 가입시키다
- talented [tǽləntid] 재능이 있는
- stationary [stéiʃənèri] 고정된
- fabricate [fǽbrikèit] 제작하다, 만들다
- locomotive [lòukəmóutiv] 기관차
- display [displéi] 발휘하다
- manufacture [mæ̀njufǽktʃər] 생산하다, 제조하다

Quiz 각 단어의 알맞은 뜻을 찾아 연결하시오.

01	boast	ⓐ 과다한, 여분의	06	symbolize	ⓐ 가입시키다
02	revitalization	ⓑ 활성화	07	fabricate	ⓑ 제작하다, 만들다
03	torment	ⓒ 자랑하다, 뽐내다	08	violate	ⓒ 뻔뻔스럽게
04	unambiguous	ⓓ 비정규적으로, 비공식으로	09	induct	ⓓ 상징하다
05	informally	ⓔ 고통을 주다	10	blatantly	ⓔ 어기다, 위반하다
		ⓕ 분명한, 확실한			ⓕ 추모하다, 기념하다

- utilization [jùːtəlizéiʃən] 이용, 활용
- architect [áːrkətèkt] 건축가, 설계자
- innovative [ínəvèitiv] 혁신적인
- adopt [ədápt] 택하다, 채택하다
- instrumental [ìnstrəméntl] 동기가 되는
- nonprofit [nànpráfit] 비영리적인
- organization [ɔ̀ːrgənizéiʃən] 단체
- solely [sóulli] 오로지, 단지
- revenue [révənjùː] 수익, 수입
- norm [nɔːrm] 표준, 규격
- prohibit [prouhíbit] 금지하다
- adherence [ædhíːərəns] 충실, 고수
- disclose [disklóuz] 공개하다
- tolerant [tálərənt] 관대한, 아량이 있는
- climate [kláimit] 풍토, 기후
- contemporary [kəntémpərèri] 그 당시의, 동시대의
- racist [réisist] 인종 차별주의적인
- legislator [lédʒislèitər] 국회의원, 입법자
- denounce [dináuns] 맹렬히 비난하다
- competitor [kəmpétətər] 경쟁자
- instantly [ínstəntli] 즉시
- initial [iníʃəl] 처음의
- condition [kəndíʃən] 조건
- apply [əplái] 적용되다, 해당되다
- advertise [ǽdvərtàiz] 공시하다, 광고하다

- valid [vǽlid] 유효한
- reimburse [rìːimbə́ːrs] 보상하다, 변상하다
- footage [fútidʒ] 장면
- exhibition [èksibíʃən] 전시회
- showcase [ʃóukèis] 소개하다, 전시하다
- reminisce [rèminís] 추억하다
- tight [tait] 빡빡한, 단단한
- overseas [òuvərsíːz] 해외의
- reside [rizáid] 거주하다, 살다
- scholar [skálər] 학자
- theology [θiálədʒi] 신학
- misleading [mislíːdiŋ] 오해의 소지가 있는
- tenure [ténjər] 재임 기간
- portray [pɔːrtréi] 표현하다, 묘사하다
- conservative [kənsə́ːrvətiv] 보수적인
- secular [sékjulər] 세속적인
- condemnation [kàndemnéiʃən] 비난, 규탄
- neglect [niglékt] 하지 않다, 무시하다
- instruct [instrʌ́kt] 가르치다, 지시하다
- sympathetic [sìmpəθétik] 동조하는, 공감하는
- assertion [əsə́ːrʃən] 주장
- incomplete [ìnkəmplíːt] 불완전한
- depiction [dipíkʃən] 묘사, 서술
- principle [prínsəpl] 신념, 원칙
- embrace [imbréis] 받아들이다, 포용하다

Quiz 각 단어의 알맞은 뜻을 찾아 연결하시오.

01 contemporary	ⓐ 맹렬히 비난하다	06 reimburse	ⓐ 하지 않다, 무시하다
02 denounce	ⓑ 관대한, 아량이 있는	07 instruct	ⓑ 보상하다, 변상하다
03 adopt	ⓒ 그 당시의, 동시대의	08 reside	ⓒ 소개하다, 전시하다
04 adherence	ⓓ 충실, 고수	09 conservative	ⓓ 거주하다, 살다
05 tolerant	ⓔ 적용되다, 해당되다	10 neglect	ⓔ 보수적인
	ⓕ 택하다, 채택하다		ⓕ 가르치다, 지시하다

CHAPTER 06 추론 문제(Part 3&4)

■ 출제 포인트

· 추론 문제는 지문에 언급되어 있지 않은 내용을 바르게 유추한 것을 보기에서 선택하는 유형입니다.
· 추론 문제는 평균적으로 Part 3의 후반에 3문제 정도 나오며, Part 4에는 2~3문제 가량 나옵니다.

■ 예제

> The Association of Science Fiction Writers is promoting the Write Sci-Fi campaign to encourage young people to write science fiction. The campaign includes activities such as a book signing tour that brings famous authors to different schools, a storywriting contest for students, and lectures on the different Sci-Fi genres. So far, the campaign has generated positive feedback, which will guide the association in future endeavors.
>
> Q: What can be inferred about the Write Sci-Fi campaign?
>
> (a) It will financially reward talented writers.
> (b) It urges established writers to try sci-fi.
> (c) It aims to increase sales of sci-fi novels.
> (d) It has been met with a good response.

정답 (d)

해설 지문에서 추론할 수 있는 내용을 묻는 문제이므로 지문 전체의 내용을 파악합니다. 지문에서 공상 과학 소설을 쓰도록 장려하는 캠페인 활동을 소개하면서, so far, the campaign has generated positive feedback, which will guide the association in future endeavors(지금까지, 이 캠페인은 긍정적인 반응을 불러일으켰으며, 앞으로의 노력을 통해 협회를 이끌어 나갈 것입니다)라고 했습니다. 따라서 이 캠페인은 지금까지 긍정적인 결과를 보여주었다는 것을 알 수 있으며, 지문의 내용을 바탕으로 이 캠페인이 좋은 반응을 얻어왔다라고 추론한 (d)가 정답입니다.

해석 공상 과학 소설 작가 협회는 젊은 사람들이 공상 과학 소설을 쓰도록 장려하기 위해 공상 과학 소설 쓰기 캠페인을 홍보합니다. 이 캠페인은 여러 학교에 유명한 작가를 초빙하는 책 사인회 투어, 학생들을 위한 단편 글쓰기 대회, 그리고 여러 공상 과학 소설 장르에 대한 강의와 같은 활동들을 포함합니다. 지금까지, 이 캠페인은 긍정적인 반응을 불러일으켰으며, 앞으로의 노력을 통해 협회를 이끌어 나갈 것입니다.

Q: 공상 과학 소설 쓰기 캠페인에 대해 추론할 수 있는 것은 무엇인가?

(a) 재능있는 작가들에게 금전적으로 보상을 줄 것이다.
(b) 저명한 작가들에게 공상 과학 소설을 써보도록 권한다.
(c) 공상 과학 소설 판매를 증가시키는 것을 목표로 한다.
(d) 좋은 반응을 얻어왔다.

어휘 promote [prəmóut] 홍보하다   generate [dʒénərèit] 일으키다   endeavor [indévər] 노력
established [istǽbliʃt] 저명한, 존경받는

문제 풀이 Step

Step 1 질문 유형을 먼저 파악한 후, 지문을 읽으며 전체 내용 확인하기

추론 문제는 전체 내용을 이해해야만 알맞은 답을 고를 수 있는 경우가 많습니다. 따라서 지문 전체를 읽으며 중심 내용을 파악합니다.

Step 2 지문에 제시된 내용을 바탕으로 추론한 보기를 정답으로 고르기

지문의 내용을 바탕으로 가장 잘 추론한 보기를 정답으로 고릅니다.

HACKERS PRACTICE

01

The World Reindeer Games are here again and millions of fans are expected to flock to event venues throughout Anchorage. Animal TV understands that not everyone could make the trek to the games, and that they would like to watch them from the comfort of their own homes. Thus, we are offering a special two-week "broadcast package" that will show every event live. Unlike spotty network coverage, Animal TV will cover all of the action, from the opening ceremony to the final awards. Call our hotline at 555-3333 to get this special offer.

Q: What can be inferred from the advertisement?

(a) The subscription ends after the event.
(b) The games will be shown exclusively on Animal TV.

02

Musicians can play a classical piece even without the aid of a conductor, but an orchestra that is bereft of one lacks character. Often referred to as maestros, conductors act as the voices of composers. They attempt to get into the mindset of the composers and convey the intended feelings of a composition, fastidiously studying every score and breathing life into each individual note of a symphony. Conductors act as conduits between the composer and the musicians, creating an inimitable musical experience with every presentation.

Q: What can be inferred from the passage?

(a) Orchestra conductors are devoid of creative expression.
(b) Conductors try to interpret the intentions of a piece's composer.

03

> As technology advances and machines become capable of doing ever more tasks that were formally in the domain of humans, some forms of art are disappearing. One notable case is that of suminagashi, or Japanese paper marbling. Special inks and dyes are applied with a brush to the surface of water in a shallow tray. The practitioner then blows gently on the surface in order to manipulate the patterns the ink produces on the water. Once the desired pattern has been created, a piece of paper is gently rested on top of the design, which is then transferred to the paper.

Q: Which of the following can be inferred about suminagashi?

(a) Machines can accomplish its steps as well as humans did.
(b) It has become more popular now that anyone can do it.

04

> Sex education is a subject of intense debate in both social and political circle in India. Health professionals believe that sex education should be made a compulsory part of the curriculum because, in a country where it is still common for parents to marry off their children before they are 18, minors sometimes encounter sex at an early age. Experts also cite research indicating that one in every six Indian women aged 15 to 19 is a mother. However, policymakers in India maintain that teaching young people about sex is against the social ethos of the country and will encourage promiscuity.

Q: What can be inferred from the passage?

(a) Teachers in India are not required to teach about sex.
(b) Religious leaders are against sex education.

HACKERS TEST

01

Dear Sir,

In yesterday's episode of *Face the Country*, you contended that people must become vegetarians in order to live a truly ethical life. I concur with you, because slaying animals for food is simply abhorrent despite the meat industry's claim that livestock today are slaughtered humanely. Also, I believe that eating meat is unwarranted, since the same nutrients that are present in animal-based food can also be found in vegetarian dishes. It is my fervent wish that people will someday realize that a plant-based diet is best for humans and animals alike.

Sincerely,
Josh Brenner

Q: Which of the following statements would the writer most likely agree with?

(a) Butchers need to provide healthier cuts of meat.
(b) Meat eaters get sick more often than vegetarians.
(c) Vegetables and fruits are as nourishing as meat.
(d) A diverse diet of vegetables and meat is healthiest.

02

To keep your Floren espresso machine producing delectable coffee, observe the following care tips. Rinse the steam wand with warm water right after using it to froth milk. Used coffee grounds should be immediately discarded from the filter in the machine, which should then be washed under running water. These steps will prevent any blockage in your steam wand and filter. The drip tray should also be washed regularly. Do not use any abrasive materials to clean the machine housing. Using a damp cloth to wipe the surface will suffice.

Q: What can be inferred about the Floren espresso machine?

(a) It is recommended to clean it both inside and out.
(b) Its drip tray can be cleaned by using a scrubbing brush.
(c) It is designed to block the escape of steam from the filter.
(d) Its exterior can be cleaned using a dishwashing scrub.

03

Many farmers prefer the Suffolk Punch over other types of horses because it has highly desirable physical characteristics that make it ideal for agricultural work. The breed is short and hefty with a strong body and an energetic trot. It also reaches physical maturity earlier than other varieties of horses. Moreover, it is known among farmers as a hard worker, with anecdotal evidence suggesting that it will pull a heavy wagon continuously and will not stop until it falls down from exhaustion.

Q: What can be inferred about the Suffolk Punch?

(a) It is the sole breed of horse used on farms.
(b) It is often used to transport heavy loads.
(c) It is prized by many farmers for its long life span.
(d) It is not suited for demanding tasks.

04

The convenience of modern life has made it easy for children to take things for granted. Take vegetables, for example. My children grew up thinking of vegetables as the unappetizing stuff that adults buy at the grocery store. Because of this, I decided to plant a vegetable garden in my backyard. When I got my children involved in growing our own vegetables, they realized the hard work it takes to put food on the table.

Q: Which of the following would the writer agree with?

(a) Gardening gives children an appreciation for food.
(b) Gardens provide children a glimpse of rural life.
(c) Children eat more vegetables when they are grown at home.
(d) Growing vegetables gives children a sense of achievement.

05

Walter Bagehot was one of the most influential British political analysts of the 19th century. Editor-in-chief of *The Economist*, a prominent British newspaper, Bagehot also wrote several important books on politics. Despite his knowledge, he was unable to achieve his goal of holding political office. Why did Bagehot suffer losses in the three parliamentary elections he participated in? The most likely reason is that Bagehot was an unskilled speaker in a time when voters judged candidates primarily on what they said in public forums.

Q: What can be inferred about Walter Bagehot?

(a) He was highly esteemed in the parliamentary elections he competed in.
(b) He provided advice to election candidates through his books.
(c) He was unpopular with voters because he wasn't a skilled speaker.
(d) His publications were based on his experiences in political office.

06

The Advanced Reading Institute of America provides weekly tutorials for children to improve their reading comprehension skills. Rather than simply using printed materials, the institute's well-trained tutors use a variety of teaching aids. In addition to books, educational computer programs, books-on-tape for children, and age-appropriate board games are available. The institute also requests that parents take part in improving their children's reading skills by regularly reading them bedtime stories.

Q: What can be inferred about the Advanced Reading Institute?

(a) Its tutors use simple reading materials.
(b) It uses various types of audiovisual teaching aids.
(c) Its students are told to read alone at home.
(d) It cannot succeed without the volunteering of parents.

07

For most students, long-stem roses are too expensive to be a feasible Valentine's Day gift. To save money, however, you can always plant and pick some beautiful red roses yourself. Or if you don't have your own garden, just ask a neighbor who has a garden. Even if they want some form of payment, it'll likely be much cheaper than you would have paid for a dozen roses at a florist. More importantly, your valentine will like your gift better because it will have a personal touch not found in any store-bought bouquet.

Q: What can be inferred about flowers as valentine gifts?

(a) They have become less popular because of their cost.
(b) They are the valentine gift of choice among students.
(c) They are more appreciated if not purchased from a flower shop.
(d) They are more expensive if grown in small backyard gardens.

08

During the brief reign of democratically elected president Salvador Allende in the early 1970s, Chile focused on providing economic opportunities and redistributing wealth to the country's poorest citizens. To this end, entire industries were nationalized and wages for low-level workers increased. These moves threatened the interests of many wealthy landowners and industrialists, including those of American companies who operated in the region. In 1973, General Augusto Pinochet successfully launched a coup backed by opposition groups and the American CIA. The military junta that took power, led by Pinochet, suspended the constitution and banned all political activity, leading to widespread suppression of any perceived opposition.

Q: Which of the following can be inferred from the passage?

(a) Allende was more concerned than Pinochet with empowering citizens.
(b) The Chilean economy collapsed as a result of the military coup.
(c) Augusto Pinochet represented progressive political ideologies in Chilean society.
(d) A larger military presence was necessary in Chile to bring about public order.

09~10

The *Weekly Tribune*, the leading news magazine in the country, will honor the nation's young humanitarians in a special issue to be published at the end of next month. We encourage you, our readers, to nominate someone in your area who is under 18 years old but who, despite his or her young age, has already contributed significantly to improving the community.

We are especially seeking nominees who are actively involved in the fields of health or education, either by volunteering or by raising awareness about an important issue. Please note that we will not consider a nominee who is employed by a large nongovernmental organization. Furthermore, we cannot feature anyone who holds a paid position related to charitable activities. A distinguished panel of judges will evaluate the nominees and select 10 to be featured in the special issue of our magazine. They will appear in alphabetical order, and each will have a full page devoted to describing their achievements.

09. Q: Which of the following is correct about the *Weekly Tribune*?

 (a) It will publish an issue devoted to humanitarian work every year.
 (b) It will ask readers to vote on the nominated young people.
 (c) It will feature youths who have positively impacted their local area.
 (d) It will interview all of the 10 featured nominees.

10. Q: What can be inferred from the advertisement?

 (a) There are very few young people volunteering in the health sector.
 (b) The special issue will celebrate people who are not compensated for charitable work.
 (c) The panel of judges will be made up of influential political figures.
 (d) More pages will be dedicated to people with greater achievements.

11~12

The Idaho Times
Regional News

Post Office to Implement Changes after Local Aviation Mishap

By Brett Hayes

Hundreds of letters rained down on cornfields as stunned residents of the town of Sholes looked on. This happened after the cargo hatch of a low-flying, single-engine postal service plane accidentally opened and discharged the mail. Nobody was hurt, but the employee union of the postal service called for an investigation to see if its planes were safe to fly. Most of the mail was later recovered and delivered to its recipients.

The postal service's recent accident is likely to speed up its introduction of drone technology. The postal service has been running tests of mail delivery drones because their use will dramatically lower operating costs. Most importantly, since they can reach remote corners of the country, they will be able to replace current airmail service. Drones that deliver packages weighing one kilogram or less may be introduced as early as next year.

11. Q: What occurred as a result of the incident in Sholes?

(a) Hundreds of complaints were filed by mail recipients.
(b) A safety assessment was requested.
(c) A post office pilot was discharged from his job.
(d) Cornfields were rendered inaccessible.

12. Q: What can be inferred about drones from the passage?

(a) They are not yet capable of travelling to some remote areas.
(b) They currently cost too much for the postal service to use regularly.
(c) They will be the most advanced technology owned by the postal service.
(d) They will likely make the use of delivery aircrafts obsolete.

정답 p.25

CHAPTER 06 텝스 핵심 어휘와 퀴즈

Chapter 06에서 선별한 다음의 텝스 핵심 어휘를 암기한 후 퀴즈로 확인해 보세요.

- flock [flɑk] 모이다, 떼 지어 오다
- venue [vénju:] 장소
- thus [ðʌs] 그러므로
- broadcast [brɔ́:dkæst] 방송; 방송하다
- coverage [kʌ́vəridʒ] 방송, 보도
- aid [eid] 도움
- bereft [biréft] ~을 상실한
- composer [kəmpóuzər] 작곡가
- intended [inténdid] 의도된
- fastidious [fæstídiəs] 세심한, 꼼꼼한
- score [skɔ:r] 악보
- conduit [kʌ́ndwit] 통로, 도관
- inimitable [inímətəbl] 모방할 수 없는
- devoid [divɔ́id] ~이 없는, 결여된
- advance [ædvǽns] 진보하다, 발전하다
- domain [douméin] 영역
- practitioner [præktíʃənər] 전문가
- transfer [trænsfə́:r] 옮기다, 전달하다, 이송하다
- accomplish [əkʌ́mpliʃ] 완수하다, 성취하다
- intense [inténs] 치열한, 강렬한
- debate [dibéit] 논쟁, 논의
- circle [sə́:rkl] 분야, 계, 사회
- compulsory [kəmpʌ́lsəri] 필수의, 의무적인
- encounter [inkáuntər] 접하다, 마주하다
- ethos [í:θɑs] 기풍
- ethical [éθikəl] 윤리적인, 도덕적인
- concur [kənkə́:r] 동의하다
- slay [slei] 죽이다
- abhorrent [æbhɔ́:rənt] 혐오스러운
- humanely [hju:méinli] 인도적으로, 자비롭게
- unwarranted [ʌ̀nwɔ́:rəntid] 부당한, 불필요한
- fervent [fə́:rvənt] 열렬한, 강렬한
- diet [dáiət] 식단, 식습관
- nourishing [nə́:riʃiŋ] 영양가 있는
- delectable [diléktəbl] 맛있는
- observe [əbzə́:rv] 준수하다
- discard [diskɑ́:rd] 제거하다, 폐기하다
- blockage [blɑ́kidʒ] 막힘, 막힌 상태
- abrasive [əbréisiv] 마모시킬 수 있는
- damp [dæmp] 축축한
- suffice [səfáis] 충분하다
- desirable [dizáiərəbl] 바람직한, 호감이 가는
- breed [bri:d] 품종
- hefty [héfti] 크고 튼튼한, 강한
- energetic [ènərdʒétik] 활동적인, 원기 왕성한
- maturity [mətʃúərəti] 성숙, 성숙함
- variety [vəráiəti] 종류, 다양
- anecdotal [æ̀nikdóutl] 일화의
- continuously [kəntínjuəsli] 계속해서, 연속적으로
- exhaustion [igzɔ́:stʃən] 탈진, 고갈

Quiz 각 단어의 알맞은 뜻을 찾아 연결하시오.

01 advance	ⓐ ~을 상실한	06 humanely	ⓐ 계속해서, 연속적으로
02 compulsory	ⓑ 세심한, 꼼꼼한	07 observe	ⓑ 바람직한, 호감이 가는
03 fastidious	ⓒ 필수의, 의무적인	08 concur	ⓒ 준수하다
04 encounter	ⓓ 진보하다, 발전하다	09 desirable	ⓓ 열렬한, 강렬한
05 bereft	ⓔ 접하다, 마주하다	10 fervent	ⓔ 인도적으로, 자비롭게
	ⓕ 옮기다, 전달하다		ⓕ 동의하다

- convenience [kənví:njəns] 편리함, 편의
- contend [kənténd] 주장하다
- unappetizing [ʌnǽpətàiziŋ] 맛없는
- plant [plænt] 가꾸다, 심다
- involve [inválv] 참여시키다
- realize [rí:əlàiz] 깨닫다, 알아차리다
- glimpse [glimps] 어렴풋이 앎, 흘끗 봄
- rural [rúərəl] 시골의, 지방의
- influential [ìnfluénʃəl] 영향력 있는
- analyst [ǽnəlist] 분석가
- prominent [prámənənt] 저명한
- parliamentary [pà:rləméntəri] 의회의
- candidate [kǽndidèit] 입후보자
- material [mətíəriəl] 자료, 재료
- educational [èdʒukéiʃənl] 교육적인, 교육의
- request [rikwést] 요청하다, 요구하다
- regularly [régjulərli] 정기적으로
- appreciate [əprí:ʃièit] 고마워하다, 감사하다
- purchase [pə́:rtʃəs] 사다, 구입하다
- reign [rein] 통치
- democratic [dèməkrǽtik] 민주주의의, 민주적인
- redistribute [rì:distríbjut] 재분배하다
- nationalize [nǽʃənəlàiz] 국영화하다
- coup [ku:] 쿠데타
- junta [húntə] 군사 정권

- constitution [kànstətjú:ʃən] 헌법
- suppression [səpréʃən] 억제
- empower [impáuər] 권력을 부여하다
- progressive [prəgrésiv] 진보적인
- humanitarian [hju:mæ̀nitɛ́əriən] 인도주의자
- nominee [nàməní:] 후보
- awareness [əwɛ́ərnis] 의식
- nongovernmental [nàngʌvərnméntəl] 민간의
- charitable [tʃǽritəbl] 자선의
- distinguished [distíŋgwiʃt] 저명한
- evaluate [ivǽljuèit] 평가하다
- honoree [ànərí:] 수상자
- activism [ǽktəvìzm] 행동주의
- recognize [rékəgnàiz] 인정하다, 알아보다
- subscriber [səbskráibər] 구독자
- eligible [élidʒəbl] 자격이 있는, 적합한
- stunned [stʌnd] 깜짝 놀란
- cargo [ká:rgou] 화물
- hatch [hætʃ] 출입구
- investigation [invèstəgéiʃən] 조사, 수사
- dramatically [drəmǽtikəli] 극적으로
- remote [rimóut] 외딴
- incident [ínsədənt] 사고, 사건
- assessment [əsésmənt] 평가
- render [réndər] ~이 되게 하다, 만들다

Quiz 각 단어의 알맞은 뜻을 찾아 연결하시오.

01 redistribute	ⓐ 저명한	06 progressive	ⓐ 권력을 부여하다
02 contend	ⓑ 재분배하다	07 awareness	ⓑ 억제
03 prominent	ⓒ 어렴풋이 앎, 흘끗 봄	08 incident	ⓒ 의식
04 glimpse	ⓓ 요청하다, 요구하다	09 empower	ⓓ 사고, 사건
05 realize	ⓔ 주장하다	10 suppression	ⓔ 진보적인
	ⓕ 깨닫다, 알아차리다		ⓕ 탐내다, 갈망하다

주제별 기출 어휘

템스 독해 지문에 주제별로 출제된 어휘를 익혀두면 지문을 정확히 이해하여 문제를 푸는 데 도움이 되므로 반드시 외워두세요.

광고

상점·제품 광고

- grand opening (상점) 개장, 개점
- local dealer 지역 판매업자
- special deal 특별 가격
- exclusive offer 단독 제공
- heavily discounted 대폭 할인되는
- membership discount 회원가 할인
- members-only 회원제의
- flat rate 균일 요금
- exchange policy 교환 방침
- refund[rifʌ́nd] 환불; 환불하다
- non-refundable 환불이 불가능한
- available[əvéiləbl] (구매) 가능한
- supply[səplái] 공급하다
- deliver[dilívər] 배달하다
- introduce[ìntrədʒúːs] (신제품을) 소개하다, 발표하다
- subscribe[səbskráib] 구독하다
- best-selling 베스트셀러인, 가장 잘 팔리는
- up-to-date 최신의
- high-quality 고급의
- long-lasting 오래 지속되는
- superior[səpíəriər] 월등한, 우월한
- guarantee[gæ̀rəntíː] 보증하다
- specialty[spéʃəlti] 특제품, 특수성
- feature[fíːtʃər] 특징, 특성
- limited production 한정 생산
- repair option 수리 선택 사항

관광지·관광 상품 광고

- tourist attraction 관광 명소, 여행지
- historical site 유적지
- boast[boust] 자랑하다, 뽐내다
- panoramic view 전경, 경관
- luxurious[lʌgʒúəriəs] 호화로운, 아주 편안한
- tour package 여행 패키지
- all-inclusive package 모든 것을 포함한 패키지
- information hotline 정보 상담 전화

구인 광고

- professional career 직업상 경력
- application[æ̀pləkéiʃən] 지원서
- submit[səbmít] 제출하다
- request an interview 인터뷰를 요청하다
- participate in ~에 참가하다
- consortium[kənsɔ́ːrʃiəm] 협회, 조합
- disqualified[diskwáləfàid] 자격이 박탈된
- receive priority 우선권을 부여 받다

기사

경제·정치 기사

- currency [kə́:rənsi] 통화
- depreciate [diprí:ʃièit] 가치가 떨어지다
- deflate [difléit] (물가를) 끌어내리다
- budget deficit 예산 적자
- market access 시장 진입
- merger [mə́:rdʒər] 합병
- transaction [trænsǽkʃən] 거래, 매매
- demand [dimǽnd] 수요, 요구
- fiscal management 국가 재정 관리
- financial help 재정적 도움
- globalization [glòubəlaizéiʃən] 세계화
- domestic market 국내 시장
- electronic trading (온라인) 전자 무역
- opposition party 야당
- municipality [mju:nìsəpǽləti] 지방자치제
- reform [rifɔ́:rm] 개혁하다

환경 기사

- air pollutant 공기 오염 물질
- cost-effective 비용 효율이 높은
- environmentally-friendly 친환경적인
- alternative fuel 대체 연료
- earthquake [ə́:rθkwèik] 지진
- wilderness [wíldərnis] 황야, 황무지
- preserve [prizə́:rv] 보존하다
- trash receptacle 쓰레기통
- landslide [lǽndslàid] 산사태
- environmentalist [invàiərənméntəlist] 환경학자

보건·복지 기사

- public health 공중 보건
- health advocate 건강 옹호자
- trans fat 트랜스 지방
- intake [íntèik] 섭취
- examine [igzǽmin] 검사하다
- medical procedure 의학 시술
- infrastructure [ínfrəstrʌ̀ktʃər] 사회 기반 시설
- social service 사회 복지 사업
- seizure [sí:ʒər] 발작
- abnormality [æ̀bnɔ:rmǽləti] 기형, 이상
- congenital defect 선천성 결손
- ultrasound [ʌ́ltrəsàund] 초음파
- medical equipment 의료 기기
- genetic variation 유전적 변이
- deficiency [difíʃənsi] 결핍
- Food and Drug Administration (미국) 식품 의약국

사건·사고 기사

- arson [á:rsn] 방화
- explosive [iksplóusiv] 폭발물
- catastrophe [kətǽstrəfi] 참사, 재앙
- fraud [frɔ:d] 사기
- penitentiary [pènətén∫əri] 교도소
- protester [prətéstər] 시위자
- activist [ǽktəvist] 운동가
- boycott [bɔ́ikɑt] (구매, 사용을) 거부하다
- prohibit [prouhíbit] 금지하다
- backtrack [bǽktræk] 철회하다
- controversy [kántrəvə̀:rsi] 논란
- offensive [əfénsiv] 모욕적인, 불쾌한

편지

통보 / 요청 편지

- reject [ridʒékt] 거절하다
- enlist [inlíst] 입대하다, 요청하다
- inform [infɔ́ːrm] 알리다
- consideration [kənsìdəréiʃən] 고려 사항, 숙고
- obligation [àbləɡéiʃən] 의무
- dismantle [dismǽntl] 해체하다
- review [rivjúː] 검토하다
- allegation [æ̀ləɡéiʃən] 혐의, 주장
- request [rikwést] 요청하다
- negotiation [niɡòuʃiéiʃən] 협상
- recommend [rèkəménd] 추천하다, 제안하다
- responsible [rispánsəbl] 책임이 있는
- official [əfíʃl] 공식적인, 공무상의
- in advance 미리, 사전에
- accept [əksépt] 받아 주다, 수락하다
- take pity 가련히 여기다
- withdraw [wiðdrɔ́ː] 철수하다, 물러나다
- reconsider [rìːkənsídər] 재고하다

감사 / 안부 / 축하 편지

- appreciate [əpríːʃièit] 고마워하다
- convey gratitude 감사를 전달하다
- contribution [kàntrəbjúːʃən] 공헌, 기여
- donation [dounéiʃən] 기부
- volunteer [vàləntíər] 자원 봉사자
- assistance [əsístəns] 지원, 원조
- generous [dʒénərəs] 너그러운, 자비로운
- heartfelt [háːrtfèlt] 진심 어린
- encourage [inkə́ːridʒ] 용기를 북돋아 주다
- invitation [ìnvətéiʃən] 초대
- welcome [wélkəm] 환영하다
- Congratulations. 축하합니다.
- effort [éfərt] 수고, 애
- adjustment [ədʒʌ́stmənt] 적응, 조정
- typical [típikl] 전형적인, 대표적인
- daily routine 일상 업무

사과 / 불만 편지

- apologize [əpálədʒàiz] 사과하다
- discredit [diskrédit] 신뢰를 떨어트리다
- disappointed [dìsəpɔ́intid] 실망한, 낙담한
- unexpected [ʌ̀nikspéktid] 예상치 못한
- heartbroken [háːrtbròukən] 슬픔에 잠긴, 비통한
- unfortunate [ʌnfɔ́ːrtʃənət] 운이 없는, 불행한
- misplacement [mispléismənt] 오해, 당치않음
- disagree [dìsəɡríː] 반대하다
- criticize [krítəsàiz] 비판하다, 비평하다
- malfunction [mælfʌ́ŋkʃən] (기계가) 제대로 작동하지 않다
- violation [vàiəléiʃən] 위반, 위배
- injurious [indʒúəriəs] 부정한, 해로운
- impractical [imprǽktikəl] 터무니없는, 비현실적인
- mistreatment [mistríːtmənt] 잘못, 학대
- accuse [əkjúːz] 고발하다, 혐의를 제기하다
- intimidate [intímədèit] 겁을 주다, 위협하다
- reemphasize [rìːémfəsàiz] 다시 강조하다
- suffer [sʌ́fər] 시달리다, 고통 받다
- exaggerate [iɡzǽdʒəreit] 과장하다
- tantamount [tǽntəmaunt] (나쁜 효과가) ~에 상당하는
- amendment [əméndmənt] (법 등의) 개정, 수정
- adverse consequence 불리한 결과

역사 (History)

- monarch [mánərk] 군주
- throne [θroun] 왕위
- reign [rein] 통치
- dominion [dəmínjən] 지배, 지배권
- territory [térətɔ̀:ri] 영토
- prosperity [prɑspérəti] 번영, 번성
- colony [káləni] 식민지
- independent [ìndipéndənt] 독립된, 독립적인
- civil war 내전
- possession [pəzéʃən] 소유물
- antiquity [æntíkwəti] 고대, 낡음
- diplomatic tie 외교 관계, 수교

예술 (Art)

- conductor [kəndʌ́ktər] 지휘자
- composition [kàmpəzíʃən] 작곡
- appreciation [əprì:ʃiéiʃən] 감상
- masterpiece [mǽstərpì:s] 명작
- mesmerize [mézməràiz] 매료시키다
- critical acclaim 비평가들의 찬사
- decorative [dékərətiv] 장식의
- portrait [pɔ́:rtrit] 인물화
- aesthetic [esθétik] 미의, 미적의
- marbling [má:rbliŋ] 마블링
- sculpture [skʌ́lptʃər] 조각
- inspiration [ìnspəréiʃən] 영감

문학 (Literature)

- publish [pʌ́bliʃ] 출판하다
- main character 주인공
- portray [pɔ:rtréi] (글, 그림으로) 묘사하다
- film adaptation 영화 각색
- theme [θi:m] 주제
- originality [ərìdʒənǽləti] 독창성
- literary award 문학상
- personification [pə:rsànəfikéiʃən] 의인화

언어 (Language)

- auxiliary language 보조언어
- tongue [tʌŋ] 언어
- grammatical feature 문법적 특성
- linguist [líŋgwist] 언어학자
- literacy rate 글을 아는 국민의 비율
- dialect [dáiəlèkt] 사투리, 방언
- second language 제2외국어
- communication [kəmjù:nəkéiʃən] 의사소통
- information transmission 정보 전달
- cryptography [kriptágrəfi] 암호 작성술, 해독술
- decipher [disáifər] (암호를) 해독하다
- encode [inkóud] 암호화하다

종교 (Religion)

- Scripture [skríptʃər] 성서, 성경
- baptism [bǽptizm] 세례
- holy [hóuli] 신성한
- Protestant Reformation 종교 개혁
- salvation [sælvéiʃən] 구원
- deliverance [dilívərəns] 구제, 구원
- belief [bilíːf] 믿음, 신념
- theologist [θiálədʒist] 신학자

철학 (Philosophy)

- philosophical belief 철학적 믿음
- paradox [pǽrədàks] 역설
- philosopher [filásəfər] 철학자
- superstition [sùːpərstíʃən] 미신
- logical inconsistency 논리적 불일치
- meditation [mèdətéiʃən] 묵상, 명상

경제 (Economy)

- economic [èkənámik] 경제의
- demand [dimǽnd] 수요
- global recession 세계 (경제) 불황
- expenditure [ikspénditʃər] 지출
- debt [det] 빚
- bankruptcy [bǽŋkrʌptsi] 파산
- international trade 국제 무역
- foreign aid 국제 원조
- fiscal policy 재정 정책
- letter of credit 신용장
- deregulation [diːrègjuléiʃən] 규제 완화
- proviso [prəváizou] (법령·조약 등의) 조건, 단서

법 (Law)

- Supreme Court 대법원
- appeal [əpíːl] 항소
- high court 고등법원
- rule [ruːl] 판결을 내리다
- sue [suː] 고소하다
- constitution [kànstətjúːʃən] 헌법

사회 문화 (Social Culture)

- arranged marriage 중매 결혼
- patrilineal [pǽtrəlíniəl] 부계의
- compatibility [kəmpætəbíləti] 공존 가능성, 호환성
- native inhabitant 원주민

의학 (Medical Science)

- autism [ɔ́:tizm] 자폐증
- blood pressure 혈압
- hypertension [hàipərténʃən] 고혈압
- diabetes [dàiəbí:tis] 당뇨병
- digestive [didʒéstiv] 소화의, 소화기의
- painkiller [péinkìlər] 진통제
- prescription [priskrípʃən] 처방전
- antidepressant [æntidiprésənt] 항우울제
- antioxidant [æ̀ntiɑ́ksədənt] 항산화제
- viral infection 바이러스 감염
- influenza 독감
- pharmaceutical [fɑ̀ːrməsúːtikəl] 제약의
- over-the-counter 처방전 없이 살 수 있는
- concoction [kɑnkɑ́kʃən] (약물의) 혼합물, 조제약
- placebo [pləsíːbou] 플라시보, 속임약
- undernourishment [ʌ̀ndərnɔ́ːriʃmənt] 영양 실조

생물 (Biology)

- crossbreed [krɔ́:sbrì:d] 이종 교배하다
- progeny [prɑ́dʒəni] 자손
- offspring [ɔ́:fspriŋ] 새끼, 자식
- trait [treit] 특성
- genetically [dʒənétikəli] 유전적으로
- expression [ikspréʃən] 발현, 표현
- prevalence [prévələns] 출현율
- waste product 노폐물
- excrete [ikskrí:t] 배출하다
- cognitive skill 인식 능력
- carnivorous [kɑːrnívərəs] 육식성의
- primate [práimèit] 영장류
- bipedal [báipèdəl] 두발로 걷는 직립 보행의
- extinction [ikstíŋkʃən] 멸종

지구 과학 (Earth Science)

- cosmos [kɑ́zməs] 우주
- astronomy [əstrɑ́nəmi] 천문학
- space probe 우주 탐사선
- celestial body 천체
- comet [kɑ́mit] 혜성
- asteroid [ǽstərɔ̀id] 소행성
- orbit [ɔ́:rbit] (다른 천체의) 궤도를 돌다
- deuterium [djuːtíəriəm] 중수소

환경 (Environment)

- global warming 지구 온난화
- climatologist [klàimətɑ́lədʒist] 기후학자
- ultraviolet radiation 자외선
- ozone layer 오존층
- human activity 인간 활동
- conservation [kɑ̀nsərvéiʃən] 보호, 보존
- desalination [diːsæ̀lənéiʃən] 담수화, 염분 제거
- incinerate [insínərèit] 소각하다
- landfill [lǽndfil] 매립지
- biodegradable [bàioudigréidəbl] 자연 분해성의

시험에 나올 문제를 미리
풀어보고 싶을 땐?

해커스텝스(HackersTEPS.com)에서
텝스 적중예상특강 보기!

해커스 텝스 중급 독해·어휘

MINI TEST

Mini Test 1
Mini Test 2
Mini Test 3
Mini Test 4
Mini Test 5

MINI TEST 1

Part 1 Questions 01~03
Read the passage. Then choose the option that best completes the passage.

01

Scientists have discovered that people who lack sleep are at greater risk of _____ _____. They monitored the sleeping habits of 500 people and checked the amount of coronary calcium deposits in each subject. Upon examining the results of the study, they concluded that the amount of deposits was inversely proportionate to the amount of sleep the people had received. This means that when people lack sleep, calcium buildup in their arteries increases, making them susceptible to plaques that cause coronary failure, eventually leading to various cardiovascular diseases.

(a) developing brittle bones
(b) suffering a heart attack
(c) having a calcium deficiency
(d) experiencing a lack of energy

02

Scientists predict that the increasing world population will lead to competition for clean water. Although the earth's surface is composed mainly of liquid, only 3 percent is freshwater that can be used for drinking and agriculture. The cost of converting saline to drinkable water is prohibitive, so desalination is not viable. Because the world's increasing population will further tax already strained water resources, it is necessary _____ _____. This can be done through simple behavioral changes like turning off the faucet while brushing your teeth and taking showers instead of baths.

(a) to pinpoint the exact cause
(b) to modify home plumbing systems
(c) to research desalinization technology
(d) to economize on water usage

03

For thousands of years, the region that now comprises the US state of Alaska was inhabited by Tlinga, Haida, and Aleut natives. In 1741, Russian explorer Vitus Bering led an expedition to the area, and a settlement was founded. Over the ensuing century, European and American ships sailed to the area, all hoping to stake a claim. Russia sold the territory to the United States for the paltry sum of seven million dollars in 1867, but the immediate value of the land was not clear. _____, extensive gold and oil resources were found there, which justified what many had once considered a foolhardy purchase.

(a) Specifically
(b) Ultimately
(c) Hence
(d) Overall

Part 2 Question 04
Read the passage. Then identify the option that does NOT belong.

04

Sweetsville invites you to the grand opening of our gourmet dessert shop. (a) We have a wide selection of cakes, ranging from classic favorites to unique creations whipped up by our elite pastry chefs. (b) We also offer scrumptious pies and pastries, including a featured specialty from a different country of origin each week. (c) Additionally, we serve freshly brewed coffee drinks and a selection of organic herbal teas. (d) Drinking tea is known to be beneficial to your health, so we highly recommend drinking a cup every day.

Part 3 Questions 05~08
Read the passage and the question. Then choose the option that best answers the questions.

05

Dear Mr. Cartwright,

I am grateful to have had the opportunity to meet with you during the recent Agricultural Expo. I believe that my fertilizer products will greatly increase the quantity of your harvest and improve the quality of your crops. I look forward to establishing a successful partnership with you. Please review the enclosed documents, which we can use as a basis to conduct negotiations.

Respectfully,
Dexter Hammonds

Q: What is the letter mainly about?

(a) A product presentation
(b) A business proposal
(c) A property negotiation
(d) A farming conference

06

The border collie is known as the most intelligent of all dog breeds. Scientific experiments have shown that it has extraordinary cognitive skills. For example, one has learned the names of more than a thousand objects and can classify them in terms of function and shape. However, this high level of intelligence is also the reason some border collies become dysfunctional. They need continuous mental stimulation, which many owners cannot provide. As a result, the dogs become depressed due to unremitting ennui.

Q: Which of the following is correct about border collies according to the report?

(a) They turn violent when not played with.
(b) They are a highly sociable breed of dog.
(c) They are well suited for biological research.
(d) They can comprehend a wide range of vocabulary.

07

Woman With a Hat is an ideal example of a work from the transitory art movement known as Fauvism, which flourished in France in the early 1900s. It is characterized by the use of bold and audacious colors applied with quick and aggressive brushstrokes as a way of communicating the artist's sentiments. The Fauves, a moniker given to those who utilized the style, were led by Henri Matisse, who was profoundly influenced by the striking techniques of Post-Impressionist artists, particularly Gauguin and Van Gogh. The Fauves used pure color expressively rather than realistically, resulting in bursts of vivid colors across the canvas.

Q: What can be inferred from the passage?

(a) Fauvism expresses the unfettered emotions of the artist.
(b) Post-Impressionism was a method originated by Gauguin.
(c) *Woman With a Hat* was perceived as the pinnacle of Matisse's career.
(d) The Fauves created a famous series of female paintings.

08

Dear Editor,

Your article about smartphones overlooks some basic truths. Although smartphones are supposed to improve communication by keeping us connected at all times, they have actually isolated us more than ever. Rather than spend actual time with friends and loved ones, we text them or constantly check their posts on social media. We may think this a convenient way to keep in touch, but in reality, it leads to increased anxiety and depression. Human beings are inherently social beings that rely on the companionship of others for their emotional well-being. A smartphone, as handy as it might seem, cannot provide that.

Sincerely,
Jack Collins

Q: Why are people more depressed according to the passage?

(a) They have fewer opportunities to be alone.
(b) They are unable to connect with others online.
(c) They have social needs that are not being satisfied.
(d) They compare themselves to others on social media.

Part 4 Questions 09~10

Read the passage and the questions. Then choose the option that best answers each question.

09~10

Early Catholics believed that all members of the church should be baptized. They argued that baptism was necessary for salvation, and, for centuries, the rite was performed soon after birth. However, objections to infant baptism were raised in the 16th century by members of a new Protestant movement called Anabaptism. The Anabaptists claimed that baptism should take place during adulthood, when a person is mature.

In response to the Anabaptists, the reformist leader Huldrych Zwingli, who preached in a church in Zurich, contended that, although the Bible describes baptism, it is not essential for deliverance from sin. He said that baptism was merely a pledge to follow the teachings of scripture. He also accused Catholics of superstition because they thought that baptism absolved them of the original sin supposedly committed by Adam and Eve. Zwingli's position on baptism had an enduring influence on Protestant churches.

09. Q: What is the main topic of the passage?

   (a) Biblical teachings about the rite of baptism
   (b) The reason Catholics are baptized
   (c) Different views about baptism
   (d) Membership requirements for the Catholic church

10. Q: Which of the following is correct according to the passage?

   (a) Huldrych Zwingli claimed that regular church attendance is essential.
   (b) The concept of original sin changed greatly during the 16th century.
   (c) Huldrych Zwingli was critical of the teachings of the Catholic church.
   (d) The ideas of the Anabaptists are no longer put into practice.

MINI TEST 2

해커스 텝스 중급 독해·어휘

Part 1 Questions 01~03
Read the passage. Then choose the option that best completes the passage.

01

New DNA analysis has revealed information that could change theories about when the moa, a prehistoric flightless bird from New Zealand, lost its ability to fly. Scientists say the bird was more closely related to the flighted tinamou of South America rather than to a flightless ancestor like the kiwi, as was previously thought. It had always been believed that the moa and other ratites birds like the ostrich and emu initially evolved as flightless creatures. However, the scientists suggest that the moa became too heavy for its wings to support, _____.

(a) forcing it to develop into a land dweller
(b) causing it to rapidly become extinct
(c) making it easy prey for bird hunters
(d) leading to competition among ratites

02

Thank you for joining _____, the Literary Society. The organization mails a monthly periodical to all its members to inform them about new books available. Its panel of critics provides reviews and recommendations, and each selects several outstanding volumes of the month as a service to members seeking guidance on what to buy. Loyal members are frequently offered free books and heavily discounted volumes. Browse through the enclosed catalog and choose from the thousands of items on sale.

(a) the editorial panel of our monthly magazine
(b) the country's largest group for literature lovers
(c) the mailing list for our bookshop
(d) the nation's biggest discount club

03

In the late 20th century, composers classified by musicologists as "holy minimalists" created a new genre that invigorated the world of music. Holy minimalism is a postmodern style that evokes contemplative mysticism by infusing simple and repetitive melodies with the spirit of medieval choral music and hymns. However, writers of the music have little in common, possessing disparate nationalities, religions, and musical inspirations. _____, they believe that they do not constitute a uniform school of music.

(a) Accordingly
(b) For instance
(c) Nevertheless
(d) Meanwhile

Part 2 Question 04
Read the passage. Then identify the option that does NOT belong.

04

Sinclair Lewis was a novelist whose satirical books were widely acclaimed by literary critics and readers alike. (a) His most popular novel, Main Street, is a humorous criticism directed against both rural folk and the superficial urban intellectuals who despise them. (b) The book is important because it is one of the first American novels with a strong female protagonist. (c) Main Street's commercial success convinced Lewis that readers like satire. (d) As he expected, his next book along these lines, Babbit, became a bestseller and was even made into a movie twice.

Part 3 Questions 05~08

Read the passage and the question. Then choose the option that best answers the questions.

05

In modern economics, two competing theories are at the forefront of discussion: demand-side theory and supply-side theory. Supply-side theory was formulated in the 1970s and was an integral part of US President Ronald Reagan and UK Prime Minister Margaret Thatcher's fiscal policies in the 1980s. In short, the theory states that barriers to production should be removed to grow an economy, which means favoring deregulation and the lowering of income taxes. On the other hand, demand-side theory dictates that government intervention is necessary to boost demand for goods, even if it means amassing a budget deficit.

Q: What is the passage mainly about?

(a) Opposing theories of how economies best function
(b) The predominant economic ideas of Reagan and Thatcher
(c) How supply-side economics evolved over time
(d) Differences in how two countries approach finance

06

The British Empire encompassed a vast territory during its heyday from the late 19th to the early 20th century. As a result of Britain exporting its culture to colonies across the world, countries that are geographically far apart still share many of the same traditions. Erstwhile possessions of the UK as disparate as Canada, Lesotho, and Vanuatu all have English as an official language, use the British spelling of words, and employ similar political systems. Due to their cultural affinity, most ex-dependencies of Britain have forged very close diplomatic ties.

Q: Which of the following is correct according to the passage?

(a) The British Empire started expanding during the early 1900s.
(b) Britain's ex-colonies shed all vestiges of imperial rule.
(c) Former UK colonies enjoy mutually amicable political relations.
(d) British culture has been enhanced by colonial influences.

07

Your Child Deserves the Celestial 444!

The Celestial 444 is a digital microscope designed specifically for children.

Some of its features include
- A high-resolution display screen
  - Easier for young learners to operate than a traditional eyepiece
  - Allows several children to look at an image together
- A workbook
  - Helps children keep track of the results of their experiments
- Plastic exterior
  - Can be cleaned with a damp cloth

The Celestial 444 is available at Kiducation shops and online at www.kiducation.com.

Q: What is included with the Celestial 444?

(a) A cloth for maintaining the condition of its surface
(b) An adaptor that can be attached to an eyepiece
(c) A booklet for recording scientific observations
(d) A set of batteries for powering a digital screen

08

The amount of money the US spends on foreign development assistance has sparked a domestic debate on fiscal management. As a result, future international aid provisionally apportioned for allied countries is in jeopardy. This is distressing because, ironically, our failure to expend money on the needs of other nations will have a detrimental impact on our economy. The current global economic system makes us dependent on the services and resources of other countries. The raw materials used in manufacturing finished products sold in the US mostly come from nations reliant upon our financial help.

Q: Which statement would the writer most likely agree with?

(a) Financial mismanagement is a hallmark of the current administration.
(b) A severe monetary crisis is affecting the world's emerging economies.
(c) Foreign aid must not hinge on a country's relative strategic importance.
(d) Changes in other nations' economies will affect the United States.

Part 4 Questions 09~10

Read the passage and the questions. Then choose the option that best answers each question.

09~10

Travel Expense Form – MPS Incorporated

Name: Conner Linwood   **Department:** Sales
Period: June 8-10   **Date filed:** June 13

Amounts Claimed
Airfare (economy class only): $572.00
Accommodation: $324.00
Meals: $126.00
Ground Transportation (public transit only): $159.00

Comment:
During my trip to Utrecht, I relied on taxis to travel to and from meetings with clients. This was due to a city-wide public transit strike that lasted for the duration of my trip. I considered renting car, but being unfamiliar with the city, I did not feel that this was the best option.

On the advice of my department head, I am claiming the amount I spent on ground transportation, even though I did not comply with MPS Incorporated's reimbursement policy. Given that this situation was out of my control, I feel that an exception should be made in my case and that I should be fully reimbursed.

---

09. Q: What is the form mainly about?

   (a) An explanation for an extension to a business trip
   (b) A request for reimbursement of an unallowable cost
   (c) An inquiry about a preferred mode of transportation
   (d) An update on an ongoing expense filing problem

10. Q: Which of the following is correct according to the passage?

   (a) Public transportation services resumed on June 10.
   (b) Mr. Linwood felt uncomfortable driving in Utrecht.
   (c) A department head was unaware of a travel expense.
   (d) Taxi drivers in Utrecht decided to go on strike.

MINI TEST 3

Part 1 Questions 01~03
Read the passage. Then choose the option that best completes the passage.

01

By 157 BC, regional warlords in China were openly defying the authority of the Han Dynasty's imperial government. To counter these political threats, the emperor enacted administrative reforms to centralize the bureaucracy. The local warlords' legislative privileges were reduced, and their power to appoint personnel within their geographical jurisdiction was weakened. These timely and strategic actions _____.

(a) enabled the monarch to strengthen his hold on the empire
(b) forced the chieftains to leave the kingdom they once served
(c) emboldened the dynasty to enact more liberal laws
(d) expanded the borders of China to a considerable extent

02

Research on workplace envy has shown that workers who feel envious of one another are more likely to succeed because they feel the need to show their worth to their employers. Researchers said employees who learn a coworker was promoted or given a raise feel upset by their office mate's success, but respond to the emotion positively by resolving to accomplish something of their own. This is because, rather than animosity, healthy competition develops in the workplace. Hence, while employees recognize the feeling of envy, they interpret the success of a coworker as _____.

(a) a challenge for them to improve their performance
(b) management's failure to recognize their importance
(c) an opportunity to negotiate a salary increase
(d) a sign of their inferior skills and abilities

03

During its later years, the Roman Empire hired mercenaries from among the barbaric tribes of Europe. At the time, Rome was unable to form a military composed solely of its citizens because of a lack of willing recruits. _____, the mercenaries did not fight out of patriotism and supported whoever was the highest bidder. Still, they constituted an effective fighting force as long as they were paid well.

(a) In contrast
(b) Alternatively
(c) Therefore
(d) Of course

Part 2 Question 04
Read the passage. Then identify the option that does NOT belong.

04

During the dictatorship of Fulgencio Batista in 1950s Cuba, armed rebels instigated a series of attacks to overthrow the government. (a) The first revolt was crushed by Batista's forces, and its leaders, including Fidel Castro, were jailed and later exiled to Mexico. (b) During this time, Castro rounded up other banished revolutionaries and swayed them into launching another offensive against Batista. (c) A well-planned assault carried out by experienced fighters could easily be more effective than utilizing new recruits. (d) The tactical mastery of these rebels enabled them to eventually overpower the dictator's men and oust the government.

Part 3 Questions 05~08
Read the passage and the question. Then choose the option that best answers the questions.

05

Dear Editor,

Your article discusses how self-driving cars have the potential to drastically reduce automobile accidents. However, it never mentions that problems will also result from this technology if it is adopted on a wide-scale. I think it's important for readers to be aware that driverless cars will no doubt have a negative economic impact on various industries. To start, many types of companies employ drivers. There are over three million truck drivers in the US, according to the American Trucker Association. And these drivers spend money at hotels, restaurants, and gas stations. Basically, without human drivers, many such businesses would fail because there would be no need for them.

Sincerely,
Janice Walker

Q: What is the passage mainly about?

(a) The financial benefits of self-driving cars
(b) A rise in automobile accidents in the US
(c) The potential impact of a technology on businesses
(d) The types of businesses that operate near highways

06

All citizens of this country aged 65 and older are automatically enrolled in Medicare, a government program that guarantees health insurance to the elderly. It helps pay for hospital stays, nursing home care, and some home health services, but the elderly are often unclear about which specific procedures are covered by the plan. Are you one of the millions of seniors who can't understand Medicare benefits because they are written in jargon? If yes, call 555-1000 and order the booklet Medicare Made Easy, an easy-to-understand guide on Medicare coverage.

Q: What is the main point of the advertisement?

(a) Many seniors cannot comprehend their Medicare plans.
(b) There is confusion over who is covered by Medicare.
(c) The elderly need more extensive health services.
(d) The official Medicare guide is difficult to access.

07

One of the most valuable books in the world is the Gutenberg Bible, which was printed in the 1450s by Johannes Gutenberg. Among numerous books of inestimable worth, the Gutenberg Bible stands out because it is the first book of great significance to have been published in large number using movable type. Historians believe that approximately 180 copies of the Gutenberg Bible were published, but only 21 complete copies remain extant today. In Europe, 16 can be found, while the other 5 reside within the United States.

Q: Which of the following is correct about the Gutenberg Bible?

(a) It was published in the 14th century.
(b) Five copies of it were printed in the US.
(c) It was the first literary work to have been mass produced.
(d) Twenty-one copies of it are known to have survived.

08

Notable Notes, Strings.com's yearly songwriting competition, is open to amateur composers who are looking for an opportunity to successfully enter the music industry. The top three compositions, which cannot have been previously released, will be included in a compilation album to be put out at year-end. Entries should be at least three minutes long and must be uploaded to our website www.strings.com in MP3 format. Compositions submitted in any other file format will be disqualified.

Q: Which of the following is correct according to the passage?

(a) The top composers will be offered solo recording contracts.
(b) Compositions should include music without lyrics.
(c) Entries in formats other than MP3 will not be accepted.
(d) Musicians may submit entries via the postal service.

Part 4 Questions 09~10

Read the passage and the questions. Then choose the option that best answers each question.

09~10

Dear freshmen,

I am pleased to welcome you to Royce University. As you know, our institution is located in a multicultural district and offers over 50 degree programs. Though you have already selected your major, we encourage you to enroll in various elective courses one week from now in order to sample a range of academic fields. Doing so may inspire you to choose a minor or even enter a double-major program later on.

To help you adjust to campus life, you will be assigned a mentor from your academic department. You will be introduced to this third-year student during the mandatory orientation program a month from now. Additionally, within the first two weeks of the semester, you will be matched with a faculty adviser. This is the person you can go to if you have any questions or concerns about your courses. We are glad to have you here at Royce University.

Sincerely,
Emma Bing
President, Royce University

09. Q: When can students register for courses?

   (a) In one week
   (b) In two weeks
   (c) In one month
   (d) In two months

10. Q: What can be inferred about Royce University from the letter?

   (a) It has made student exchange agreements with universities around the world.
   (b) It asks faculty members to budget time for student consultation.
   (c) It does not require students to participate in an orientation program.
   (d) It is planning to launch several new postgraduate programs.

MINI TEST 4

Part 1 Questions 01~03
Read the passage. Then choose the option that best completes the passage.

01

The Fox and the Hound is a dark and brooding novel about the violent world of fox hunting in 1960s rural America. There is a lifelong animosity between the two main characters, the fox Tod and the dog Copper. Tod's life was tragic: his mother, siblings, mate, and pups were all killed. Death is a permeating presence in the book, which won literary awards for its detail and style. In fact, both main characters eventually die in the version published by author Daniel Mannix. These _____, however, were not included in Disney's film adaptation of the novel.

(a) highly cruel and illegal hunting activities
(b) rituals surrounding the death of animals
(c) features of life in the American countryside
(d) gloomy and tragic aspects of the plot

02

Invasive species, or non-indigenous plants and animals that have spread in certain habitats, _____. The only solution to this problem is to eliminate the nonnative species, but it is very difficult to accomplish. One of the few success stories was the eradication of cats on Marion Island, which had been deliberately introduced in the 1950s to kill mice. Because of a lack of predators, they reproduced at an alarming rate. Until they were eradicated, the animals devastated the migrating avian population, killing 450,000 seabirds annually.

(a) may kill predators in small regions
(b) mate with native fauna to produce hybrids
(c) tend to kill birds in isolated islands
(d) can adversely affect the areas invaded

03

Zeno of Elea was an early Greek philosopher most famous for describing paradoxes, or logical inconsistencies, that made the laws of nature seem impossible. One of them involved a story about the mythical Greek hero Achilles racing a tortoise. Achilles gives the tortoise a 100-meter head start. In the time Achilles runs 100 meters, the tortoise runs 10 meters, so they are now 10 meters apart. Then, if Achilles runs 10 more meters from this point, the tortoise will move one meter. This pattern continues, and the distance between them gets progressively smaller. Achilles gets closer and closer but can never pass the tortoise. _____, this would never happen, but the paradox took centuries to solve using philosophical logic.

(a) For example
(b) In fact
(c) In contrast
(d) As a result

Part 2   Question 04

Read the passage. Then identify the option that does NOT belong.

04

Primatologists have discovered through the years that primates are capable of advanced cognition. (a) Primates are the most humanlike among animals in that they have relatively large brains, stereoscopic vision, and opposable thumbs. (b) Some primate species have the ability to design sophisticated tools, which they use for hunting. (c) Sharpened sticks discovered by primatologists represent the first evidence of primate tool use. (d) Biologists have also learned that primates, like humans, are capable of consciously manipulating and deceiving others.

Part 3 Questions 05~08

Read the passage and the question. Then choose the option that best answers the questions.

05

Conquer Your Stage Fright with Easy Speak's Presentation Skills Course

Are you afraid of public speaking? Easy Speak has the solution! Our intensive course will not only give you the confidence to speak in front of an audience, but it will also make you a more effective communicator. If you are interested in participating in our next course, please take note of the following information:

Duration: June 1 to 7
Class time: 10 a.m. to 4 p.m. daily
Location: Cedar Court Hotel conference room
Class size: 25 maximum
Fee: $1,600

To enroll or receive more information, call Easy Speak at 555-0912.

Q: What is mainly being advertised about the course?

(a) It will help people become better public speakers.
(b) It will educate students on the value of communication.
(c) It will offer tips on how to write a memorable speech.
(d) It will provide instruction on managing a budget.

06

China's manufacturing sector, which has helped to drive China's growth for three decades, is now under pressure to reform. Surprisingly, it is Chinese consumers that are demanding it. Newly wealthy, many of them are seeking out alternatives to the cheap, low-quality products that Chinese companies have become known for. This has resulted in a sudden flood of imported goods onto the Chinese market. Industry observers point out that the only way for local manufacturers to recapture the country's market is to strengthen public perception of their brands. The problem, they say, isn't really one of quality, but of consumer mentality.

Q: Which of the following statements is correct according to the article?

(a) Foreign companies are threatening to pull their operations out of China.
(b) Chinese brands must compete for a share of the domestic market.
(c) Chinese consumers are complaining about the high price of imported goods.
(d) Industry experts believe technology investments are paramount.

07

The US dollar's performance against the euro has faltered for the better part of the past decade. Since having its best performance against the euro in 2001, the dollar has significantly depreciated, largely due to the US's ballooning budget deficit. Although the American currency is stronger now than in 2008, when it was worth only 0.6254 euro, the current exchange rate is still far from the 2001 level of 1.1171 euro to the dollar.

Q: Which of the following is correct about the US dollar according to the passage?

(a) It has depreciated continuously since the start of the last decade.
(b) Its poor performance has deflated the American economy.
(c) It was worth fewer euros in 2001 than at the present.
(d) Its value against the euro has appreciated since 2008.

08

Do you need a break from your daily routine? Then take a trip to Belgium. Belgian culture is a mix of French and German culture, with a bit of Flemish thrown in. The best part is, it can all be enjoyed in a very small country, filled with architectural and natural treasures. The country's tourism infrastructure is on par with the best in the world, so your stay is guaranteed to go smoothly. What's more, you don't have to deal with the massive crowds of other nearby European hot spots like Paris and Berlin. Call your travel agent and book a voyage to Belgium today!

Q: What can be inferred about Belgium from the advertisement?

(a) It is most well known for the architecture it possesses.
(b) It is not as popular a travel destination as its neighbors.
(c) It is best explored by utilizing the services of a tour guide.
(d) It is in the process of upgrading local tourism services.

Part 4 Questions 09~10

Read the passage and the questions. Then choose the option that best answers each question.

09~10

Eric 3:40 p.m.

Hi, Crystal.
How are you doing? It's been a really busy week for me at work. I tried calling you a couple times yesterday afternoon, but you never answered. Anyway, I have some bad news. I accidentally broke the headphones that you lent me. They fell out of my bag while I was walking to my car in the parking lot, and I stepped on them. We can go to the electronics store tonight to buy a new set if you have time.

Crystal 4:01 p.m.

Hi, Eric.
I'm sorry you weren't able to reach me yesterday. I forgot my phone at home, and I was at the office all day. I've been pretty busy too because my car broke down, and I've had to visit the repair shop several times. Don't feel bad about the headphones. I know that accidents happen. Let's go shopping another time since I have to help my younger brother with his homework tonight.

09. Q: What is mainly being discussed in the chat messages?

   (a) The replacement of a phone with a newer model
   (b) The damage incurred to some audio equipment
   (c) The purchase of a new clothing item
   (d) The products for sale in a department store

10. Q: What can be inferred from the chat messages?

   (a) Crystal is planning to purchase a new car soon.
   (b) Crystal has accepted an offer to replace an item.
   (c) A guest will be staying in the city for several days.
   (d) Eric recently asked for a ride to a repair shop.

정답 p.38

MINI TEST 5

Part 1 Questions 01~03
Read the passage. Then choose the option that best completes the passage.

01

In an effort to prevent civil war from erupting, Zimbabwe's two major parties approved a power-sharing deal. Zanu PF's Robert Mugabe was designated as president, while Morgan Tsvangirai of the MDC was named prime minister. The setup was supposed to allow the two competing factions to have a say in running the country. However, the merger hit a major stumbling block when the Zanu PF faction was accused of fomenting violence in the countryside in an attempt to break off the power-sharing deal. The Zanu operation _____.

(a) was hailed by many MDC supporters
(b) made the MDC doubt the sincerity of its rival
(c) demonstrated the cooperation between the two factions
(d) showed that Zimbabwe's agriculture is in shambles

02

Dear Governor,

I disagree with your stance on the _____ the local economy. You contend that globalization is injurious to the nation because many of our citizens were made redundant after companies outsourced manufacturing jobs overseas. However, statistics show that only 3 percent of job losses last year were caused by outsourcing, while 97 percent were due to technological advances. In other words, employment rolls were slashed because machines were able to do jobs better than humans, which has nothing to do with the dismantling of trade barriers.

Respectfully,
Ricardo Smith

(a) effects of the worldwide free trade system on
(b) beneficial effects of global markets upon
(c) increased competitiveness of domestic firms due to
(d) proposed solutions to the major problems of

03

Unlike those of other bird species, the long and bladelike wings of hummingbirds connect to the body only from the shoulder joint. This allows the birds to flap their wings at a rate of up to 90 times per second, which permits them to hover in midair. _____, hummingbirds can use this rapid motion of their wings to fly backward, which makes them the only avian species with such ability.

(a) Finally
(b) In effect
(c) Similarly
(d) In contrast

Part 2 Question 04
Read the passage. Then identify the option that does NOT belong.

04

Women's Fashion Weekly is a magazine devoted to reporting the latest news and issues in the fashion, beauty, and retail industries. (a) We provide our readers with a weekly summary of important industry news. (b) Our experienced writers also track key women's fashion trends to guide readers on what clothes and accessories to buy. (c) The magazine's readership includes corporate executives, socialites, and trendsetters. (d) So, if you are interested in fashion and beauty, subscribe now and get 30 percent off the newsstand price.

Part 3 Questions 05~08

Read the passage and the question. Then choose the option that best answers the questions.

05

Most people know that the surface of the earth is mainly composed of water, but how did water get here in the first place? One prevailing theory scientists are working under is that the planet's oceans were created by impacts from comets and asteroids during a period called the Late Heavy Bombardment approximately 4 billion years ago. Data shows that the "D/H" ratio — namely, the amount of the metal deuterium contained within a certain quantity of water — of water found in asteroids and some comets is the same as that of water found on earth.

Q: What is the main idea of the passage?

(a) Water on earth originally came from space.
(b) Water can be found outside of the earth.
(c) Water molecules can also contain metal.
(d) Water is found in asteroids and comets.

06

Nematodes, which are found both on land and in water, are the most plentiful animals on earth. There are at least two million nematodes per square meter of soil — ten times more than comparatively massive organisms like mites. Nematodes, also known as ringworms, comprise around 90 percent of all life forms on the world's ocean floor. Most nematodes are free-living organisms, although some are parasitic. Around 28,000 species of nematodes have been identified, but scientists believe there could be upwards of a million different kinds.

Q: Which of the following is correct according to the passage?

(a) Nematodes make up 10 percent of all marine life forms.
(b) More than a million species of nematodes have been identified.
(c) Most nematodes can be found in terrestrial areas.
(d) A few ringworm species feed on other organisms to survive.

07

In the Gothic novel Frankenstein, Victor Frankenstein was enthralled by the idea of creating life. He brings to life a grotesque being made from body parts taken from corpses. Revolted by his creation, Victor forsakes the monster. Though the monster is initially kind to others, it is shunned by society for his appearance. Both characters are forced into solitude: Victor for his guilt and shame, the creature for its form. At the end of the story, they share feelings of attachment as well as culpability for the plight caused by one to the other.

Q: Which of the following can be inferred from the passage?

(a) The creature was unjustly treated due to his association with Victor.
(b) Victor attempted to resurrect a loved one from the dead.
(c) Victor's joy at bringing the creature to life is overcome by his animosity towards it.
(d) The creature had an inherently hostile attitude toward people.

08

The US Supreme Court's decision on the Dred Scott case is thought to have precipitated the American Civil War. Dred Scott had been a longtime slave of a man named John Emerson. Eventually, Scott tried to purchase his freedom, but his owner refused. He took his owner to court, and the case eventually reached all the way to the Supreme Court after a series of appeals. The high court ruled that Scott did not even have the right to sue, because he was not considered a citizen by the US Constitution. The decision enraged opponents of slavery and further divided the country.

Q: What can be inferred from the passage?

(a) Opposition to slavery already existed before the Dred Scott decision.
(b) The Supreme Court felt that slavery laws needed to be rewritten.
(c) Dred Scott was eventually able to secure freedom from his owner.
(d) The court's ruling effectively abolished slavery in the United States.

Part 4 Questions 09~10

Read the passage and the questions. Then choose the option that best answers each question.

09~10

Prenatal Health Services

In the past, doctors had to rely on basic clinical skills to diagnose pregnancy and estimate how long it would be until a woman gave birth. There was no way to determine whether the fetus was healthy and growing normally or whether it would be a boy or a girl. The development of ultrasound technology, however, has taken much of the guesswork out of the process.

Ultrasound scans are not only fast and easy to carry out, but they provide a great deal of information to expectant parents. They work by sending high frequency sound waves into the womb. The waves bounce back when they encounter internal boundaries, and the ultrasound machine uses the data to produce an image of the fetus. This allows obstetricians to measure the fetus, which lets them predict when the birth will take place. It can also help them diagnose possible congenital defects, some of which can be treated while the fetus is still in the womb.

09. Q: Which is the best title for the passage?

   (a) The Importance of Regular Prenatal Checkups
   (b) Ultrasound Scans Increase Chances of Birth Defects
   (c) The Inheritance of Fatal Congenital Diseases
   (d) Ultrasound Scans Provide Data about Fetuses

10. Q: Which of the following is correct according to the passage?

   (a) Ultrasound scans are complicated and time-consuming to perform.
   (b) Doctors can use ultrasound to estimate when a baby will be born.
   (c) A sound wave image is sometimes an inaccurate depiction of the womb.
   (d) Ultrasonography has been proven to lower the chances of congenital disorders.

www.HackersTEPS.com

시험에 나올 문제를 미리 풀어보고 싶을 땐?

해커스텝스(HackersTEPS.com)에서
텝스 적중예상특강 보기!

해커스 텝스 중급 독해·어휘

ACTUAL TEST

DIRECTIONS
This part of the exam tests your ability to understand reading passages. There will be 35 questions in 40 minutes. Make sure to follow the proctor's instructions.

Part I Questions 1~10

Read the passage. Then choose the option that best completes the passage.

1. Eugene Cernan is a retired astronaut who participated in multiple missions to outer space. He is among the very few people who have been given the chance to walk on the moon. More importantly, he is one of only three people to ever have been twice to the moon. Due to his strong track record, he was made commander of Apollo 17, the last manned mission of the National Aeronautics and Space Administration beyond low Earth orbit. Many scientists thought it was a fitting tribute because Cernan _____.

   (a) needed the chance to prove himself
   (b) had always wanted to step on the moon
   (c) had accomplished much in past missions
   (d) was asked to retire from the service

2. Dams are being constructed _____. The energy produced by flowing water from dams is called hydroelectricity. The biggest hydroelectric plant in the world is the Three Gorges Dam in China. It currently generates 18,200 megawatts of power, but may increase its output to 22,500 megawatts in the future. At present, a dam is being planned on the Congo River that is expected to dwarf the Three Gorges Dam. It will be known as the Grand Inga Dam and is designed to generate 39,000 megawatts of electricity.

   (a) to significantly increase water capacity
   (b) to produce ever larger amount of power
   (c) for the protection of vital aquatic life
   (d) for the benefit of future generations

3. During the period in prehistory known as the Neolithic Revolution, _____ _____. During this time, humans learned to domesticate plants and animals. As communities transitioned from a nomadic to a sedentary lifestyle, villages and towns were set up, providing the basis for future city-states. Populations eventually increased, which led to the exploration of new lands and the establishment of more settlements.

   (a) social changes occurred that altered the course of civilization
   (b) urban centers were taken over by wandering nomads
   (c) independent cities banded together to form unified states
   (d) warfare stunted the growth of the civilized world

4. In Germany, the year 1888 is notable for _____. After a long and successful reign, Wilhelm I died in March at the age of 91. He was succeeded by his son, Frederick III, who was battling a terminal case of larynx cancer. Frederick died only 99 days after his ascension to the throne. As a result, his firstborn, Wilhelm II, became the new emperor and served until the fall of the German Empire in 1918, when the country was defeated in World War I.

   (a) the death of the reviled autocrat Wilhelm I
   (b) the unexpected takeover of the German monarchy
   (c) the rule of three emperors in rapid succession
   (d) the war among aspiring rulers of the empire

5. Seeing-eye dogs are canines that have been taught to _____
   _____. Training starts when the dogs are one year old, and they are coached on how to effectively navigate and avoid obstacles that their masters cannot see. No matter how well-trained the dogs are, however, they should be matched with the right masters. Animals vary in temperament just as humans do, necessitating their pairing with owners who possess compatible personalities.

   (a) train their masters to become independent
   (b) bring items their blind masters may need
   (c) take down individuals who harm their blind masters
   (d) sense physical obstructions unseen by their masters

6. The misconception in some circles that gluten and casein exacerbate autism symptoms is not true. According to a study by a group of pediatricians at the University of Rochester, autistic children who ate foods without gluten and casein showed no significant improvement in their symptoms. One hundred children with autism were made to eat gluten- and casein-free meals for 18 weeks, but researchers found no changes in behavior among the subjects. Thus, for children with autism, _____.

   (a) changes in behavior are important milestones
   (b) regular visits to their pediatricians is a necessity
   (c) dietary restrictions do not bring benefits
   (d) consuming certain foods improves symptoms

7. Ending slave labor in the American South was a very difficult proposition in the 19th century. Machines were being used at cotton plantations in the South at the time, and the efficiency increases they brought led to the expansion of plantations. This necessitated more laborers to clear the land and run the machine, making the South more dependent on slaves since it was cheaper over time to buy slaves than to pay wages to white workers. It could thus be said that Southerners at the time saw slavery as _____.

   (a) the easiest labor path for immigrants
   (b) the surest way of weakening the size of their economy
   (c) a means to ensure their businesses
   (d) a step backwards from industrialization

8.
> Dear Dr. Luis,
>
> I recently came across an article detailing the work you've done providing medical care to the impoverished. Your efforts should be applauded. Our destitute brothers and sisters have been suffering from neglect for so long. Your group is easing their agony by attending to their medical needs and by showing them that _____. I would like to help you in your noteworthy endeavor by donating one thousand dollars, which you can use to purchase necessary medical supplies.
>
> Sincerely,
> John Yuri

(a) there are many people who cannot afford medicine
(b) not all have forgotten those who are less fortunate
(c) the health care industry supports volunteer causes
(d) registration for an insurance policy is recommended

9. By the end of the 1950s, Rudolf Nureyev, although barely in his twenties, was the most celebrated ballet dancer in the Soviet Union. His ability to meld classical and modern styles was considered groundbreaking. As a member of the country's premier ballet troupe, the Kirov, he earned the opportunity to go on tour in Western Europe. While on tour in France, Nureyev, who felt at odds with the Soviet government, defected and decided to stay. _____, he was unable to return to his homeland for over 25 years, until then- President Mikhail Gorbachev granted him permission to visit Russia in 1987.

(a) Consequently
(b) Conversely
(c) Likewise
(d) Otherwise

10. Our country's track and field team's eagerness is hard to contain as the opening day of the Pan American Games draws nearer. The athletes are starting to feel anxious as they contemplate their responsibility as representatives of the nation. Many are tormenting themselves with second thoughts about the adequacy of their training prior to this event. _____, although the athletes will try to get a good night's sleep before their events, many will toss and turn in bed in nervous anticipation as they await their opportunity for international sporting glory.

(a) In conclusion
(b) However
(c) Luckily
(d) Indeed

Part II **Questions 11~12**

Read the passage. Then identify the option that does NOT belong.

11. Music Finder is the first name for digital releases from the biggest bands and singers in the world. (a) Music fans can choose from thousands of songs through our online database. (b) We offer downloads from all genres, so you'll be sure to find something you like. (c) Customers looking for classic vinyl records can request a catalog by e-mailing 45s@musicfinder.com. (d) You can also join our mailing list if you want to receive a free MP3 of a hit song every week.

12. In research on dogs at the University of Vienna, dogs were instructed to perform tricks while treats were selectively given and withheld. (a) Dogs are considered intelligent creatures and, as such, make great companion animals. (b) The dogs continuously performed what they were asked to do when both of them were given a treat after each performance. (c) However, when only one dog was given a reward, the other animal that did not receive a treat stopped following orders. (d) This proves that, like people, dogs can detect when they are being treated unfairly.

Part III Questions 13~25

Read the passage and the question. Then choose the option that best answers the questions.

13.

Cheney University Graduate Program Applications

Why should you consider getting a master's degree? There are plenty of reasons.
✓ Employees with advanced degrees are more likely to get promotions and raises
✓ Graduate students learn about the latest developments in their field
✓ Professors and classmates come to form a valuable professional network

To browse Cheney University's 28 different graduate programs and find the right one for you, visit www.cheneyuniv.com/gradprograms. What have you got to lose? Enroll today!

Q: What is the main topic of the advertisement?

(a) How to request raises and promotions
(b) The ease of enrolling in graduate school
(c) The advantages of having a master's degree
(d) How to advance in one's profession

14. The Supremes, whose principal members were Diana Ross, Florence Ballard, Mary Wilson, and Cindy Birdsong, were among the most successful musical groups of the 1960s. Their first number one single, "Where Did Our Love Go", topped the Billboard Hot 100 singles chart for two weeks. Succeeding singles like "Baby Love" and "Come See About Me" became hits as well, primarily because their style appealed both to adults and teens. Due to their immense success, the Supremes were inducted into the Rock and Roll Hall of Fame in 1988.

Q: What is the best title for the passage?

(a) The Most Famous Songs of the 1960s
(b) The Achievements of a Singing Group
(c) The Musical Style of the Supremes
(d) The Friendship of Four Female Singers

15. Prime Minister Michael Reuter believes that the nation needs to reduce its dependence on oil imports from the Middle East. He asserts, however, that the solution is not offshore drilling, which is the development of national oil resources that lie underwater. Although there is a rich supply of oil off the country's coast, Reuter is afraid of the environmental consequences of underwater oil extraction. If leaks or accidents occur on the oil rigs, the sea will be contaminated, which could lead to the deaths of millions of fish, birds, and marine mammals.

    Q: What is the main topic of the passage?

    (a) The reasons behind the dependence on oil imports
    (b) The effects of offshore drilling on the oil trade
    (c) Ways to control the effects of accidental leaks
    (d) An official's reluctance to drill for oil in the sea

16. Crohn's disease is an inflammatory disorder that may involve any region of the digestive tract. Its symptoms, such as abdominal pain due to swelling and ulcerations in affected organs, are similar to those of other gastrointestinal disorders. There is no specific test to detect Crohn's disease, so a combination of diagnostic procedures must first be performed. Physicians must rule out the other similar ailments before arriving at the correct diagnosis.

    Q: What is the main topic of the passage?

    (a) The conditions often mistaken for Crohn's disease
    (b) Reasons why Crohn's disease is difficult to identify
    (c) The life-threatening symptoms of Crohn's disease
    (d) Common procedures used to diagnose Crohn's disease

17. The dragon has been an enduring symbol of China since Shi Huang Di, the first Emperor of China, adopted it as an insignia representing his imperial authority. For the Chinese people, the dragon is a mythical creature of good fortune and great power that even has the ability to manipulate weather. They offer sacrifices and prayers to the dragon to either ask for rainfall or appease its anger in times of flooding or drought. It is a creature that has long evoked respect and reverence from the Chinese people.

    Q: Which of the following is correct about the Chinese people according to the passage?

    (a) They associate the dragon with bad luck.
    (b) They believe dragons to be sacred beings.
    (c) They cherish water above other natural elements.
    (d) They have a tradition of respect for authority.

18. Yesterday, a biologist and an anthropologist from Wesleyan University were endowed with research grants from the Sparkler Foundation. Dr. Frank Weston, who received a $250,000 grant, spent a decade as a professor in the biology department before beginning work full time as a senior researcher. Noted anthropologist Emily Brennan, currently finishing up a project in Peru, was given the same amount for her upcoming research. Forty-eight more individuals from other institutions rounded out the list of beneficiaries.

Q: Which of the following is correct according to the passage?

(a) Grants were divided equally among 50 applicants.
(b) Dr. Weston has taught at Wesleyan for 10 years.
(c) The foundation awarded grants to two biologists.
(d) Ms. Brennan was recognized for her research in Peru.

19.
The Northeast Journal
History > Colonial Period

The Role of Miles Standish

The first settlers of Plymouth Colony chose Miles Standish to serve as their military adviser. It was his duty to help the colonists protect themselves against Native Americans. He was so good at his job that he was reelected to the position for the rest of his life. In memory of his important contributions as a colonist, many towns and forts were named after him. Further, he was immortalized by Henry Wadsworth Longfellow in the long poem *The Courtship of Miles Standish*.

Q: What was Miles Standish responsible for?

(a) Supervising a local election process
(b) Traveling to various small towns
(c) Aiding in the defense of a community
(d) Editing the manuscript of a literary work

20. The Michael J. Fox Foundation (MJFF), established by the illustrious actor who is the organization's namesake, is committed to finding a cure for polio. The MJFF leads the charge in funding research into the disease and works closely with leading medical experts around the world. The group meticulously reviews research proposals and provides grants to the scientists who are best poised to translate the results of their studies into immediate clinical applications. Since its inception, the MJFF has funded over $200 million in medical research globally.

Q: Which of the following is claimed in the passage?

(a) Financing research for polio is one of the goals of the institution.
(b) Raising awareness about polio is the priority of the MJFF.
(c) The MJFF has collected $200 million from various medical establishments.
(d) Michael J. Fox is the celebrity spokesperson of the Foundation.

21.
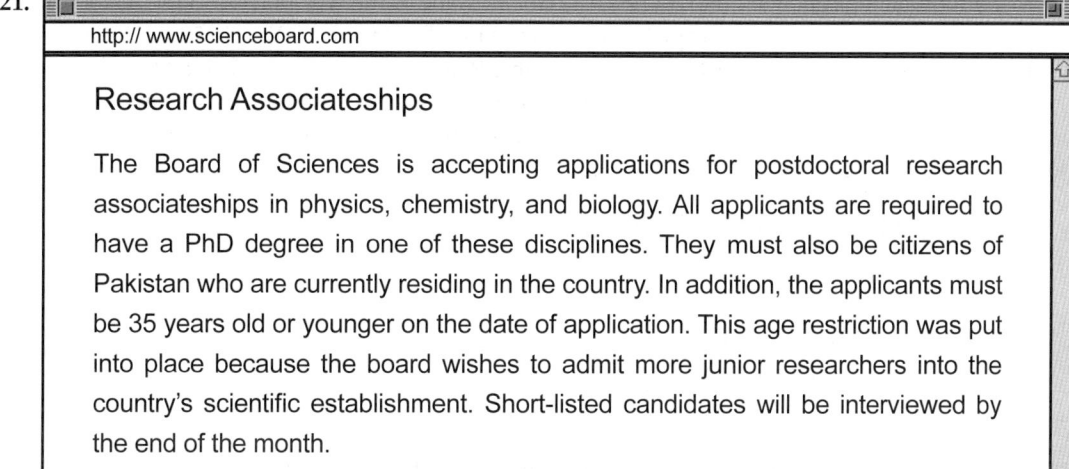

Q: Why has the board decided to set a restriction?

(a) It wants to provide research opportunities for students.
(b) It wants to limit the number of applications sent.
(c) It plans to make a research facility more international.
(d) It hopes to lower the average age of a community.

22. The African National Congress (ANC) is a political party in South Africa that started as a black nationalist organization. It was established in 1912 to fight for the voting rights of black Africans and those of mixed race. Starting in the 1940s, it fought for the elimination of apartheid, the official policy of segregation and discrimination against non-whites in South Africa. The ANC was banned from 1960 to 1990 and many leaders were arrested, so the group was forced underground.

    Q: Which is correct about the African National Congress according to the passage?

    (a) It was created to help oppressed non-whites.
    (b) It has battled apartheid since its inception.
    (c) Its operations ceased when it was banned.
    (d) Its membership consists exclusively of blacks.

23. Many football fans believe that Lawrence Taylor was one of the best players in the history of the game. The National Football League (NFL) named him Rookie of the Year in 1981, Defensive Player of the Year in 1981 and 1982, Most Valuable Player in 1986, and enshrined him in the Pro Football Hall of Fame in 1999. Off the football field, however, Taylor has hardly been a role model. He was suspended by the NFL for failing a drug test in 1988 and was arrested three times on drug charges from 1996 to 1998.

    Q: What can be inferred from this article?

    (a) Teenagers are encouraged to emulate Taylor's lifestyle.
    (b) Taylor stopped using drugs after he was suspended.
    (c) Taylor was a drug user when playing in the NFL.
    (d) Football fans no longer respect Taylor's career.

24. Like everyone else, I believe that employees have a duty to always be productive at work. However, due to stiff competition among manufacturing companies, the definition of what is productive has drastically changed. In the past, when there were only a few competitors in a particular market, managers were not strict with the quality of the products that came out of their factories, as long as production quotas were met. Today, however, because the market is flooded with similar products made by dozens of companies, manufacturers are compelled to distinguish themselves by creating superior products. This change in focus has generally left workers scrambling to adhere to more stringent quality standards.

    Q: Which of the following would the writer likely to agree with?

    (a) Companies are now more concerned with quality than quantity.
    (b) Products being sold now are made of inferior materials.
    (c) Demand for products has declined over the years.
    (d) Workers lack the training to produce superior products.

25. Charles Concord's newest composition, *Sonata 1912*, attempts to present listeners with very rapid tunes achieved through the use of numerous grace notes. Concord does not use any rests in his music, giving the sonata a spirited momentum where the notes soar in an adept high-wire performance. The final movement of the sonata showcases the composer's preference for the use of inventive melodies, complex harmonies, and discordant notes over traditional musical structures. This new work further cements Concord's reputation as a musical genius.

Q: What can be inferred about *Sonata 1912* from the passage?

(a) Its success has made Charles Concord a sought-after performer.
(b) It has little in common with conventional musical compositions.
(c) Its quick tempo is achieved with the use of dissonant notes.
(d) It is composed of a single melody with several harmonies.

Part IV Questions 26~35

Read the passages and the questions. Then choose the option that best answers the questions.

Questions 26-27

http:// www.sua.com/campus_facilities

Notice

This is to inform everyone that the Science University of America has opened its own store to cater to the special academic needs of students and faculty members. The administration noticed that members of the school community were finding it difficult to locate scientific equipment for sale locally. Further, though such gear can be bought online, the shipping charges for some of the larger items are prohibitively expensive. For these reasons, the university has established a specialized shop where all of the laboratory tools you could possibly require, regardless of size, are available for purchase.

The new store is located in the Gouldman Building, across from the campus bookstore. Please budget an extra 10 minutes during your first visit as you will need to create an account on the spot. Note that the store is not licensed to sell science-related items to anyone unaffiliated with the university.

26. Q: What is the passage mainly about?

(a) The high cost of buying laboratory devices on the Internet
(b) The opening of a retail outlet selling science instruments
(c) The procedure for opening an account at a bookstore
(d) The materials that are mandatory for all first-year students

27. Q: Which of the following is correct according to the announcement?

(a) A new school specializing in science is scheduled to open.
(b) Administrative staff have started surveying the needs of students.
(c) All necessary laboratory gear is provided to researchers for free.
(d) Only individuals associated with the university can make a purchase.

Questions 28-29

Samuel 10:55 a.m.

Hi, Isabel.
Are you still at the lab? I am actually headed back there now. The demonstration of the new delivery drone that you and your team have been developing was so exciting that I left behind the model you agreed to lend me. I would really like my engineering students to see it. I hope it won't be a problem if I come back to the lab to pick it up.

Isabel 11:04 a.m.

Hi, Samuel.
I'm glad to hear that you enjoyed our demonstration. I'm no longer at the lab because another team is using it for a presentation. Please come to my office instead. I have the model with me here. You should know, though, that I have an appointment with my eye doctor today and will be leaving at noon. If you get here later than that, just ask my assistant for it.

---

28. Q: What did Samuel do today?

   (a) He taught a class of engineering students.
   (b) He watched a demonstration in the morning.
   (c) He tested out a delivery drone.
   (d) He did some work in a laboratory.

29. Q: What can be inferred from the conversation?

   (a) Samuel will receive a visit from a colleague at his workplace.
   (b) The laboratory is shared by multiple teams.
   (c) Isabel will see Samuel after her appointment.
   (d) The model drone was left with an office assistant.

Questions 30-31

In a recent experiment, researchers tried to see whether running barefoot is better than running in sneakers. The researchers used a 3-D infrared tracking device to observe how people's feet strike the ground in both instances. It is a common belief that high-tech shoes protect runners from injuries. However, the results showed that sneakers are not only unnecessary, but that running barefoot is actually safer.

Barefoot runners land on the front and middle parts of their feet, where the body has built-in shock absorption. Those running in sneakers, on the other hand, unnaturally land on their heels, which can cause injury. This has led some companies to produce sneakers with toes that offer many of the advantages of running barefoot. In addition to causing fewer injuries, these sneakers are much lighter than traditional ones, leading to less physical exertion on the part of a runner. Furthermore, they provide a boost in speed for some athletes. There have also been claims that toe sneakers strengthen foot muscles, but there isn't any evidence to support this.

30. Q: What is the passage mainly about?

   (a) Mistakes typically experienced by novice runners
   (b) Research on the effects of running without shoes
   (c) An experiment on health issues related to long-distance running
   (d) The most popular features of technologically advanced running shoes

31. Q: What is NOT a benefit of sneakers with toes?

   (a) They enable some people to run faster.
   (b) They promote muscle development.
   (c) They have a lightweight construction.
   (d) They reduce the chance of injury.

Questions 32-33

The Stanford Times

Opinion

Editorial: Liberal Arts Degrees

💬 Readers' comments

Tiffany88 7 hour(s) ago

Your opinion about liberal arts degrees is out of line with reality. Liberal arts graduates actually make plenty of meaningful contributions to society in many different career fields. I'm not the only one who thinks so.

In fact, a recent study by the British Council revealed that liberal arts majors are actively being recruited by large companies in the private sector. This is because the creativity and analytical thinking that liberal arts graduates acquire during their education make them valuable in workplaces, especially those where machines are taking over manual tasks.

The study also claims that over half of all world leaders have a liberal arts degree and that quite a few notable start-up founders studied the liberal arts in university rather than computer science or engineering. And their businesses are creating thousands of employment opportunities and stimulating the economy. Steve Jobs is perhaps the most famous example of a technology executive who praised the humanities, stating that "technology alone is not enough." It would be great if others would realize this as well.

32. Q: Which of the following is correct according to the passage?

   (a) Liberal arts graduates work in very few professional fields.
   (b) Business owners need to have technical backgrounds to succeed.
   (c) Companies are looking for more employees that are creative.
   (d) Start-ups generate a limited number of employment opportunities.

33. Q: What can be inferred about the writer from the passage?

   (a) She lost her job because a machine could do the same tasks.
   (b) She thinks liberal arts degrees should be prized.
   (c) She feels that companies should recruit more engineers.
   (d) She belongs to a committee of technology company founders.

Questions 34-35

Melting Pot or Salad Bowl

Since its founding, the US has been a nation of immigrants. However, newcomers have not always been treated the same throughout history, with disparities largely having to do with how well certain groups managed to adapt to American life.

In the beginning of the 1900s, US society was seen as a melting pot of cultures that blended together to become something new. At around this time, a wave of immigrants was arriving from Eastern Europe and Russia, and new arrivals were expected to leave their old culture behind and become Americanized. This pressure was expressed in school curriculums and at workplaces.

However, by the middle of the 20th century, as a wave of immigrants was coming to the US from Latin America, various groups began resisting the melting pot idea. Minorities resented having to adopt the cultural practices of the majority, and many began advocating multiculturalism. According to this perspective, which is commonly accepted today, US society should be likened to a salad bowl of distinct cultures rather than a melting pot.

34. Q: What is the main topic of the passage?

   (a) Changing attitudes toward how immigrants to the US should behave
   (b) The advantages of fully conforming to a mainstream culture
   (c) Policies designed to help newcomers establish their own communities
   (d) The economic factors that caused people to immigrate to the US

35. Q: Why was the concept of the melting pot criticized?

   (a) Latin Americans were already familiar with US culture when they arrived.
   (b) Many immigrants had decided to return to their home countries.
   (c) It was only taught in a small number of schools.
   (d) It suggests that minority groups should conform to cultural norms.

www.HackersTEPS.com

시험에 나올 문제를 미리 풀어보고 싶을 땐?

해커스텝스(HackersTEPS.com)에서
텝스 적중예상특강 보기!

해커스 텝스 중급 독해·어휘

어휘

Chapter 01 Collocation
Chapter 02 관용적 표현
Chapter 03 동사
Chapter 04 명사
Chapter 05 형용사와 부사
Chapter 06 혼동하기 쉬운 어휘

Mini Test
Actual Test

Collocation

■ 출제 포인트

- Collocation 문제는 단어와 단어 사이의 자연스러운 어울림을 이루는 어휘를 묻는 유형입니다.
- Collocation 문제는 Part 1과 Part 2에서 골고루 출제됩니다.

■ 예제

> A: I find it hard to study for exams.
> B: You should make a _____ of reviewing your lessons.
>
> (a) policy   (b) signal
> (c) habit   (d) mood

정답   (c)

해설   '시험 공부하는 것은 힘들어'라는 말에 '수업 내용을 복습하는 ___을 들여야 해'라고 대답했습니다. 이 문맥에 적합하면서, 빈칸 앞의 동사 make(만들다)와 어울려 '습관을 만들다'라는 뜻을 만드는 명사는 (c) habit(습관)입니다.
　　　(a) policy [pɑ́lisi] 정책　　(b) signal [sígnəl] 신호　　(d) mood [muːd] 분위기

해석   A: 시험 공부하는 것은 힘들어.
　　　B: 넌 수업한 내용을 복습하는 습관을 들여야 해.

어휘   exam [igzǽm] 시험   review [rivjúː] 복습하다

VOCABULARY LIST

해커스 텝스 중급 독해·어휘

01 **shirk one's responsibility** 책임을 회피하다
Diane was reprimanded by the manager for shirking her responsibilities at work.

02 **disclose information** 정보를 누설하다
The police do not disclose information about ongoing investigations.

03 **repeal a law** 법률을 폐지하다
To encourage investment, the president repealed a law restricting foreign real estate ownership.

04 **resist the urge** 욕구를 억제하다
After becoming a vegetarian, Dina had difficulty resisting the urge for a burger.

05 **obtain a permit** 허가증을 얻다
Prospective vendors must obtain a permit from city hall to sell their goods.

06 **excavate the remains** 유물들을 발굴하다
A team of archeologists working in the desert excavated the remains of an ancient civilization.

07 **fracture one's elbow** 팔꿈치가 골절되다
Eleanor fractured her elbow when she fell off her bicycle over the weekend.

08 **clinch a deal** 거래를 성사시키다
Ms. Samuels impressed her new bosses by clinching a deal with a major client in just two months.

---

01 Diane은 직장에서 그녀의 책임을 회피한 이유로 관리자에게 질책을 받았다.
02 경찰은 진행 중인 수사에 대한 정보를 누설하지 않는다.
03 투자를 장려하기 위해, 대통령은 외국인의 부동산 소유권을 제한하는 법률을 폐지했다.
04 채식주의자가 된 이후, Dina는 버거를 먹고 싶은 욕구를 억제하는 것이 힘들었다.
05 예비 행상인들은 상품을 팔기 위해 시청으로부터 허가증을 얻어야 한다.
06 사막에서 작업하던 고고학자 팀이 고대 문명의 유물들을 발굴했다.
07 Eleanor는 주말에 자전거에서 떨어져 팔꿈치가 골절되었다.
08 Ms. Samuels는 단 두 달 만에 주요 고객과 거래를 성사시킴으로써 그녀의 새로운 상사들에게 깊은 인상을 주었다.

Chapter 01 Collocation

VOCABULARY LIST

09 valid license 유효한 면허증
Drivers can rent a car if they possess a valid license from any state.

10 sedentary lifestyle 주로 앉아서 지내는 생활 방식
Obesity is most often the result of living a sedentary lifestyle.

11 inclement weather 궂은 날씨
All flights were canceled due to inclement weather.

12 privileged background 특권층 배경
Connor's parents are both successful doctors, so he comes from a privileged background.

13 compulsory subject 필수 과목
Mathematics is a compulsory subject for elementary school students.

14 viable alternative 실용적인 대안
Granola is a viable alternative to unhealthy desserts like candy bars and ice cream.

15 rich sources 풍부한 공급원
Green leafy vegetables are rich sources of vitamins and minerals.

16 obedient children 말을 잘 듣는 아이들
Teachers reward obedient children more than unruly ones.

---

09 발급된 유효한 면허증을 가지고 있다면 운전자들은 어떤 주에서든 차를 빌릴 수 있다.
10 비만은 대개 주로 앉아서 지내는 생활 방식의 결과이다.
11 모든 항공편이 궂은 날씨로 인해 취소되었다.
12 Connor는 부모님이 두 분 다 성공한 의사이므로, 그는 특권층 배경 출신이다.
13 수학은 초등학교 학생들에게 필수 과목이다.
14 그래놀라는 사탕이나 아이스크림과 같은 몸에 좋지 않은 디저트에 대한 실용적인 대안이다.
15 녹색잎 채소는 비타민과 무기질의 풍부한 공급원이다.
16 선생님은 제멋대로인 아이들보다 말을 잘 듣는 아이들에게 상을 준다.

17 **clearance sale** 재고 정리 판매
The store is holding a clearance sale to get rid of leftover stock.

18 **office supplies** 사무용품
The cost of paper, ink, and other office supplies is on the rise.

19 **designer label** 유명 디자이너 제품
Designer labels appeal to those who value uniqueness over affordability.

20 **faculty member** 교수진
Several of the school's faculty members are considered experts in their fields.

21 **public access** 일반 대중의 접근권
Public access to many beaches along the coast is limited.

22 **level of understanding** 이해 수준
Many citizens have a low level of understanding when it comes to politics.

23 **maternity leave** 출산 휴가
Mary went on maternity leave during the ninth month of her pregnancy.

24 **area of expertise** 전문 분야
Professors are expected to know the latest developments in their areas of expertise.

---

17 그 상점은 남은 재고품들을 없애기 위해 재고 정리 판매를 실시하고 있다.
18 종이와 잉크, 그리고 다른 사무용품들의 가격이 오르고 있다.
19 유명 디자이너 제품은 적당한 가격으로 구입할 수 있는 것보다는 특별함을 더 높이 평가하는 이들에게 인기가 있다.
20 그 학교의 몇몇 교수진들은 그들의 분야에서 전문가로 여겨진다.
21 해안을 따라 늘어선 많은 해변들에 대한 일반 대중의 접근권이 제한되어 있다.
22 많은 시민들이 정치에 관해서는 낮은 이해 수준을 가지고 있다.
23 Mary는 임신 9개월째에 한 달간 출산 휴가를 떠났다.
24 교수들은 자신의 전문 분야에서 가장 최근에 있었던 발전에 대해 알 것이라 기대된다.

Chapter 01 Collocation

HACKERS TEST

PART 1 대화에 들어갈 적절한 답을 고르세요.

01 A: Bobby spends his days sitting and watching TV, never leaving the house.
B: Having a _____ lifestyle like that won't do him any good.
(a) mandatory   (b) voluntary
(c) rudimentary   (d) sedentary

02 A: I heard Carla just gave birth.
B: Yes. She won't be back from _____ leave for a couple of months.
(a) maternity   (b) fraternity
(c) paternity   (d) eternity

03 A: How did the negotiations with Mr. Boyle go?
B: I'm happy to say we _____ the deal. He said he'll invest in our company.
(a) grasped   (b) annexed
(c) clinched   (d) revoked

04 A: All boat trips have been cancelled because of the storm.
B: That's to be expected. It's dangerous for any ship to navigate in such _____ weather.
(a) temperate   (b) congenial
(c) inclement   (d) bellicose

05 A: I heard the boutique on the corner is closing down soon.
B: Yeah, they just had a _____ sale last week.
(a) clearance   (b) riddance
(c) bailout   (d) takeoff

06 A: You really should stop buying things on impulse.
B: I know, but I just couldn't _____ the urge to buy this jacket.
(a) resist   (b) defend
(c) endure   (d) commit

PART 2 서술문에 들어갈 적절한 답을 고르세요.

07 One of the longest-serving _____ members of the College of Law, Dr. Hay has been teaching since 1985.
(a) trustee   (b) constituent
(c) regime   (d) faculty

08 During training, the rider was thrown off her horse and _____ her right elbow.
(a) frustrated   (b) fractured
(c) flawed   (d) flexed

09 New drivers must _____ a learner's permit before they get a regular license.
(a) initiate   (b) divulge
(c) obtain   (d) realize

10. Aside from _____ subjects, students are allowed to choose one of several academic electives.
    (a) immediate (b) impending
    (c) consequential (d) compulsory

11. One can amass a stylish wardrobe without paying high prices for designer _____.
    (a) stamps (b) labels
    (c) emblems (d) marks

12. The strict parents raised _____ children who always followed instructions they were given.
    (a) obedient (b) protected
    (c) oblivious (d) indifferent

13. Two years after he started digging at the Hisarlik mound, Heinrich Schliemann _____ the remains of an ancient city that he believed was Troy.
    (a) hollowed (b) assembled
    (c) dismissed (d) excavated

14. The Read Well Foundation is soliciting donations of office _____ such as photocopier paper, pens, and staplers.
    (a) supplies (b) matters
    (c) produce (d) devices

15. A human rights activist group urged the governor to _____ the law mandating the death penalty, contending that it is inhumane.
    (a) demolish (b) repeal
    (c) asphyxiate (d) indemnify

16. Transit Co.'s mission is to provide commercially _____ alternatives to petroleum-based fuels in order to reduce carbon emissions.
    (a) viable (b) biased
    (c) equitable (d) exempt

17. Dr. Denver is a cardiac surgeon whose area of _____ is infant heart surgery.
    (a) expertise (b) capacity
    (c) influence (d) residence

18. Emotional intelligence refers to a person's _____ of understanding of other's feelings.
    (a) standard (b) quality
    (c) factor (d) level

19. Many nuts, including almonds and pistachios, are rich _____ of fiber.
    (a) sources (b) causes
    (c) bases (d) rations

20. The new federal website aims to improve public _____ to national census data and related statistics.
    (a) entrance (b) access
    (c) opening (d) approach

CHAPTER 01 텝스 고득점을 위한 필수 어휘와 퀴즈

텝스 고득점을 위한 다음의 필수 어휘를 암기한 후 퀴즈로 확인해 보세요.

- admit one's mistake 실수를 인정하다
- foster creativity 창의력을 기르다
- violate a rule 규정을 위반하다
- impose a ban 금지 조치를 시행하다
- land a position 직위를 차지하다
- fulfill one's duties 임무를 완수하다
- hold a job 직업을 유지하다
- hold an orientation 오리엔테이션을 열다
- feel an urge 충동을 느끼다
- lower lights 불빛을 낮추다
- resolve conflict 갈등을 해결하다
- pressing issue 긴급한 문제
- public transportation 대중교통
- extra income 추가 수입
- eloquent speech 유창한 연설
- moderate amount 적당한 양
- sluggish pace 느린 속도
- cardinal rule 가장 중요한 규칙
- voracious appetite 열렬한 욕구
- financial freedom 재정적인 자유
- close consultation 긴밀한 상의
- tooth decay 충치
- organ transplant 장기 이식
- contact information 연락처
- back pain 요통
- file a claim 보험 청구서를 제출하다
- budget plan 예산안
- drug use 약물 복용
- subject matter 주제
- graduation ceremony 졸업식
- shopping district 쇼핑 구역
- identity theft 신원 도용
- express one's sentiment 감정을 표현하다

- issue a report 보고서를 발표하다
- take the path 길을 택하다
- overcome hardship 역경을 극복하다
- make a suggestion 제안을 하다
- assume the throne 왕위를 계승하다
- deliver an address 연설하다
- lose weight 체중을 감량하다
- raise the issue 문제를 제기하다
- obstruct one's view 시야를 막다
- grant clemency 관대한 처분을 승인하다
- tight budget 빠듯한 예산
- fatal wound 치명상
- joint effort 공동의 노력
- criminal act 범죄 행위
- blind date 소개팅
- heavy workload 과중한 업무량
- adverse effect 부작용
- monumental change 기념비적인 변화
- direct approach 직접적인 접근
- prior commitment 선약
- baggage allowance 수하물 허용량
- job posting 채용 공고
- budget cut 예산 삭감
- power line 송전선
- birth defect 선천적 기형
- company policy 회사 방침
- motion sickness 멀미
- property value 부동산 가치
- fringe benefit 부가 혜택
- labor shortage 노동력 부족
- aid package 일괄 원조 정책
- permanent resident status 영주권
- substantiate the allegations 주장을 입증하다

Quiz 둘 중 해석에 맞는 적절한 어휘를 고르세요.

01 ⓐ **issue** / ⓑ **emerge** a report — 보고서를 발표하다

02 ⓐ **financial** / ⓑ **profitable** freedom — 재정적인 자유

03 ⓐ **use** / ⓑ **take** the path — 길을 택하다

04 ⓐ **nearby** / ⓑ **close** consultation — 긴밀한 상의

05 ⓐ **overcome** / ⓑ **overpower** hardship — 역경을 극복하다

06 ⓐ **connection** / ⓑ **contact** information — 연락처

07 ⓐ **make** / ⓑ **form** a suggestion — 제안을 하다

08 back ⓐ **pain** / ⓑ **hurt** — 요통

09 ⓐ **adopt** / ⓑ **assume** the throne — 왕위를 계승하다

10 budget ⓐ **plan** / ⓑ **idea** — 예산안

11 ⓐ **brave** / ⓑ **fatal** wound — 치명상

12 ⓐ **common** / ⓑ **public** transportation — 대중교통

13 ⓐ **joint** / ⓑ **double** effort — 공동의 노력

Chapter 01 Collocation

CHAPTER 02 관용적 표현

■ 출제 포인트

· 관용적 표현 문제는 일상 생활에서 구어적으로 하나의 어휘로 굳어져 쓰이는 표현을 묻는 문제입니다.
· 관용적 표현 문제는 대부분 Part 1에서 출제됩니다.

■ 예제

A: Was Ella furious that you broke her laptop?
B: Yes, she _____.

(a) played with fire   (b) took a turn
(c) held her tongue   (d) hit the ceiling

정답   (d)

해설   '당신이 Ella의 노트북을 고장 내서 그녀가 몹시 화가 났었나요'라는 질문에 '네, 그녀는 ___했어요'라고 대답했으므로, Ella가 '화가 났었다'는 것을 짐작할 수 있습니다. 따라서 이 문맥에 적합한 표현은 (d) hit the ceiling(격분하다)입니다.
(a) play with fire 위험한 행동을 하다   (b) take a turn 산책하다   (c) hold one's tongue 잠자코 있다

해석   A: 당신이 Ella의 노트북을 고장 내서 그녀가 몹시 화가 났었나요?
B: 네, 그녀는 격분했어요.

어휘   furious[fjúːəriəs] 몹시 화가 난   laptop[læptàp] 노트북

VOCABULARY LIST

01 **apply oneself** 전념하다
You should apply yourself to your work if you want to succeed.

02 **on the house** (술집 등에서) 무료로 제공되는
Coffee and tea are on the house, but soda costs $2.

03 **a wide range of** 다양한
Modern supermarkets offer a wide range of products at affordable prices.

04 **tighten one's belt** 허리띠를 졸라매다
We can make it through this difficult economic time if we just tighten our belts.

05 **out of line** 부적절한
Several people complained that Emily's comments at the meeting were out of line.

06 **drop a line** 메시지를 보내다
Drop me a line the next time you visit and I'll show you around the city.

07 **throw the book at a person** ~를 엄벌에 처하다
In light of the defendant's numerous arrests, the judge threw the book at him.

08 **spread oneself too thin** 일을 너무 벌이다
Jackie spread herself too thin by signing up for so many classes at the same time.

---

01 성공하고 싶다면 당신의 일에 전념해야 해요.
02 커피와 차는 무료로 제공되지만 소다수는 2달러입니다.
03 현대의 슈퍼마켓은 알맞은 가격에 다양한 상품들을 제공한다.
04 우리가 허리띠를 졸라맨다면 이 어려운 경제적 시기를 극복할 수 있어요.
05 몇몇 사람들은 회의에서 있었던 Emily의 발언이 부적절했다고 항의했다.
06 다음에 방문할 때 메시지를 보내 주시면, 제가 시내를 구경시켜 드릴게요.
07 피고의 수많은 체포 이력을 참작하여, 판사는 그를 엄벌에 처했다.
08 Jackie는 한꺼번에 너무 많은 수업에 등록하여 일을 너무 벌여 놓았다.

VOCABULARY LIST

09 in the same boat 같은 처지에 있는
Leslie and I are in the same boat because she also lost her job.

10 keep down (소리, 소음을) 낮추다
The mother asked her daughter to keep down the noise.

11 get away with 무사히 ~을 하다
The dishonest contractor thought he could get away with using substandard materials.

12 put down 깎아내리다
The manager has a bad habit of putting down his employees.

13 pay off 성과를 거두다
Nate knew his hard work had paid off when he got a promotion.

14 put up 잠자리를 제공해 주다
My friend's cousin in New York put me up while I was in town.

15 shell out (비용을) 들이다
The couple plans to shell out a lot of money for a fancy wedding.

16 put through (전화로) 연결해 주다
Ryan reached the company's telephone operator, who put him through to the CEO.

09 Leslie와 나는 같은 처지에 있는데 왜냐하면 그녀 역시 직장을 잃었기 때문이다.
10 엄마는 그녀의 딸에게 소리를 낮춰 달라고 부탁했다.
11 그 부정직한 계약자는 표준 이하의 재료를 무사히 사용할 수 있을 것이라고 생각하였다.
12 그 관리자는 그의 직원들을 깎아내리는 나쁜 습관을 가지고 있다.
13 Nate는 승진했을 때 그의 고된 노력이 성과를 거두었다는 것을 알았다.
14 뉴욕에 있는 내 친구의 사촌이 내가 도시에 있는 동안 나에게 잠자리를 제공해 주었다.
15 그 커플은 화려한 결혼식을 위해 많은 비용을 들일 계획이다.
16 Ryan은 회사의 전화 교환원에게 연락했고, 전화 교환원이 그를 최고 경영자에게 전화로 연결해 주었다.

17 **conform to** ~에 따르다

Your thesis should conform to the regulations set by the university.

18 **It was my pleasure.** 천만에요.

A: Thanks for helping me do the dishes.
B: It was my pleasure.

19 **I can handle it.** 내가 처리할 수 있어.

A: Do you need any help with your homework?
B: No, thank you. I can handle it.

20 **That would make my life easier.** 그렇게 해주시면 제 일이 한결 수월해질 것 같아요.

A: I can watch the kids if you're busy.
B: Yes, please. That would make my life easier.

21 **I didn't mean to hurt your feeling.** 당신 마음을 상하게 할 의도는 없었어요.

A: I found your criticism to be insulting.
B: I'm sorry. I didn't mean to hurt your feelings.

22 **That's thoughtful of you.** 사려가 깊으시군요.

A: I brought you back a present from my trip.
B: Thank you. That's so thoughtful of you.

23 **It takes a lot of effort.** 많은 노력이 필요해요.

A: I didn't realize how difficult studying Mandarin would be.
B: Yes. It takes a lot of effort.

24 **I recognize your voice.** 당신 목소리를 알아들었어요.

A: Hey, I recognize your voice. Are you on the radio?
B: Yes, I host a talk show on the local news station.

---

17 당신의 논문은 대학이 정한 규정에 따라야 합니다.
18 A: 설거지하는 것을 도와줘서 고마워요.   B: 천만에요.
19 A: 숙제하는 데 도움이 필요하니?   B: 고맙지만 괜찮아. 내가 처리할 수 있어.
20 A: 바쁘시면 제가 그 아이들을 봐 드릴 수 있어요.   B: 네, 그렇게 해주세요. 그렇게 해주시면 제 일이 한결 수월해질 것 같아요.
21 A: 전 당신의 비평을 모욕적이라고 생각했어요.   B: 미안해요. 당신 마음을 상하게 할 의도는 없었어요.
22 A: 여행에서 당신에게 줄 선물을 가져왔어요.   B: 고마워요. 정말 사려가 깊으시군요.
23 A: 중국 표준어를 배우는 것이 얼마나 어려울지 깨닫지 못했어요.   B: 맞아요. 많은 노력이 필요해요.
24 A: 저기, 당신 목소리를 알아들었어요. 라디오에 출연하고 계시죠?   B: 네, 저는 지역 뉴스 방송국에서 토크쇼를 진행해요.

HACKERS TEST

PART 1 대화에 들어갈 적절한 답을 고르세요.

01 A: I didn't think it would be this difficult to run my own business.
B: Yeah, it _____ a lot of effort to do everything yourself.
(a) makes (b) takes
(c) gives (d) wants

02 A: I don't know where to begin researching my science report.
B: I suggest you _____ the topic in an encyclopedia first.
(a) think through (b) point out
(c) look up (d) see off

03 A: Be sure to keep in touch once in a while.
B: I'll definitely _____ whenever I can.
(a) call the shots
(b) talk through your hat
(c) drop you a line
(d) get my act together

04 A: I feel like taking the rest of the day off.
B: The boss would never let you _____ it.
(a) get away with (b) walk out on
(c) cut down on (d) break up with

05 A: Debby's derogatory remark to the manager during the meeting was completely inappropriate.
B: I agree. I think what she did was _____.
(a) down the drain (b) out of line
(c) up in the air (d) off the record

06 A: Do you need help carrying those boxes?
B: No, I can _____ it.
(a) control (b) conduct
(c) handle (d) operate

07 A: I admire how Gail spends long hours practicing the violin each day.
B: Yeah. She is certainly _____ herself.
(a) pertaining (b) applying
(c) restricting (d) inclining

08 A: I'm sorry if I offended you. I didn't _____ to hurt your feelings.
B: That's OK. I understand.
(a) hope (b) mean
(c) begin (d) prepare

09 A: How did you know it was me on the phone?
B: I _____ your voice.
(a) understood (b) realized
(c) acknowledged (d) recognized

10 A: This market instability is causing the prices of commodities to go sky-high!
B: Yes. It's time to _____.
(a) tighten our belts
(b) spare no expense
(c) break a leg
(d) put a sock in it

11 A: Good day. I would like to speak with Mr. Taylor.
B: Please hold. I'll _____ to his direct line.

(a) hear you out   (b) give you away
(c) lead you on   (d) put you through

12 A: Why did you quit the glee club?
B: I felt I was _____. I couldn't manage club activities on top of my schoolwork and a part-time job.

(a) selling myself short
(b) biting the bullet
(c) rubbing salt in the wound
(d) spreading myself too thin

13 A: Thanks a lot for your help, Tracey.
B: No problem. It was my _____.

(a) pleasure   (b) comfort
(c) gladness   (d) luxury

14 A: The series of burglaries in the neighborhood is alarming.
B: Yeah. I hope the authorities arrest the thieves soon and _____.

(a) throw the book at them
(b) steal a march on them
(c) take cover from them
(d) show them the door

15 A: Would you like me to copy those documents for you?
B: Thanks. That would make my life _____.

(a) easier   (b) firmer
(c) kinder   (d) greater

16 A: I'm having trouble in chemistry class.
B: Hey, we _____. I really need to improve my grade, too.

(a) are neither here nor there
(b) have enough on our plates
(c) are in the same boat
(d) have two left feet

17 A: Can you talk on the phone a bit more quietly? I'm trying to study.
B: Sorry, I didn't know I was bothering you. I'll _____.

(a) keep it down   (b) hang it up
(c) bring it off   (d) turn it out

18 A: How much did you pay the plumber?
B: I had to _____ $75 for the repairs.

(a) soak in   (b) sock away
(c) shell out (d) shake down

19 A: I don't like the new coach.
B: Me neither. He is constantly _____ and making rude remarks.

(a) holding us up   (b) putting us down
(c) keeping us in   (d) throwing us out

PART 2 서술문에 들어갈 적절한 답을 고르세요.

20 *Clutch Magazine* covers a wide _____ of topics related to automobiles, including news about the latest car parts and accessories.

(a) display   (b) order
(c) range   (d) series

CHAPTER 02 텝스 고득점을 위한 필수 어휘와 퀴즈

텝스 고득점을 위한 다음의 필수 어휘를 암기한 후 퀴즈로 확인해 보세요.

- make sense of 이해하다
- by leaps and bounds 급속도로
- tongue-in-cheek 농담조의
- jump on the bandwagon 동참하다, 시류에 편승하다
- out of place 어울리지 않는
- go blind 실명하다
- be charged with ~의 혐의로 기소되다
- break the news 처음으로 알려주다
- like a log 어쩔 수 없이
- give someone a ring 전화를 걸다
- iron out 해결하다
- give in (to) ~에 굴복하다
- cross off 지우다
- hold on 기다리다
- break down 고장 나다
- keep up ~을 동일한 정도로 계속하다
- watch for ~을 기다리다
- refer to ~과 관련 있다
- acquaint oneself with ~에 정통하다
- pick up ~을 받다
- Here you go. 여기 있습니다.
- The race was close. 접전을 벌였어요.
- There's no rush. 서두를 것 없어요.
- I skipped lunch today. 오늘 점심을 걸렀어요.
- It is hard for me to say. 말하기 어려워요.
- call the shots 지배하다
- Can you call me later? 나중에 전화 주시겠어요?
- Thanks for helping me. 도와줘서 고마워요.
- I doubt it. 그렇지 않을걸요.
- I'm just visiting. 그냥 들른 거예요.
- It seems suspicious. 의심스러워 보여요.
- read someone the riot act 엄하게 나무라다

- be peppered with questions 질문 세례를 받다
- get up the nerve 용기를 내다
- dial the wrong number 전화를 잘못 걸다
- feel stiff 뻐근하다, 경직되다
- play it by ear 그때그때 사정을 봐가며 처리하다
- in transit 운송 중
- be infatuated with ~에 푹 빠지다
- take one's pick of 취향에 따라 선택하다
- come to a close 종결되다
- go on an excursion 소풍 가다
- come down with (병이) 걸리다
- strive for 노력하다
- pass out 의식을 잃다
- fall through 실현되지 못하다
- get off ~에서 내리다
- subscribe to ~를 구독하다
- pull through 회복하다
- carry on ~을 계속하다
- concentrate on ~에 집중하다
- We're full. 방이 다 찼어요.
- He is not my type. 그는 제 타입이 아니에요.
- fall out with ~와 사이가 나빠지다
- have qualms 거리낌이 있다
- What a mess! 이렇게 지저분할 수가!
- Give me a few minutes. 잠시만 기다려 주세요.
- I feel better. 한결 나아졌어요.
- No kidding! 설마요!
- Stop exaggerating. 과장하지 마세요.
- Help yourself. 마음껏 드세요.
- My stomach is upset. 배탈이 났어요.
- be on the same page ~에 대해 이해하고 있는 내용이 같다
- You'd never guess it. 그건 절대 짐작하지 못했을 거예요.

Quiz 둘 중 해석에 맞는 적절한 어휘를 고르세요.

01 ⓐ **break** / ⓑ **strike** the news — 처음으로 알려 주다

02 I ⓐ **hesitate** / ⓑ **doubt** it. — 그렇지 않을걸요.

03 come to a ⓐ **shut** / ⓑ **close** — 종결되다

04 ⓐ **pull through** / ⓑ **pull out** in the end — 결국에 회복하다

05 I feel ⓐ **better** / ⓑ **finer**. — 한결 나아졌어요.

06 ⓐ **Carry on** / ⓑ **Carry out** with what you were doing. — 당신이 하던 일을 계속하세요.

07 be on the same ⓐ **sheet** / ⓑ **page** — ~에 대해 이해하고 있는 내용이 같다

08 My stomach is ⓐ **angry** / ⓑ **upset**. — 배탈이 났어요.

09 I need to ⓐ **acquaint myself with** / ⓑ **appoint myself with** this program. — 나는 이 프로그램에 정통할 필요가 있다.

10 in ⓐ **passage** / ⓑ **transit** — 운송 중

11 The news article ⓐ **refers to** / ⓑ **rests on** the budget crisis. — 그 뉴스 기사는 재정 위기와 관련이 있다.

12 My car ⓐ **broke down** / ⓑ **broke up** on the freeway. — 내 차는 고속도로에서 고장이 났다.

13 be ⓐ **possessed** / ⓑ **infatuated** with — ~에 푹 빠지다

01 ⓐ 02 ⓑ 03 ⓑ 04 ⓐ 05 ⓐ 06 ⓐ 07 ⓑ 08 ⓑ 09 ⓐ 10 ⓑ 11 ⓐ 12 ⓐ 13 ⓑ

CHAPTER 03 동사

■ 출제 포인트

- 동사 문제는 어휘 영역에서 가장 많이 출제되는 문제 중 하나로 평균적으로 10문제 이상 출제됩니다. Part 1보다는 Part 2에서 더 많이 출제됩니다.
- 기본 동사들이 갖는 1차적 의미 외에 다양한 의미를 묻는 문제들이 출제됩니다.
  예) meet(충족시키다), jump(급증하다), save(덜어주다) 등
- 다의어 동사의 의미를 묻는 문제들이 출제되기도 합니다.
  예) decline(거절하다, 건강이 약해지다), spare(할애하다, 피해를 면하게 해주다) 등

■ 예제

> At shopnet.com, you can _____ on antique and vintage items in our daily auctions.
>
> (a) bid (b) barter
> (c) retract (d) convince

정답 (a)

해설 '여러분은 저희의 일일 경매에서 골동품과 유서 깊은 물건들의 ___할 수 있다'고 했습니다. 경매에서 할 수 있는 일은 물건의 '입찰에 응하는' 것임을 짐작할 수 있습니다. 따라서 문맥상 빈칸에 적합한 어휘는 (a) bid(입찰에 응하다)입니다.
(b) barter[bɑ́ːrtər] 물물 교환하다 (c) retract[ritrǽkt] 철회하다 (d) convince[kənvíns] 설득하다

해석 shopnet.com에서, 여러분은 저희의 일일 경매에서 골동품과 유서 깊은 물건들의 입찰에 응하실 수 있습니다.

어휘 antique[æntíːk] 골동품의 vintage[víntidʒ] 유서 깊은, 고전적인 auction[ɔ́ːkʃən] 경매

VOCABULARY LIST

해커스 텝스 중급 독해·어휘

01 **prepare**
[pripɛ́ər]
준비하다
At the luncheon, chefs prepared a special meal for the honored guests.

02 **influence**
[ínfluəns]
영향을 주다
George's choice of college was influenced largely by his friends.

03 **confirm**
[kənfə́ːrm]
확인하다
Make sure you confirm your appointment with the doctor before you arrive at her office.

04 **demolish**
[dimáliʃ]
허물다
Several homes had to be demolished in order to make way for the new public road.

05 **inflate**
[infléit]
가격이 상승하다
Shoppers avoided the store because of its inflated prices.

06 **cram**
[kræm]
벼락 공부를 하다
Jeremy spent all night cramming for an important biology exam.

07 **comprise**
[kəmpráiz]
포함하다
The test comprises 50 questions covering a wide range of subjects.

08 **disintegrate**
[disíntəgrèit]
붕괴되다
The force of the explosion caused the walls of the building to disintegrate.

---

01 오찬에서, 주방장들이 귀빈들을 위해 특별식을 준비했다.
02 George의 대학 선택은 대체로 그의 친구들에 의해 영향을 받았다.
03 그녀의 진료실에 도착하기 전에 의사와의 약속을 반드시 확인하세요.
04 새로운 공용 도로를 위한 자리를 만들기 위해 몇몇 집들을 허물어뜨려야 했다.
05 쇼핑객들은 상승한 가격 때문에 그 가게에 가기를 꺼렸다.
06 Jeremy는 중요한 생물학 시험을 위해 벼락 공부를 하며 밤을 샜다.
07 그 시험은 다양한 주제를 다루는 50개의 문제들을 포함한다.
08 폭발의 힘은 건물 벽이 붕괴되도록 하였다.

Chapter 03 동사

VOCABULARY LIST

09 squander [skwándər]
낭비하다
The government's budget was squandered on costly projects that brought little benefit to the community.

10 spill [spil]
쏟다
Henry spilled salt all over the table when the salt shaker broke.

11 hire [haiər]
고용하다
The golf course needs to hire a new groundskeeper.

12 drench [drentʃ]
흠뻑 물에 적시다
The audience got drenched by a sudden downpour during the outdoor concert.

13 fabricate [fǽbrikèit]
꾸며내다, 조작하다
The student fabricated an excuse for not completing the assignment.

14 jump [dʒʌmp]
급증하다
Sales in the fourth quarter jumped 22 percent as a result of heavy advertising.

15 force [fɔːrs]
(어쩔 수 없이) ~하게 만들다
The business was forced to shut down because it wasn't earning a profit.

16 expect [ikspékt]
기대하다
The computer company expects to sell close to a million units next year.

---

09 지역 사회에 이득을 거의 가져다 주지 않은, 많은 비용이 들었던 프로젝트에 정부 예산이 낭비되었다.
10 소금 병이 깨져서 Henry는 테이블 위에 온통 소금을 쏟았다.
11 그 골프장은 새로운 관리인을 고용할 필요가 있다.
12 야외 콘서트 도중 갑작스러운 폭우로 인해 관객들이 흠뻑 물에 젖었다.
13 그 학생은 숙제를 완료하지 못한 것에 대한 변명을 꾸며냈다.
14 엄청난 광고의 결과로 4분기 매출액이 22퍼센트 급증했다.
15 그 사업은 수익을 올리지 못해 어쩔 수 없이 문을 닫게 되었다.
16 그 컴퓨터 회사는 내년에 기기를 백만 대 가까이 팔 것을 기대한다.

17	**discuss** [diskʌ́s]	논의하다	
		Lawyers from both companies sat down to discuss the terms of the buyout proposal.	

18	**convene** [kənvíːn]	소집하다	
		The president convened a meeting of all the company's executives.	

19	**envision** [invíʒən]	상상하다	
		The young entrepreneur envisioned a future in which her products were sold around the world.	

20	**elude** [ilúːd]	기억하지 못하다	
		Kim remembered meeting the man, but his name eluded her.	

21	**decline** [dikláin]	건강이 약해지다	
		My health started to decline when I was working lots of overtime.	

22	**stuff** [stʌf]	채워 넣다	
		The man stuffed his suitcase so full that he could barely close it.	

23	**accept** [æksépt]	받아들이다	
		Ms. Harper accepted the overseas job in exchange for a generous compensation package.	

24	**impose** [impóuz]	폐를 끼치다	
		I offered to let my friend spend the night, but he didn't want to impose.	

---

17 두 회사의 변호사들은 인수 제안 조건들에 대해 본격적으로 논의하기 시작했다.
18 회장은 회사의 모든 임원들로 구성된 회의를 소집했다.
19 그 젊은 사업가는 그녀의 제품이 전 세계로 판매되는 미래를 상상했다.
20 Kim은 그 남자를 만난 것을 기억했지만, 그의 이름은 기억하지 못했다.
21 초과 근무를 많이 하면서 내 건강은 약해지기 시작했다.
22 그 남자는 그의 여행 가방을 너무 꽉 차게 채워 넣어서 그것을 간신히 닫을 수 있었다.
23 Ms. Harper는 후한 보수를 받는 대가로 해외에서의 일자리를 받아들였다.
24 나는 친구에게 하룻밤 묵을 것을 제안했지만, 그는 폐를 끼치고 싶어 하지 않아 했다.

HACKERS TEST

PART 1 대화에 들어갈 적절한 답을 고르세요.

01 A: Is there any more room in the garbage bag for these old magazines?
B: I think we can _____ a few more things in there.
(a) stuff (b) crush
(c) nudge (d) pinch

02 A: Why is there a puddle on the kitchen floor?
B: Sorry. I forgot to clean up the water I _____.
(a) spilled (b) turned
(c) filled (d) flowed

03 A: Ross could've sold his car at a much higher price.
B: If he weren't in such dire need of money, he wouldn't have _____ such a low price.
(a) adopted (b) accepted
(c) stumbled (d) sustained

04 A: Is Chris attending the party tomorrow?
B: I think so. I'll call him later to _____.
(a) establish (b) enforce
(c) confirm (d) conflict

05 A: I wish mom cooked stuffed crab more often.
B: She only _____ it for special occasions because it is difficult to make.
(a) develops (b) delivers
(c) performs (d) prepares

06 A: Why are your clothes so _____?
B: I got caught in the rain without an umbrella.
(a) drenched (b) watered
(c) dumped (d) splashed

07 A: Did the fire destroy any buildings?
B: One house was _____, but the others nearby were spared.
(a) invalidated (b) overthrown
(c) demolished (d) smothered

08 A: I have a spare room if you want to stay the night.
B: No, I couldn't _____. Thanks for the offer, though.
(a) prevail (b) impose
(c) breach (d) offend

09 A: Property in the region has become very expensive of late.
B: Investors predict that prices will continue to _____.
(a) magnify (b) project
(c) inflate (d) unfold

10 A: The news about the politician's impending resignation turned out to be false.
B: Yeah, the reporter just _____ the information to cause a sensation.
(a) discarded (b) fabricated
(c) disguised (d) pronounced

PART 2 서술문에 들어갈 적절한 답을 고르세요.

11 Cyrus reviews his lessons every day so that he does not have to _____ before exams.

(a) cram (b) inspire
(c) bomb (d) absorb

12 Ever since she was diagnosed with a terminal disease, Mrs. Willow's health has slowly _____.

(a) composed (b) declined
(c) rendered (d) severed

13 Michael's decision to play the piano was greatly _____ by his father, who is a music teacher.

(a) influenced (b) dominated
(c) calculated (d) permeated

14 Many people are _____ to seek employment abroad due to a lack of job opportunities in their own countries.

(a) removed (b) informed
(c) engaged (d) forced

15 The constant humidity caused the cardboard boxes to _____.

(a) demean (b) succumb
(c) synthesize (d) disintegrate

16 The workshop _____ a group of experts to explore and evaluate contemporary research issues in organizational psychology.

(a) extended (b) reconciled
(c) convened (d) embodied

17 The violin family, _____ the viola, cello, double bass, and violin, forms the basis of an orchestra's string section.

(a) comprising (b) engrossing
(c) assuming (d) devising

18 The celebrity said that when she was young she never _____ herself acting in films because of her shyness.

(a) schemed (b) professed
(c) appraised (d) envisioned

19 The lottery winner _____ his winnings by gambling recklessly and was eventually left with nothing.

(a) squandered (b) extrapolated
(c) disseminated (d) liberated

20 The championship _____ the figure skater until last year, when she finally won the trophy.

(a) beguiled (b) eluded
(c) baffled (d) eroded

정답 p.60

CHAPTER 03 텝스 고득점을 위한 필수 어휘와 퀴즈

텝스 고득점을 위한 다음의 필수 어휘를 암기한 후 퀴즈로 확인해 보세요.

- transfer [trænsfə́ːr] 갈아타다
- gather [gǽðər] 모으다, 수확하다
- worry [wə́ːri] 걱정하다
- experience [ikspíəriəns] 겪다
- install [instɔ́ːl] 설치하다
- stun [stʌn] 경악하게 하다
- confiscate [kánfəskèit] 압수하다
- spoil [spɔil] 망치다
- conduct [kándʌkt] (특정한 활동을) 하다
- secrete [sikríːt] 분비하다
- suggest [səgdʒést] 암시하다
- eliminate [ilímənèit] 제거하다
- save [seiv] 절약하다
- adjourn [ədʒə́ːrn] 중단하다
- pack [pæk] 짐을 싸다
- confuse [kənfjúːz] 착각하다
- appreciate [əpríːʃièit] 고마워하다
- exaggerate [igzǽdʒərèit] 과장하다
- borrow [bárou] 빌리다
- mitigate [mítəgèit] 경감시키다
- flout [flaut] 어기다
- peruse [pərúːz] 잘 살펴보다
- ratify [rǽtəfài] 승인하다
- decline [dikláin] 거절하다
- pledge [pledʒ] 맹세하다
- converge [kənvə́ːrdʒ] 한 점에 모이다
- dismiss [dismís] 해산시키다
- degrade [digréid] 강등하다
- overthrow [òuvərθróu] 뒤엎다
- pursue [pərsjúː] 추구하다
- reconcile [rékənsàil] 중재하다
- confront [kənfrʌ́nt] 맞서다

- fix [fiks] 수리하다, 고정시키다
- finish [fíniʃ] 끝내다
- exchange [ikstʃéindʒ] 교환하다
- bring [briŋ] 가져다 주다
- glorify [glɔ́ːrəfài] 미화하다
- shift [ʃift] 옮기다
- accompany [əkʌ́mpəni] 동행하다
- dominate [dámənèit] 좌우하다, 지배하다
- spare [spɛər] 피해를 면하게 해주다
- ache [eik] 아프다
- direct [dirékt] 안내하다
- handle [hǽndl] 처리하다
- jostle [dʒɑsl] 거칠게 밀다
- share [ʃɛər] 분배하다
- register [rédʒistər] (감정을) 표하다
- atone [ətóun] 속죄하다
- erode [iróud] 손상시키다
- alleviate [əlíːvièit] 완화하다
- refer [rifə́ːr] 알려주다
- matriculate [mətríkjulèit] 입학하다
- persist [pərsíst] 남아있다
- replenish [ripléniʃ] 보충하다
- expect [ikspékt] 예상하다
- suspend [səspénd] 정지시키다
- defend [difénd] 방어하다
- initiate [iníʃièit] 시작하다
- appraise [əpréiz] 평가하다
- enforce [infɔ́ːrs] 실시하다
- stretch [stretʃ] 잡아당기다
- subside [səbsáid] 감퇴하다
- eradicate [irǽdəkèit] 뿌리 뽑다
- accelerate [æksélərèit] 가속하다

Quiz 둘 중 해석에 맞는 적절한 어휘를 고르세요.

01 Could you ⓐ **accomplish** / ⓑ **accompany** me? — 저와 동행해 주시겠어요?

02 ⓐ **dominate** / ⓑ **subdue** a conversation — 대화를 좌우하다

03 be ⓐ **conserved** / ⓑ **spared** from a hurricane — 태풍으로부터 피해를 면하다

04 ⓐ **handle** / ⓑ **grab** a situation — 상황을 처리하다

05 ⓐ **appreciate** / ⓑ **understand** her kindness — 그녀의 친절에 고마워하다

06 ⓐ **release** / ⓑ **transfer** to another bus — 다른 버스로 갈아타다

07 ⓐ **mount** / ⓑ **install** software — 소프트웨어를 설치하다

08 be ⓐ **stunned** / ⓑ **dazed** by his outrageous behavior — 그의 난폭한 행동에 경악하다

09 ⓐ **preempt** / ⓑ **confiscate** any weapons — 모든 무기를 압수하다

10 ⓐ **conduct** / ⓑ **control** a seminar — 세미나를 하다

11 ⓐ **terminate** / ⓑ **eliminate** odors — 냄새를 제거하다

12 The meeting was ⓐ **adjourned** / ⓑ **absolved**. — 그 회의는 중단되었다.

13 ⓐ **atone** / ⓑ **remedy** for their sins — 그들의 죄를 속죄하다

01 ⓑ 02 ⓐ 03 ⓑ 04 ⓐ 05 ⓐ 06 ⓑ 07 ⓑ 08 ⓐ 09 ⓑ 10 ⓐ 11 ⓑ 12 ⓐ 13 ⓐ

CHAPTER 04 명사

■ 출제 포인트

- 명사 문제는 평균적으로 4문제 정도 출제되며, Part 1과 Part 2에서 비슷한 비율로 출제됩니다.
- 일상생활에서 쓰이는 명사의 활용을 묻는 문제들이 자주 출제됩니다.
  예) space(공간), basement(지하층), tool(도구) 등
- 다의어 명사의 의미를 묻는 문제들이 출제되기도 합니다.
  예) company(함께 있음, 단체), volume(용량, 권) 등

■ 예제

> A: My article features an excerpt from the novel *Yukio*.
> B: Did you get a letter of _____ from the author?
>
> (a) explanation   (b) consent
> (c) apology   (d) intent

정답 (b)

해설 '제 기사는 소설 'Yukio'의 인용문을 크게 다뤄요'라는 말에 '작가로부터 ____서는 받았나요'라고 질문했으므로, 기사가 소설의 인용문을 다룰 때 작가의 '동의'가 필요하다는 내용이 오는 것이 자연스럽습니다. 따라서 문맥상 빈칸에 적합한 어휘는 (b) consent(동의)입니다.
(a) explanation[èksplənéiʃən] 설명   (c) apology[əpálədʒi] 사과   (d) intent[intént] 의지

해석 A: 제 기사는 소설 'Yukio'의 인용문을 크게 다뤄요.
B: 작가로부터 동의서는 받았나요?

어휘 feature[fíːtʃər] 특별히 다루다   excerpt[éksəːrpt] 인용문   author[ɔ́ːθər] 작가

VOCABULARY LIST

해커스 텝스 중급 독해·어휘

01 **reception**
[risépʃən]
수신, 수신 상태
It is difficult to get cell phone reception in rural areas.

02 **assembly**
[əsémbli]
조립
The new bed will require assembly once it arrives.

03 **exchange**
[ikstʃéindʒ]
교환
All of the guests were excited for the gift exchange at the Christmas party.

04 **dedication**
[dèdikéiʃən]
헌신
Harold's dedication to his job was greatly appreciated by his boss.

05 **hint**
[hint]
단서
Tony gave Jane a hint to help her solve the math problem.

06 **sales**
[seilz]
매출
The boutique's total sales this year were higher than expected.

07 **bargain**
[báːrɡən]
싼 물건
This jacket I purchased at the market was a really good bargain.

08 **parody**
[pǽrədi]
패러디
The actors performed a hilarious parody of a classic play.

---

01 시골 지역에서는 휴대전화의 수신이 잘 안 된다.
02 그 새 침대는 도착하자마자 조립이 필요할 것이다.
03 모든 손님들은 크리스마스 파티에서의 선물 교환에 들떠 있었다.
04 자신의 일에 대한 Harold의 헌신은 그의 상사에게 크게 인정받았다.
05 Tony는 Jane에게 그녀가 그 수학 문제를 푸는 데 도움이 되는 단서를 주었다.
06 그 양품점의 올해 총 매출은 기대했던 것보다 높았다.
07 시장에서 구매한 이 재킷은 정말 싸게 잘 산 물건이었다.
08 배우들은 고전 연극의 아주 우스운 패러디를 연기했다.

VOCABULARY LIST

09 oratory
[ɔ́:rətɔ̀:ri]
웅변
The speaker impressed many guests with his oratory at the fund-raising event.

10 accident
[æksədənt]
사고
Although his car was damaged, Joshua was not injured in the accident.

11 space
[speis]
공간
Mike's apartment has very limited space for new furniture.

12 component
[kəmpóunənt]
성분
Carbon is a major component of limestone and marble.

13 basement
[béismənt]
지하층
The Parker family keeps most of their old belongings in the basement.

14 tenant
[ténənt]
세입자
Our landlady posted an advertisement in the newspaper to attract new tenants.

15 purpose
[pə́:rpəs]
목적
The purpose of mediation is to try to resolve a dispute out of court.

16 aspect
[æspekt]
측면
Grammar is arguably the most difficult aspect of learning the English language.

---

09 그 발표자는 기금모음 행사에서 웅변으로 많은 손님들을 감동시켰다.
10 비록 그의 차는 손상되었지만, Joshua는 그 사고에서 부상을 입지 않았다.
11 Mike의 아파트는 새 가구를 놓기 위한 공간이 얼마 되지 않는다.
12 탄소는 석회석과 대리석의 주요 성분이다.
13 Parker씨네 가족들은 그들의 오래된 물건들 대부분을 지하층에 보관한다.
14 우리의 집주인은 새로운 세입자를 끌어 모으기 위해 신문에 광고를 게재했다.
15 조정의 목적은 당사자끼리 합의하여 분쟁을 해결하고자 노력하는 것이다.
16 문법은 거의 틀림없이 영어 학습의 가장 어려운 측면이다.

17	**subordinate** [səbɔ́ːrdənət]	부하직원 The subordinate was reprimanded for disobeying his superior's orders.	

18	**departure** [dipáːrtʃər]	출발 An additional track was built at the railway station to ensure the timely departure of trains.	

19	**interval** [íntərvəl]	간격 The medicine should be taken three times a day at four-hour intervals.	

20	**volume** [váljuːm]	용량 The volume of water in the swimming pool appeared to be too low.	

21	**alternative** [ɔːltə́ːrnətiv]	대안 For people wanting to reduce their coffee intake, green tea is a great alternative.	

22	**regulation** [règjuléiʃən]	규정 The city's regulations regarding waste management are very strict.	

23	**correspondence** [kɔ̀ːrəspándəns]	연관성 There is a strong correspondence between poverty and crime rates.	

24	**ambience** [ǽmbiəns]	분위기 The beautiful panoramic view of the river adds to the restaurant's ambience.	

---

17 그 부하직원은 상사의 지시에 불복종하여 질책을 받았다.
18 기차의 정시 출발을 확실히 하기 위해 철도역에 추가 선로가 설치되었다.
19 그 약은 하루에 세 번 네 시간 간격으로 복용되어야 한다.
20 수영장에 채워진 물의 양이 너무 적은 것 같았다.
21 커피 섭취를 줄이고 싶어하는 사람들에게, 녹차는 훌륭한 대안이다.
22 쓰레기 처리에 관한 그 도시의 규정들은 매우 엄격하다.
23 빈곤과 범죄율 사이에는 강한 연관성이 있다.
24 강의 아름다운 전경이 그 식당의 분위기를 더해준다.

HACKERS TEST

PART 1 대화에 들어갈 적절한 답을 고르세요.

01
A: How much does an average wine bottle hold?
B: Typical ones have a(n) _____ of 750 milliliters, but I've seen some that were much bigger.
(a) remainder (b) extent
(c) volume   (d) hiatus

02
A: How often do the subway trains arrive?
B: They come at 15-minute _____.
(a) trips   (b) jaunts
(c) periods   (d) intervals

03
A: Can we stop for coffee before getting on the plane?
B: There's a coffee shop in the _____ area.
(a) movement   (b) departure
(c) transport (d) crossing

04
A: Did the ground floor also flood during the storm?
B: No, the rainwater only collected down in the _____.
(a) passage   (b) basement
(c) footing   (d) penthouse

05
A: Do you know why the server crashed?
B: I'm checking the logs right now for any _____ of a cause.
(a) point   (b) qualm
(c) hint   (d) knack

06
A: Do you need help setting up the computer table?
B: No, thanks. I'm almost done with the _____.
(a) assembly   (b) standard
(c) expansion (d) connection

07
A: I just noticed that the unit downstairs is now vacant.
B: You didn't realize that? The previous _____ moved out well over a month ago.
(a) settler   (b) patron
(c) tenant   (d) client

08
A: I was amazed that Ken continued to play in the match despite his injury.
B: Yes, the situation proved his _____ to winning the tournament.
(a) dedication (b) attachment
(c) conformity (d) opposition

09
A: The blouse I purchased doesn't fit. Can I return it and get a larger size?
B: Sure. We accept _____ within 30 days of purchase.
(a) notices   (b) exchanges
(c) alterations (d) transactions

10
A: You have to lower your sugar intake.
B: OK. Is there a(n) _____ to sugar I can use instead?
(a) selection (b) preference
(c) alternative (d) supplement

PART 2 서술문에 들어갈 적절한 답을 고르세요.

11 Her affinity for fine artwork and love of classical music demonstrate two _____ of Tina's cultured background.

(a) aspects (b) schemes
(c) niches (d) issues

12 Many comparative studies show that while consumers worldwide have different buying habits, there is a degree of _____ in consumer behavior across countries.

(a) bondage (b) rapport
(c) incongruity (d) correspondence

13 Nuoc mam, or fish sauce, is the _____ that gives Vietnamese cuisine its distinct flavor.

(a) appliance (b) instance
(c) component (d) appetizer

14 Requiring hard hats is a simple _____ that can guarantee safety at a construction site.

(a) treaty (b) etiquette
(c) regulation (d) ritual

15 The _____ of forming the student study group is to promote collaborative learning among its members.

(a) purpose (b) method
(c) draft (d) duty

16 The candidate's _____ ability was on full display whenever he gave a rousing speech to his supporters.

(a) oratory (b) profligacy
(c) temerity (d) prolixity

17 Thrift stores are a good place to find _____, since the items they sell are secondhand.

(a) bargains (b) portions
(c) treasures (d) bounties

18 To create more _____ in their living room, the couple will buy a smaller sofa and discard their old one.

(a) utility (b) border
(c) facility (d) space

19 With its tuxedoed waitstaff and ornate decorations, the restaurant had a very stuffy _____.

(a) disposition (b) circumstance
(c) backdrop (d) ambience

20 Yesterday's _____ on the freeway, in which three cars collided, claimed the lives of two people and left six injured.

(a) schedule (b) outcome
(c) accident (d) collapse

CHAPTER 04 텝스 고득점을 위한 필수 어휘와 퀴즈

텝스 고득점을 위한 다음의 필수 어휘를 암기한 후 퀴즈로 확인해 보세요.

- abstract [ǽbstrækt] 개요
- stickler [stíklər] 엄격한 사람
- predicament [pridíkəmənt] 궁지
- sacrilege [sǽkrəlidʒ] 신성 모독
- inception [insépʃən] 시작
- company [kʌ́mpəni] 함께 있음
- thrill [θril] 전율
- vacancy [véikənsi] 공석
- time [taim] 번
- consensus [kənsénsəs] 합의
- seal [si:l] 직인
- fatality [feitǽləti] 사망자
- observatory [əbzɑ́ːrvətɔ̀ːri] 전망대
- preference [préfərəns] 선호
- idea [aidíːə] 생각
- gist [dʒist] 요점
- expiration [èkspəréiʃən] 유통기한
- cost [kɔːst] 비용
- subscription [səbskrípʃən] 구독
- enlistment [inlístmənt] 입대
- euthanasia [jùːθənéiʒə] 안락사
- minor [máinər] 미성년자
- capacity [kəpǽsəti] 수용력
- lane [lein] 차로, 통로
- rack [ræk] 선반
- agenda [ədʒéndə] 협의 사항, 의제
- vaccination [væ̀ksənéiʃən] 예방 접종
- alimony [ǽləmòuni] 부양
- persistence [pərsístəns] 고집, 인내
- estimate [éstəmət] 추정, 견적
- separation [sèpəréiʃən] 분리, 분할

- invective [invéktiv] 욕설
- cemetery [sémətèri] 묘지
- accolade [ǽkəlèid] 상
- stranglehold [strǽŋglhòuld] 완전한 지배력
- respite [réspit] 휴식
- spot [spɑt] 자리
- leeway [líːwèi] 자유
- clime [klaim] 지방
- version [və́ːrʒən] 버전
- equivalent [ikwívələnt] 동의어
- directory [diréktəri] 안내 책자
- sacrifice [sǽkrəfàis] 제물
- forbearance [fɔːrbɛ́ərəns] 지불 유예
- curfew [kə́ːrfjuː] 귀가 시간
- regimen [rédʒəmən] 식이요법
- load [loud] 더미
- age [eidʒ] 시대
- minutes [mínits] 회의록
- responsibility [rispɑ̀nsəbíləti] 책임
- confrontation [kɑ̀nfrəntéiʃən] 대립
- cabal [kəbǽl] 비밀 결사대
- dispute [dispjúːt] 논쟁
- discrimination [diskrìmənéiʃən] 구별, 식별
- abuse [əbjúːs] 남용
- projection [prədʒékʃən] 예상, 전망
- margin [mɑ́ːrdʒin] 여백
- hassle [hǽsl] 혼란, 싸움
- temper [témpər] 기질, 천성
- reprimand [réprəmæ̀nd] 비난, 질책
- deposit [dipɑ́zit] 침전물, 예금
- obsession [əbséʃən] 강박 관념, 집념

Quiz 둘 중 해석에 맞는 적절한 어휘를 고르세요.

01 since the school's ⓐ inception / ⓑ perception — 그 학교가 시작된 이래로

02 continue to work without ⓐ breach / ⓑ respite — 휴식 없이 일을 계속하다

03 enjoy one's ⓐ company / ⓑ solidarity — ~와 함께 있는 것을 즐기다

04 the ⓐ relish / ⓑ thrill of victory — 승리의 전율

05 give some ⓐ leeway / ⓑ breadth to be creative — 창의적일 수 있도록 어느 정도 자유를 주다

06 a positive ⓐ concession / ⓑ consensus — 긍정적인 합의

07 stamped with an official ⓐ seal / ⓑ crown — 공식 직인이 찍힌

08 a telephone ⓐ inventory / ⓑ directory — 전화번호 안내 책자

09 plane crash ⓐ fatalities / ⓑ morbidities — 비행기 사고 사망자

10 offer a ⓐ bequest / ⓑ sacrifice to the gods — 신들에게 제물을 바치다

11 panoramic view from the tower's ⓐ observatory / ⓑ fortification — 타워의 전망대에서 본 전경

12 an exercise ⓐ regimen / ⓑ platform to lose weight — 체중 감량을 위한 운동을 통한 식이요법

13 the ⓐ gist / ⓑ stalk of the article — 기사의 요점

01 ⓐ 02 ⓑ 03 ⓐ 04 ⓑ 05 ⓐ 06 ⓑ 07 ⓐ 08 ⓑ 09 ⓐ 10 ⓑ 11 ⓐ 12 ⓐ 13 ⓐ

CHAPTER 05 형용사와 부사

■ 출제 포인트

- 형용사와 부사 문제는 평균적으로 5~10문제 정도 출제됩니다. 또한 Part 1보다 Part 2에서 더 많이 출제되며, 부사보다 형용사의 출제 비율이 훨씬 높습니다.
- 다의어 형용사의 의미를 묻는 문제들이 출제되기도 합니다.
  예) due(예정된, 지불해야 하는), available(이용할 수 있는, 시간이 있는)

■ 예제

Road conditions have been _____ affected by the weather, so drivers are being asked to reduce their speed.

(a) furiously   (b) chillingly
(c) adversely   (d) inexplicably

정답   (c)

해설   '도로 상황이 날씨로 인해 ___ 영향을 받아, 운전자들은 속도를 줄일 것을 요청받는다'라는 내용에서 운전자들이 속도를 줄여야 하는 이유는 날씨가 '부정적으로' 영향을 미쳐 도로 상황이 좋지 않기 때문임을 짐작할 수 있습니다. 따라서 문맥상 빈칸에 적합한 어휘는 (c) adversely(부정적으로)입니다.
(a) furiously[fjúəriəsli] 맹렬히   (b) chillingly[tʃíliŋli] 냉담하게   (d) inexplicably[inéksplikəbli] 설명할 수 없게

해석   도로 상황이 날씨로 인해 부정적으로 영향을 받아, 운전자들은 속도를 줄일 것을 요청받는다.

어휘   condition[kəndíʃən] 상황   affect[əfékt] 영향을 미치다, 작용하다   reduce[ridjúːs] 줄이다

VOCABULARY LIST

해커스 텝스 중급 독해·어휘

01 **due**
[dju:]
지불해야 하는, 예정된
The loan payment is due at the end of this month.

02 **related**
[riléitid]
동족의, 친척의
Monkeys and apes are related because they share a common ancestor.

03 **imminent**
[ímənənt]
일촉즉발의, 임박한
The destruction of forests poses an imminent threat to wild animals.

04 **disagreeable**
[dìsəgríːəbl]
무례한
The librarian was very disagreeable when I asked for her help.

05 **exhausted**
[igzɔ́:stid]
진이 다 빠진
I felt so exhausted after running in the marathon.

06 **comparable**
[kámpərəbl]
비슷한
The ingredients in this shampoo are comparable to those in popular, more expensive brands.

07 **generous**
[dʒénərəs]
후한
That generous man donates money to several charities.

08 **crowded**
[kráudid]
붐비는
The train is so crowded that I can hardly breathe.

---

01 대출 상환금은 이달 말에 지불해야 한다.
02 원숭이와 유인원은 공통의 선조를 공유하고 있기 때문에 동족이다.
03 숲의 파괴는 야생 동물들에게 일촉즉발의 위협을 가한다.
04 그 사서는 내가 도움을 요청했을 때 매우 무례했다.
05 나는 마라톤을 뛴 후 정말 진이 다 빠졌다고 느꼈다.
06 이 샴푸의 성분은 유명하고 더 비싼 브랜드의 샴푸 성분과 비슷하다.
07 저 후한 남성은 몇몇 자선 단체들에 돈을 기부한다.
08 기차가 너무 붐벼서 나는 거의 숨을 쉴 수가 없다.

Chapter 05 형용사와 부사 **183**

VOCABULARY LIST

09 various
[vέəriəs]
다양한
An individual's personality is shaped by various factors.

10 elaborate
[ilǽbərət]
복잡한
The elaborate dance steps confused the inexperienced dancer.

11 exclusive
[iksklú:siv]
전용의
This facility is for the exclusive use of club members.

12 subtle
[sʌtl]
미묘한
The subtle fragrance of the flower is almost undetectable.

13 pale
[peil]
창백한
John's skin was pale from spending most of the winter indoors.

14 erratic
[irǽtik]
불규칙한
The patient's erratic heartbeat worried the doctor.

15 upset
[ʌpsét]
속상한
Kathy became upset when she was told of the rumor being spread about her.

16 awkward
[ɔ́:kwərd]
서투른, 어색한
The toddler's awkward movements amused its parents.

---

09 개인의 성격은 다양한 요소들에 의해 형성된다.
10 복잡한 댄스 스텝은 경험이 부족한 댄서들을 혼란스럽게 했다.
11 이 시설은 클럽 회원들 전용이다.
12 미묘한 꽃 향기는 거의 감지하기 힘들다.
13 John의 피부는 겨울의 대부분을 실내에서 지내고 난 후 창백했다.
14 환자의 불규칙한 심장 박동이 그 의사를 걱정스럽게 했다.
15 Kathy는 그녀에 대해 퍼지고 있는 소문을 들었을 때 속상해 했다.
16 아장아장 걷는 아기의 서투른 움직임들이 아기의 부모를 즐겁게 했다.

17	**grueling** [grúːəliŋ]	험난한 The cyclist spent three months participating in a grueling training program.
18	**mundane** [mʌndéin]	일상적인 Olivia gets bored with doing the same mundane household chores every day.
19	**stringent** [stríndʒənt]	엄중한 Stringent security measures are implemented at airports to ensure passenger safety.
20	**legible** [lédʒəbl]	알아보기 쉬운 The teacher's legible handwriting is easy for students to read.
21	**separate** [sépərèit]	분리된, 독립된 The dormitory has separate living quarters for female and male residents.
22	**available** [əvéiləbl]	구매할 수 있는, 이용할 수 있는 The bag is available in three different colors.
23	**tenuous** [ténjuəs]	빈약한 The case was dropped because of the tenuous link between the suspect and the victim.
24	**nonchalant** [nànʃəláːnt]	차분한 The players seemed nonchalant despite the pressure of the situation.

---

17 그 사이클 선수는 험난한 훈련 프로그램에 참가하며 3개월을 보냈다.
18 Olivia는 매일 똑같은 일상적인 집안 허드렛일을 하는 것에 싫증을 느낀다.
19 승객의 안전을 보장하기 위해 공항에서는 엄중한 보안 조치가 행해진다.
20 선생님의 알아보기 쉬운 글씨는 학생들이 읽기 쉽다.
21 기숙사는 여성과 남성 거주자를 위한 분리된 숙소를 가지고 있다.
22 그 가방은 세 가지 다른 색상으로 구매할 수 있다.
23 그 소송은 용의자와 피해자 사이의 빈약한 관련성으로 인해 기각되었다.
24 선수들은 그 상황의 압박에도 불구하고 차분해 보였다.

HACKERS TEST

PART 1 대화에 들어갈 적절한 답을 고르세요.

01 A: Can you understand what this note says?
B: The penmanship is not very _____, so I'm not sure.
(a) cohesive (b) coherent
(c) legible (d) legitimate

02 A: Because of your fair skin, light shades of makeup look good on you.
B: I know. My skin is too _____ for darker tones.
(a) gaunt (b) pale
(c) scarlet (d) ivory

03 A: Did you notice a slight difference in the logo's colors?
B: It's really _____, so I didn't catch it at first.
(a) feeble (b) explicit
(c) subtle (d) lucid

04 A: Does the new phone model have any interesting features?
B: Nothing special. It's _____ to the old version.
(a) comparable (b) acceptable
(c) coherent (d) reciprocal

05 A: How do you know Melissa?
B: She is my cousin's wife, so we are _____ by marriage.
(a) similar (b) related
(c) drawn (d) mutual

06 A: My heartbeat sometimes feels _____ lately.
B: You need to see a doctor to figure out what the cause is. It could be a serious problem.
(a) particular (b) erratic
(c) jocular (d) relentless

07 A: The weather is beginning to get warm.
B: Yeah, it's a sign that summer is _____.
(a) consecutive (b) overriding
(c) imminent (d) continuous

08 A: When is the closing date for submissions?
B: Contest entries are _____ next Friday.
(a) ready (b) good
(c) due (d) near

PART 2 서술문에 들어갈 적절한 답을 고르세요.

09 Adolescents often feel _____ during puberty because of the physical changes their bodies undergo.
(a) awkward (b) complex
(c) obscure (d) prominent

10 Reports say WDE Motors is in a(n) _____ financial position and may close down this year.
(a) deranged (b) tenuous
(c) favorable (d) eminent

11. It is remarkable how Calvin can remain so _____ about the upcoming championship game despite the nervousness his teammates feel.
    (a) nonchalant   (b) whimsical
    (c) disheveled   (d) perturbed

12. Boot camp is the most _____ experiences a recruit has to face before becoming a soldier.
    (a) grueling   (b) battling
    (c) defiant   (d) observant

13. During rush hour, the trains are so _____ that it is almost impossible to move when someone needs to get off.
    (a) noisy   (b) intense
    (c) crowded   (d) unlimited

14. Full access to the articles of the online encyclopedia is _____ to subscribers.
    (a) exclusive   (b) preferred
    (c) absolute   (d) distant

15. The chef specializes in _____ South American cooking styles, such as Brazilian, Ecuadorian and Chilean.
    (a) various   (b) refined
    (c) infinite   (d) fanciful

16. The daily commute to and from work is considered one of the most _____ activities of urban life.
    (a) corporeal   (b) mundane
    (c) submissive   (d) optimal

17. The federal penitentiary has adopted more _____ visitation guidelines in light of the recent escape attempt.
    (a) stringent   (b) archaic
    (c) oblique   (d) tolerant

18. The man's colleagues considered his _____ attitude to be the main factor in why he got fired.
    (a) disagreeable   (b) cumbersome
    (c) prudent   (d) unheralded

19. The novel is unnecessarily _____, containing details that do not serve the progression of the story.
    (a) impressive   (b) elevated
    (c) exemplary   (d) elaborate

20. Travelers are _____ about being stranded at the airport because of inclement weather conditions.
    (a) upset   (b) mean
    (c) dizzy   (d) severe

CHAPTER 05 텝스 고득점을 위한 필수 어휘와 퀴즈

텝스 고득점을 위한 다음의 필수 어휘를 암기한 후 퀴즈로 확인해 보세요.

- decreasing [dikríːsiŋ] 감소하는
- curious [kjúəriəs] 궁금한, 호기심 많은
- afraid [əfréid] 유감스러운
- paltry [pɔ́ːltri] 얼마 안 되는
- gently [dʒéntli] 부드럽게
- bellicose [bélikòus] 호전적인
- devoid [divɔ́id] ~이 전혀 없는
- detrimental [dètrəméntl] 해로운, 유해한
- pompous [pámpəs] 거만한
- clear [kliər] 맑게 갠
- objectionable [əbdʒékʃənəbl] 비난할 만한, 이의를 제기할 만한
- sloppy [slápi] 너저분한
- dreadful [drédfəl] 끔찍한
- nippy [nípi] 추운
- vulnerable [vʌ́lnərəbl] 병에 걸리기 쉬운, 취약한
- outraged [autreidʒd] 몹시 화가 난
- pushy [púʃi] 진취적인
- dormant [dɔ́ːrmənt] 수면 상태의
- retroactive [rètrouǽktiv] 반동하는
- ambiguous [æmbígjuəs] 모호한, 확실치 않은
- reckless [réklis] 무모한
- notable [nóutəbl] 주목할 만한, 유명한
- rational [rǽʃənl] 이성적인, 이성이 있는
- confidential [kànfədénʃəl] 기밀의, 내밀한
- capable [kéipəbl] 유능한, 능력 있는
- flexible [fléksəbl] 구부리기 쉬운
- habitually [həbítʃuəli] 습관적으로
- exact [igzǽkt] 정확한
- petty [péti] 사소한

- muted [mjúːtid] 옅은
- immaculate [imǽkjulət] 티 하나 없이 깔끔한
- skeptical [sképtikəl] 회의적인
- sparsely [spáːrsli] 희박하게
- well [wel] 잘
- dedicated [dédikèitid] 헌신적인
- honestly [ánistli] 솔직히
- stuck [stʌk] 갇힌
- seasoned [síːznd] 양념한
- true [truː] 실제의, 진정한
- furnished [fɔ́ːrniʃt] 가구가 비치된
- busy [bízi] 붐비는
- fatal [féitəl] 치명적인
- semantic [simǽntik] 의미상 유사한, 의미론적인
- collaborative [kəlǽbərèitiv] 공동의
- fervent [fɔ́ːrvənt] 열렬한
- constant [kánstənt] 일정한
- spacious [spéiʃəs] 넓은
- predictable [pridíktəbl] 예측할 수 있는
- familiar [fəmíljər] 낯익은
- tedious [tíːdiəs] 지루한, 지겨운
- vivid [vívid] 생생한, 선명한
- obscure [əbskjúər] 분명치 않은, 흐릿한
- primitive [prímətiv] 원시의, 초기의
- punctual [pʌ́ŋktʃuəl] 시간을 잘 지키는
- lucrative [lúːkrətiv] 유리한, 돈이 벌리는
- suitable [súːtəbl] 적절한, 적당한
- frustrating [frʌ́streitiŋ] 좌절감을 일으키는
- susceptible [səséptəbl] 영향받기 쉬운, 민감한

Quiz 둘 중 해석에 맞는 적절한 어휘를 고르세요.

01 ⓐ **devoid** / ⓑ **remiss** of any practical application — 실용적인 용도가 전혀 없는

02 ⓐ **jammed** / ⓑ **stuck** in rush hour traffic — 혼잡 시간대의 교통체증에 갇힌

03 ⓐ **outraged** / ⓑ **upended** by the false charges — 누명으로 인해 몹시 화가 난

04 exude a ⓐ **pompous** / ⓑ **sublime** air of confidence — 자신감으로 거만한 분위기를 물씬 풍기다

05 a song with ⓐ **objectionable** / ⓑ **sustainable** lyrics — 비난할 만한 가사의 노래

06 ⓐ **vague** / ⓑ **sloppy** attire — 너저분한 옷차림새

07 a ⓐ **dreadful** / ⓑ **dejected** mistake — 끔찍한 실수

08 People with low immunity are ⓐ **gullible** / ⓑ **vulnerable** to diseases. — 면역력이 약한 사람은 병에 걸리기 쉽다.

09 ⓐ **hushed** / ⓑ **muted** colors — 옅은 색상

10 Keep a bedroom in ⓐ **immaculate** / ⓑ **precise** condition — 침실을 티 하나 없이 깔끔한 상태로 유지하다

11 Critics are ⓐ **skeptical** / ⓑ **diffident** about the president's ability to govern. — 비평가들은 그 대통령의 통치 능력에 대해 회의적이다.

12 a ⓐ **skimpily** / ⓑ **sparsely** inhabited region — 사람이 희박하게 사는 지역

13 pay the ⓐ **exact** / ⓑ **distinct** amount — 정확한 액수를 지불하다

01 ⓐ 02 ⓑ 03 ⓐ 04 ⓐ 05 ⓐ 06 ⓑ 07 ⓐ 08 ⓑ 09 ⓑ 10 ⓐ 11 ⓐ 12 ⓑ 13 ⓐ

CHAPTER 06 혼동하기 쉬운 어휘

■ 출제 포인트

- 혼동하기 쉬운 어휘 문제는 보기로 의미가 비슷하지만 쓰임새가 다르거나, 철자가 유사한 어휘들이 함께 제시되어 혼동을 주는 어휘를 묻는 유형입니다.
- 의미가 비슷한 어휘들은 주로 collocation과 일반 어휘 문제에서 보기로 출제되며, Part 1과 Part 2에서 비슷한 비율로 출제됩니다.
- 철자가 유사한 어휘들은 일반 어휘 문제의 보기로 자주 출제되며, 대부분 Part 2에서 나오고 Part 1에는 간혹 출제됩니다.

■ 예제

A: Are you staying in the US for the winter?
B: No. I have to go back to India before my visa _____.

(a) finishes   (b) concludes
(c) shrinks   (d) expires

정답   (d)

해설   '겨울 동안 미국에 있을 건가요'라는 질문에 '아니요. 저는 제 비자가 ____ 하기 전에 인도로 돌아가야 해요'라고 대답했습니다. 따라서 문맥상 빈칸에는 '만료되다'라는 뜻의 (d) expires가 들어가는 것이 자연스럽습니다. (a) finish는 하고 있는 일이 끝이 나서 완료된 것을 의미하므로 오답입니다.
(a) finish [fíniʃ] 끝내다   (b) conclude [kənklúːd] 결론을 내다   (c) shrink [ʃriŋk] 줄어들다

해석   A: 겨울 동안 미국에 있을 건가요?
B: 아니요. 저는 제 비자가 만료되기 전에 인도로 돌아가야 해요.

VOCABULARY LIST

해커스 텝스 중급 독해·어휘

01

affluent
[ǽfluənt]

부유한
금전적으로 부유한 것을 의미한다.
This affluent neighborhood is home to many movie stars.
이 부유한 동네는 많은 영화배우들의 거주지이다.

lavish
[lǽviʃ]

호화로운, 풍성한
비용이 많이 들거나 양이 많아 풍성한 것을 의미한다.
Only the wealthy can afford the expenses of a lavish lifestyle.
오직 부유한 사람들만이 호화로운 생활방식에 드는 비용을 지불할 여유가 있다.

02

crevice
[krévis]

틈
바위나 담에 생긴 틈을 의미한다.
Weeds began to grow in the crevice on the sidewalk.
잡초가 보도의 틈에서 자라기 시작했다.

chasm
[kǽzm]

큰 차이
사람이나 집단 간의 큰 차이를 의미한다.
The negotiator could not bridge the chasm between the two sides.
그 교섭자는 양측 간의 큰 차이를 메워주지 못했다.

03

deficiency
[difíʃənsi]

결핍증
신체가 필요로 하는 필수적인 것의 부족을 의미한다.
Those who lack a proper diet are at risk of developing a vitamin deficiency.
적당한 음식물 섭취가 부족한 사람들은 비타민 결핍증에 걸릴 위험이 있다.

privation
[praivéiʃən]

궁핍
음식이나 옷처럼 생활하기 위해 필수적인 것들이 부족한 상태를 의미한다.
The Great Depression was a time of widespread personal privation.
대공황은 개인의 궁핍이 널리 퍼져 있는 시기였다.

04

evade
[ivéid]

회피하다
해야 하는 일을 회피하거나, 만나고 싶지 않은 사람을 피하는 것을 의미한다.
The suspect evaded the questions asked by the police.
용의자는 경찰이 묻는 질문을 회피하였다.

skip
[skip]

빠지다, 거르다
해야 할 일을 하지 않고 빼먹는 것을 의미한다.
Walter was forced to skip class because he was sick.
Walter는 아팠기 때문에 수업에 빠져야 했다.

VOCABULARY LIST

05

spacious [spéiʃəs]
널찍한
사람이 자유롭게 움직일 수 있을 만큼 방이나 장소의 크기가 넓은 것을 의미한다.
This spacious auditorium can accommodate one thousand guests.
이 널찍한 강당은 천 명의 손님들을 수용할 수 있다.

extensive [iksténsiv]
광범위한
지역이나 연구·조사의 범위가 아주 넓음을 의미한다.
The strong earthquake caused extensive damage in the city.
강력한 지진이 그 도시에 광범위한 피해를 끼쳤다.

06

proceed [prəsí:d]
진행하다
The patient expressed his desire to proceed with the surgery.
그 환자는 수술을 진행하고 싶다는 희망을 피력했다.

succeed [səksí:d]
뒤를 잇다
The company held a press conference to announce who would succeed the current CEO.
그 회사는 누가 현재의 최고 경영자의 뒤를 이을 것인지 발표하기 위해 기자회견을 열었다.

07

immunity [imjú:nəti]
면역성
Vaccines are designed to provide immunity against a specific disease.
백신은 특정 질병에 대한 면역성을 제공하기 위해 만들어진다.

indemnity [indémnəti]
보상
The company's car insurance policy provides indemnity against loss, theft, or accidents.
그 회사의 차량 보험 정책은 손해, 도난 또는 사고에 대한 보상을 제공한다.

08

confidential [kànfədénʃəl]
비밀의, 기밀의
Conversations between lawyers and their clients are strictly confidential.
변호사와 그들의 의뢰인 간의 대화는 엄격하게 비밀에 부쳐진다.

substantial [səbstǽnʃəl]
상당한
Because of her excellent performance at work, Rachel received a substantial pay raise.
직장에서의 뛰어난 실적 때문에, Rachel은 상당한 임금 인상을 받았다.

09

prescribe
[priskráib]

처방하다
Analgesics are commonly prescribed by doctors for pain relief.
진통제는 통증 완화를 위해 일반적으로 의사에 의해 처방된다.

subscribe
[səbskráib]

구독하다
Eric subscribes to a number of sports and entertainment magazines.
Eric은 여러 개의 스포츠와 연예 잡지를 구독한다.

10

adaptation
[æ̀dəptéiʃən]

각색 작품
The movie that just came out is an adaptation of a best-selling novel.
막 개봉한 그 영화는 베스트 셀러 소설의 각색 작품이다.

innovation
[ìnəvéiʃən]

혁신
Antoni Gaudi contributed many design innovations to the field of architecture.
Antoni Gaudi는 건축분야의 많은 디자인 혁신에 공헌하였다.

11

obsession
[əbséʃən]

집착
The woman's obsession with shopping led her to amass extensive credit card debt.
그 여자의 쇼핑에 대한 집착은 그녀가 어마어마한 신용카드 빚을 쌓게 하는 결과를 초래했다.

aggression
[əgréʃən]

공격
The player's physical style often provokes aggression from his opponents.
그 선수의 폭력적인 경기 방식은 종종 그의 상대선수로부터 공격을 불러 일으킨다.

12

unravel
[ʌ̀nrǽvəl]

(매듭 등을) 풀다
Katie worked to unravel the knots in her little brother's shoelaces.
Katie는 그녀의 남동생의 신발끈에 있는 매듭을 풀기 위해 노력했다.

unfasten
[ʌ̀nfǽsn]

(잠긴 것을) 풀다, 끄르다
Passengers may unfasten their seatbelts once the plane has completely stopped.
승객들은 비행기가 완전히 멈추면 그들의 안전벨트를 풀어도 된다.

HACKERS TEST

PART 1 대화에 들어갈 적절한 답을 고르세요.

01 A: Is Anna still mad at me because I forgot her birthday?
B: Yes, she is. You really hurt her _____.

(a) feelings (b) affections
(c) sentiments (d) sensations

02 A: The crowd near the stage is packed too _____ together.
B: Yeah, it looks uncomfortable. Let's watch the band from back here instead.

(a) dense (b) close
(c) thick (d) clear

03 A: Did Mr. Bernstein step out of the office?
B: Yes, but he asked us to _____ with our meeting.

(a) proceed (b) succeed
(c) precede (d) recede

04 A: Are you going to enroll in college this fall?
B: No. I don't have the _____ to pay for school this year.

(a) ranges (b) rounds
(c) means (d) modes

05 A: I was planning on wearing this dress to prom, but it no longer fits.
B: You can ask a seamstress to make some _____ for you.

(a) restorations (b) alterations
(c) reductions (d) conversions

06 A: How do you usually cook steak?
B: I make sure the outside is _____ by using an open flame.

(a) kindled (b) seared
(c) boiled (d) melted

07 A: Are you taking medicine for your cough?
B: Yeah. My doctor _____ an antibiotic.

(a) circumscribed (b) transcribed
(c) subscribed (d) prescribed

08 A: How was your trip to India?
B: It was _____. I've never been on an adventure like that!

(a) vehement (b) serene
(c) intense (d) confident

09 A: It upsets me when Karen tells the kids the opposite of what I say.
B: You should tell her not to _____ you, then.

(a) condemn (b) contradict
(c) discharge (d) disclose

10 A: If I had measles before, can I catch it again?
B: No, you have developed a(n) _____ against it.

(a) indemnity (b) immunity
(c) sensitivity (d) susceptibility

PART 2 서술문에 들어갈 적절한 답을 고르세요.

11 The building makes use of highly _____ energy-saving technologies to reduce its power consumption.

(a) deficient (b) efficient
(c) detachable (d) extractable

12 A daily _____ of vitamin C is necessary to prevent scurvy.

(a) diet (b) portion
(c) dose (d) piece

13 The stalker turned out to be a fan who had developed an unhealthy _____ with the actress.

(a) abjection (b) aggression
(c) obsession (d) objection

14 The conference hall is _____ enough to accommodate up to 300 people.

(a) extensive (b) prolific
(c) spacious (d) generous

15 The film *Slumdog Millionaire* is a(n) _____ of Vicas Swarup's critically acclaimed novel *Q&A*.

(a) innovation (b) adaptation
(c) conversion (d) digression

16 The couple had a(n) _____ wedding with, expensive flowers, a full orchestra and over 500 guests.

(a) affluent (b) profuse
(c) lavish (d) inclement

17 Those with a lactase _____ don't have enough of the enzyme that is necessary to properly digest milk and dairy products.

(a) deficiency (b) forfeiture
(c) omission (d) privation

18 Information about the company's negotiations must be kept _____ and may not be disclosed to the public under any circumstances.

(a) ineffectual (b) confidential
(c) substantial (d) counterfactual

19 The president expressed his sincere desire to bridge the political _____ between his administration and the opposition.

(a) chasm (b) hiatus
(c) crevice (d) aperture

20 If you don't want your shoelaces to _____, tie the ends securely in a double knot.

(a) unravel (b) unfasten
(c) impair (d) impart

정답 p.68

시험에 나올 문제를 미리
풀어보고 싶을 땐?

해커스텝스(HackersTEPS.com)에서
텝스 적중예상특강 보기!

해커스 텝스 중급 독해·어휘

MINI TEST

Mini Test 1
Mini Test 2
Mini Test 3
Mini Test 4
Mini Test 5

MINI TEST 1

Part 1 Questions 01~05
Choose the best answer for the blank.

01 A: Do a lot of customers dine in your restaurant?
B: Yes. This place always gets _____, especially on weekends.

(a) busy
(b) thick
(c) festive
(d) dense

02 A: Didn't you have anything to eat earlier?
B: No, I _____ lunch today because I was too busy at work.

(a) jumped
(b) skipped
(c) hopped
(d) bounced

03 A: Do you _____ think these jeans look good on me?
B: Yes. I was telling the truth when I said that.

(a) kindly
(b) closely
(c) honestly
(d) professionally

04 A: What happened to your movie date with Gabe?
B: Oh, it _____ because he couldn't get off from work in time.

(a) fell through
(b) stopped short
(c) covered up
(d) ran across

05 A: I didn't expect Susan would get a tattoo.
B: Neither did I. I'm _____ to know what made her get one.

(a) happy
(b) curious
(c) doubtful
(d) peculiar

Part 2 Questions 06~15
Choose the best answer for the blank.

06 My daughter was awarded a full scholarship, so she went to college at no _____.

(a) cost
(b) purchase
(c) salary
(d) amount

07 All of the tenants were insistent about _____ the apartment's broken heater immediately.

(a) crafting
(b) fixing
(c) nailing
(d) putting

08 Regardless of the circumstances of a call, proper phone etiquette dictates that you put the receiver down _____.

(a) slightly
(b) daintily
(c) gently
(d) blandly

09 The boy was disappointed that the video game he bought did not prove to be as good as he had _____.

(a) contrived (b) expected
(c) invented   (d) waited

10 The drought was the main reason behind the _____ water supply in the agricultural irrigation system.

(a) decreasing (b) devastating
(c) migrating   (d) resting

11 Three months after his graduation, Howard _____ a managerial position at a private company.

(a) construed (b) landed
(c) hovered   (d) inquired

12 My weekend trip to the beach was a welcome _____ from my busy life in the city.

(a) hesitation (b) converse
(c) respite   (d) upheaval

13 Since it was already late at night, Nathan _____ Victoria home to make sure she arrived safely.

(a) commanded   (b) marshaled
(c) accompanied (d) steered

14 Sakamoana is the name of a traditional _____ on the island of Vava'u-Hunga, where Tongan warriors and royal family members are buried.

(a) morgue   (b) funeral
(c) archive (d) cemetery

15 Doctors say occasional heartburn is normal and not something to _____ about.

(a) worry
(b) scare
(c) terrorize
(d) intimidate

MINI TEST 2

Part 1 Questions 01~05
Choose the best answer for the blank.

01 A: Do you need any help cleaning out the garage?
B: I can _____ it myself. Thanks though.

(a) hold (b) employ
(c) handle (d) succeed

02 A: Where were you when the power went out downtown?
B: I actually got _____ in an elevator.

(a) stuck (b) extant
(c) temporary (d) inserted

03 A: More and more companies are setting up accounts on social networking sites.
B: Well, many are _____ of social marketing.

(a) jumping on the bandwagon
(b) putting things on the back burner
(c) flying in the face
(d) passing the torch

04 A: Is it true Ann and Ed broke up?
B: Yes. I'm _____ there won't be a wedding.

(a) afraid (b) morose
(c) uneasy (d) shameful

05 A: Our coach made us practice all afternoon.
B: You must be so _____ right now.

(a) exhausted (b) extended
(c) indolent (d) languid

Part 2 Questions 06~15
Choose the best answer for the blank.

06 Considering the actress's hectic schedule, the reporter was thankful that she was _____ to be interviewed.

(a) comfortable (b) available
(c) susceptible (d) possible

07 Erin wrote up a brief _____ that summarized her term paper.

(a) prose (b) syntax
(c) epitome (d) abstract

08 Buying items in bulk can help you _____ up to 20 percent on your grocery bill.

(a) allow (b) save
(c) stock (d) take

09 The regional director will assume _____ for the company's operations in the absence of the CEO.

(a) facility (b) hostility
(c) formidability (d) responsibility

10 It is the responsibility of a supervisor to ensure that all employees _____ their duties.

(a) create (b) take
(c) reach (d) fulfill

11 The manager plans to offer a delivery service to increase the bakery's _____.

(a) sales (b) works
(c) dozens (d) deals

12 The musician's latest album is a _____ effort with his former bandmates.

(a) conjunctive (b) conducive
(c) collaborative (d) corrective

13 The doctor gave the patient a painkiller as a way to _____ the intense pain she was experiencing.

(a) alleviate (b) divert
(c) grab (d) surrender

14 The project was progressing at a(n) _____ pace because of inadequate planning.

(a) insolent (b) sluggish
(c) sullen (d) inert

15 The development of the PC over 30 years ago ushered in the computer _____.

(a) day
(b) age
(c) moment
(d) eon

MINI TEST 3

Part 1 Questions 01~05
Choose the best answer for the blank.

01 A: Can I _____ your camera this weekend?
B: Sure, but I need it back by Monday.

(a) return
(b) loan
(c) acquire
(d) borrow

02 A: These paintings reveal the artist's deep love for his country.
B: Yeah, they really _____ many important features of his homeland.

(a) surround
(b) witness
(c) testify
(d) glorify

03 A: What a _____! What's all this stuff doing in your room?
B: I've been working on a project for the Science Fair. I'll clean it up later.

(a) jam
(b) heap
(c) stew
(d) mess

04 A: I hate the way Amy brags about how much money she makes.
B: I know. I wish she weren't so _____ about it.

(a) pompous
(b) reluctant
(c) vigilant
(d) humble

05 A: All of the essay topics the professor selected are uninteresting.
B: I know. I wish the professor had given us more _____ to choose our own.

(a) windfall
(b) feedback
(c) leeway
(d) meantime

Part 2 Questions 06~15
Choose the best answer for the blank.

06 The convention has been _____ to a larger venue because of an increase in the number of attendees.

(a) altered
(b) revised
(c) shifted
(d) adjusted

07 In 1993, the federated state of Czechoslovakia divided into two _____ countries, namely, the Czech Republic and Slovakia.

(a) opposite
(b) remote
(c) separate
(d) exact

08 With a heavy heart, the owner opted for _____ for her terminally ill pet to relieve it from further suffering.

(a) eugenics
(b) euthanasia
(c) extirpation
(d) extrication

09 The city council will meet on Friday to _____ allocating additional funds to renovate the community center, which was recently damaged by flooding.

(a) discuss (b) browse
(c) suppose (d) measure

10 The manager had a reputation of being disrespectful to his _____.

(a) subordinates (b) benefactors
(c) stakeholders (d) constituents

11 The principal has decided to _____ a ban on the use of mobile phones on school premises.

(a) impose (b) transmit
(c) summon (d) abstain

12 Recent electoral victories gave the Green Party a(n) _____ on the city council.

(a) obstacle (b) mandate
(c) intervention (d) stranglehold

13 Peace talks between the two warring nations would have succeeded if both sides had been more diplomatic than _____.

(a) bellicose (b) remiss
(c) complaisant (d) unobtrusive

14 The president granted _____ and commuted the prisoner's sentence from death to life imprisonment.

(a) patronage (b) atonement
(c) clemency (d) vindication

15 The man's criminal record was evidence of his _____ character.

(a) obligatory (b) objectionable
(c) olfactory (d) overbearing

MINI TEST 4

Part 1 Questions 01~05
Choose the best answer for the blank.

01 A: Hello, housekeeping? Can I get extra towels to room 303?
B: OK, sir. I'll _____ you some in a moment.

(a) guide (b) sort
(c) transfer (d) bring

02 A: What's the matter? You look like you're in pain.
B: Oh, my back has been _____ all day long.

(a) aching (b) harming
(c) breaking (d) humming

03 A: That film has to be the worst one I've ever seen!
B: Oh, you're _____! It wasn't that bad.

(a) denoting (b) deliberating
(c) exaggerating (d) elaborating

04 A: Do you think it will rain tomorrow?
B: Probably not. The forecast said we should have _____ conditions.

(a) new (b) clear
(c) fresh (d) cool

05 A: How did you like Mark's song?
B: I found it _____ of emotion. I don't think he sang it from the heart.

(a) apparent (b) sufficient
(c) mindful (d) devoid

Part 2 Questions 06~15
Choose the best answer for the blank.

06 The executives were asked to _____ on while the technician sorted out problems with the conference call.

(a) rest (b) hold
(c) stand (d) pause

07 The team members were pleased with their decision to _____ the prize money equally.

(a) bestow (b) enable
(c) share (d) deal

08 Based on a _____ story, the drama film *Selena* recounts the life and career of famous Latin singer Selena Perez.

(a) sure (b) true
(c) firm (d) pure

09 The Tower of London was fortunately _____ from the fires that devastated the city in 1666.

(a) contained (b) freed
(c) spared (d) charred

10 Only two of the original band members remain from the group's _____ in 1984.

(a) conclusion (b) inception
(c) anniversary (d) incorporation

11 The exhibit was a _____ of famous oil paintings, featuring the artist's humorous renditions of classical art.

(a) parody (b) gaffe
(c) fraud (d) joke

12 Police were called to deal with a violent _____ between the rival gangs.

(a) confrontation (b) consensus
(c) consultation (d) conference

13 In most religions, speaking irreverently about a god or deity is considered _____.

(a) duplicity (b) treason
(c) slander (d) sacrilege

14 The audience was deeply moved and inspired by the _____ speech given by the valedictorian.

(a) eloquent (b) banal
(c) tedious (d) inexorable

15 The company's board of directors _____ the appointment of the new chief executive officer, who had been selected after a monthlong search.

(a) substantiated (b) objectified
(c) elected (d) ratified

MINI TEST 5

Part 1 Questions 01~05
Choose the best answer for the blank.

01 A: I can't believe there's a burger restaurant here.
B: I know. It looks so _____ in a hotel.

(a) off the hook
(b) out of place
(c) against all odds
(d) beyond the pale

02 A: Excuse me. Where is the ticket office?
B: Ask the usher. He can _____ you where to go.

(a) direct   (b) remind
(c) enable   (d) alert

03 A: Sheena is such a _____ person.
B: Yeah, she gave everyone in the office nice gifts last Christmas.

(a) generous   (b) tolerable
(c) sympathetic (d) liberal

04 A: Why are you so angry at oil companies?
B: I'm _____ that they seem to raise their prices every week.

(a) anxious   (b) subdued
(c) outraged   (d) restrained

05 A: Why was the coach suspended by the league?
B: The type of _____ he used when berating the referees is not tolerated.

(a) violation   (b) invective
(c) deviation   (d) cataclysm

Part 2 Questions 06~15
Choose the best answer for the blank.

06 People should be careful when posting personal information on the Internet, as identity _____ is increasing at an alarming rate.

(a) scandal   (b) theory
(c) thef   (d) deletion

07 The waiter was _____ in appearance, wearing a wrinkled uniform and unpolished shoes.

(a) flashy   (b) sloppy
(c) gaudy   (d) fancy

08 The varsity soccer team achieved a great feat when they _____ from 12th in the rankings all the way up to the 5th spot.

(a) jolted   (b) jumped
(c) hauled   (d) heaved

09 With its latest product getting excellent reviews, analysts expect that Pomme Inc. will _____ the handheld device market.

(a) challenge
(b) dominate
(c) terrorize
(d) exploit

10 Farmers are calling for additional state funding for agricultural programs, which currently receive a _____ 2 percent of the budget.

(a) pragmatic
(b) lusty
(c) paltry
(d) vapid

11 Veronica has a _____ appetite for literature, as evidenced by the massive collection of books in her apartment.

(a) voracious
(b) scrumptious
(c) gregarious
(d) boisterous

12 That dike is being constructed to help _____ the effects of floods that regularly beset this town.

(a) mitigate
(b) exclude
(c) procure
(d) soothe

13 The Cannes Film Festival's Palm d'Or is widely considered the most prestigious _____ a film can receive.

(a) accolade
(b) incentive
(c) rating
(d) insignia

14 Council members who were absent from today's meeting will be provided with a copy of the _____ to review.

(a) minutes
(b) calendars
(c) schedules
(d) testimonies

15 The world was so _____ by the 1932 kidnapping of Charles Lindbergh's infant son that the case was billed as the crime of the century.

(a) racked
(b) jerked
(c) marred
(d) stunned

시험에 나올 문제를 미리
풀어보고 싶을 땐?

해커스텝스(HackersTEPS.com)에서
텝스 적중예상특강 보기!

해커스 텝스 중급 독해·어휘

ACTUAL TEST

DIRECTIONS
This part of the exam tests your vocabulary skills. You will have 10 minutes to answer 30 questions. Make sure to follow the directions given by the proctor.

Part I Questions 1~10

Choose the best answer for the blank.

1. A: What's the easiest way to get to the mall?
   B: Take Bus 142 to Oak Park and _____ to Bus 6. It'll go straight there.

   (a) transfer
   (b) connect
   (c) trade
   (d) deliver

2. A: This village now has thousands of residents.
   B: Really? Just 10 years ago, it was _____ populated.

   (a) ubiquitously
   (b) utterly
   (c) sparsely
   (d) specially

3. A: The new tax plan will be impossible to implement.
   B: Perhaps, but let's try not to be too _____ about it.

   (a) cognizant
   (b) skeptical
   (c) conscious
   (d) ambiguous

4. A: I spent hours cleaning the kitchen.
   B: It sure looks like it. The kitchen is _____.

   (a) immaculate
   (b) transparent
   (c) festering
   (d) substantial

5. A: There's an announcement I need to make.
   B: In that case, _____ everyone together after lunch.

   (a) compress
   (b) select
   (c) hoard
   (d) gather

6. A: How do you like the new paint job?
   B: It's great. I'm glad you used _____ shades instead of bright ones.

   (a) vivid
   (b) lucid
   (c) muted
   (d) rapid

7. A: When is the deadline for this assignment?
   B: Three days from now. There's no _____.

   (a) dash
   (b) rush
   (c) jump
   (d) pass

8. A: I must go now. My flight is boarding.
   B: OK, bye! I wish you _____ on your trip.

   (a) great
   (b) fine
   (c) back
   (d) well

9. A: Wow! Jon's store just opened its tenth branch.

   B: His business has really grown _____.

   (a) by leaps and bounds
   (b) by hook or by crook
   (c) by the same token
   (d) by the numbers

10. A: If you got a job offer abroad, would you think twice before accepting it?

    B: No. I have no _____ at all about working overseas.

    (a) qualms
    (b) twinges
    (c) notions
    (d) hunches

Part II **Questions 11~30**
Choose the best answer for the blank.

11. Educators have observed that many students, once they reach adolescence, _____ difficulty maintaining focus on academics.

    (a) resolve
    (b) experience
    (c) solicit
    (d) counteract

12. During winter, birds from the northern hemisphere migrate to warmer _____, where there is a plentiful food supply.

    (a) plots
    (b) wards
    (c) sectors
    (d) climes

13. A new air conditioning system to replace the broken one will be _____ tomorrow afternoon.

    (a) installed
    (b) posted
    (c) attached
    (d) formed

14. Contrary to popular belief, asthma diagnosed in children can _____ into adulthood, but is controllable with proper medication.

    (a) persist
    (b) insist
    (c) persevere
    (d) interfere

15. Ryan Berger has appeared a number of _____ on the TV show, but was never made a regular cast member.

    (a) moments
    (b) episodes
    (c) times
    (d) guests

16. Individuals over the age of 42 are ineligible for _____ in the United States armed forces.

    (a) embarkation
    (b) enumeration
    (c) enlistment
    (d) emplacement

17. Many songs were cut from the movie _____ of the Broadway musical.

    (a) copy
    (b) scene
    (c) sound
    (d) version

18. Puppies are highly _____ to infectious diseases like rabies and canine hepatitis because their immune systems are still undeveloped.

    (a) desperate
    (b) perceptive
    (c) vulnerable
    (d) endangered

19. The principal _____ the student's MP3 player, as the school forbids such devices.

    (a) hijacked
    (b) preempted
    (c) extradited
    (d) confiscated

20. The difference between terrorists and freedom fighters is largely _____, as both terms are used to describe the same groups.

    (a) satirical
    (b) significant
    (c) stochastic
    (d) semantic

21. The HR manager will _____ an orientation session for new employees to discuss company policies and procedures.

    (a) bring
    (b) hold
    (c) place
    (d) draw

22. There was much deliberation before the class reached a(n) _____ on what to do for the festival.

    (a) amity
    (b) affinity
    (c) rapport
    (d) consensus

23. Chocolate can be _____ to dogs and cats if consumed, as it contains a substance that is poisonous to them.

    (a) putrid
    (b) hazy
    (c) fatal
    (d) rotten

24. After selling most of its products, the store must _____ its inventory.

    (a) replenish
    (b) reinstate
    (c) retrieve
    (d) reconcile

25. Many structures in the city are in a(n) _____ state of ruin as a result of the earthquake.

    (a) obstinate
    (b) inferior
    (c) dreadful
    (d) repentant

26. The police have to deal with gangs of criminals who _____ the law with impunity.

    (a) flout
    (b) defer
    (c) shunt
    (d) curb

27. The actress was _____ with questions at the press conference about rumors linking her to a tycoon.

    (a) sprinkled
    (b) littered
    (c) peppered
    (d) crackled

28. A commotion broke out during the wedding ceremony, which _____ the joyous mood of the occasion.

    (a) spoiled
    (b) exhausted
    (c) pronounced
    (d) dispersed

29. Since they were unfamiliar with the restaurant, the couple took time to _____ the menu before ordering.

    (a) construe
    (b) abridge
    (c) equivocate
    (d) peruse

30. A _____ supporter of the Marmots, Gil has attended every concert the band has ever played.

    (a) languid
    (b) taut
    (c) fervent
    (d) uptight

텝스 독해·어휘의 중급 학습서

해커스 텝스 중급 독해·어휘

개정 2판 11쇄 발행 2024년 6월 24일
개정 2판 1쇄 발행 2018년 5월 8일

지은이	David Cho	언어학 박사, 前 UCLA 교수
펴낸곳	(주)해커스 어학연구소
펴낸이	해커스 어학연구소 출판팀

주소	서울특별시 서초구 강남대로61길 23 (주)해커스 어학연구소
고객센터	02-537-5000
교재 관련 문의	publishing@hackers.com
동영상강의	HackersIngang.com

ISBN	978-89-6542-256-3 (13740)
Serial Number	02-11-01

저작권자 ⓒ 2018, David Cho

이 책 및 음성파일의 모든 내용, 이미지, 디자인, 편집 형태에 대한 저작권은 저자에게 있습니다.
서면에 의한 저자와 출판사의 허락 없이 내용의 일부 혹은 전부를 인용, 발췌하거나 복제, 배포할 수 없습니다.

텝스 전문 포털,
해커스텝스(HackersTEPS.com)
해커스텝스

- 매달 업데이트 되는 스타강사의 **텝스 무료 적중예상특강**
- 문법, 독해, 어휘, 청해 문제를 꾸준히 풀어보는 **매일 실전 텝스 문제**
- 텝스 보카 암기 TEST 및 텝스 단어시험지 자동생성기 등 무료 학습 콘텐츠

외국어인강 1위,
해커스인강(HackersIngang.com)
해커스인강

- 텝스를 분석 반영한 **온라인 실전모의고사**
- 텝스 시험에 나올 어휘를 정리한 **단어암기장 및 단어암기 MP3**
- 해커스 스타강사의 **본 교재 인강**

[외국어인강 1위] 헤럴드 선정 2018 대학생 선호브랜드 대상 '대학생이 선정한 외국어인강' 부문 1위

1위 해커스의 노하우가 담긴
해커스텝스 무료 학습자료

1 매일 업데이트되는 텝스 실전문제로 시험 대비
매일 텝스 풀기
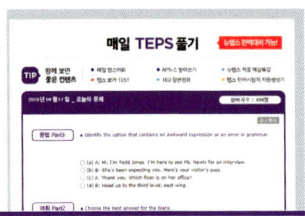

2 베스트셀러 1위 해커스 텝스 리딩의 학습효과를 2배로
최신 텝스 리딩 무료강의
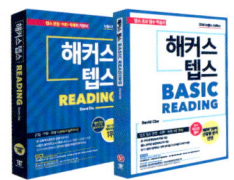

3 1위 해커스 스타 강사진의 텝스 적중예상특강으로 고득점 달성 가능
텝스 적중예상특강

청해 장원 문법 이나진 독해 김형일

4 텝스 필수 기출 어휘 학습
매일 텝스 어휘
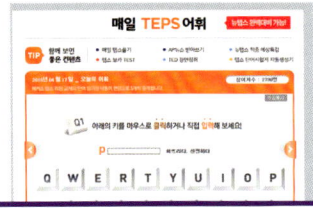

5 텝스 최신 기출 어휘를 꼼꼼하게 복습
해커스 텝스 기출 보카 TEST

[올해의 브랜드 선호도 1위] 한국소비자브랜드위원회 선정 2012~2016년 올해의 브랜드 대상 교육그룹 부문 5년 연속 수상 (해커스 교육그룹)
[해커스 뉴텝스 리딩] YES24 국어 외국어 사전 베스트셀러 텝스 독해/문법/RC 분야 1위(2018년 10월 월별 베스트 기준)

HackersTEPS.com

텝스 독해·어휘의 중급 학습서

해커스 텝스 중급
독해·어휘

해설집
정답·해석·해설

해커스 어학연구소

해설집

정답·해석·해설

해커스 어학연구소

독해

CHAPTER 01 빈칸에 문장의 일부·전체 넣기 (Part 1)

HACKERS PRACTICE p.26

01 (a)   02 (b)   03 (b)   04 (b)

01

해석 Cruisan사가 _____ 위해 제작된 베스트셀러 초소형 자동차인 Wolfgang의 최신 모델을 소개합니다. 이 널찍한 세단 자동차는 5명이 편안하게 앉을 수 있으면서도 뒷좌석이 뒤로 넘어갈 수 있는 충분한 공간이 있습니다. 이 차의 1.8리터짜리 4기통 엔진은 고속도로에서는 갤런당 31마일까지 주행할 수 있고 시내 주변에서는 갤런당 27마일까지 달릴 수 있어, Wolfgang을 동급 차량 중에서 최고의 자리에 있게 만들어주었습니다. 게다가, Wolfgang의 독특하고 독창적인 디자인은 진정으로 자동차 공학의 한계에 도전합니다.

(a) 스타일과 특징들로 구매자들의 관심을 끌기
(b) 승객들에게 전에 없던 호사를 누리게 하기

해설 지문 처음의 빈칸을 채우는 문제입니다. 빈칸이 있는 문장 Cruisan introduces ~ subcompact vehicle engineered to ____ (Cruisan이 ____ 위해 제작된 베스트셀러 초소형 자동차 Wolfgang의 최신 모델을 소개합니다)를 통해, 빈칸에 초소형 자동차 Wolfgang의 최신 모델에 대한 내용을 넣어야 한다는 것을 예상할 수 있습니다. 지문에서 이 널찍한 세단 자동차(This roomy sedan)는 뒷좌석이 뒤로 넘어갈 수 있는 충분한 공간이 있다(leave enough space ~ seats to recline)고 한 후, 연비 효율이 높은 1.8리터짜리 4기통 엔진(1.8-liter four-cylinder engine)으로 인해 Wolfgang이 동급 차량 중에서 최고의 자리(the automobile atop its class)에 있게 되었으며, 독특하고 독창적인 디자인(unique, ingenious design)을 가졌다고 했습니다. 이를 바탕으로 Wolfgang이 '스타일과 특징들로 구매자들의 관심을 끌기' 위해 제작되었다는 것을 알 수 있으므로 (a)가 정답입니다.

어휘 introduce [ìntrədjúːs] 소개하다   best-selling 베스트셀러의
subcompact [sʌbkámpækt] 초소형의
engineer [èndʒiəníər] 제작하다   roomy [rúːmi] 널찍한
rear [riər] 뒤의, 후방의
recline [rikláin] (의자 등받이가) 뒤로 넘어가다
atop [ətáp] 최고의, 맨 위에   class [klæs] 급, 등급
ingenious [indʒíːnjəs] 독창적인   truly [trúːli] 진정으로
push the envelope 한계에 도전하다, 새로운 가능성을 열다
automotive [ɔ̀ːtəmóutiv] 자동차의
appeal [əpíːl] 관심을 끌다, 매력적이다
unprecedented [ʌnprésidèntid] 전에 없던, 전례가 없는

02

해석 13세기 학자 Nasir al-Din al-Tusi는 _____ 였다. 그는 행성과 별들의 위치를 정확하게 계산하여, 더 나은 천문학상의 예측을 가능하게 했다. 그는 또한 찰스 다윈이 태어나기 약 600년 전에 생물학적 진화 이론을 전개했다. Tusi는 또한 수학자였으며, 삼각법을 분리된 학문 분야로 다룬 첫 번째 사람으로서 그 공로를 인정받았다. 게다가, 그는 사인과 탄젠트의 법칙을 체계적으로 성립했으며, 이 법칙들을 뒷받침할 수학적 증명들을 제공했다.

(a) 그 당시에 유명한 선생님
(b) 훌륭한 과학자이자 수학자

해설 지문 처음의 빈칸을 채우는 내용입니다. 빈칸이 있는 문장 The 13th-century scholar Nasir al-Din al-Tusi was ____ (13세기 학자 Nasir al-Din al-Tusi는 ____였다)를 통해, 빈칸에 Nasir al-Din al-Tusi에 대한 내용을 넣어야 한다는 것을 예상할 수 있습니다. 지문에서 그는 행성과 별들의 위치를 정확하게 계산하였고(made accurate ~ planets and stars), 생물학적 진화 이론을 전개했으며(developed a theory of biological evolution), 수학자이기도 했다(was a mathematician as well)며 그의 업적을 설명했습니다. 이를 바탕으로 13세기 학자 Nasir al-Din al-Tusi를 '훌륭한 과학자이자 수학자'라고 표현한 (b)가 정답입니다.

어휘 calculation [kæ̀lkjuléiʃən] 계산
allow [əláu] 가능하게 하다, 허락하다
astronomical [æ̀strənámikəl] 천문학상의
prediction [pridíkʃən] 예측, 예견
biological [bàiəládʒikəl] 생물학의   evolution [èvəlúːʃən] 진화
credit [krédit] 공로를 인정하다
trigonometry [trìgənámətri] 삼각법
separate [sépərət] 분리된, 연관 없는
discipline [dísəplin] (학문) 분야, (학)과
formulate [fɔ́ːrmjulèit] (체계적으로) 성립하다
sine [sain] [수학] 사인   tangent [tǽndʒənt] [수학] 탄젠트
back [bæk] 뒷받침하다   well-known 유명한, 잘 알려진

03

해석 몇 달 전 카메룬을 방문했을 때, 나는 그곳에서 자급자족하는 농민이 직면한 극도로 비참한 생활 여건에 질겁했다. 처음에, 나는 그러한 빈곤에 대해 지역 공무원들을 탓했다. 하지만, 미국과 유럽에도 초기에는 극심한 빈곤이 만연했었다는 것을 깨달았다. 한 국가가 발전하기 위해서는 시간이 필요하다. 미국은 독립 후 번영하기까지 100년 이상이 걸렸으니, 1960년대 초에 형성된 카메룬에게 여유를 줄 필요가 있다. 분명히, 빈곤은 _____.

(a) 독립 후에 근절되었다
(b) 카메룬에서 영원히 지속되지 않을 것이다

해설 지문 마지막의 빈칸을 채우는 문제입니다. 빈칸이 있는 문장 Surely, poverty ____ (분명히, 빈곤은 ____)를 통해, 빈칸에 빈곤에 대한 내용을 넣어야 한다는 것을 예상할 수 있습니다. 지문에서 한 국가가 발전하기 위해서는 시간이 필요하다(It takes time for a country to progress)고 한 후, 1960년대 초에 형성된 카메룬에게 여유를 줄 필요가 있다(I need ~ in the early 1960s)고 했으므로, 글쓴이가 국가의 발전은 시간이 걸리기 때문에 카메룬에게도 시간적 여유를 주면 분명히

빈곤이 해결될 것이라고 생각한다는 것을 알 수 있습니다. 이를 바탕으로 빈곤은 '카메룬에서 영원히 지속되지 않을 것이다'라고 표현한 (b)가 정답입니다.

어휘 appall[əpɔ́ːl] 질겁하게 하다, 소름 끼치게 하다
abject[ǽbdʒekt] 극도로 비참한
subsistence farmer 자급자족하는 농민
blame[bleim] ~을 탓하다 functionary[fʌ́ŋkʃənèri] 공무원
destitution[dèstətʃúːʃən] 빈곤
widespread[wàidspréd] 만연한, 광범위한
indigence[índidʒəns] 극심한 빈곤 progress[prəgrés] 발전하다
independence[ìndipéndəns] 독립, 자립
prosperous[prɑ́spərəs] 번영한 give some slack 여유를 주다
eliminate[ilímənèit] 근절하다, 없애다
last[læst] 지속되다, 계속되다

04

해설 초등학교 수준의 학생들을 가르치는 대부분의 교육자들은 강의, 개별 숙제, 시험들을 통해 지식이 전해지고 평가되는 전통적인 교수법을 따른다. 각 학습자는 그들의 학습 능력과 상관없이 같은 지식을 받게 된다. 반면에, 몇몇 교육자들은 학생의 개인 학습 역량이 고려되어야 한다고 생각한다. 따라서, '대안' 수업에서는, 다른 학생들이 읽기를 배우는 동안 어떤 학생들은 산수에 대해 배울 수도 있다. 이것은 대안 교육 이론들이 일반적으로 _____하기 때문이다.

(a) 우수한 교수법을 이용
(b) 덜 획일적인 학습 환경을 포함

해설 지문 마지막의 빈칸을 채우는 문제입니다. 빈칸이 있는 문장 This is because alternative theories of education generally ____(이것은 대안 교육 이론들이 일반적으로 ____하기 때문이다)에서 This는 '대안' 수업에서 학생들이 같은 수업 내에서 다른 과목들을 공부할 수 있다(in an "alternative" ~ taught to read)는 것을 가리킵니다. 따라서 학생들이 한 수업 내에서 다른 과목들을 공부할 수 있는 것이 대안교육의 어떤 점 때문인지를 빈칸에 넣어야 한다는 것을 예상할 수 있습니다. 전통적인 교수법(traditional teaching methods)은 학습자들에게 학습 능력에 상관없이 같은 지식을 받게 한다(Each learner ~ their learning abilities)고 한 후, 반면에(On the other hand), '대안' 수업에서는 다른 학생들이 읽기를 배우는 동안 어떤 학생들은 산수를 배울 수 있다(in an "alternative" ~ taught to read)고 했습니다. 이를 바탕으로 학습 능력에 상관없이 같은 것을 배우는 전통 교수법과는 달리 대안교육 이론은 '덜 획일적인 방법을 포함'한다는 것을 알 수 있으므로, (b)가 정답입니다.

어휘 impart[impɑ́ːrt] 전하다, 알리다 assess[əsés] 평가하다
irrespective of ~에 상관없이 capacity[kəpǽsəti] 역량, 수용력
take ~ into account ~을 고려하다 hence[hens] 따라서
alternative[ɔːltə́ːrnətiv] 대안의 generally[dʒénərəli] 일반적으로

HACKERS TEST   p.28

01 (b)	02 (a)	03 (c)	04 (a)	05 (a)
06 (d)	07 (b)	08 (a)	09 (b)	10 (d)
11 (a)	12 (b)			

01

해설 '생선은 머리부터 아래로 썩는다'는 터키 속담이다. 역사는 우리에게 불안정한 지도력이 실제로 많은 국가들의 몰락 원인이라고 가르쳐왔기 때문에 이 속담이 어느 정도는 진실인 듯하다. 한때는 강력했던 로마 제국은 지배 계층의 구성원들이 서로 황제의 지위를 얻기 위해 싸운 이후로 돌이킬 수 없는 몰락의 길을 걸었다. 마찬가지로, 역사상 가장 광대한 단일 제국이었던 몽골 제국은 몇 명의 왕자들이 누가 왕위에 대한 정당한 권한을 가지고 있는지를 두고 싸우면서 붕괴되었다. 그러므로, 제국의 생존은 _____.

(a) 주변 국가들의 정치적 안정성에 의존한다
(b) 그 지도자들의 자질에 달려있다
(c) 전적으로 때때로 일어나는 왕위 계승 전쟁에 달려있다
(d) 지배하는 군주의 건강에 달려있다

해설 지문 마지막의 빈칸을 채우는 문제입니다. 빈칸이 있는 문장 Hence, the survival of an empire ____(그러므로, 제국의 생존은 ___)를 통해, 빈칸에 제국의 생존에 영향을 주는 것이 무엇인지 넣어야 한다는 것을 예상할 수 있습니다. 지문에서 불안정한 지도력이 실제로 많은 국가들의 몰락 원인(unstable leadership ~ of many states)이라고 한 후, 로마 제국과 몽골 제국이 왕위 싸움을 하면서 몰락했음을 예로 설명했습니다. 이를 바탕으로 제국의 생존은 '그 지도자들의 자질에 달려있다'라고 표현한 (b)가 정답입니다.

어휘 rot[rɑt] 썩다 adage[ǽdidʒ] 속담, 격언 indeed[indíːd] 실제로
mighty[máiti] 강력한, 강대한 ruling class 지배 계층
secure[sikjúər] 얻어내다, 확보하다
contiguous[kəntígjuəs] 끊임없는, 인접한
disintegrate[disíntəgrèit] 붕괴되다
rightful[ráitfəl] 정당한, 적절한
throne[θroun] 왕위, 왕권 hinge on 전적으로 ~에 달려있다
succession[səkséʃən] 계승 reign[rein] 지배하다
monarch[mɑ́nərk] 군주, 주권자

02

해설 1949년, 미국 공군 폭격기 Lucky Lady II는 _____. 기술적 한계 때문에, Lucky Lady II가 텍사스 Carswell 공군 기지에서 이륙하기 이전에는 그 어떠한 비행기도 단일 비행으로 세계 일주를 한 적이 없었다. Lucky Lady II의 연료 탱크는 임무에 필요한 연료를 보유할 만큼 충분히 크지 않았기 때문에 공중 급유기의 역할을 한 다른 비행기들의 도움을 받았다. 이 작전은 미군이 미국 땅에서 세계 어느 나라로든지 공습을 가할 수 있다는 능력을 세계에 보여주었기 때문에 특별한 의미가 있었다.

(a) 세계를 일주한 첫 번째 항공기였다
(b) 임무를 수행하기 위한 커다란 연료 탱크가 설치되어 있었다
(c) 지구를 반 바퀴 돌아서 목표를 폭발시켰다
(d) 속도와 연료 효율 기록을 깼다

해설 지문 처음의 빈칸을 채우는 문제입니다. 빈칸이 있는 문장 In 1949, the United States airforce bomber Lucky Lady II ____(1949년, 미국 공군 폭격기 Lucky Lady II는 ____)를 통해, 빈칸에 Lucky Lady II에 대한 설명을 넣어야 한다는 것을 예상할 수 있습니다. 지문에서 Lucky Lady II가 이륙하기 이전에는 그 어떠한 비행기도 단일 비행으로 세계 일주를 한 적이 없었다(no airplane ~ Lucky Lady II took off)고 했으므로, Lucky Lady II가 단일 비행으로 세계 일주에 성공한 첫 번째 비행기임을 알 수 있습니다. 이를 바탕으로 Lucky Lady II는 '세계를 일주한 첫 번째 항공기였다'라고 표현한 (a)가 정답입니다.

어휘 bomber[bɑ́mər] 폭격기, 폭파범
limitation[lìmətéiʃən] 한계, 제한 take off 이륙하다, 출발하다

Chapter 01 빈칸에 문장의 일부·전체 넣기 (Part 1)   3

assist [əsíst] 돕다, 원조하다   aerial refueling 공중 급유
tanker [tǽŋkər] 급유기   air strike 공습
circumnavigate [sə̀:rkəmnǽvəgeit] (세계) 일주를 하다

03

해석 소련군은 제2차 세계 대전 후에 헝가리를 점령하고 헝가리의 경제를 잘못 경영한 괴뢰 정부를 수립했다. 이에 대응하여, 1956년 반공주의자 단체에 의해 전국적인 반란이 일어났고, 구소련의 지원을 받았던 정부는 무너졌다. 혁명가들은 공산주의자들을 처형하거나 수감하였으며, 소비에트 연방이 지휘한 8개 공산 국가들의 군사적 동맹인, 바르샤바 협정에서 탈퇴하겠다고 선언했다. 구소련은 즉시 _____라고 묘사한 이것을 진압하기 위해 대규모 파견군을 보내어 응수했다.

(a) 전 소련군들의 혁명적 행위
(b) 헝가리 마르크스주의자들의 불법적인 행위
(c) 제멋대로인 민중 선동가들의 반역 행위
(d) 러시아에 있는 군인들의 위험한 계획

해설 지문 마지막의 빈칸을 채우는 문제입니다. 빈칸이 있는 문장 The USSR ~ it called the ____(구소련은 즉시 ____라고 묘사한 이것을 진압하기 위해 대규모 파견군을 보내어 응수했다)를 통해, 빈칸에 구소련이 진압하려고 했던 것이 무엇인지 넣어야 한다는 것을 예상할 수 있습니다. 지문에서 반공주의자 단체에 의해 전국적인 반란이 일어났다(a nationwide revolt ~ by anti-communist group)고 한 후, 공산주의자들을 처형하거나 수감했고, 구소련이 이끄는 군사 동맹에서 탈퇴하겠다고 선언했다는 것을 반란 행위의 예로 설명했습니다. 이를 바탕으로 구소련이 대규모 파견군을 보내어 진압하려 했던 것은 '제멋대로인 민중 선동가들의 반역 행위'라는 것을 알 수 있으므로, (c)가 정답입니다.

어휘 puppet government 괴뢰 정부
mismanage [mismǽnidʒ] 잘못 경영하다, 부당하게 처리하다
revolt [rivóult] 반란, 폭동   anti-communist 반공주의자; 반공의
USSR (Union of Soviet Socialist Republics) 구소련
execute [éksikjù:t] 처형하다, 사형에 처하다
alliance [əláiəns] 동맹, 연합
retaliate [ritǽlièit] 응수하다, 보복하다
contingent [kəntíndʒənt] 파견단, 대표단
quell [kwel] 진압하다, 억누르다   unlawful [ʌ̀nlɔ́:fəl] 불법의
Marxist [má:rksist] 마르크스주의자
treasonous [trí:zənəs] 반역의, 대역의   rabble-rouser 민중 선동가

04

해석 파벌은 집단의 일원들이 공통의 관심사 또는 공통적으로 가지는 믿음을 중심으로 형성되는 경향이 있는 격식 없는 사회적 집단이다. 시간이 흐르면서, 파벌의 구성원들은 눈에 띄게 유사한 행동을 보인다. 그들의 사회적 수용에 대한 욕구 때문에, 이들은 종종 한마음이 된 것처럼 보인다. 이것은 십 대들 사이에서 특히 일치하는데, 그들은 _____를 가지고 있다.

(a) 다른 구성원들과 행동을 같이 하고자 하는 강한 요구
(b) 우정을 형성하는 타고난 능력
(c) 권위적인 인물에 대한 급작스러운 혐오감
(d) 그들의 개성을 확립하려는 갈망

해설 지문 마지막의 빈칸을 채우는 문제입니다. 빈칸이 있는 문장 This is especially true among teenagers, who possess ____(이것은 특히 십 대들 사이에서 일치하는데, 그들은 ____를 가지고 있다)에서 This는 바로 앞 문장의 these individuals often appear to be of one mind(이들은 종종 한마음이 된 것처럼 보인다)를 가리킵니다. 따라서 빈칸에 한마음이 된 것처럼 보이는 십 대들이 가지고 있는 것이 무엇인지를 넣어야 한다는 것을 예상할 수 있습니다. 지문에서 파벌의 구성원들은 눈에 띄게 유사한 행동을 보인다(members of a clique exhibit strikingly similar behavior)고 한 후, 그 이유가 사회적 수용에 대한 욕구 때문(Because of their desire for social acceptance)이라고 했으므로, 십 대들이 사회에 수용되기 위해 구성원들 간에 유사한 행동을 보이고 싶어한다는 것을 알 수 있습니다. 이를 바탕으로 십 대들이 '다른 구성원들과 행동을 같이 하고자 하는 강한 요구'를 가지고 있다고 표현한 (a)가 정답입니다.

어휘 clique [kli:k] 파벌, 패거리   grouping [grú:piŋ] 집단, 그룹
tend to ~하는 경향이 있다   interest [íntərəst] 관심사
striking [stráikiŋ] 눈에 띄는, 두드러지는
acceptance [ækséptəns] 수용, 수락
conform [kənfɔ́:rm] (집단의 다른 구성원들과 행동이나 생각을) 같이 하다
aversion [əvə́:rʒən] 혐오감   yearning [jə́:rniŋ] 갈망, 동경
assert [əsə́:rt] 확립하다, 주장하다

05

해석 Bug Off 살충제는 _____을 제공합니다. 저희의 일체형의 제조법은 알려져 있는 모든 해충들을 박멸할 뿐만 아니라, 여러분의 작물이 고품질의 수확량을 계속 제공하는 것을 보장해 줄 수 있도록 미래의 피해로부터 작물을 지켜 드립니다. Bug Off는 해충 제거 외에는 어떠한 것도 제공하지 않는 대체 상품들보다 더 좋습니다. 만약 여러분이 찾고 계신 것이 완전한 해충 제거와 양질의 수확물이라면, Bug Off는 여러분을 위한 것입니다.

(a) 유일하고 오래 지속되는 해충 제거법
(b) 다른 해충 방지 농업 상품들의 저렴한 대체물
(c) 거친 환경 조건으로부터의 추가적인 보호
(d) 여러분의 식물과 작물을 위한 유기농 살충제 제조법

해설 지문 처음의 빈칸을 채우는 문제입니다. 빈칸이 있는 문장 Bug Off insect killer offers ____(Bug Off 살충제는 ____을 제공합니다)를 통해, 빈칸에 Bug Off 살충제가 무엇을 제공하는지를 넣어야 한다는 것을 예상할 수 있습니다. 지문에서 Bug Off는 대체 상품들보다 더 좋고(Bug Off is better than alternative products), 만약 당신이 찾고 있는 것이 완전한 해충 제거와 양질의 수확물이라면, Bug Off는 당신의 것(If it's ~ for you)이라고 했으므로, Bug Off가 뛰어난 해충 제거 기능을 제공해 준다는 것을 알 수 있습니다. 이를 바탕으로 Bug Off 살충제가 '유일하고 오래 지속되는 해충 제거법'을 제공한다고 표현한 (a)가 정답입니다.

어휘 all-in-one 일체형의, (기능이) 모두 하나로 된
formula [fɔ́:rmjulə] 제조법
infestation [ìnfestéiʃən] 피해, 침략, 만연
ensure [inʃúər] 보장하다, 반드시 ~하게 하다
high-quality 고품질의, 고급의   yield [ji:ld] 수확량, 산출량
alternative [ɔ:ltə́:rnətiv] 대체의, 대안적인
thorough [θə́:rou] 완전한, 철저한
elimination [ilìmənéiʃən] 제거, 배제   long-lasting 오래 지속되는
approach [əpróutʃ] 방법, 처리 방법, 접근법
substitute [sʌ́bstətjù:t] 대체물, 대용물

06

해석 모든 사람들이 미래 학교의 모든 교실, 도서관, 자습실은 많은 기술로 이루어져 있을 것이라고 예상한다. 그러나, 전문가들은 기술적으로 가장 진보한 학교에도 기술 장치가 없는 공간이 필요하다고 지적한다.

이것은 지능의 어떤 부분들은 손으로 글쓰기, 복잡한 나눗셈을 하여 계산하기, 물리적인 책을 활용하여 연구하기와 같은 비디지털 방법을 사용할 때 가장 잘 발달되기 때문이다. 따라서, 어떠한 교육 시설이든지 _____은 적합하지 않다.

(a) 기술적으로 진보한 교육 자료를 얻는 것
(b) 기술이 교실 안으로 침입하는 것으로부터 벗어나는 것
(c) 미래의 학생들에게 비디지털 기술을 가르치는 것
(d) 오로지 디지털 교육 자료에만 의지하는 것

해설 지문 마지막의 빈칸을 채우는 문제입니다. 빈칸이 있는 문장 Hence, it is ~ learning institution to ____(따라서, 어떤 교육 시설이든지 ___은 적합하지 않다)를 통해, 빈칸에 모든 교육 시설에 적합하지 않은 것을 넣어야 한다는 것을 예상할 수 있습니다. 지문에서 기술적으로 가장 진보한 학교에도 기술 장치가 없는 공간이 필요하다(even the most ~ free of technological devices)고 한 후, 그 이유로 비디지털 방식을 사용했을 때 잘 발달시킬 수 있는 지능이 있기 때문임을 언급했습니다. 이를 바탕으로 어떤 교육 시설이든지 '오로지 디지털 교육 자료에만 의지하는 것'이 적합하지 않다고 표현한 (d)가 정답입니다.

어휘 array of 많은, 다량 point out 지적하다
intelligence[intélədʒəns] 지능, 이해력, 사고력
non-digital 비디지털의 compute[kəmpjúːt] 계산하다, 산정하다
feasible for 적합한, 알맞은 institution[ìnstətjúːʃən] 시설
acquire[əkwáiər] 얻다, 획득하다 intrusion[intrúːʒən] 침입, 침해
exclusively[iksklúːsivli] 오로지, 배타적으로
instructional[instrʌ́kʃənl] 교육용의

07

해설 중세 말 이후 수십 년 동안 과학의 빠른 발전은 _____ 만들었다. 그들이 오랫동안 간직해 온 신념들 중 많은 것들이 실제 사실에 근거하지 않을 수 있다는 것을 깨달은 종교 지도자들은 그들의 신념의 기반이 되었던 몇몇 교리들을 의심하기 시작했다. 많은 과학적 발견들이 종교적 가르침과 정면으로 충돌했던 1700년대에 교회 지도자들은 곤경에 빠졌다. 그들은 그들의 교회의 힘을 유지하고 싶어 했지만 과학이 제시하는 설득력 있는 주장들은 너무 강력해서 완전히 무시할 수 없었다.

(a) 과학자들이 종교적 문제에 대해 교회와 정면으로 맞서게
(b) 교회 지도자들이 그들의 신념을 재평가하게
(c) 사회가 종교보다 과학을 우위에 두게
(d) 사람들이 그들의 과학적 지식을 재검토하게

해설 지문 처음의 빈칸을 채우는 문제입니다. 빈칸이 있는 문장 The rapid ~ Middle Ages forced ____(중세 말 이후 수십 년 동안 과학의 빠른 발전은 ___ 만들었다)를 통해, 빈칸에 중세 말 이후 과학의 발전이 만든 결과를 넣어야 한다는 것을 예상할 수 있습니다. 지문에서 오랫동안 간직해 온 신념들 중 많은 것들이 실제 사실에 근거하지 않을 수 있다는 것을 깨달은 종교 지도자들이 그들의 신념의 기반이 되었던 몇몇 교리들을 의심하기 시작했다(Realizing that ~ anchored their faith)고 한 후, 많은 과학적 발견들이 종교적 가르침과 정면으로 충돌했다(many scientific discoveries clashed head-on with religious teachings)고 했습니다. 따라서 종교 지도자들이 과학적 발견과 충돌하는 그들의 신념에 대해 다시 생각하게 되었다는 것을 알 수 있습니다. 이를 바탕으로 과학의 빠른 발전은 '교회 지도자들이 그들의 신념을 재평가하게' 만들었다라고 표현한 (b)가 정답입니다.

어휘 Middle Ages 중세 (시대) force[fɔːrs] ~하도록 만들다, 강요하다
long-held 오랫동안 간직해 온 belief[bilíːf] 신념, 확신, 믿음
doubt[daut] 의심하다, 의문을 갖다 tenet[ténit] 교리
anchor[ǽŋkər] ~에 기반을 두다, 고정시키다

clash[klæʃ] 충돌하다, 차이를 보이다
head-on 정면으로, 정면으로 부딪친
in a bind 곤경에 빠진 preserve[prizə́ːrv] 유지하다, 보존하다
compelling[kəmpéliŋ] 설득력 있는, 강력한
confront[kənfrʌ́nt] 정면으로 맞서다, 부딪치다
reevaluate[rìːivǽljuèit] 재평가하다, 다시 고려하다
precedence[présədəns] 우위, 우선권
reexamine[rìːigzǽmin] 재검토하다, 재검사하다

08

해석 AK-47 자동 소총은 _____. 제2차 세계 대전 말 무렵에 구소련에서 개발된 그 소총은, 1949년 공식적으로 소비에트 군대에서 채택되었으며 나중에 소비에트 동맹국들에게 팔렸다. 60년 후인 지금도, 이 총은 세계에서 가장 흔히 밀반입되는 소총이며 이라크, 아프가니스탄, 소말리아의 반란자들에 의해 선택되는 무기로 남아있다. 전문가들은 현재 암시장에서의 AK-47의 과잉 공급이 무기의 가격을 낮추고 있다고 생각한다.

(a) 오늘날에도 여전히 널리 사용된다
(b) 군인들이 가장 좋아하는 화기이다
(c) 더 이상 러시아에서 생산하는 제품이 아니다
(d) 많은 나라들에게 귀중한 합법적인 수출품이다

해설 지문 처음의 빈칸을 채우는 문제입니다. 빈칸이 있는 문장 The AK-47 assault rifle is ____(AK-47 자동 소총은 ___)를 통해, 빈칸에 AK-47 자동 소총에 대한 내용을 넣어야 한다는 것을 예상할 수 있습니다. 지문에서 지금도, 이 총은 세계에서 가장 흔히 밀반입되는 소총이며 이라크, 아프가니스탄, 소말리아의 반란자들에 의해 선택되는 무기로 남아있다(it remains ~ Afghanistan, and Somalia)고 하여 여러 국가들에 밀반입되는 AK-47 소총이 여전히 여러 지역의 반란자들에 의해 사용되고 있음을 알 수 있습니다. 이를 바탕으로 AK-47 자동 소총은 '오늘날에도 여전히 널리 사용된다'라고 표현한 (a)가 정답입니다.

어휘 assault rifle (돌격용) 자동 소총 officially[əfíʃəli] 공식적으로
subsequently[sʌ́bsikwəntli] 나중에, 그 뒤에
peddle[pedl] 팔다, 소매하다 ally[ǽlai] 동맹국
smuggle[smʌ́gl] 밀반입하다
insurgent[insə́ːrdʒənt] 반란자, 반정부 운동가
oversupply[óuvərsəplài] 과잉 공급
widespread[wàidspréd] 널리, 광범위하게
usage[júːsidʒ] 사용, 취급
firearm[fáiərɑ̀ːrm] (소지 가능한 권총 등의) 화기
legal[líːgəl] 합법적인 export[ékspɔːrt] 수출품; 수출하다

09

해석 14대 달라이 라마, Tenzin Gyatso가 그의 전임자의 유품을 정확하게 확인하자, 그는 13대 달라이 라마, Thubten Gyatso의 _____였다. Thubten이 사망하고 2년 후에, 한 고위 수도승은 사망한 지도자가 사망 직후 티베트의 Amdo지역에 있는 집에서 다시 태어나는 환영을 보았다. 수도승들은 그 집을 찾았고 2살 된 Tenzin에게 Thubten의 것이었던 물건들을 보여주었다. 전하는 바에 따르면, 그는 그것들을 보자 '저거 내 거잖아!'라고 소리쳤다고 한다.

(a) 많은 집 중 하나에 살고 있는 중이
(b) 환생으로 확인되
(c) 제자로 인정되
(d) 오래 전 잃어버린 장남으로 인정되

해설 지문 처음의 빈칸을 채우는 문제입니다. 빈칸이 있는 문장 The 14th Dalai Lama, Tenzin Gyatso, was ____ ~ of his predecessor

빈칸에 14대 달라이 라마인 Tenzin Gyatso가 13대 달라이 라마의 유품을 정확히 확인했다는 것을 통해 알 수 있는 내용을 넣어야 한다는 것을 예상할 수 있습니다. 지문에서 한 고위 수도승이 13대 달라이 라마인 Thubten Gyasto가 사망 후 환생하는 환영을 통해 찾은 아이가 13대 달라이 라마의 물건이 자신의 것이라고 외쳤다고 했습니다. 이를 바탕으로 14대 달라이 라마인 Tenzin Gyasto는 그의 전임자의 '환생으로 확인되'었다는 것을 알 수 있으므로, (b)가 정답입니다.

어휘 Dalai Lama 달라이 라마 (티베트 라마교의 최고 지도자)
relic[rélik] 유품, 유물   predecessor[prédəsèsər] 전임자
high-ranking 고위의, 높은 계급의
have a vision 환영이 나타나다   present[prizént] 보여주다
reportedly[ripɔ́ːrtidli] 전하는 바에 따르면
reincarnation[rìːinkɑːrnéiʃən] 환생
apprentice[əpréntis] 제자, 실습생
acknowledge[æknɑ́ːlidʒ] (사실로) 인정하다

10

해석 현재 _____을 설명하는 두 가지 모델이 있다. 더 널리 인정된 설명은 우주 폭발 기원론이라고 불리며, 이 이론은 우주가 고정된 양의 물질을 가진 매우 압축된 원시적 상태에서 시작하여, 137억 년 전부터 팽창하기 시작했고 오늘날도 여전히 팽창하고 있다고 여긴다. 대안이 되는 모델인, 정상 우주론은 우주가 시작도 끝도 없다고 가정한다. 이 이론의 지지자들은 우주는 영원히 팽창할 것이나, 우주의 밀도를 일정하게 유지시키기 위해 새로운 물질이 계속해서 만들어질 것이라고 주장한다.

(a) 왜 우주가 항상 팽창하는지
(b) 우주의 가정된 모양
(c) 언제 우주가 존재하는 것이 끝날지
(d) 이미 알고 있는 우주의 본질

해설 지문 처음의 빈칸을 채우는 문제입니다. 빈칸이 있는 문장 There are currently two models explaining ____(현재 ___을 설명하는 두 개의 모델이 있다)을 통해, 빈칸에 두 개의 모델들이 공통적으로 설명하는 대상을 넣어야 한다는 것을 예상할 수 있습니다. 지문에서 우주 폭발 기원론은 우주가 매우 압축된 원시적 상태에서 시작하여(the big bang theory ~ compressed primordial state), 오늘날도 여전히 팽창하고 있다(is still expanding today)고 했고, 정상 우주론은 우주가 시작도 끝도 없다고 가정한다(the steady state theory ~ no beginning or end)고 했습니다. 이를 바탕으로 현재 '이미 알고 있는 우주의 본질'을 설명하는 두 가지 모델이 있다는 것을 알 수 있으므로, (d)가 정답입니다.

어휘 explication[èkspləkéiʃən] 설명, 해설
big bang theory 우주 폭발 기원론
hold[hould] 여기다, (의견 등) 가지다
compressed[kəmprést] 압축된
primordial[praimɔ́ːrdiəl] 원시의, 태고의
steady state theory 정상 우주론
posit[pɑ́zit] 가정하다, 사실로 받아들이다
proponent[prəpóunənt] 지지자
continuously[kəntínjuəsli] 계속해서
cosmos[kɑ́zməs] 우주   supposed[səpóuzd] 가정된
cease[siːs] 끝나다, 그치다   nature[néitʃər] 본질, 본성

11

해석 아브라함 링컨 대통령과 존 F. 케네디 대통령의 암살은 _____ _____. 링컨은 금요일에 포드 극장에서 그의 아내 옆에 앉아 있는 동안, 머리 뒤쪽에 총을 맞았다. 마찬가지로, 케네디 역시 금요일에 Ford Lincoln차를 타고 가는 동안, 두개골 뒤쪽으로 총알이 박혀 사망하였다. 이를 비롯한 다른 무시무시한 우연의 일치들이 너무 불가사의했기 때문에, 몇몇 사람들은 이 두 지도자들 간에 초자연적인 연관성이 있다고 추정한다.

(a) 많은 사람들을 놀라게 하는 굉장한 유사점들을 보였다
(b) 미국인들의 마음에 엄청난 영향을 끼쳤다
(c) 정치가들에 대한 몇 건의 모방 살인을 낳았다
(d) 매우 영향력 있는 Ford가와 관련이 있다

해설 지문 처음의 빈칸을 채우는 문제입니다. 빈칸이 있는 문장 The assassinations ~ John F. Kennedy have ____(아브라함 링컨 대통령과 존 F. 케네디 대통령의 암살은 ___)를 통해, 빈칸에 링컨과 케네디 대통령의 암살에 대한 설명을 넣어야 한다는 것을 예상할 수 있습니다. 지문에서 링컨과 케네디의 죽음이 가지는 세 가지의 공통점을 나열한 후, 이러한 무시무시한 우연의 일치들이 너무 불가사의했기 때문에, 몇몇 사람들은 이 두 지도자들 간에 초자연적인 연관성이 있다고 추정한다(eerie coincidences ~ the two leaders)고 했습니다. 이를 바탕으로 두 대통령들의 암살이 '많은 사람들을 놀라게 하는 굉장한 유사점들을 보였다'라고 표현한 (a)가 정답입니다.

어휘 assassination[əsæsənéiʃən] 암살   bullet[búlit] 총알
enter[éntər] (탄알 등이 몸 속에) 박히다
eerie[íəri] 무시무시한, 등골이 오싹한
coincidence[kouínsidəns] 우연의 일치
uncanny[ʌ̀nkǽni] 불가사의한, 비정상적인
surmise[sərmáiz] 추정하다, 추측하다   exert[igzɑ́ːrt] 끼치다, 미치다
psyche[sáiki] 마음, 정신   spawn[spɔːn] 낳다
copycat murder 모방 살인

12

해석 최근 통계는 지난해 막대 아이스크림에 대한 전반적인 수요가 특히 젊은 소비자들 사이에서 현저하게 감소했음을 보여주었습니다. 십 대들이 우리의 주 소비자층이기 때문에 이러한 경향은 매우 걱정스럽습니다. 우리 업계에서 경쟁하는 회사들의 수가 증가하는 것 역시 우려사항입니다. 게다가, 원료 가격이 상승하면서, 결과적으로 더 높은 제조원가를 초래하였고, 시장 전망도 앞으로 몇 개월 동안 판매율이 더 낮을 것으로 보입니다. 이 모든 것들을 고려해 보았을 때, _____ 위해 우리의 마케팅 전략을 재조정하는 것이 중요합니다.

(a) 더 인정받는 회사들과의 합병을 마무리 짓기
(b) 젊은 층으로부터 더 많은 이익을 얻기
(c) 더 좋은 품질의 아이스크림 상품을 제조하기
(d) 더 알맞은 가격에 재료를 구입하기

해설 지문 마지막의 빈칸을 채우는 문제입니다. 빈칸이 있는 문장 Taking all ~ in order to ____(이 모든 것들을 고려해 보았을 때, ___ 위해 우리의 마케팅 전략을 재조정하는 것이 중요합니다)를 통해, 빈칸에 마케팅 전략을 재조정하는 목적을 넣어야 한다는 것을 예상할 수 있습니다. 지문에서 지난해 막대 아이스크림에 대한 전반적인 수요가 특히 젊은 소비자들 사이에서, 현저하게 감소했다(overall demand ~ among young consumers)고 했고, 십 대들이 주 소비자층이기 때문에 이러한 경향은 매우 걱정스럽다(This trend ~ our main market)고 했습니다. 이를 바탕으로 마케팅 전략을 재조정하는 것이 중요한 이유는 '젊은 층으로부터 더 많은 이익을 얻기' 위해서라는 것을 알 수 있으므로, (b)가 정답입니다.

어휘 statistics[stətístiks] 통계
significantly[signífikəntli] 현저하게, 눈에 띄게
alarming[əlá:rmiŋ] 걱정스러운, 심상치 않은
industry[índəstri] 업계, 산업
a matter of concern 우려할 문제, 관심사
raw material 원료   upswing[ʌ́pswiŋ] 상승, 상승 기세
forecast[fɔ́:rkæst] 전망, 예측   point to ~을 시사하다
take ~ into consideration ~을 고려하다
refocus[ri:fóukəs] 재조정하다, 초점을 다시 맞추다
finalize[fáinəláiz] 마무리 짓다, 완결하다
merger[má:rdʒər] 합병
demographic[dì:məɡrǽfik] 인구 통계학의

CHAPTER 02 빈칸에 연결어 넣기 (Part 1)

HACKERS PRACTICE   p.38

| 01 (a) | 02 (a) | 03 (a) | 04 (a) |

01

해설 여러분이 이제 막 보려고 하는 비디오는 우림의 두 종류인, 열대 우림과 온대 우림에 대해 논합니다. 두 종류 모두 일 년 내내 폭우를 겪지만, 다른 측면들에서는 차이를 보입니다. 열대 우림은 따뜻하고, 수백 가지의 식물 종을 포함하며, 주로 나이가 50살부터 100살에 이르는 나무들이 있습니다. _____, 시원한 온대 우림에는 단지 몇몇 종의 나무들만 살지만, 훨씬 더 오래 생존해서, 천 년까지도 삽니다.

(a) 이에 반해서
(b) 이러한 이유로

해설 빈칸에 알맞은 연결어를 넣는 문제입니다. 빈칸 앞에는 열대 우림이 따뜻하고 많은 식물 종을 포함하며, 나무들은 주로 50살부터 100살까지 산다는 내용이 나오고, 빈칸 뒤에는 온대 우림은 시원하고 나무들이 종류는 적지만 천년까지 살 수 있을 정도로 오래 산다는 대조적인 내용이 나옵니다. 따라서 대조를 나타내는 연결어인 (a) On the other hand (이에 반해서)가 정답입니다.

어휘 rainforest[réinfɔ:rist] 우림   tropical[trápikəl] 열대의
temperate[témpərət] 온대의   rainfall[réinfɔ:l] 강우, 강수량
throughout[θru:áut] 내내, 처음부터 끝까지
differ[dífər] 차이를 보이다, 다르다   respect[rispékt] 측면, 점, 사항
contain[kəntéin] 포함하다, 품다   range[reindʒ] (범위)에 이르다
harbor[há:rbər] 살다, (동물·벌레의) 집이 되다

02

해설 아서왕의 전설 속 원탁의 모조품이 영국 햄프셔의 윈체스터 성 대강당에 걸려 있다. 13세기에 만들어진 이 탁자는 모서리 둘레에 아서왕의 기사들의 이름이 기재되어 있다. 비록 사람들은 그것이 아서왕 전설에서 언급된 실제 원탁이 아니라는 것을 알지만, 윈체스터의 탁자는 관광 명물이 되었다. _____, 성은 관람을 허용하는 시간 동안에 버스 몇 대 분의 관광객들로 꽉 찬다.

(a) 따라서
(b) 요약하면

해설 빈칸에 알맞은 연결어를 넣는 문제입니다. 빈칸 앞에는 윈체스터 성의 탁자가 아서왕 전설의 실제 원탁이 아니지만 관광 명물이 되었다는 내용이 나오고, 빈칸 뒤에는 관람이 허용된 시간 동안에 성은 많은 사람들로 붐빈다는 내용으로 탁자가 관광 명물이기 때문에 생기는 결과가 나옵니다. 따라서 결론을 나타내는 연결어인 (a) Consequently (따라서)가 정답입니다.

어휘 imitation[ìmətéiʃən] 모조품
legendary[lédʒəndèri] 전설적인, 전설 속의
construct[kənstrʌ́kt] 만들다, 건설하다
edge[edʒ] 모서리, 가장자리   busload[bʌ́slòud] 버스 한 대 분의 승객

03

해설 1800년대 초에 영국에서 탄광 산업이 눈에 띄게 성장하여, 영국에서 경제적으로 가장 성장할 만한 산업이 되었다. 그러나, 이 산업으로부터 얻은 경제적 이득은 수많은 재앙들로 인해 무색해졌다. 안전 규정들이 자주 지켜지지 않았기 때문에, 탄갱에서 많은 치명적인 폭발이 발생했다. _____, 영국의 탄광 산업은 위험하다는 평판을 얻었다.

(a) 그 결과
(b) 그럼에도 불구하고

해설 빈칸에 알맞은 연결어를 넣는 문제입니다. 빈칸 앞에는 탄갱에서 많은 치명적인 폭발사고들이 발생했다는 내용이 나오고, 빈칸 뒤에는 영국의 탄광 산업이 매우 위험하다는 평판을 얻었다는 탄광 폭발사고들에 대한 결과가 나옵니다. 따라서 결과를 나타내는 연결어인 (a) As a result (그 결과)가 정답입니다.

어휘 coal mining 탄광 산업
significantly[signífikəntli] 눈에 띄게, 상당히
viable[váiəbl] 성장할 만한, 실행 가능한   derived from ~에서 얻다
overshadow[òuvərʃǽdou] 무색하게 만들다, 그늘을 드리우다
numerous[njú:mərəs] 수많은   disaster[dizǽstər] 재앙
regulation[règjuléiʃən] 규정   deadly[dédli] 치명적인
explosion[iksplóuʒən] 폭발, 폭파   pit[pit] 탄갱, 채굴장, 구덩이
reputation[rèpjutéiʃən] 평판, 명성
hazardous[hǽzərdəs] 위험한

04

해설 음식이 완전히 익을 때까지 기다리는 것에 당신의 귀중한 시간을 보내는 것에 신물이 나시나요? Presto XL 압력솥을 사용해 보세요! 이 주방 장치는 재래식 오븐이나 레인지에서 요리하는 방식보다 더 높은 온도에서 음식을 익힐 수 있도록 해주는 압력을 만들어 냅니다. 더 높은 요리 온도는 보통 걸리는 시간보다 적은 시간 내에 식사를 준비할 수 있다는 것을 의미합니다. _____, 닭 한 마리를 통째로 준비하는 데는 단 20분밖에 걸리지 않으며, 냄비에서 요리하려면 45분이 걸리는 현미밥은 압력솥을 사용하면 10분 내에 완성될 수 있습니다. Presto XL로 요리를 하면서 기다리는 것을 더는 하지 마세요!

(a) 예를 들어
(b) 요약하면

해설 빈칸에 알맞은 연결어를 넣는 문제입니다. 빈칸 앞에는 Presto XL 압력솥으로 요리하면 높은 요리 온도로 더 빨리 식사를 준비할 수 있게 해준다는 내용이고, 빈칸 뒤에는 닭 한 마리 요리는 20분이 걸리고, 현미밥은 10분밖에 걸리지 않는다는 내용으로 Presto XL 압력솥을 사용하면 더 빠르게 요리할 수 있음을 보여주는 예시가 나옵니다. 따라서 예시를 나타내는 연결어인 (a) For instance (예를 들어)가 정답입니다.

어휘 be sick of ~에 신물이 나다, 넌더리 나다

precious [préʃəs] 귀중한, 값비싼　pressure cooker 압력솥
conventional [kənvénʃənl] 재래식의
fraction [frǽkʃən] 부분, 일부
brown rice 현미　saucepan [sɔ́:spæn] 냄비, 소스 냄비

HACKERS TEST   p.40

01 (a)	02 (a)	03 (d)	04 (b)	05 (c)
06 (c)	07 (d)	08 (b)	09 (d)	10 (a)
11 (d)	12 (c)			

01

해석　대학에서 강의했던 나의 비교 종교학 수업에서, 우리는 힌두교와 불교에 관해 토론하는데 많은 시간을 보냈다. 두 종교 모두 수천 년 전에 처음으로 인도 아대륙에 도입되었음에도 불구하고, 그들은 몇몇의 매우 다른 신념을 지지한다. 힌두교에서는 카스트의 개념이 다른 무엇보다 중요하고, _____ 불교는 그러한 개념을 완전히 거부한다. 실제로, 많은 지지자들을 끌어들인, 부처의 가르침의 기본적인 측면 중 하나는 모든 생명체들 간의 더 강한 평등함이었다.

(a) 반면에
(b) ~에도 불구하고
(c) ~때문에
(d) 그렇지 않으면

해석　빈칸에 알맞은 연결어를 넣는 문제입니다. 빈칸 앞에는 힌두교에서는 카스트의 개념이 가장 중요하다는 내용이 나오고, 빈칸 뒤에는 불교에서는 카스트의 개념을 완전히 거부한다는 앞의 내용과 반대되는 내용이 나옵니다. 따라서 대조를 나타내는 연결어인 (a) whereas(반면에)가 정답입니다.

어휘　comparative religion 비교 종교학
subcontinent [sʌbkántənənt] 아대륙
espouse [ispáuz] 지지하다, 옹호하다　caste [kæst] 카스트
paramount [pǽrəmàunt] 다른 무엇보다 중요한
reject [ridʒékt] 거부하다, 거절하다
outright [àutráit] 완전히, 전면적으로
fundamental [fʌndəméntl] 기본적인, 근본적인, 본질적인
aspect [ǽspekt] 측면　adherent [ædhíːərənt] 지지자

02

해석　대부분의 세계 문화들은 부계문화로 설명될 수 있다. 이것은 혈통이 가족의 남성 쪽을 통해 물려진다고 보는 것이며, 일반적으로, 남자가 더 큰 권력을 가진다는 것을 의미한다. 그러나, 중국 남부의 Mosuo 문화는 그러한 특징을 거부한다. Mosuo 부족에서는, 여성이 대부분의 권력을 가지며 다수의 남성 배우자를 얻을 수 있다. 여성들은 대부분의 일을 하고, 가족의 재산을 소유하고, 모든 중요한 사업상의 결정을 내린다. _____, 이 문화에서 남자들은 여전히 몇 가지 의무를 가지고 있다. 남성들은 동물을 도살하는 것과 정치 생활에 참여하는 것에 대한 책임이 있다.

(a) 그럼에도 불구하고
(b) 게다가
(c) 그러므로
(d) 마찬가지로

해석　빈칸에 알맞은 연결어를 넣는 문제입니다. 빈칸 앞에는 Mosuo 부족에서는 여성들이 대부분의 일을 하고, 재산을 가지며, 중요한 결정을 내린다는 내용이 나오고, 빈칸 뒤에는 여자들이 많은 일을 함에도 불구하고 여전히 남자들이 해야 하는 의무가 몇 개 있다는 양보의 내용이 나옵니다. 따라서 양보를 나타내는 연결어인 (a) Nevertheless(그럼에도 불구하고)가 정답입니다.

어휘　patrilineal [pæ̀trəlíniəl] 부계의　lineage [lǽinidʒ] 혈통, 계통
pass through ~을 통하다　typically [típikəli] 일반적으로, 대체로
defy [difái] 거부하다, 반항하다
characterization [kæ̀riktərizéiʃən] 특징, (성격) 묘사
multiple [mʌ́ltəpl] 다수의, 많은　property [prápərti] 재산, 소유물
slaughter [slɔ́:tər] 도살하다　participate [pɑːrtísəpèit] 참여하다

03

해석　폴포트는 1960년대와 70년대인 그의 집권 기간 동안에, 도시의 주민들을 시골 지역으로 이주시켜 농장에서 일하도록 만드는 사회 개혁 프로그램을 고안해냈다. 이러한 사람들의 대부분은 수도인 프놈펜에서 왔다. 이 계획은 도시 계층을 재교육하여, 캄보디아를 순수하게 농업에 기반을 둔 공산주의 사회로 바꾸려는 의도였다. _____, 프로그램이 시행되자마자, 변화로 인해 생긴 걷잡을 수 없는 식량 부족으로 백만 명이 넘는 사람들이 사망하였다.

(a) 끝으로
(b) 사실상
(c) 게다가
(d) 그러나

해석　빈칸에 알맞은 연결어를 넣는 문제입니다. 빈칸 앞에는 사회 개혁 프로그램이 캄보디아를 순수 농업 기반 사회로 바꾸기 위해 고안되었다는 내용이 나오고, 빈칸 뒤에는 프로그램이 시행되자마자 수많은 사람들이 식량 부족으로 사망하였다는 내용으로, 농업을 확장하겠다는 프로그램 시행 의도와 대조적인 결과가 나옵니다. 따라서 대조를 나타내는 연결어인 (d) However(그러나)가 정답입니다.

어휘　devise [diváiz] 고안하다, 창안하다　social reform 사회 개혁
relocate [riːlóukéit] 이주시키다　intend [inténd] 의도하다, 작정하다
reeducate [riːédʒukèit] 재교육하다
turn A into B A를 B로 바꾸다, 만들다　agrarian [əgrɛ́əriən] 농업의
communist [kámjunist] 공산주의자
implement [ímpləmənt] 시행하다
rampant [rǽmpənt] 걷잡을 수 없는, 만연하는
shortage [ʃɔ́ːrtidʒ] 부족
transformation [træ̀nsfərméiʃən] 변화, 변신

04

해석　우주의 나이는 과학자들 사이에서 계속적으로 논쟁을 초래하는 문제이며, 당분간은 그럴 것이다. 이에 대한 간단한 설명은 충분한 정보가 결여되어 있다는 것이다. 현재 상태 그대로, 우주의 나이에 관한 이론들은 추정과 가설에 기초하고 있기 때문에, 만장일치의 해답에 도달하는 것은 거의 불가능하다. _____, 우주 기원의 정확한 날짜를 계산할 수 있는 기술을 언젠가 이용할 수 있을지는 아무도 확실히 알 수 없다.

(a) 대신에
(b) 게다가
(c) 대조적으로
(d) 당연히

해석　빈칸에 알맞은 연결어를 넣는 문제입니다. 빈칸 앞에는 정확한 우주의 나이에 대해 모두가 동의하는 해답을 알아내는 것이 거의 불가능하다는 내용이 나오고, 빈칸 뒤에는 우주 기원의 정확한 날짜를 계산할 수 있는 기술을 언젠가 이용할 수 있을지 역시 아무도 확실히 알 수 없다는

앞의 내용에 대한 추가적인 설명이 나옵니다. 따라서 첨가를 나타내는 연결어인 (b) Moreover(게다가)가 정답입니다.

어휘 contentious[kənténʃəs] 논쟁을 초래하는
for the foreseeable future 당분간
be based on ~에 기초하고 있다
estimation[èstəméiʃən] 추정, 판단, 평가
hypothesis[haipάθəsis] 가설, 추정, 추측
unanimous[ju:nǽnəməs] 만장일치의 next to 거의
calculate[kǽlkjulèit] 계산하다, 추정하다 exact[igzǽkt] 정확한
conception[kənsépʃən] 기원, 발단
available[əvéiləbl] 이용할 수 있는

05

해석 사람들은 세계에서 가장 큰 물고기인, 고래상어가 보호받을 필요가 있다는 것에 동의하는데, 왜냐하면 자연 보호 단체들에 의해 이들은 공격받기 쉽다고 분류되었기 때문이다. _____, 사람들은 또한 가난한 나라의 어민들이 식량을 위해 고래상어를 포획하는 것을 막지 말아야 한다고 생각하는데, 왜냐하면 그들의 빈곤함이 어민들로 하여금 생존을 위해 이용 가능한 어떠한 수단에라도 의지할 수밖에 없게 만들기 때문이다. 이러한 양립할 수 없는 딜레마를 피하기 위해, 몇몇 정부들은 지역 어민들을 고래상어 관광 안내인으로 훈련시켜 그들이 그 거대한 물고기를 죽이지 않고도 돈을 벌 수 있도록 하고 있다.

(a) 그 결과
(b) 요약하면
(c) 동시에
(d) 그 대신

해설 빈칸에 알맞은 연결어를 넣는 문제입니다. 빈칸 앞에는 사람들이 고래상어가 보호받아야 한다고 생각한다는 내용이 나오고, 빈칸 뒤에는 사람들은 또한 가난한 어민들의 고래상어 포획을 막아서는 안 된다고도 생각한다는 앞의 내용과 반대되면서도 동시에 존재하는 내용이 나옵니다. 따라서 경과를 나타내는 연결어인 (c) At the same time(동시에)이 정답입니다.

어휘 whale shark 고래상어 classify[klǽsəfài] 분류하다
vulnerable[vʌ́lnərəbl] 공격받기 쉬운, 취약한
conservation[kὰnsərvéiʃən] (자연) 보호
prevent[privént] 막다 poverty[pάvərti] 빈곤, 가난
means[mi:nz] 수단, 방법 avoid[əvɔ́id] 피하다
irreconcilable[irékənsàiləbl] 양립할 수 없는, 타협할 수 없는
dilemma[dilémə] 딜레마

06

해석 Mr. Hodges께,

올해의 National Book이 되기 위해 경쟁하는 책들에 대한 귀하의 평가를 읽은 후, 저는 귀하의 견해에 대해 두 가지 의견을 가지게 되었습니다. 첫째로, 책이 청소년 독자들을 위해 쓰여졌다고 해서, 어른들에게 아무런 가치가 없음을 의미하는 것은 아닙니다. 저는 이런 경우를 마음을 따뜻하게 해주는 이야기인 귀하가 혹평한 책, 'Jean's Diary'에서 느낍니다. 두 번째로, 귀하는 신인 작가들의 작품에 대해 공정한 평가를 하지 않았습니다. 수상 최종 후보자 명단에 오른 저명한 작가들이 대단한 소설들을 저술한 이력을 가지고 있긴 하지만, 후보로 지명된 책들은 그것만의 가치에 의거해야 합니다. _____, 저는 정중하게 귀하의 의견에 동의하지 않습니다.

진심을 담아,
Alice Taylor

(a) 특히
(b) 차라리
(c) 그러므로
(d) 그럼에도 불구하고

해설 빈칸에 알맞은 연결어를 넣는 문제입니다. 빈칸 앞에는 Mr. Hodges가 내린 올해의 National Book 후보 선정에서 청소년 독자들을 위해 쓰여진 책과 신인 작가들의 작품에 대한 평가가 옳지 않다고 생각한다는 내용이 나오고, 빈칸 뒤에는 Mr. Hodges의 의견에 동의하지 않는다는 내용으로, 앞에서 언급한 글쓴이의 의견들을 종합한 결론이 나옵니다. 따라서 결론을 나타내는 연결어인 (c) Therefore(그러므로)가 정답입니다.

어휘 assessment[əsésmənt] 평가, 판단
contention[kənténʃən] 견해, 주장
adolescent[ӕdəlésnt] 청소년 pan[pæn] 혹평하다
heartwarming[hάːrtwɔ̀ːrmiŋ] 마음을 따뜻하게 하는
evaluation[ivӕljuéiʃən] 평가
established[istǽbliʃt] 저명한, 인정받는
shortlist[ʃɔ́ːrtlìst] 최종 후보자 명단에 넣다
history[hístəri] 이력, 역사
nominate[nάmənèit] (수상 후보자로) 지명하다
stand on ~에 의거하다, 기초하다 merit[mérit] 가치, 장점
respectfully[rispéktfəli] 정중하게

07

해석 귀하의 새 노트북 컴퓨터는 제조사의 한정 기간 보증을 통해 보장됩니다. 전원 장치와 배터리를 포함하여, 기계와 함께 배송되는 모든 품목들은 1년의 기간 동안 보장됩니다. 어떠한 오작동의 경우에도, 회사에서 무료로 제품을 수리해드립니다. _____, 하드 드라이브, 메모리 및 다른 내부 기계 장치들은 3년간 보장됩니다. 보증은 이 카드 뒤에 규정되어 있는 조건인, '정상적인 사용'에 대해서만 보장해드린다는 것을 명심하시길 바랍니다.

(a) 원칙적으로
(b) 그 이후
(c) 예를 들면
(d) 마찬가지로

해설 빈칸에 알맞은 연결어를 넣는 문제입니다. 빈칸 앞에는 제조사의 한정 기간 보증에 의해 보장해주는 노트북 컴퓨터는 제품과 함께 배송되는 모든 품목들은 1년간 보장된다는 내용이 나오고, 빈칸 뒤에는 내부 기계 장치의 경우 3년간 보장된다는 앞의 내용과 유사한 내용이 나옵니다. 따라서 유사함을 나타내는 연결어인 (d) Likewise(마찬가지로)가 정답입니다.

어휘 limited[límitid] 한정된
manufacturer[mӕnjufǽktʃərər] 제조사
warranty[wɔ́ːrənti] 보증, 품질 보증서 ship[ʃip] 배송하다, 수송하다
power supply 전원 장치 duration[djuréiʃən] (지속되는) 기간
malfunction[mӕlfʌ́ŋkʃən] 오작동, 고장 free of charge 무료로
internal[intə́ːrnl] 내부의
mechanism[mékənìzm] 기계 장치, 기구
guarantee[gӕrəntíː] 보장하다 keep in mind 명심하다
cover[kʌ́vər] 보장하다 define[difáin] 규정하다, 정의하다

08

해석 20세기의 처음 반세기 동안 프로 음악가와 가수의 수가 적었던 이유 하나는 그 당시 연예인에 대한 인식의 부족이었다. 1950년대 전에는, 음악 예술에서의 업적에 대한 업계의 인식이 거의 없었으므로, 이러한 상황을 내부 인사들은 바꾸어야 할 필요가 있다는 것을 인지했

다. _____, 1959년에 전미 녹음 예술·기술 협회는 음악 산업에서의 뛰어난 업적을 기리는 동시에 사람들이 음악가와 가수가 되도록 장려하기 위해, 그래미상 시상식을 설립했다.

(a) 곧
(b) 결국
(c) 게다가
(d) 그 대신

해설 빈칸에 알맞은 연결어를 넣는 문제입니다. 지문은 그래미상 시상식이 설립된 배경에 대한 내용입니다. 빈칸 앞에는 음악 예술에서의 업적에 대한 업계 인식이 거의 없었다는 내용이고, 빈칸 뒤에는 전미 녹음 예술·기술 협회가 음악 산업에서의 업적을 기리고, 음악가와 가수가 되는 것을 장려하기 위해 그래미상 시상식을 설립했다는 앞 내용에 대한 경과가 나옵니다. 따라서 경과를 나타내기 위한 연결어인 (b) Eventually(결국)가 정답입니다.

어휘 professional [prəféʃənl] 프로의, 전문적인 dearth [də:rθ] 부족
recognition [rèkəgníʃən] 인식, 인정
entertainer [èntərtéinər] 연예인
achievement [ətʃí:vmənt] 업적, 성취
establish [istǽbliʃ] 설립하다, 수립하다
honor [ánər] 기리다, 예우하다
outstanding [àutstǽndiŋ] 뛰어난, 두드러진
accomplishment [əkámpliʃmənt] 업적, 공적
at the same time 동시에
encourage [inkə́:ridʒ] 장려하다, 조장하다

09

해설 캐나다 앨버타 주에서 개별의 알베르토사우르스 공룡 22마리의 화석들이 고생물학자에 의해 발견되었는데, 이것은 한 번의 발굴로 발견된 백악기 수각아목의 공룡 중 가장 큰 집단이다. 많은 수의 표본들은 과학자들이 화석 기록이 희귀한 다른 종들에게는 할 수 없는 연구인, 공룡 집단 행동과 집단 생물학에 대한 연구를 할 수 있게 해준다. _____, 다양한 뼈대 유물들의 희귀한 연속적 배열은 앨버타 주에 있는 그 발굴지를 특별하게 만든다.

(a) 마지막으로
(b) 대조적으로
(c) 결국
(d) 실제로

해설 빈칸에 알맞은 연결어를 넣는 문제입니다. 빈칸 앞에는 캐나다 앨버타 주에서 발견된 많은 공룡 화석 표본으로 다른 종의 공룡에게는 할 수 없었던 연구를 할 수 있게 되었다는 내용이 나오고, 빈칸 뒤에는 여러 화석들이 희귀하게 연속적으로 배열되어 있어 앨버타 주의 발굴지를 특별하게 만든다는 많은 공룡 화석이 발굴된 앨버타 주가 특별하다고 강조하는 내용이 나옵니다. 따라서 강조를 나타내기 위한 연결어인 (d) In fact (실제로)가 정답입니다.

어휘 fossil [fásəl] 화석 dinosaur [dáinəsɔ̀:r] 공룡
discover [diskávər] 발견하다
paleontologist [pèiliəntálədʒist] 고생물학자
Cretaceous [kritéiʃəs] 백악기의
theropod [θíərəpàd] 수각아목의 공룡 (육식성이며 두 발로 보행)
dig [dig] 발굴 specimen [spésəmən] 표본
behavior [bihéivjər] 행동 population biology 집단 생물학
scant [skænt] 희귀한 rare [rɛər] 희귀한, 드문
collocation [kàləkéiʃən] 배열 skeletal [skélətl] 뼈대의, 해골의
excavation [èkskəvéiʃən] 발굴, 발굴지

10

해설 2002년, 거대 제약 기업인 Merck사는 새로운 항우울제의 효능을 입증하기 위한 실험을 했다. 연구에서, 환자의 절반이 그 약을 받았고 나머지 참가자들은 몰래 설탕과 우유를 섞은 가짜 혼합물인 플라시보를 받았다. 나중에 그들의 기분에 대한 질문을 받았을 때, 실제 약을 복용한 사람들은 굉장히 호전되었다고 보고했다. _____, 플라시보를 복용한 사람들 또한 기분이 나아졌다고 보고했다. 의사들은 그들이 약에 대한 긍정적인 반응을 기대했기 때문에 그런 것이라고 추측했다.

(a) 그러나
(b) 그러므로
(c) 그러는 동안
(d) 그렇지 않으면

해설 빈칸에 알맞은 연결어를 넣는 문제입니다. 빈칸 앞에는 실제 약을 복용한 환자들은 약이 우울증에 효과가 있었다고 보고했다는 내용이고, 빈칸 뒤에는 가짜 약인 플라시보를 받은 사람들도 기분이 나아졌다고 보고했다는 약을 복용한 환자들에게서만 약의 효능이 나타날 것이라는 예상에 반대되는 대조의 내용이 나옵니다. 따라서 대조를 나타내는 연결어인 (a) However(그러나)가 정답입니다.

어휘 pharmaceutical [fà:rməsú:tikəl] 제약의, 약학의
antidepressant [æ̀ntidiprésənt] 항우울제
surreptitiously [sə̀:rəptíʃəsli] 몰래, 남모르게
fake [féik] 가짜의, 모조의 concoction [kankákʃən] 혼합물
suspect [səspékt] 추측하다, 짐작하다
anticipate [æntísəpèit] 기대하다
therapeutic [θèrəpjú:tik] 치료상의

11

해설 살인자 고래라고도 알려진 범고래가 어부나 배에 탄 사람을 마음대로 공격할 만큼 잔인한 포식자라는 것이 일반적인 생각이다. _____, 범고래가 인간을 공격했다는 기록은 없으므로, 선원들은 두려워할 것이 아무 것도 없다. 그러나, 이 생물체는 매우 숙련된 포식자이며 다양한 먹이를 먹기 때문에 범고래는 여전히 매우 위험하다. 범고래들의 식단은 다른 고래들을 포함하여 주로 생선과 해양 포유 동물로 구성된다.

(a) 예를 들어
(b) 이러한 이유로
(c) 다시 말해서
(d) 대조적으로

해설 빈칸에 알맞은 연결어를 넣는 문제입니다. 빈칸 앞에는 일반적으로 범고래는 마음대로 사람을 공격할 만큼 잔인한 동물이라고 여겨진다는 내용이 나오고, 빈칸 뒤에는 실제로 범고래가 인간을 공격한 기록이 없다는 범고래에 대한 일반적인 편견과는 다른 대조적인 내용이 나옵니다. 따라서 대조를 나타내는 연결어인 (d) In contrast(대조적으로)가 정답입니다.

어휘 orca [ɔ́:rkə] 범고래 bloodthirsty [blʌ́dθə̀:rsti] 잔인한
predator [prédətər] 포식자, 육식 동물 at will 마음대로, 뜻대로
document [dákjumənt] 기록하다
seafarer [sí:fɛ̀ərər] 선원, 뱃사람
creature [krí:tʃər] 생물체 skillful [skílfəl] 숙련된, 솜씨 좋은
consist of ~으로 구성되어 있다 primarily [praiméərəli] 주로
mammal [mǽməl] 포유 동물

12

해설 방대한 석유 매장량 덕분에 사우디 아라비아는 세계에서 가장 부유한 나라들 중 하나이다. 오늘날 사우디 아라비아는 번창하는 경제국이지만,

역사상 대부분의 기간 동안 풍족함을 경험하지 못했다. 고대부터 중세 시대를 거치기까지, 오늘날 사우디 아라비아의 영토에는 유목 민족이 거주했었다. _____, 이곳은 오토만 제국의 지배를 받게 되었는데, 오토만 제국은 이 지역을 20세기 초까지 통치하였다. 1932년, 사우디 아라비아는 독립 국가가 되었다. 5년 후에 석유 매장물이 발견되어, 이 신생 국가에 번영의 날개를 달아 주었다.

(a) 게다가
(b) 그러는 동안
(c) 나중에
(d) 사실상

해설 빈칸에 알맞은 연결어를 넣는 문제입니다. 빈칸 앞에는 중세시대까지는 사우디 아라비아 지역에 유목 민족이 거주했었다는 내용이고, 빈칸 뒤에는 이곳이 20세기 초까지 이 지역을 통치했던 오토만 제국에 속해 있었다는 사우디 아라비아 지역에 대해 시간 흐름의 순서대로 설명하는 내용이 나옵니다. 따라서 경과를 나타내는 연결어인 (c) Later on (나중에)이 정답입니다.

어휘 vast[væst] 방대한, 막대한　reserve[rizə́ːrv] 매장량, 비축
thriving[θráiviŋ] 번창하는, 번화한　affluence[ǽfluəns] 풍족함
antiquity[æntíkwəti] 고대, 태고, 낡음
present-day 오늘날의, 현대의
inhabit[inhǽbit] 거주하다　nomadic tribes 유목 민족
under the control 지배 하에　rule[ruːl] 통치하다, 지배하다
independent state 독립 국가　deposit[dipázit] 매장물
catapult[kǽtəpʌ̀lt] 날개를 달다, 발진하다
prosperity[prɑspérəti] 번영, 번성

CHAPTER 03 어색한 문장 골라내기 (Part 2)

HACKERS PRACTICE p.50

01 (b)　**02** (c)　**03** (c)　**04** (a)

01

해석 쿠바가 스페인의 지배를 받던 식민지 시기 동안에, 토착 인구는 60만 명에서 단 3천명으로 감소했다. (a) 이에 대한 한 가지 원인은 유럽의 질병들에 대해 토착 주민들이 가졌던 내성의 부족이었다. (b) 스페인 사람들을 격분시킨 반란이 몇 차례 시도되었으나, 그 중 어떤 것도 성공하지 못했다. (c) 인구 감소의 또 다른 원인은 토착 주민들이 강제로 일해야 했던 금광의 건강에 해로운 작업 환경이었다.

해설 지문의 흐름상 어색한 문장을 고르는 문제입니다. 첫 문장에서 스페인 식민지 시대에 쿠바의 인구는 절반으로 감소했다고 한 후, (a), (c)는 쿠바 인구 감소의 원인들을 설명했습니다. 반면, (b)의 '실패한 반란이 몇 차례 시도되었다'는 내용은 첫 문장의 '스페인 식민지 기간 동안 쿠바의 인구 감소'와는 관련이 없으므로 (b)가 정답입니다.

어휘 colonial[kəlóuniəl] 식민지의　indigenous[indídʒənəs] 토착의
resistance[rizístəns] 내성, 저항력
inhabitant[inhǽbitənt] 주민, 거주자
rebellion[ribéljən] 반란, 폭동　infuriate[infjúərièit] 격분시키다

02

해석 호평받는 감독 Oliver Berenger의 신작 영화 'Squad'의 이야기는 그의 군인 시절 경험에 토대를 두고 있다. (a) Berenger처럼, 영화의 주인공도 대학교를 떠나 베트남으로 싸우러가게 되며, Berenger는 나중에 이 결정에 대해 후회했다. (b) 국제분쟁에 관해 비난하는 이야기의 분위기는 감독의 철학을 반영한다. (c) 1970년대에, 평화 지지자들은 거리 시위를 벌이며 베트남 전쟁에 반대했다.

해설 지문의 흐름상 어색한 문장을 고르는 문제입니다. 첫 문장에서 Oliver Berenger 감독의 신작 영화 'Squad'는 감독의 군인 시절 경험에 토대를 두고 있다고 한 후, (a)는 감독의 경험을 바탕으로 구성된 영화의 줄거리, (b)는 영화에 반영된 감독의 철학을 설명했습니다. 반면 (c)의 '1970년대에 베트남 전쟁에 반대하며 평화 지지자들이 벌인 거리 시위'는 첫 문장의 'Berenger 감독의 경험을 토대로 한 영화 'Squad''와는 관련이 없으므로 (c)가 정답입니다.

어휘 experience[ikspíəriəns] 경험
disapprove[dìsəprúːv] 비난하다　tone[toun] 분위기
with regard to ~에 관해　conflict[kánflikt] 분쟁
philosophy[filásəfi] 철학
advocate[ǽdvəkèit] 지지자, 옹호자　oppose[əpóuz] 반대하다
protest[próutest] 시위

03

해석 루치아노 파바로티는 인생의 대부분을 무대에서 보낸 인기 있었던 이탈리아 오페라 가수였다. (a) 그는 1935년에 이탈리아 북부의 도시인 모데나에서 태어났으나, 그의 가족들은 제2차 세계 대전이 한창일 때에 고향을 떠나 시골로 이사했다. (b) 그는 7년 동안 성악레슨을 받았고, 19살에 자신의 아버지와 함께 한 합창단에서 노래를 부른 것에 대해 상을 받았는데, 이는 그에게 프로가 되는 것에 대한 확신을 주었다. (c) 그는 항상 공연 중 손수건을 쥐고 있는 모습으로 애정 어리게 기억된다.

해설 지문의 흐름상 어색한 문장을 고르는 문제입니다. 첫 문장에서 루치아노 파바로티는 인기 있었던 이탈리아 오페라 가수였다고 했고, (a)는 파바로티가 제2차 세계 대전 동안 고향으로부터 이사를 했고, (b)는 그가 합창단에서 수상을 한 계기로 오페라 가수가 되는 것에 대한 확신을 가졌다고 언급했습니다. 반면 (c)의 '그는 항상 공연 중 손수건을 쥐고 있는 모습으로 애정 어리게 기억된다'라는 내용은 지문 전체에서 언급하고 있는 '루치아노 파바로티의 유년 시절'과는 관련이 없으므로 (c)가 정답입니다.

어휘 abandon[əbǽndən] 떠나다, 버리다
at the height of ~이 한창일 때에
countryside[kʌ́ntrisàid] 시골, 지방
choir[kwáiər] 합창단, 성가대　convince[kənvíns] 확신시키다
fondly[fándli] 애정 어리게, 다정하게

04

해석 텐트를 칠 때, 암석 부스러기가 없는 곳에 텐트를 세울 수 있도록 반드시 평평한 땅을 찾으세요. (a) 다음으로, 여행을 가기 전에 비가 바닥으로 스며들지 않게 하기 위해 텐트 아래에 깔 수 있는 방수천을 구입하는 것을 제안합니다. (b) 그리고 나서 텐트를 평평하게 바닥에 깐 후, 보통 쉽게 보관할 수 있도록 분해되는 두 개의 긴 텐트 기둥을 조립해야 할 것입니다. (c) 마지막으로, 기둥을 찾기 쉬운 고리에 통과시켜 넣어 텐트의 귀퉁이를 고정하면, 당신의 쉼터가 완성될 것입니다.

해설 지문의 흐름상 어색한 문장을 고르는 문제입니다. 첫 문장에서 텐트를 칠 때, 평평한 땅을 찾으라고 한 후, (b), (c)는 텐트를 치는 방법을 순서

대로 나열했습니다. 반면 (a)의 '텐트 아래에 깔 수 있는 방수천을 구입하는 것을 제안한다'는 지문 전체에서 언급하고 있는 '텐트를 치는 순서'와는 관련이 없으므로 (a)가 정답입니다.

어휘 level[lévəl] 평평한, 반반한 erect[irékt] (똑바로) 세우다
debris[dəbríː] 암석 부스러기 tarp[taːrp] 방수천
lastly[lǽstli] 마지막으로

HACKERS TEST
p.52

01 (d)	02 (b)	03 (b)	04 (a)	05 (c)
06 (a)	07 (c)	08 (b)	09 (b)	10 (b)
11 (d)	12 (a)			

01

해석 유명한 프랑스 건축가 Guy Lagneau는 아프리카에서의 그의 작품들로 잘 알려졌다. (a) 그의 첫 주요 프로젝트 중 하나는 현재는 Novotel Grand Hotel de L'Indépendance라고 불리는 Hotel de France였으며, 기니라는 서아프리카 국가에 있다. (b) 그는 또한 서아프리카에 위치한 코트디부아르의 수도에 대한 도시 계획을 재검토했다. (c) Lagneau는 건축 디자인을 기후에 맞게 조화시키는 것에 열정을 가지고 있어서, 아프리카 기후에 적합한 집들의 청사진을 만들어냈다. (d) Lagneau는 아프리카 대륙에서 오랫동안 일한 경력 때문에, 많은 영향력 있는 아프리카 인맥을 구축했다.

해설 지문의 흐름상 어색한 문장을 고르는 문제입니다. 첫 문장에서 Guy Lagneau는 아프리카에서의 그의 작품들로 잘 알려졌다고 한 후, (a)에서는 Lagneau가 기니에서 Hotel de France를 건축했고, (b)에서는 코트디부아르 수도의 도시 계획을 재검토했으며, (c)에서는 아프리카 기후에 맞는 집들의 청사진을 제작했다고 하면서 Lagneau가 아프리카에서 건축가로서 활동한 내용을 구체적으로 나열했습니다. 반면 (d)의 'Lagneau는 아프리카에서 오랫동안 일한 경력 때문에 많은 영향력 있는 인맥을 구축했다'라는 내용은 첫 문장의 'Lagneau가 아프리카에서 건축한 작품들'과는 관련이 없으므로 (d)가 정답입니다.

어휘 renowned[rináund] 유명한, 명성 있는
architect[áːrkətèkt] 건축가 urban[əːrbən] 도시의
passionate[pǽʃənət] 열정적인
adapt[ədǽpt] 조화시키다, 순응시키다
architectural[àːrkətéktʃərəl] 건축의 climate[kláimit] 기후
blueprint[blúːprint] 청사진, 계획
suit[suːt] 적합하다, ~에 알맞다 continent[kántənənt] 대륙
cultivate[kʌ́ltəvèit] 구축하다, 친분을 가지려 하다
contact[kántækt] 인맥, 연고, 연줄

02

해석 요즘 아이들은 수많은 어려움들에 직면하고 있다. (a) 열등감이나 우울함 같은, 감정적인 문제들은 종종 결손 가정 출신의 십 대들을 괴롭힌다. (b) 지지해주고 상호간에 존중해주는 환경을 제공하는 것은 가족 구성원들의 의무이다. (c) '온전한' 가정에서조차, 부모 모두 오랜 시간 동안 일하기 때문에 아이들은 종종 방치된다. (d) 이런 일이 발생하면, 많은 십 대들이 친구들의 부정적인 압력에 굴복해 결국 흡연을 하고, 술을 마시고, 약물을 복용하게 된다.

해설 지문의 흐름상 어색한 문장을 고르는 문제입니다. 첫 문장에서 요즘 아이들은 수많은 어려움에 직면하고 있다고 했고, (a)는 결손 가정의 십 대들을 괴롭히는 감정적인 문제들, (c)는 부모가 모두 장시간 일을 함으로써 방치되는 아이들, (d)는 이러한 문제들로 인해 결국 흡연, 음주, 마약 복용을 하게 되는 십 대들을 언급했습니다. 반면 (b)의 '지지해주고 상호간에 존중해주는 환경을 제공하는 것은 가족 구성원들의 의무'라는 내용은 첫 문장의 '요즘 아이들이 직면하는 수많은 어려움들'과는 관련이 없으므로 (b)가 정답입니다.

어휘 numerous[njúːmərəs] 수많은
challenge[tʃǽlindʒ] 어려움, 도전
emotional[imóuʃənl] 감정적인 inferiority[infìəriɔ́ːrəri] 열등
depression[dipréʃən] 우울, 의기소침
plague[pleig] 괴롭히다, 성가시게 하다 broken home 결손 가정
support[səpɔ́ːrt] 지지 mutual[mjúːtʃuəl] 상호간의, 서로의
intact[intǽkt] 온전한, 손상되지 않은
succumb[səkʌ́m] 굴복하다, 압도당하다
negative[négətiv] 부정적인, 거부적인
peer pressure 동료 집단으로부터 받는 사회적 압력

03

해석 Belcot Sands는 당신이 호화로운 섬 휴양지에서 찾던 그 모든 것입니다. (a) 현지에는 섬의 전경을 볼 수 있는 스위트 룸을 각각 200개 이상 구비하고 있는 세계 최상급 호텔 5곳이 있습니다. (b) Belcot섬으로 가는 여객선은 남쪽 해안에서 자주 출발하며 1시간 이내가 소요됩니다. (c) Belcot은 테마 공원, 골프 코스, 전용 해변 등 모든 연령이 즐길 수 있는 관광 명소들을 자랑합니다. (d) 저희는 또한 방문객들이 머무는 동안 절대 지루해하지 않을 것을 보장하기 위해 스포츠 행사나 축제를 일년 내내 개최합니다.

해설 지문의 흐름상 어색한 문장을 고르는 문제입니다. 첫 문장에서 Belcot Sands는 호화로운 섬 휴양지의 모든 것이라고 했고, (a)는 Belcot에 있는 현지의 세계 최상급 호텔들, (c)는 모든 연령이 즐길 수 있는 관광 명소들, (d)는 일년 내내 여는 스포츠 행사 및 축제를 Belcot Sands의 특징으로 나열했습니다. 반면 (b)의 'Belcot섬으로 가는 여객선의 출발 빈도 및 소요시간'은 지문 전체에서 언급하고 있는 '호화로운 Belcot Sands'와는 관련이 없으므로 (b)가 정답입니다.

어휘 luxurious[lʌgʒúəriəs] 호화로운 getaway[gétəwèi] 휴양지
world-class 세계 최상급의 suite[swiːt] 스위트 룸
panoramic view 전경 depart[dipáːrt] 출발하다
frequently[fríːkwəntli] 자주, 흔히 theme park 테마 공원
host[houst] 개최하다, 열다

04

해석 2002년 베네수엘라에서 일어난 쿠데타 시도에 대한 다큐멘터리 영화, 'The Revolution Will Not Be Televised'는 비평가들에게 널리 호평을 받았다. (a) 작품의 줄거리는 국가적 위기 때의 Hugo Chavez 대통령의 행동에 초점을 맞춘다. (b) 'Hollywood Reporter'지의 Frank Scheck는 이 다큐멘터리가 어떠한 허구의 정치 스릴러에도 필적할 수 있을 정도로 마음을 사로잡는 이야기를 가지고 있다고 말했다. (c) 작품의 촬영과 편집 기술은 'Variety'지의 Scott Foundas로부터 갈채를 받았다. (d) 'Washington Post'지의 Desson Thomson은 영화의 촬영작업이 카라카스의 공황과 두려움을 성공적으로 전달했다고 기록했다.

해설 지문의 흐름상 어색한 문장을 고르는 문제입니다. 첫 문장에서 2002년 베네수엘라에서 일어난 쿠데타 시도에 대한 영화 'The Revolution Will Not Be Televised'는 비평가들에게 널리 호평 받았다고 한 후, (b), (c), (d)는 이 영화에 대해 호평한 잡지사와 비평가, 그리고 그들이

호평한 영화의 요소들을 나열하였습니다. 반면 (a)의 '국가적 위기 때의 Hugo Chavez 대통령의 행동에 초점을 맞춘 작품의 줄거리'는 지문 전체에서 언급하고 있는 '영화에 대해 호평한 비평가들과 그들이 호평한 영화의 요소'와는 관련이 없으므로 (a)가 정답입니다.

어휘 televise [téləvàiz] 텔레비전으로 방송하다
attempt [ətémpt] 시도 focus on 초점을 맞추다, 집중하다
crisis [kráisis] 위기, 최악의 고비
engrossing [ingróusiŋ] 마음을 사로잡는
narrative [nǽrətiv] 이야기 match [mætʃ] 필적하다, 대등하다
fictional [fíkʃənl] 허구의, 꾸며낸
applaud [əplɔ́ːd] 갈채를 보내다, 절찬하다
convey [kənvéi] 전달하다

05

해석 저는 자격이 있는 많은 군인들이 인종 차별, 종교적 편협, 정치 때문에 명예훈장을 받지 못했다고 생각합니다. (a) 1990년대 이전에는, 아프리카 혹은 아시아 출신의 미국인은 아무도 훈장을 받은 적이 없습니다. (b) 또한 반유대주의가 많은 유대인들에게 상이 수여되는 것을 막았다고 기록되어 있습니다. (c) 유대계 미국인들은 미군이 창설되었을 때부터 미군에서 복무했습니다. (d) 현재, 그 훈장을 수여하는 국회 내에서의 극심한 당파 정치 때문에 많은 용감한 군인들이 여전히 인정받지 못하고 있습니다.

해설 지문의 흐름상 어색한 문장을 고르는 문제입니다. 첫 문장에서 자격이 있는 많은 군인들이 명예훈장을 받지 못하고 있는 이유로 인종 차별, 종교적 편협, 정치가 있다고 한 후, (a), (b), (d)는 첫 문장에서 언급한 세 가지 이유의 예를 각각 나열했습니다. 반면 (c)의 '유대계 미국인들은 미군이 창설되었을 때부터 미군에서 복무했다'는 첫 문장의 '많은 군인들이 명예훈장을 받지 못하는 이유'와는 관련이 없으므로 (c)가 정답입니다.

어휘 deserving [dizə́ːrviŋ] 자격이 있는, 마땅히 받을 만한
Medal of Honor 명예훈장 racial discrimination 인종 차별
intolerance [intɑ́lərəns] 편협 anti-Semitism 반유대주의
decorate [dékərèit] 수여하다 Jewish [dʒúːiʃ] 유대인의
brave [breiv] 용감한, 용기 있는
unrecognized [ʌnrékəgnaizd] 인정받지 못하는
partisan [pɑ́ːrtizən] 당파적인 bestow [bistóu] 수여하다, 주다

06

해석 조지아 주 애틀랜타의 에모리대학교 과학자들은 공유에 대한 성향을 시험해 보기 위해 포획되어 있는 흰목꼬리감기 원숭이들에게 짝을 지어 주었다. (a) 원숭이들은 항상 인간의 몇몇 특징을 보여준다고 알려져 왔다. (b) 놀랍게도, 원숭이들은 가까운 친족이나 그들에게 친숙한 흰목꼬리감기 원숭이들과 짝이 되었을 때 더 공유하려고 했다. (c) 그러나, 낯선 상대와 짝이 되었을 때, 원숭이들은 거부했다. (d) 이 결과는 흰목꼬리감기 원숭이들이 인간처럼 그들의 가족과 친구들의 행복을 신경 쓰는다는 사실을 암시한다.

해설 지문의 흐름상 어색한 문장을 고르는 문제입니다. 첫 문장에서 에모리대학교 과학자들이 공유에 대한 성향을 시험해보기 위해 흰목꼬리감기 원숭이들에게 짝을 지어 주었다고 한 후, (b), (c), (d)는 공유에 대한 성향을 알아보기 위해 흰목꼬리감기 원숭이를 대상으로 한 실험의 결과와 그 결과가 암시하는 내용을 설명했습니다. 반면 (a)의 '원숭이들은 인간의 몇몇 특징을 보여준다고 알려졌다'는 내용은 지문 전체에서 언급하고 있는 '흰목꼬리감기 원숭이들의 공유에 대한 성향을 시험해 보기 위한 실험'과는 관련이 없으므로 (a)가 정답입니다.

어휘 captive [kǽptiv] 포획된 capuchin monkey 흰목꼬리감기 원숭이
inclination [ìnklənéiʃən] 성향, 의향
demonstrate [démənstrèit] 보여주다, 입증하다
relative [rélətiv] 친족, 동족 stranger [stréindʒər] 낯선 상대
refuse [rifjúːz] 거부하다 finding [fáindiŋ] 결과, 결론
welfare [wélfɛ̀ər] 행복, 복지

07

해석 2009년, 수영 종목은 수영 선수들을 더 빠르게 하는 첨단 기술 재료를 이용한 수영복 사용에 대한 논쟁으로 인해 동요했다. (a) 이 논쟁에 응하여, 수영의 국제 통치기구인 Fédération Internationale de Natation이 논쟁을 종결시키기 위해 모였다. (b) 미국 대표단은 직물 수영복만 경기에서 허용하자고 제안했다. (c) 많은 수영복들이 몸을 압축하고 더 수력학적으로 만들어 주는 모양으로 제작되었다. (d) 경기력을 향상시키는 바디 수트 수영복을 금지하는 것에 찬성하여 대표들이 168 대 6으로 투표한 후, 미국의 제안은 받아들여졌다.

해설 지문의 흐름상 어색한 문장을 고르는 문제입니다. 첫 문장에서 수영 종목에서 첨단 재료로 제작한 수영복 사용에 대한 논란이 있었다고 한 후, (a), (b), (d)는 수영 국제 통치 기구가 모여서 첨단 재료로 만든 수영복 사용에 대한 논란을 해결하는 과정을 순서대로 나열했습니다. 반면 (c)의 '몸을 압축하고 더 수력학적으로 만들어 주는 모양으로 제작된 많은 수영복'은 첫 문장의 '첨단 재료를 사용한 수영복 사용에 대한 논란'과는 관련이 없으므로 (c)가 정답입니다.

어휘 rock [rɑk] 동요시키다, 흔들다 employ [implɔ́i] 이용하다, 쓰다
high-tech 첨단 기술의 governing [gʌ́vərniŋ] 통치하는
convene [kənvíːn] (회원 등이) 모이다, 소집하다
dispute [dispjúːt] 논쟁, 분쟁 delegation [dèligéiʃən] 대표단
propose [prəpóuz] 제안하다 textile [tékstail] 직물의
compress [kəmprés] 압축하다
hydrodynamic [hàidroudainǽmik] 수력학의, 유체 역학의
proposal [prəpóuzəl] 제안, 제의, 건의 in favor of ~에 찬성하여
performance-enhancing 경기력을 향상시키는
bodysuit [bɑ́disùːt] 바디 수트 (전신 수영복)

08

해석 중앙 아메리카에서 발견된 고대 배불뚝이 조각의 의도에 관해 전문가들 사이에는 여전히 논쟁이 있다. (a) 몇몇은 조각상에 그려진 장식 때문에 이 비만인 조각상들이 마야 지도자들을 나타낸다고 생각한다. (b) 마야 제국의 지도자들은 대개 목걸이, 가슴 장신구, 머리에 쓰는 장식물을 착용했다. (c) 다른 학자들은 조각의 부푼 몸, 감은 눈, 팽창한 배로 봐서는 그들이 죽은 조상들을 나타낸 것 같아 보인다고 말한다. (d) 그러나, 이 배불뚝이 조각상이 중앙 아메리카 신화의 뚱뚱한 신과 관련되어 있다고 주장하는 이들도 있다.

해설 지문의 흐름상 어색한 문장을 고르는 문제입니다. 첫 문장에서 중앙 아메리카에서 발견된 고대 배불뚝이 조각의 의도에 관해 전문가 사이에서 논쟁이 있다고 했고, (a), (c), (d)는 고대 배불뚝이 조각에 대한 전문가들의 다른 견해들을 설명했습니다. 반면 (b)의 '마야 제국 지도자들이 착용한 장신구'는 첫 문장의 '고대 배불뚝이 조각의 의도에 대한 논쟁'과는 관련이 없으므로 (b)가 정답입니다.

어휘 potbelly [pɑ́tbèli] 배불뚝이, 올챙이배
obese [oubíːs] 비만인, 지나치게 살찐
represent [reprizént] 나타내다, 표현하다
adornment [ədɔ́ːrnmənt] 장식, 장식품
depict [dipíkt] 그리다, 묘사하다 ornament [ɔ́ːrnəmənt] 장신구
headdress [héddrès] (특별 행사 때) 머리에 쓰는 장식물

bloated [blóutid] 부푼, 부은   distended [disténdid] 팽창한
be associated with ~와 관련되다   mythology [miθálədʒi] 신화

09

해석 Bob's Used Auto사는 고객님이 새로운 자동차를 저렴한 가격에 찾을 수 있는 최고의 방법입니다. (a) 저희 차고에는 100대 이상의 차들이 있는데, 외제와 국산이 모두 있으며, 모두 시가와 동일하거나 더 낮게 책정되어 있습니다. (b) 국산 차의 품질은 일본과 독일산 최고 모델의 품질을 따라잡았습니다. (c) 저희는 세단과 가족용 자동차를 전문으로 판매하지만, 적당한 가격의 스포츠카가 더 고객님의 스타일이라면, 그것 또한 보장해드립니다. (d) Bob's사는 다양한 결제 방식과 대출 선택권을 제공하기 때문에, 고객님이 꿈꾸시던 차를 가져 가시기에 전혀 문제가 없을 것입니다.

해설 지문의 흐름상 어색한 문장을 고르는 문제입니다. 첫 문장에서 Bob's Used Auto사는 고객들이 새로운 차를 저렴하게 찾을 수 있는 최고의 방법이라고 했고, (a)는 차고에 보유하고 있는 자동차의 종류와 가격 정보, (c)는 보유하고 있는 차종, (d)는 차를 구입하기 위한 다양한 결제 방법과 대출 선택권에 대해 언급했습니다. 반면 (b)의 '일본과 독일산 최고 모델의 품질을 따라 잡은 국산 차의 품질'은 지문 전체에서 언급하고 있는 '차를 저렴하게 살 수 있도록 Bob's Used Auto사가 제공해주는 것들'과는 관련이 없으므로 (b)가 정답입니다.

어휘 a set of wheels 자동차   specialize [spéʃəlàiz] 전문적으로 다루다
affordable [əfɔ́ːrdəbl] (가격이) 적당한   loan [loun] 대출, 대여
option [ápʃən] 선택권

10

해석 국제 축구 연맹인 FIFA는 2007년 처음 도입된 이슬람 여성들의 머릿수건 착용 금지법을 계속 유지하고 있다. (a) 이 금지 규정은 히잡, 즉 머릿수건이 경기장에서 안전상의 문제가 된다는 주장으로 처음 시행되었다. (b) 프랑스 정부 역시 학교에서 히잡과 눈에 잘 띄는 다른 종교 상징의 착용을 금지하는 유사한 판결을 통과시켰다. (c) 이 결정은 이란을 포함한 이슬람 국가들의 대표팀에서 뛰는 여성들에게 불균형적으로 영향을 미친다. (d) 이란의 대통령은 인권 침해라고 주장하며, 금지령에 반대한다는 것을 공개적으로 밝혔다.

해설 지문의 흐름상 어색한 문장을 고르는 문제입니다. 첫 문장에서 국제 축구 연맹인 FIFA가 2007년에 처음 도입된 이슬람 여성들의 머릿수건 착용 금지법을 계속 유지하고 있다고 한 후, (a)는 이 금지 규정은 안전상의 문제로 처음 도입되었고, (c)는 이 결정으로 인해 이슬람 국가들의 대표팀에서 뛰는 여성들이 불균형적으로 영향을 받으며, (d)는 이란의 대통령이 금지령에 대해 공개적으로 반대한다는 것을 밝혔다고 언급했습니다. 반면 (b)의 '프랑스 정부 역시 눈에 잘 띄는 다른 종교의 상징을 착용하는 것을 금지했다'라는 내용은 지문 전체에서 언급하고 있는 '축구 경기에서 이슬람 여성들의 머릿수건 착용 금지 규정'에 대한 내용과는 관련이 없으므로 (b)가 정답입니다.

어휘 federation [fèdəréiʃən] 연맹   uphold [ʌ̀phóuld] 유지하다
headscarf [hédskàːrf] 머릿수건   institute [ínstətjùːt] 도입하다
prohibition [prɔ̀uhəbíʃən] 금지 규정
bring into effect ~을 시행하다
ruling [rúːliŋ] 판결, 결정   conspicuous [kənspíkjuəs] 눈에 잘 띄는
disproportionately [dìsprəpɔ́ːrʃənətli] 불균형적으로
infringe [infríndʒ] 침해하다   human rights 인권

11

해석 활동적인 생활 방식으로 인해 우리는 올바른 음식 선택을 할 시간이 적어졌고, 그리하여 DietMinder 프로그램이 만들어졌습니다. (a) 제공된 DVD의 소프트웨어를 설치한 후에, 고객님께서 최근에 드신 식사와 간식을 입력하세요. (b) 그 소프트웨어가 여러분이 먹은 특정 성분들을 추적하고 그 음식이 함유하고 있는 영양 요소들을 밝혀낼 것입니다. (c) 그것은 고객님께서 놓치고 있는 필수 비타민과 무기질을 알아내기 위하여 이 정보들을 활용하고 고객님의 식습관에 균형을 잡는 것을 도와줄 음식을 추천할 것입니다. (d) 좋은 식습관을 유지하는 것은 필수적인데, 이는 많은 심각한 질병들이 좋지 않은 식습관과 영양소의 선택에 관련되어 있기 때문입니다.

해설 지문의 흐름상 어색한 문장을 고르는 문제입니다. 첫 문장에서 사람들이 음식 선택을 할 시간이 적어졌기 때문에 DietMinder라는 프로그램이 개발되었다고 한 후, (a), (b), (c)는 프로그램의 사용 방법과 프로그램이 주는 도움에 대해 구체적으로 설명했습니다. 반면 (d)의 '좋은 식습관을 유지해야 할 필요성'은 지문 전체에서 언급하고 있는 'DietMinder 프로그램의 소개'와는 관련이 없으므로 (d)가 정답입니다.

어휘 consume [kənsúːm] 먹다, 소비하다   track [træk] 추적하다
ingredient [ingríːdiənt] 성분, 재료   nutritional [nutríʃənəl] 영양의
component [kəmpóunənt] 요소   contain [kəntéin] 함유하다
figure out 알아내다   essential [isénʃəl] 필수적인
mineral [mínərəl] 무기질   miss out 놓치다, 빠뜨리다
balance [bǽləns] 균형을 잡다

12

해석 덴마크의 유명한 시각 예술가 Poul Hans Lange의 경력은 뉴욕에서 구체화되었다. (a) 그의 많은 작품은 사진, 책 커버, 잡지 삽화, 콜라주를 포함한다. (b) 1984년에 Lange는 덴마크를 떠나 뉴욕에 있는 명망 높은 School of Visual Arts에서 공부했다. (c) 그는 고국에서 몇 년 동안 일한 후에, 1989년 뉴욕으로 돌아가 출판 디자인 회사인 WBMG사를 공동 설립했다. (d) 1991년, 그는 자신만의 회사인 Poul Lange Design사를 설립했으며, 그 회사 역시 뉴욕에 본거지를 두었다.

해설 지문의 흐름상 어색한 문장을 고르는 문제입니다. 첫 문장에서 덴마크의 유명한 시각 예술가 Poul Hans Lange의 경력은 뉴욕에서 쌓았다고 한 후, (b)에서는 Lange가 졸업한 학교, (c)에서는 뉴욕에 위치한 출판 디자인 회사의 공동 설립, (d)에서는 자신만의 회사인 Poul Hans Lange사의 설립을 나열하면서 Lange가 이룬 시각 예술가로서의 경력을 구체적으로 설명했습니다. 반면 (a)의 'Lange가 만든 작품의 종류'는 지문 전체에서 언급하고 있는 'Lange가 이룬 시각 예술가로서의 경력'과는 관련이 없으므로 (a)가 정답입니다.

어휘 celebrated [séləbrèitid] 유명한   visual artist 시각 예술가
take shape 구체화하다, 모습을 갖추다   book jacket 책 커버
collage [kəlάːʒ] 콜라주
prestigious [prestídʒəs] 명망 높은, 훌륭한
publication [pʌ̀bləkéiʃən] 출판

CHAPTER 04 중심 내용 문제 (Part 3&4)

HACKERS PRACTICE
p.62

01 (a) **02** (b) **03** (a) **04** (a)

01

해석 칠면조를 굽는 것은 추수감사절에 하는 대중적인 전통이다. 요리 전에, 칠면조를 양념으로 채우고 녹은 버터나 기름으로 칠한다. 그 후에 섭씨 175도로 예열한 오븐 안에 넣는다. 칠면조는 껍질이 갈색으로 변할 때까지 굽는다. 어떤 사람들은 칠면조를 더 갈색으로 만들기 위해 냄비 기름이나 육즙을 끼얹는걸 선택한다.

Q: 지문의 제목으로 가장 적절한 것은 무엇인가?

(a) 칠면조를 준비하는 방법
(b) 칠면조 속을 채우는 방법

해설 지문의 제목으로 적절한 것을 묻는 문제입니다. 지문의 첫 부분에서 칠면조를 굽는 것은 추수감사절에 하는 대중적인 전통(Roasting a turkey is a popular tradition during Thanksgiving)이라고 한 후, 지문 전체에 걸쳐 칠면조를 굽는 과정을 설명했습니다. 이를 '칠면조를 준비하는 방법'이라고 종합한 (a)가 정답입니다.

어휘 **roast**[roust] 굽다 **Thanksgiving**[θǽŋksgìviŋ] 추수감사절
stuff[stʌf] (음식에) 소를 채우다 **spice**[spais] 양념, 향신료
brush[brʌʃ] 칠하다 **preheat**[priːhíːt] 예열하다
baste[beist] 기름이나 육즙을 끼얹다
dripping[drípiŋ] (고기를 요리할 때 나오는) 기름
juice[dʒuːs] 육즙 **promote**[prəmóut] 더 ~하게 만들다, 촉진하다

02

해석 유럽의 흔하고 오래된 관광지에 싫증 나셨습니까? 그렇다면, 미국인 관광객들에게는 거의 알려지지 않은 폴란드의 도시인, 바르샤바에 가보고 싶을 것입니다. Old Town으로 알려진 도시의 한 구역은 유네스코에 의해 세계 문화 유산으로 지정되기도 했습니다. 그곳에 있는 하나의 유명한 건물로는 성십자가교회가 있는데, 그곳은 작곡가 프레드릭 쇼팽의 심장을 보관하고 있습니다. 방문할 만한 가치가 있다고 생각되시나요? 저희의 상담 전화로 전화주셔서 바르샤바 여행 패키지에 대해 문의하세요.

Q: 주로 광고되고 있는 것은 무엇인가?

(a) 바르샤바에 있는 유네스코 지역
(b) 폴란드에 있는 관광지

해설 광고의 주제를 묻는 문제입니다. 지문에서 폴란드의 도시인 바르샤바에 가보고 싶을 것(you might ~ a city in Poland)이라고 한 후, 지문 전체에 걸쳐 바르샤바 관광을 추천하는 이유를 설명했습니다. 이를 '폴란드에 있는 관광지'라고 종합한 (b)가 정답입니다.

어휘 **virtually**[vɜ́ːrtʃuəli] 거의, 사실상
designate[dézignèit] 지정하다
World Heritage Site 세계 문화 유산
composer[kəmpóuzər] 작곡가

03

해석 많은 성공한 록밴드들은 결국 해체하게 된다. 모던록 시대부터, 매우 정치적인 Rage Against the Machine과 장르를 넘나드는 Smashing Pumpkins가 주목할 만한 두 피해자였다. 어떤 그룹은 한 멤버가 솔로 활동을 시작하고 싶어 하기 때문에 해체한다. 다른 그룹은 연예계에서 전형적인 빡빡한 생활 방식이 밴드 멤버들의 가정 생활과 건강에 악영향을 끼치게 되면서 해체한다. 게다가, 많은 밴드들이 단지 그들이 전에는 사랑했던 음악에 흥미를 잃었기 때문에 그만두기도 한다.

Q: 지문의 제목으로 가장 적절한 것은 무엇인가?

(a) 음악 그룹이 해체하는 이유들
(b) 음악 산업이 직면한 문제들

해설 지문의 제목으로 적절한 것을 묻는 문제입니다. 지문의 첫 부분에서 많은 성공한 록밴드들이 결국 해체하게 된다(Many successful rock bands end up disbanding)고 한 후, 해체하는 이유로 한 멤버의 솔로 활동 희망, 가정 생활과 건강에 악영향을 미치는 빡빡한 생활 방식, 사랑했던 음악에 대한 식어버린 흥미를 나열하고 있습니다. 이를 '음악 그룹이 해체하는 이유들'이라고 종합한 (a)가 정답입니다.

어휘 **end up** 결국 ~하게 되다 **disband**[disbǽnd] 해체하다
political[pəlítikəl] 정치적인 **notable**[nóutəbl] 주목할 만한
casualty[kǽʒuəlti] 피해자 **break up** 해체하다
embark on ~을 시작하다, 착수하다 **hectic**[héktik] 빡빡한
typical[típikəl] 전형적인 **take its toll** 악영향을 끼치다
a number of 많은 **split up** 해체하다, 헤어지다
face[feis] 직면하다

04

해석 세계 전역에 있는 수천 종의 동물들이 멸종 위기에 처해 있는 것으로 분류됩니다. 멸종 위험에 처한 동물군의 줄어드는 개체 수를 보호하기 위해 노력하는 더 엄격한 제정법이 필요합니다. 정부는 불법 사냥과 매매를 멈추기 위해 충분히 활동하지 않고 있습니다. 동물 보호 운동에 자금을 지원하고 활동을 강화하기 위해 충분한 자원이 할당되는 것이 무엇보다도 중요합니다. 그러므로, 동물 애호가 협회에서는 금요일에 Ridge 공원 밖에서 멸종 위기의 야생 동물이 처한 곤경에 대한 인식을 높이기 위한 집회를 개최합니다. 우리는 반드시 입법자들에게 이 동물들이 얼마나 보호를 필요로 하는지 알려야 합니다.

Q: 지문의 목적은 무엇인가?

(a) 동물 보호 지지자들에 의해 조직된 모임을 홍보하기 위해
(b) 사람들에게 야생 동물 보호 단체에 가입할 것을 요청하기 위해

해설 지문의 목적을 묻는 문제입니다. 지문에서 멸종 위기에 처한 동물들을 보호하기 위한 제정법과 동물 보호 활동 강화를 위한 자원의 할당의 필요성을 언급한 후, 동물 애호가 협회에서는 멸종 위기의 야생 동물이 처한 곤경에 대한 인식을 높이기 위한 집회를 개최한다(the Animal Lovers Society ~ endangered wildlife)는 지문의 목적을 밝혔습니다. 이를 '동물 보호 지지자들에 의해 조직된 모임을 홍보하기 위해'라고 표현한 (a)가 정답입니다.

어휘 **threatened**[θrétnd] 멸종할 위기에 처한
stringent[stríndʒənt] 엄격한
legislation[lèdʒisléiʃən] 제정법, 법률의 제정
endeavor[indévər] 노력하다 **wane**[wein] 줄어들다
imperil[impérəl] 위험에 빠뜨리다 **fauna**[fɔ́ːnə] 동물군, 동물상
paramount[pǽrəmàunt] 무엇보다 중요한
allot[əlát] 할당하다, 배당하다 **effort**[éfərt] 운동
rally[rǽli] 집회, 대회 **raise**[reiz] 높이다, 일으키다, 얻어 내다
plight[plait] 곤경, 역경
endangered[indéindʒərd] 멸종 위기에 처한
lawmaker[lɔ́ːmèikər] 입법자
publicize[pʌ́bləsàiz] 홍보하다, 광고하다, 알리다

HACKERS TEST   p.64

01 (c)	02 (a)	03 (d)	04 (d)	05 (a)
06 (b)	07 (b)	08 (a)	09 (d)	10 (a)
11 (a)	12 (c)			

01

해석 Guy Morrell Bradley는 미국 정부에 의해 고용된 첫 사냥 금지구역의 감시자 중 한 명이었다. 1902년, 그는 플로리다의 서부 해변, 에버글레이드 습지와 키웨스트에 걸친 거의 4,500제곱 마일을 단독으로 순찰하도록 배정되었다. 그의 주요 임무는 그 지역에 둥지를 튼 몇몇 깃털 조류 종을 보호하는 일이었다. 이 종들에는 해오라기, 왜가리, 그리고 저어새가 포함되어 있었는데, 이들은 이미 과도한 사냥으로 인해 위협받고 있었다. Bradley는 자신이 체포하려던 밀렵꾼이 짧은 언쟁 중 그에게 치명적으로 부상을 입혔을 때인 1905년 7월 8일 근무 중에 사망했다.

Q: 지문의 제목으로 가장 적절한 것은 무엇인가?

(a) 미국의 사냥 금지구역 감시자들이 직면하는 위험
(b) 깃털 새에 매료된 Guy Bradley
(c) 밀렵꾼들에 맞서 싸우다 희생당한 Guy Bradley의 삶
(d) 1900년대에 사냥 금지구역 감시자들이 선발된 방식

해설 지문의 제목으로 적절한 것을 묻는 문제입니다. 지문에서 미국의 사냥 금지구역 감시자였던 Guy Morrell Bradley는 자신이 체포하려던 밀렵꾼이 짧은 언쟁 중 그에게 치명적으로 부상을 입혀서 근무 중에 사망했다(Bradley was ~ a brief altercation)고 했습니다. 이를 '밀렵꾼들에 맞서 싸우다 희생당한 Guy Bradley의 삶'이라고 표현한 (c)가 정답입니다.

어휘 game warden 사냥 금지구역 감시자, 수렵구 관리인
single-handedly 단독으로, 한 손으로
patrol [pətróul] 순찰하다   square-mile 제곱 마일
span [spæn] 걸치다, 포괄하다   plume [pluːm] 깃털
nest [nest] 둥지를 틀다   egret [íːgrit] 해오라기
heron [hérən] 왜가리   spoonbill [spúːnbìl] 저어새
in the line of duty 근무 중에   poacher [póutʃər] 밀렵꾼
fatally [féitəli] 치명적으로   altercation [ɔ̀ːltərkéiʃən] 언쟁, 논쟁

02

해석 비디오 게임은 이용자들에게 머리를 쓸 필요가 없는 오락 시간보다 더 많은 것을 제공한다. 그것들은 또한 특정한 인지 작용 과정을 훈련시키는데, 그러한 훈련이 강한 분석력의 발달을 돕는다. 이는 게임을 완전히 익히거나 끝까지 완료하는 행동이 생각하기, 암기하기, 분석하기, 계산하기, 식별하기와 같은 다양한 지적 기능을 자극하기 때문이다. 이러한 것들은 선생님들이 학생들에게서 발달되도록 목표로 삼는 것들과 같은 지적 능력이다.

Q: 지문의 목적은 무엇인가?

(a) 비디오 게임이 어떻게 지적 능력을 키우는지 설명하기 위해
(b) 선생님들이 어떻게 수업에서 비디오 게임을 사용하는지 설명하기 위해
(c) 사람들이 왜 집에서 비디오 게임을 하는지에 대해 언급하기 위해
(d) 학교에서 아이들이 필요로 하는 학습 능력을 설명하기 위해

해설 지문의 목적을 묻는 문제입니다. 지문에서 비디오 게임(Video games)은 특정한 인지 작용 과정을 훈련시키며, 강한 분석력의 발달을 돕는다(They exercise ~ strong analytical skills)고 했고, 비디오 게임을 완전히 익히거나 끝까지 완료하는 행동이 다양한 지적 기능을 자극한다(because the act ~ intellectual functions)고 설명했습니다. 이를 '비디오 게임이 어떻게 지적 능력을 키우는지 설명하기 위해'라고 종합한 (a)가 정답입니다.

어휘 mindless [máindlis] 머리를 쓸 필요가 없는, 생각 없는
exercise [éksərsàiz] 훈련시키다, 연습시키다
cognitive [kágnətiv] 인지의   analytical [ӕnəlítikəl] 분석적인
stimulate [stímjulèit] 자극하다
intellectual [ìntəléktʃuəl] 지적인
compute [kəmpjúːt] 계산하다
cultivate [kʌ́ltəvèit] 키우다, 배양하다

03

해석 시장에 있는 다른 정수필터들에 비해, HealthTech Portable은 여러분의 돈에 가장 높은 가치를 제공합니다. 휴대하기 편한 이 여과기는 오래 지속될 뿐만 아니라, 친환경적입니다. 그 이유는 이 여과기의 모든 부분이 미생물에 의해 무해 물질로 분해되는 무독성인 플라스틱으로 만들어졌기 때문입니다. 게다가, 각각의 HealthTech Portable 장치는 교체되기 전에 5천 리터의 물을 걸러낼 수 있습니다. HealthTech Portable의 타의 추종을 불허하는 수명은 엄청난 절약으로 이어지는 한편, 대부분 재활용된 재료는 여러분이 환경을 손상시키지 않고도 깨끗한 물을 마실 수 있도록 보장해드립니다.

Q: 지문은 주로 무엇에 관한 내용인가?

(a) 비싼 물 정화 과정
(b) 재사용 가능한 플라스틱 물통
(c) 물 절약의 중요성
(d) 한 여과기 브랜드의 장점들

해설 지문의 주제를 묻는 문제입니다. 지문에서 HealthTech Portable은 휴대하기 편한 여과기(easy-to-carry filter)이고, 오래 지속되며(long-lasting), 친환경적(environmentally friendly)이라고 설명한 후, 또한 엄청난 절약으로 이어진다(results in huge savings)고 했습니다. 이를 '한 여과기 브랜드의 장점들'이라고 종합한 (d)가 정답입니다.

어휘 long-lasting 오래 지속되는   environmentally friendly 친환경적인
biodegradable [bàioudigréidəbl] 미생물에 의해 무해 물질로 분해되는
nontoxic [nantáksik] 무독성의   unit [júːnit] 장치, 도구
unmatched [ʌnmǽtʃt] 타의 추종을 불허하는, 비길 데 없는
longevity [landʒévəti] 수명   ensure [inʃúər] 보장하다

04

해석 수많은 경쟁력 있는 자동차 레이싱 연맹전이 있지만, 포뮬러 원 시리즈에서 경쟁하는 운전자들이 대개 세계 최고의 레이서로 여겨진다. 그 중 한 명은 독일의 미하엘 슈마허인데, 그는 1994년부터 2004년까지 세계 선수권 대회에서 7차례 우승을 거두었다. 많은 사람들이 그를 역사상 최고의 포뮬러 원 운전자로 생각한다. 크게 뒤떨어지지 않은 순위에 후안 마누엘 판지오가 있는데, 그는 자신의 5개 타이틀 중 마지막 타이틀을 46세에 차지하여, 최고령 선수권 대회 우승자가 되었다. 마지막으로, 알랭 프로스트는 1993년 은퇴하기 전까지 4회의 선수권 대회와 51회의 그랑프리 경주에서 우승을 했다.

Q: 지문은 주로 무엇에 관한 내용인가?

(a) 가장 인기 있는 포뮬러 원 경주용 자동차
(b) 현직 포뮬러 원 운전자들의 자격
(c) 포뮬러 원의 배경
(d) 성공한 포뮬러 원 운전자들

해설 지문의 주제를 묻는 문제입니다. 지문의 첫 부분에서 포뮬러 원 시리즈에서 경쟁하는 운전자들은 대개 세계 최고의 레이서로 여겨진다

(drivers who compete ~ in the world)고 한 후, 지문 전체에 걸쳐 세계 최고의 포뮬러 원 운전자 3명의 우승 경력을 나열했습니다. 이를 '성공한 포뮬러 원 운전자들'이라고 종합한 (d)가 정답입니다.

어휘 circuit [sə́ːrkit] 연맹전, 연맹 compete [kəmpíːt] 경쟁하다
credential [kridénʃəl] 자격, 자격증
current [kə́ːrənt] 현재의, 지금의

05

해석 최고급 장비를 마음대로 사용할 수 있다면 일류 자동차 서비스를 제공하는 일은 식은 죽 먹기입니다. 여러분께 다행스럽게도, Larson Mechanical사는 고객의 골칫거리를 효과적으로 해결하기 위해 여러분이 필요로 하시는 모든 것이 있습니다. 기술적으로 우수한 저희 상품들로 신뢰도와 효율성이 분명히 여러분의 가게의 특징이 될 것입니다. Larson Mechanical사에 의지하면, 여러분은 분명 고객들에게 최고의 서비스만을 제공할 수 있습니다.

Q: 주로 광고되고 있는 것은 무엇인가?

(a) 자동차 정비 사업을 위한 수리 장비
(b) 저렴한 가격의 자동차 개조를 제공하는 가게
(c) 자동차 정비 서비스를 제공하는 회사
(d) 자동차 정비공을 위한 종합적인 훈련

해설 광고의 주제를 묻는 문제입니다. 지문의 첫 부분에서 일류 자동차 서비스 제공은 식은 죽 먹기(Providing top-notch automotive service is a breeze)라고 한 후, 기술적으로 우수한 우리의 상품들로 신뢰도와 효율성이 분명히 여러분의 가게의 특징이 될 것이다(With our technologically ~ hallmarks of your shop)고 했으므로, 뛰어난 자동차 서비스를 제공하는 가게에 필요한 상품들에 대해 광고하고 있다는 것을 알 수 있습니다. 이를 '자동차 정비 사업을 위한 수리 장비'라고 종합한 (a)가 정답입니다.

어휘 top-notch 일류의, 최고의 breeze [briːz] 식은 죽 먹기, 산들바람
at one's disposal ~의 마음대로 사용할 수 있는
superior [səpíːəriər] 우수한
reliability [rilàiəbíləti] 신뢰도, 확실성
efficiency [ifíʃənsi] 효율성, 능률 hallmark [hɔ́ːlmàːrk] 특징
maintenance [méintənəns] 정비
modification [mɑ̀dəfikéiʃən] 개조, 수정, 변경
comprehensive [kɑ̀mprihénsiv] 종합적인, 포괄적인

06

해석 많은 학생들이 역사를 지루하다고 생각하지만, 역사는 여러 가지 이유로 배워야 할 필요가 있다. 역사를 공부하는 것은 사람들로 하여금 수 세기에 걸친 발전을 거슬러 올라감으로써 자신들이 살고 있는 사회를 이해할 수 있도록 도움을 준다. 유명한 역사적 인물들은 자신이 어른이 되면 무엇이 되고 싶은지 아직 결정 중인 아이들에게 영감을 주고 역할 모델이 되어준다. 역사가들은 또한 역사 지식이 국가의 정체성을 증진시킨다고 주장하며, 이는 세계화 시대에 한 국가의 문화가 살아남기 위해서는 필수적이다.

Q: 지문은 주로 무엇에 관한 내용인가?

(a) 역사 속의 역할 모델
(b) 역사가 중요한 주제인 이유
(c) 국가 정체성에 미치는 세계화의 영향
(d) 역사가 애국심을 고취시키는 방법

해설 지문의 주제를 묻는 문제입니다. 지문의 첫 부분에서 역사(history)는 여러 가지 이유로 배워야 할 필요가 있다(needs to be taught for a variety of reasons)고 한 후, 지문의 전체에 걸쳐 역사를 배워야 하는 세 가지 이유를 나열하고 있습니다. 이를 '역사가 중요한 주제인 이유'라고 종합한 (b)가 정답입니다.

어휘 trace [treis] 거슬러 올라가다 figure [fígjər] 인물
inspiration [ìnspəréiʃən] 영감 historian [histɔ́ːriən] 역사가
assert [əsə́ːrt] 주장하다 promote [prəmóut] 증진하다, 조성하다
identity [aidéntəti] 정체성
essential [isénʃəl] 필수적인, 가장 중요한

07

해석 몇몇 전문가들은 해외 원조 공여 국가들이 개발 지원에 조건을 부가함으로써, 수여 국가들의 자주권을 침해하고 있다고 말한다. 그 결과, 수여 국가들은 어떤 개발 계획을 추진해 나가야 할지 선택하지 못하게 된다. 예를 들어, 세계 은행의 재정 보조금은 종종 그 수여국이 전통적으로 정부에 의해 제공되던 서비스를 민영화해야 한다는 조건을 수반한다. 그것이 핵심 산업들에 대한 정부의 직접적인 감독권을 박탈하기 때문에 수여 국가의 지도자들은 이 조건에 동의하지 않을 수도 있지만, 그들에게는 원조가 몹시 필요하기 때문에 선택의 여지가 없다.

Q: 지문의 제목으로 가장 적절한 것은 무엇인가?

(a) 국제 금융 그룹에게 재정 기부 요청
(b) 국가 자주권에 영향을 미치는 국제 원조의 조건들
(c) 제3세계 국가들이 몹시 필요로 하는 개발 원조
(d) 아무 조건 없는 국제 기부자들로부터 원조 수락

해설 지문의 제목으로 적절한 것을 묻는 문제입니다. 지문의 첫 부분에서 해외 원조 공여 국가들이 개발 지원에 조건을 부가함으로써, 수여 국가들의 자주권을 침해하고 있다(foreign aid ~ of recipient countries)고 한 후, 재정 보조금이 수반하는 조건의 예로 세계 은행이 재정 보조금의 조건으로 전통적으로 정부에 의해 제공되던 서비스의 민영화를 요구한다고 했습니다. 이를 '국가 자치권에 영향을 미치는 국제 원조의 조건들'이라고 종합한 (b)가 정답입니다.

어휘 encroach [inkróutʃ] 침해하다
sovereignty [sávərənti] 자주권, 통치권
recipient [risípiənt] 수령자, 받는 사람
pursue [pərsúː] 추진하다, 밀고 나가다
grant [grænt] 보조금 proviso [prəváizou] 조건
privatize [práivətàiz] 민영화하다
traditionally [trədíʃənli] 전통적으로
solicit [səlísit] 요청하다 impinge [impíndʒ] 영향을 미치다
autonomy [ɔːtánəmi] 자치권 Third World 제3세계
stipulation [stìpjuléiʃən] 조건, 조항

08

해석 스노도니아 조팝나물은 세계에서 가장 희귀한 식물 중 하나로 여겨진다. 그것은 1950년대에 멸종된 것으로 생각되었으며, 식물학자들은 이것의 소멸이 조팝나물의 서식지에 가축들을 지나치게 많이 방목했기 때문인지 아니면 산성비가 증가했기 때문인지에 대한 의견을 달리 했다. 놀랍게도, 2002년 스노도니아 조팝나물은 South Wales에 있는 Cwm Idwal 자연 보호 지역에 다시 나타났으며, 이곳은 스노도니아 조팝나물이 마지막으로 목격되었던 곳과 동일한 장소였다. 전문가들은 그것이 다시 소멸하는 것을 막기 위해 즉시 식물의 씨를 수집해 보존하였다. 이 식물을 보호하기 위해 그 지역에서 양을 방목하는 것도 금지되었다.

Q: 지문에서 스노도니아 조팝나물에 대한 요지는 무엇인가?

(a) 지금은 보호되고 있는 멸종 위기에 처한 식물 종이다.
(b) 보호 지역에서 2002년에 처음 발견되었다.
(c) South Wales 지역에 풍부하게 분포한다.
(d) 식물학자들의 광범위한 노력 때문에 다시 나타났다.

해설 스노도니아 조팝나물에 대한 요지를 묻는 문제입니다. 지문에서 스노도니아 조팝나물(The snowdonia hawkweed)이 멸종되었다고 생각되었으나(It was thought to have become extinct), 다시 나타났다(the Snowdonia hawkweed reappeared)고 한 후, 전문가들은 그것이 다시 소멸되는 것을 막기 위해 즉시 식물의 씨를 수집하고 보존하였다(Experts immediately ~ from disappearing again)고 했습니다. 이를 '지금은 보호되고 있는 멸종 위기에 처한 식물 종이다'라고 종합한 (a)가 정답입니다.

어휘 hawkweed [hɔ́:kwìːd] 조팝나물(국화과의 초본으로 미국 북동부에 귀화한 식물)
extinct [ikstíŋkt] 멸종된   botanist [bátənist] 식물학자
overgraze [òuvərgréiz] (목초지에 동물을) 지나치게 많이 방목하다
acid rain 산성비   graze [greiz] 방목하다
prohibit [prouhíbit] 금지하다   conservation [kànsərvéiʃən] 보호
abundant [əbʌ́ndənt] 풍부한
reemergence [rìːimə́ːrdʒəns] 다시 나타남, 재출현
extensive [iksténsiv] 광범위한, 대규모의

09~10

해설 메뉴 검색

월간 금융

국제 경제

경제학자들은 ⁰⁹2007년 중반에 시작되어 2010년까지 이어진 세계적인 불황에 대하여 수많은 이유를 든다. 그 중 주된 이유는 ⁰⁹미국의 서브프라임 모기지 손실이다. 서브프라임 모기지 대출을 갚으려고 애쓰는 많은 수의 자택소유자들로 인해, 그들의 부동산 가치는 떨어졌다. 이것은 대출을 해준 은행들을 어려운 상황에 처하게 했다. 비록 이러한 은행들이 대출을 갚지 못한 주인들의 집을 회수할 자격이 있었음에도 불구하고, 부동산의 가치는 그것들의 원래 수준 이하로 떨어졌다.

서브프라임 모기지에 대한 우려가 증가함에 따라, 유럽을 포함한 세계의 다른 지역에서의 위험한 대출 관행이 드러났다. 많은 은행들이 그들이 빌려준 대출을 보완할 만한 충분한 자산을 가지고 있지 않았다. 결과적으로, ¹⁰몇몇 주요 금융기관들이 파산했다. 이러한 폐쇄의 결과로, ¹⁰대형 다국적 기업들은 그들의 신용 거래에 대한 접근성이 줄어들었다는 것을 깨닫고 어쩔 수 없이 직원을 줄여 비용을 낮추어야 했는데, 그 때문에 실업률이 증가했다. 세계 경제 활동은 모든 분야에 걸쳐서 감소했다.

09. Q: 지문의 요지는 무엇인가?

(a) 미국이 경제 불황에서 첫 번째로 회복했다.
(b) 은행 대출의 높은 금리가 경제를 무너지게 했다.
(c) 국제 무역이 지역 기업들의 폐쇄를 야기했다.
(d) 상호 연결된 몇몇 사건들이 세계적인 금융 붕괴로 이어졌다.

10. Q: 몇몇 국제적인 기업들은 왜 그들의 직원을 줄였는가?

(a) 그들이 필요했던 만큼의 돈을 빌릴 수 없었다.
(b) 사무실 공간의 비용이 짧은 기간 동안 대폭 상승했다.
(c) 지역 정책들이 외국인 근로자를 고용하기 더 어렵게 만들었다.
(d) 은행들이 일련의 표준 규정에 동의할 수 없었다.

해설 09. 지문의 요지를 묻는 문제입니다. 지문의 첫 부분에서 2007년 중반에 시작되어 2010년까지 이어진 세계적인 불황의 이유들(reasons for the global recession that started in mid-2007 and lasted until 2010) 중 주된 이유가 미국의 서브프라임 모기지 손실(the US subprime mortgage losses)이라고 한 후, 서브프라임 모기지에 대한 우려의 증가로 인해 발생한 몇몇 주요 금융 기관들의 파산과 이로 인해 기업들이 직원을 줄여 실업률이 증가했다고 했습니다. 이를 '상호 연결된 몇몇 사건들이 세계적인 금융 붕괴로 이어졌다'라고 표현한 (d)가 정답입니다.

10. 몇몇 국제적인 기업들이 직원을 줄인 이유가 무엇인지 묻는 육하원칙 문제입니다. 질문의 키워드인 reduce their staff가 바뀌어 표현된 cutting staff 주변을 읽어보면 몇몇 주요 은행들이 파산(several major banking institutions went bankrupt)하여, 큰 다국적 기업들이 그들의 신용 거래에 대한 접근성이 감소해서 직원을 줄임으로써 비용을 낮춰야만 했다(large multinational companies ~ cutting staff)는 것을 알 수 있습니다. 따라서 '그들이 필요했던 만큼의 돈을 빌릴 수 없었다'라고 한 (a)가 정답입니다.

어휘 cite [sait] (이유를) 들다   recession [riséʃən] 불황, 불경기
subprime mortgage 서브프라임 모기지(비우량 주택 담보)
struggle [strʌ́gl] 애쓰다   property [prápərti] 부동산, 건물
be entitled to ~할 자격이 있다   repossess [rìːpəzés] 회수하다
concern [kənsə́ːrn] 우려   mount [maunt] 증가하다
risky [ríski] 위험한   lending [léndiŋ] 대출
practice [prǽktis] 관행   expose [ikspóuz] 드러내다
insufficient [ìnsəfíʃənt] 불충분한   asset [ǽset] 자산
back [bæk] 보완하다; 등
consequently [kánsəkwèntli] 결과적으로
go bankrupt 파산하다   closure [klóuʒər] 폐쇄, 종결
multinational [mʌ̀ltinǽʃənl] 다국적의
expenditure [ikspénditʃər] 비용, 지출
thereby [ðɛ̀ərbái] 그 때문에
unemployment [ʌ̀nimplɔ́imənt] 실업(률), 실업자수
sector [séktər] 분야   crash [kræʃ] 무너지다
interconnected [ìntərkənéktid] 상호 연결된
meltdown [méltdàun] 붕괴
drastically [drǽstikəli] 대폭, 과감하게

11~12

해설 ¹¹'Biggest Couch Potato'라는 리얼리티 쇼의 첫 번째 시즌에 출연하고 결국 투표를 통해 우승자로 선정된 것은 Samuel Lower의 삶을 완전히 바꾸어 놓았다. 활기 없던 그의 예전 일상은 기자들과의 인터뷰, 잡지를 위한 사진 촬영, 그리고 텔레비전 출연으로 지배되는 하나의 거대한 서커스로 바뀌었다. Lower는 집에서 빈둥거리며 지내곤 했었지만, 이제 그는 연기 워크숍 참여하기, 팬 메일에 답장하기, 그리고 몇몇의 주요 브랜드를 홍보하는 것으로 그의 나날들을 보낸다. 게다가, 그는 매일 저녁 적어도 3시간을 그의 드라마 촬영장에서 보낸다.

사람들은 왜 그가 갑자기 지금처럼 활동적이도록 스스로에게 동기를 부여했는지 궁금해할지도 모르지만, 그의 천문학적인 순자산 증가와 유명인 신분을 고려하면, 그의 직업에 대한 열정은 놀랍지 않다. ¹²Lower는 또한 그의 인기가 머지 않아 사라질지도 모른다는 것을 예리하게 알고 있어서, 그가 아직 할 수 있는 동안 그것을 이용하고 있다.

11. Q: 지문의 제목으로 가장 적절한 것은 무엇인가?

(a) 한 사람의 삶의 방식이 변하도록 몰고 간 대회 우승
(b) 여러 토크 쇼를 진행하는 TV 스타
(c) 최고액 출연료를 받는 배우가 된 리얼리티 쇼 우승자
(d) 신인 배우의 드라마를 시작하는 방송국

12. Q: 다음 중 지문의 내용과 일치하는 것은 무엇인가?

(a) 집중 연기 워크숍은 하루에 3시간 지속된다.
(b) 리얼리티 쇼 출연진들이 토크 쇼에 함께 출연했다.
(c) Samuel Lower는 그의 명성이 일시적일지도 모른다고 믿는다.
(d) Samuel Lower는 스포츠를 시작하도록 자신에게 동기를 부여했다.

해설 11. 지문의 제목으로 적절한 것을 묻는 문제입니다. 지문의 첫 부분

에서 'Biggest Couch Potato'라는 리얼리티 쇼에서의 우승은 Samuel Lower의 활기 없던 예전의 일상을 하나의 거대한 서커스로 바꾸어 놓았다(Appearing ~ one giant circus)고 한 후, 지문 전체에 걸쳐 리얼리티 쇼 우승 후 게으른 한 사람의 변화된 바쁜 일과를 설명했습니다. 이를 '한 사람의 삶의 방식이 변하도록 몰고 간 대회 우승'이라고 종합한 (a)가 정답입니다.

12. 지문의 내용과 일치하는 것을 묻는 문제입니다. 지문에서 Lower가 그의 인기가 머지 않아 사라질지도 모른다는 것을 예리하게 알고 있다(Lower is also keenly aware that his popularity may fade before too long)고 했으므로, Samuel Lower가 자신의 인기가 사라질 수도 있다고 알고 있음을 알 수 있습니다. 이를 'Samuel Lower는 그의 명성이 일시적일지도 모른다고 믿는다'라고 바꾸어 표현한 (c)가 정답입니다.

   (a) 집중 연기 워크숍이 하루에 3시간 동안 지속되는지는 언급되지 않았습니다.
   (b) 리얼리티 쇼 출연진들이 토크 쇼에 함께 출연했는지는 언급되지 않았습니다.
   (d) Samuel Lower가 스포츠를 시작하도록 자신에게 동기를 부여했는지는 언급되지 않았습니다.

어휘 **couch potato** 오랫동안 가만히 앉아 텔레비전만 보는 사람
eventually[ivéntʃuəli] 결국   **vote**[vout] 투표하다
formerly[fɔ́:rmərli] 예전에, 이전에   **stagnant**[stǽgnənt] 활기 없는
dominate[dámənèit] ~을 지배하다   **lounge**[laundʒ] 빈둥거리다
promote[prəmóut] 홍보하다   **soap opera** 드라마, 연속극
motivate[móutəvèit] 동기를 부여하다, 자극하다
astronomical[æ̀strənámikəl] 천문학적인
net worth 순자산   **celebrity**[səlébrəti] 유명인
status[stéitəs] (사회적) 신분, 지위
enthusiasm[inθú:ziæzm] 열정   **keenly**[kí:nli] 예리하게
aware[əwέər] 알고 있는   **popularity**[pùpjulǽrəti] 인기
capitalize[kǽpətəlàiz] 이용하다
propel[prəpél] 몰고 가다, 나아가게 하다   **launch**[lɔ:ntʃ] 시작하다
intensive[inténsiv] 집중적인   **fame**[feim] 명성
temporary[témpərèri] 일시적인   **take up** 시작하다

CHAPTER 05 세부 정보 문제 (Part 3&4)

HACKERS PRACTICE   p.74

01 (a)   **02** (b)   **03** (b)   **04** (b)

01

해석 위는 마치 주방기기처럼 음식물을 소화하기 쉽게 갈아주기 때문에, 우리 몸의 만능 조리 기구라고 말할 수 있다. 위는 산과 다른 효소들을 분비하여 음식물을 분해한다. 이 산들은 살균제로도 작용하여, 위에 들어왔을 수도 있는 박테리아와 다른 전염성 유기체들을 죽인다. 위는 또한 과다 섭취한 음식물이 반드시 배설되도록 한다.

Q: 지문에 따르면 위에 대한 내용과 일치하는 것은 무엇인가?

(a) 음식물을 처리하는 동안 감염을 막는다.
(b) 몸 속 여분의 효소를 제거한다.

해설 위에 대한 내용과 일치하는 것을 묻는 문제입니다. 지문에서 위(The stomach)는 산과 다른 효소들을 분비하여 음식을 분해한다(breaks down food by secreting acids and other enzymes)고 했고, 이 산들은 살균제로도 작용하여, 위에 들어왔을 수도 있는 박테리아와 다른 전염성 유기체들을 죽인다(These acids ~ entered the stomach)고 했습니다. 따라서 위의 효소들은 음식을 분해하면서 살균 작용도 한다는 것을 알 수 있습니다. 이를 '음식물을 처리하는 동안 감염을 막는다'라고 바꾸어 표현한 (a)가 정답입니다.

(b) 몸 속 여분의 효소들을 제거하는지는 언급되지 않았습니다.

어휘 **food processor** (식재료를 자르고 섞을 때 쓰는) 만능 조리 기구
appliance[əpláiəns] (가정용) 기기   **grind**[graind] 갈다
break down 분해하다, 부수다   **secrete**[sikrí:t] 분비하다
sanitize[sǽnitàiz] 살균하다, 위생 처리하다
infectious[infékʃəs] 전염성의   **excess**[iksés] 과다한, 여분의
excrete[ikskrí:t] 배설하다

02

해석 포르토프랭스는 많은 어려움이 따라다니는 도시이다. 단층선 가까이에 위치하여, 포르토프랭스는 지진으로 자주 고통을 받아왔다. 1751년, 1770년, 그리고 2010년에 일어난 지진이 도시의 대부분을 파괴하고 수천 명의 사람들을 죽였다. 자연 재해를 제외하고, 포르토프랭스는 높은 실업률 같은 사회적 문제로도 고통을 받아왔다. 통계는 일을 하는 대부분의 시민들은 주로 일용직 노동자로서, 비정규적으로 일을 한다는 것을 보여준다. 또 다른 딜레마는 폭력이다. 유엔 평화 유지군은 도시의 질서를 복구하려 노력해왔지만, 무장한 폭력단간의 충돌은 계속되고 있다.

Q: 다음 중 지문의 내용과 일치하는 것은 무엇인가?

(a) 평화 유지군이 폭력단들을 제거했다.
(b) 포르토프랭스는 대참사의 역사를 가지고 있다.

해설 지문의 내용과 일치하는 것을 묻는 문제입니다. 지문에서 1751년, 1770년, 그리고 2010년에 일어난 지진이 도시의 대부분을 파괴하고 수천 명의 사람들을 죽였다(Quakes in ~ and killed thousands)고 했습니다. 이를 '포르토프랭스는 대참사의 역사를 가지고 있다'라고 바꾸어 표현한 (b)가 정답입니다.

(a) 유엔 평화 유지군은 도시의 질서를 복구하려 노력해왔지만, 무장한 폭력단들간의 충돌은 계속되고 있다고 했으므로, 평화 유지군이 폭력단들을 제거했다는 것은 지문의 내용과 다릅니다.

어휘 **beset**[bisét] (어려움이) 따라다니다, 괴롭히다
fault line 단층선   **aside from** ~을 제외하고
torment[tɔ:rmént] 고통을 주다, 괴롭히다
unemployment[ʌ̀nimplɔ́imənt] 실업률, 실직
statistics[stətístiks] 통계
informally[infɔ́:rməli] 비정규적으로, 비공식으로
day laborer 일용직 노동자, 날품팔이
United Nations peacekeeping forces 유엔 평화 유지군
restore[ristɔ́:r] 복구하다, 재건하다
catastrophe[kətǽstrəfi] 대참사, 큰 재앙

03

해석 emirate는 emir라고 알려진 무슬림 통치자가 다스리는 독립적인 국가 또는 관할 구역이다. 토지의 측면에서 가장 큰 emirate는 아부다비이며, 그곳의 고도로 발달한 경제는 석유 자원에 의해 추진된다. 석유를 산출하는 또 다른 emirate는 쿠웨이트로, 아랍 세계에서 가장 높은 인간 개발 지수(HDI)를 가진 나라이다. 이 지수는 기대 수명, 교육, 국가의 부를 측정하기에 좋은 척도가 되는 국내 총생산(GDP) 등의 자료를 포함한다. 마찬가지로 중동에 위치한 카타르는, 세계에서 가장 높은 1인당

국내 총생산을 자랑한다.

Q: 다음 중 지문의 내용과 일치하는 것은 무엇인가?

(a) 대부분의 중동 국가들이 높은 인간 개발 지수를 누린다.
(b) 카타르는 세계에서 가장 부유한 국가들 중 하나이다.

해설 지문의 내용과 일치하는 것을 묻는 문제입니다. 지문에서 국내 총생산 (gross domestic product, GDP)은 국가의 부를 측정할 수 있는 척도 (a good measure of national wealth)라고 한 후, 카타르는 세계에서 가장 높은 1인당 국내 총생산을 자랑한다(Qatar, which ~ in the world)고 했습니다. 이를 '카타르는 세계에서 가장 부유한 국가들 중 하나이다'라고 바꾸어 표현한 (b)가 정답입니다.

(a) 쿠웨이트가 아랍 세계에서 가장 높은 인간 개발 지수를 가진다고는 했지만, 대부분의 중동 국가들이 높은 인간 개발 지수를 누리는지는 알 수 없습니다.

어휘 independent [ìndipéndənt] 독립적인
jurisdiction [dʒùərisdíkʃən] 관할 구역
in terms of ~의 측면에서, ~에 관하여
oil-producing 석유를 산출하는, 산유의
human development index (HDI) 인간 개발 지수(생활 수준 지표)
life expectancy 기대 수명
gross domestic product (GDP) 국내 총생산
boast [boust] 자랑하다, 뽐내다 per capita 1인당

04

해설 개신교의 급증에 대한 반응으로 발생한 가톨릭의 활성화 시대였던, 반종교 개혁의 시기에, 바로크라고 불리는 미술 양식이 나타났다. 이 미술 양식은 이전 형식과는 달리, 보는 사람의 예술적 전통에 대한 이해력에 의존하지 않고 종교적인 주제를 분명하고 신랄한 방식으로 전달하는 가식 없는 그림법이 특징이다. 바로크 양식으로 그렸던 유명한 화가들로는 Peter Paul Rubens, Michelangelo Merisi da Caravaggio, 그리고 Gian Lorenzo Bernini가 있다.

Q: 바로크 미술이 이전의 것과 구별되는 것은 무엇인가?

(a) 복잡한 미술 기법들
(b) 직접적인 시각적 표현법

해설 바로크 미술을 이전의 것으로부터 구별하는 것이 무엇인지 묻는 육하원칙 문제입니다. 질문의 키워드인 differentiated Baroque art가 바뀌어 표현된 This aesthetic mode was characterized by 주변을 읽어보면 이 미술 양식은 보는 사람의 이해력을 요구하지 않아도 되는 신랄하고 가식 없는 그림법이 특징이라는 것을 알 수 있습니다. 따라서 '직접적인 시각적 표현법'이라고 한 (b)가 정답입니다.

어휘 Counter-Reformation 반종교 개혁
revitalization [riːvàitəlizéiʃən] 활성화
upsurge [ʌ́psəːrdʒ] 급증
Protestantism [prátəstəntìzm] 개신교, 프로테스탄트
Baroque [bəróuk] 바로크 (양식) emerge [imə́ːrdʒ] 나타나다
aesthetic [esθétik] 미술의, 심미적인
characterize [kǽriktəràiz] ~의 특징이 되다, 특징짓다
unpretentious [ʌ̀npriténʃəs] 가식 없는, 잘난 체 하지 않는
iconography [àikənágrəfi] 그림법, 도해법
religious [rilídʒəs] 종교적인, 종교의
unambiguous [ʌ̀næmbígjuəs] 분명한, 확실한
poignant [pɔ́injənt] 신랄한, 통렬한
comprehension [kàmprihénʃən] 이해력
convention [kənvénʃən] 전통, 관습

HACKERS TEST p.76

01 (c)	02 (c)	03 (b)	04 (a)	05 (b)
06 (d)	07 (c)	08 (c)	09 (b)	10 (d)
11 (c)	12 (d)			

01

해설 Klein은 세탁기기 시장에서 가장 신뢰받는 이름 중 하나입니다. 새로 나온 Klein C120 세탁기는 완전 자동이고 15킬로그램까지 무게가 나가는 세탁물을 세탁할 수 있는 용량을 가지고 있습니다. 이 세탁기는 간편한 이용을 위해 사용하기 쉬운 제어판, 보풀을 효과적으로 모으는 특수 필터 뚜껑에 있는 강화 유리판, 그리고 물을 절약하고 더 나은 세탁 성능을 제공하는 새로운 수류 시스템이 특징입니다. 또한 녹슬지 않는 플라스틱으로 외면이 우아하게 디자인되었고 검정색이나 은색으로 구매 가능합니다.

Q: Klein C120의 특징은 무엇인가?

(a) 디지털 표시판
(b) 내구성이 있는 금속 외관
(c) 물을 절약하는 시스템
(d) 15킬로그램의 전체 무게

해설 Klein C120의 특징이 무엇인지 묻는 육하원칙 문제입니다. 질문의 키워드인 a feature of the Klein C120가 바뀌어 표현된 It is characterized by 주변을 읽어보면 사용하기 쉬운 제어판, 특수 필터, 강화 유리판, 물을 절약하는 수류 시스템이 세탁기의 특징이라는 것을 알 수 있습니다. 따라서 '물을 절약하는 시스템'이라고 한 (c)가 정답입니다.

어휘 automatic [ɔ̀ːtəmǽtik] 자동의 capacity [kəpǽsəti] 용량
user-friendly 사용하기 쉬운 control panel 제어판
filter [fíltər] 필터, 여과 장치 lint [lint] 보풀
tempered [témpərd] 강화된, 단련된 lid [lid] 뚜껑
performance [pərfɔ́ːrməns] 성능, 효율
durable [djúːərəbl] 내구성이 있는

02

해설 연습이 끝난 후 경기장에서 집으로 가다가, 나는 내 선수 중 한 명인 Waldo가 탈의실에 혼자 앉아 있는 것을 발견했다. 팀 동료들은 이미 떠났는데 왜 아직도 남아 있는지 그에게 물었을 때, 그는 집에 가기 전에 아픈 근육을 푸는 중이었다고 말했다. 그러나, 나는 벤치 아래에 놓여진 사용된 주사기와 경기력을 향상시키는 약물 한 병을 봤기 때문에 무슨 일이 벌어지고 있는지 알았다. 나는 그가 팀의 규칙을 어겼기 때문만이 아니라, 그것을 매우 뻔뻔스럽게 하고 있었기 때문에 몹시 화가 났다.

Q: 다음 중 지문의 내용과 일치하는 것은 무엇인가?

(a) 코치는 Waldo를 현장에서 잡기 원했다.
(b) 팀은 다른 마을에서 경기하는 중이었다.
(c) Waldo는 탈의실 안에서 불법적인 물질을 사용했다.
(d) Waldo는 심한 근육통에 시달리고 있었다.

해설 지문의 내용과 일치하는 것을 묻는 문제입니다. 지문에서 연습이 끝나고 Waldo가 탈의실에 혼자 앉아 있었다(Waldo, sitting alone in the locker room)고 말한 후, 글쓴이는 벤치 아래에 놓여진 사용된 주사기와 경기력을 향상시키는 약물 한 병을 보았다(I saw ~ under the bench)고 했습니다. 따라서 Waldo는 탈의실에 혼자 앉아서 사용해서는 안 되는 약을 사용하고 있었다는 것을 알 수 있습니다. 이를 'Waldo는 탈의실 안에서 불법적인 물질을 사용했다'라고 바꾸어 표현한 (c)가

정답입니다.
(a) 코치가 Waldo를 현장에서 잡기를 원했는지는 언급되지 않았습니다.
(b) 팀이 다른 마을에서 경기를 하는 중이었는지는 언급되지 않았습니다.
(d) Waldo가 아픈 근육을 푸는 중이었다는 것은 거짓이었다는 것을 알 수 있으므로, 그가 심한 근육통에 시달리고 있었다는 것은 지문의 내용과 다릅니다.

어휘 head[hed] (특정 방향으로) 가다　stadium[stéidiəm] 경기장
catch[kætʃ] 발견하다, 목격하다　locker room 탈의실, 라커룸
teammate[tí:mmèit] 팀 동료　sore[sɔ:r] 아픈
muscle[mʌsl] 근육　syringe[səríndʒ] 주사기
performance-enhancing 경기력을 향상시키는
furious[fjúəriəs] 몹시 화가 난, 격노한
violate[váiəlèit] 어기다, 위반하다
regulation[règjuléiʃən] 규칙, 규정
blatantly[bléitəntli] 뻔뻔스럽게　in the act 현장에서
substance[sʌ́bstəns] 물질　severe[səvíər] 심한, 극심한

03

해석 영국에서는 휴전 기념일이라고도 알려진 영령 기념일에 붉은 양귀비 꽃을 단다. 이것은 그들의 나라를 지키기 위해 최후의 희생을 바쳐온 모든 군인들을 추모하기 위해 행해진다. 양귀비의 색은 이 군인들이 흘린 피를 상징한다. 양귀비를 다는 전통은 'In Flanders Fields'라는 제목의 시에서 영감을 받은 것이다. 양귀비는 제1차 세계 대전의 많은 전쟁들의 전쟁터였던 플랑드르에서 많이 자랐다. 전쟁터와 공동묘지에서 양귀비를 본 것은 John McCrae가 1915년에 그의 동료 군인들의 죽음을 추모하기 위한 시를 쓰도록 영감을 주었다.

Q: 다음 중 붉은 양귀비에 대한 내용과 일치하는 것은 무엇인가?
(a) 매일 죽은 군인들을 기리기 위해 단다.
(b) 죽은 군인들을 위해 쓰여진 시의 소재였다.
(c) 영국의 여러 시골 지역에서 많이 자란다.
(d) 제1차 세계 대전의 파괴적인 면의 상징으로 여겨진다.

해설 붉은 양귀비에 대한 내용과 일치하는 것을 묻는 문제입니다. 지문에서 John McCrae가 양귀비를 본 것이 그가 동료 군인들의 죽음을 추모하는 시를 쓰도록 영감을 주었다(Seeing the flowers ~ the death of his fellow soldiers)고 했습니다. 따라서 붉은 양귀비가 죽은 군인들을 위해 쓰여진 시의 소재였다는 것을 알 수 있습니다. 이를 '죽은 군인들을 위해 쓰여진 시의 소재였다'라고 바꾸어 표현한 (b)가 정답입니다.

(a) 휴전 기념일에 붉은 양귀비 꽃을 단다고 했으므로, 매일 단다는 것은 지문의 내용과 다릅니다.
(c) 플랑드르에서 많이 자랐다고 했으므로, 영국의 여러 시골 지역에서 많이 자란다는 것은 지문의 내용과 다릅니다.
(d) 양귀비의 색이 군인들이 흘린 피를 상징한다고 했으므로, 붉은 양귀비가 제1차 세계 대전의 파괴적인 면의 상징으로 여겨진다는 것은 지문의 내용과 다릅니다.

어휘 poppy[pápi] 양귀비　ultimate[ʌ́ltəmət] 최후의, 궁극의
shed[ʃed] 흘리다　entitle[intáitl] 제목을 붙이다, 부르다
abundantly[əbʌ́ndəntli] 많이, 풍부하게, 매우
battlefield[bǽtlfi:ld] 전쟁터, 전장
cemetery[sémətèri] 공동묘지　pen[pen] 쓰다
verse[vəːrs] 시, 운문
memorialize[məmɔ́:riəlàiz] 추모하다, 기념하다
destructiveness[distrʌ́ktivnis] 파괴성

04

해석 2002년, Sylvester H. Roper는 사후에 미국 오토바이 운전자 협회 멤버들에 의해 오토바이 명예의 전당에 가입되었다. Roper는 재능 있는 발명가였으며, 12세에 고정된 증기 기관을 만들었다. 2년 후, 그는 이전에 한번도 본 적이 없음에도 불구하고, 기관차 엔진을 제작했다. 1867년에, 그는 오늘날 Roper 증기 수동차라고 알려진 것을 만들었는데, 이것은 최초로 제작된 오토바이 중 하나로 여겨진다. 1896년에 그는 자신이 추후에 만들었던 수동차 모델을 타던 중 사망했다.

Q: 지문에 따르면 다음 중 Roper에 대한 내용과 일치하는 것은 무엇인가?
(a) 그는 어린 나이에 놀라운 능력을 발휘했다.
(b) 그는 젊은 시절에 기차 타기를 좋아했다.
(c) 그는 오토바이에 치여 사망했다.
(d) 그는 명예의 전당에 오른 것에 대해 매우 감사해 했다.

해설 Roper에 대한 내용과 일치하는 것을 묻는 문제입니다. 지문에서 Roper는 재능 있는 발명가로 12살로 고정된 증기 기관을 만들었다(Roper was ~ 12 years of age)고 했고, 2년 후에 기관차 엔진을 제작했다(Two years later ~ a locomotive engine)고 했으므로, Roper는 어린 시절부터 발명에 재능이 있었다는 것을 알 수 있습니다. 이를 '그는 어린 나이에 놀라운 능력을 발휘했다'라고 바꾸어 표현한 (a)가 정답입니다.

(b) 그가 젊은 시절에 기차 타기를 좋아했는지는 언급되지 않았습니다.
(c) 그는 자신이 추후에 만든 수동차 모델을 타던 중 사망했다고 했으므로, 오토바이에 치여 사망했다는 것은 지문의 내용과 다릅니다.
(d) 그는 사후에 명예의 전당에 올랐다고 했으므로, 그가 명예의 전당에 오른 것에 대해 감사해 했다는 것은 지문의 내용과 다릅니다.

어휘 posthumously[pástʃuməsli] 사후에, 죽은 뒤에
induct[indʌ́kt] 가입시키다　talented[tǽləntid] 재능이 있는
stationary[stéiʃənèri] 고정된, 움직이지 않는
steam engine 증기 기관　fabricate[fǽbrikèit] 제작하다, 만들다
locomotive[lòukəmóutiv] 기관차
velocipede[vəlásəpì:d] (철도용) 수동차
display[displéi] 발휘하다
fond[fand] 좋아하는　run over (차가) ~을 치다

05

해석 1800년대 후반에, 강철이 저렴하면서도 대량으로 생산되기 시작하면서, 강철이 건물의 건축에 이용되기에 이르렀다. Louis Sullivan은 이 새로운 재료의 잠재성을 재빨리 알아본 미국의 건축가였다. 건물의 뼈대를 만드는 것에 대한 그의 혁신적인 강철의 사용은 큰 창문이 있는 고층 건물의 건축을 가능하게 만들었다. 세인트루이스에 있는 Wainwright Building과 같은 그의 디자인의 시각적인 매력은 다른 건축가들이 초기 고층 건물 건축에 그의 방법을 택하도록 영감을 주었다.

Q: 다음 중 지문의 내용과 일치하는 것은 무엇인가?
(a) 강철은 1800년대에 흔하게 사용된 건축 재료이다.
(b) Sullivan은 고층 건축술의 발전에 동기가 되었다.
(c) 큰 창문이 있는 높은 건물들은 흔히 강철 뼈대가 없이 지어졌다.
(d) Wainwright Building은 더 이전 건축가의 디자인을 기반으로 하였다.

해설 지문의 내용과 일치하는 것을 묻는 문제입니다. 지문에서 그의 혁신적인 강철의 사용(His innovative use of steel)은 큰 창문이 있는 고층 건물의 건축을 가능하게 하였다(made the construction of tall structures with large windows possible)고 한 후, 다른 건축가들이 초기 고층 건물 건설에 그의 방법을 택하도록 영감을 주었다(inspired other architects ~ to construct early skyscrapers)고 했습니다. 따라서 Sullivan의 고층 건물 건축 방식이 다른 건축가들에게 영향을 끼쳤다는 것을 알 수 있습니다. 이를 'Sullivan은 고층 건축술의 발전에 동

기가 되었다'라고 바꾸어 표현한 (b)가 정답입니다.

(a) 1800년대 후반에 강철이 건물의 건축에 이용되기 시작했다고 했으므로, 강철이 1800년대에 흔하게 사용된 건축 재료라는 것은 지문의 내용과 다릅니다.
(c) Sullivan의 혁신적인 강철 사용으로 큰 창문이 있는 고층 건물의 건축이 가능해졌다고 했으므로, 큰 창문이 있는 높은 건물들이 흔히 강철 뼈대가 없이 지어졌다는 것은 지문의 내용과 다릅니다.
(d) Wainwright Building이 Sullivan의 디자인이라고 했으므로, Sullivan 이전의 건축가의 디자인을 기반으로 했다는 것은 지문의 내용과 다릅니다.

어휘 **manufacture**[mænjufǽktʃər] 생산하다, 제조하다
utilization[jù:təlizéiʃən] 이용, 활용
architect[ɑ́:rkətèkt] 건축가, 설계자
innovative[ínəvèitiv] 혁신적인   **appeal**[əpí:l] 매력, 호소
inspire[inspáiər] 영감을 주다, 고무하다
adopt[ədɑ́pt] 택하다, 채택하다
skyscraper[skáiskrèipər] 고층 건물
instrumental[ìnstrəméntl] 동기가 되는   **high-rise** 고층의

06

해설 종종 NPO라고도 불리는 비영리 단체들은 합법적으로 그들의 활동으로부터 수익을 창출해 낼 수도 있지만, 이 자금들은 오로지 사업을 계속하거나 확장하는 데에만 쓰일 수 있다. 이 단체의 임원들과 직원들은 업계의 표준에 따른 임금을 받음에도 불구하고, 이러한 초과 수익에서 나오는 금전적인 혜택을 받을 수 없다. 게다가, 비영리 단체들은 특정한 정치적인 일에 참여하는 것이 법으로 금지되어 있다. 이 단체들은 종종 사회 전체에 혜택을 주는 귀중한 공공 사업을 제공하기 때문에, 이러한 지침을 충실히 지키는 것은 비영리 단체들이 연방 정부의 비과세 대상이 되는 자격을 얻게 해준다.

Q: NPO는 무엇을 하는 것이 허용되지 않는가?
(a) 특정 국가에서 사무소를 설립하는 것
(b) 직위에 따라 다른 급여를 지급하는 것
(c) 대중에게 그들의 세금 기록을 공개하는 것
(d) 정치적으로 관련된 활동들에 관여하는 것

해설 NPO가 무엇을 하는 것이 허용되지 않는지를 묻는 육하원칙 문제입니다. 질문의 키워드인 NPOs not allowed to do가 바꾸어 표현된 NPOs are prohibited 주변을 읽어보면 비영리 단체들은 특정한 정치적인 일에 참여하는 것이 법으로 금지되어 있다(NPOs are prohibited ~ in certain political affairs)는 것을 알 수 있습니다. 따라서 '정치적으로 관련된 활동들에 관여하는 것'이라고 한 (d)가 정답입니다.

어휘 **nonprofit**[nɑ̀nprɑ́fit] 비영리적인
organization[ɔ̀:rɡənizéiʃən] 단체   **solely**[sóulli] 오로지, 단지
revenue[révənjù:] 수익, 수입
in accordance with ~에 따른, 일치하여
norm[nɔ:rm] 표준, 규격   **prohibit**[prouhíbit] 금지하다
adherence[ædhíərəns] 충실, 고수   **tax-exempt** 비과세의
invaluable[invǽljuəbl] 귀중한   **disclose**[disklóuz] 공개하다

07

해설 1915년 영화인 '국가의 탄생'은 역대 가장 물의를 일으킨 영화 중 하나로 여겨진다. 영화가 제작된 시대의 확실히 덜 관대했던 문화적 풍토에도 불구하고, 그 당시의 많은 관람객들은 이 영화를 인종 차별주의적이라고 여겼다. 한 장면에서, 흑인 국회의원들이 미국 남부의 전통을 비웃고 입법 회의가 진행되는 동안 술을 마시는 것으로 묘사되었다. 다른 인상적인 장면은 권력에 굶주린 한 흑백 혼혈아가 백인 여성과 강제로 결혼을 시도하는 것을 포함한다. 영화는 전미 유색인 지위 향상 협회에 의해 맹렬히 비난받았고 8개 주에서 상영이 금지되었다.

Q: '국가의 탄생'은 왜 몇몇 지역에서 금지되었는가?
(a) 지역 집단들 사이에 일어난 갈등을 심화시켰다.
(b) 알코올 소비를 촉진하는 장면들을 포함한다.
(c) 미국 흑인에 대한 부적절한 묘사를 포함한다.
(d) 제작자가 허가를 받지 않고 법정 소송 장면을 사용했다.

해설 '국가의 탄생'이 몇몇 지역에서 금지된 이유를 묻는 육하원칙 문제입니다. 지문에서 영화가 제작된 시대의 확실히 덜 관대했던 문화적 풍토에도 불구하고, 그 당시의 많은 관람객들이 이 영화를 인종 차별주의적이라고 여겼다(Despite the decidedly less tolerant cultural climate ~ viewers considered it racist)라고 한 후, 영화에 포함된 미국 흑인에 대한 묘사들을 나열했습니다. 이를 바탕으로 '미국 흑인에 대한 부적절한 묘사를 포함한다'고 표현한 (c)가 정답입니다.

어휘 **tolerant**[tɑ́lərənt] 관대한, 아량이 있는   **climate**[kláimit] 풍토
contemporary[kəntémpərèri] 그 당시의, 동시대의
racist[réisist] 인종 차별주의적인
sequence[sí:kwəns] (영화에서 연속성 있는 하나의 주제로 연결되는) 장면
legislator[lédʒislèitər] 국회의원, 입법자
make fun of ~을 비웃다   **in progress** 진행 중인
mulatto[mjulǽtou] 흑백 혼혈아   **by force** 강제로, 폭력으로
denounce[dináuns] 맹렬히 비난하다
National Association for the Advancement of Colored People 전미 유색인 지위 향상 협회(NAACP)   **footage**[fútidʒ] 장면

08

해설   공지
저희의 최저 가격 보장의 일부로서, 저희는 뉴욕에 있는 저희의 모든 경쟁점들의 가격에 맞추어 제공하고 있습니다. 여러분이 물건 가격의 증거를 제시하기만 하면 저희가 그것에 즉시 맞출 것입니다. 여러분이 이미 저희 매장에서 물건을 샀더라도, 매장에서 다른 물건을 살 수 있는 차액을 대신 돌려드림으로써 여러분이 처음 물건을 구매한 후 7일 내에는 어떠한 낮은 가격에도 맞추어 드릴 것입니다. 몇몇 조건들이 적용된다는 점을 주목해주세요. 가격은 공시된 가격이어야 하며, 구매했을 당시에 유효한 가격이어야 합니다. 뿐만 아니라, 이 판촉 행사는 뉴욕에 위치한 저희 매장 내에서 구매한 것에만 적용됩니다. 세금이나 운송료의 결과로 생기는 가격의 차이는 고려되지 않을 것입니다.

Q: 다음 중 지문의 내용과 일치하는 것은 무엇인가?
(a) 가격 보장은 전국의 모든 매장에 적용된다.
(b) 매장은 단 한 번 실행하는 할인 판매를 하고 있다.
(c) 상품 간의 판매 세금 차이는 보상되지 않을 것이다.
(d) 운송료는 구매자의 위치에 기준을 둔다.

해설 지문의 내용과 일치하는 것을 묻는 문제입니다. 지문에서 세금이나 운송료의 결과로 생기는 가격의 차이는 고려되지 않을 것이다(Differences in price ~ taken into account)고 했습니다. 따라서 세금이나 운송비의 차이로 인해 가격이 달라지는 경우에는 차액을 돌려주지 않는다는 것을 알 수 있습니다. 이를 '상품 간의 판매 세금 차이는 보상되지 않을 것이다'라고 바꾸어 표현한 (c)가 정답입니다.

(a) 이 판촉 행사는 뉴욕에 위치한 매장 내에서 구매한 것에만 적용된다고 했으므로, 가격 보장이 전국의 모든 매장에서 적용된다는 것은 지문의 내용과 다릅니다.
(b) 이 매장의 할인 판매가 오직 한 번만 실행되는지는 언급되지 않았습니다.
(d) 운송료가 구매자의 위치에 기준을 두는지는 언급되지 않았습니다.

어휘 guarantee[gæ̀rəntíː] 보장 competitor[kəmpétətər] 경쟁자
instantly[ínstəntli] 즉시 initial[iníʃəl] 처음의
purchase[pə́ːrtʃəs] 구매, 구입
store credit (반품할 때) 매장 내 다른 물건을 살 수 있도록 차액을 돌려주는 것, 매장에서만 쓸 수 있는 현금을 주는 것
in return 대신에 note[nout] ~에 주목하다
condition[kəndíʃən] 조건 apply[əplái] 적용되다, 해당되다
advertise[ǽdvərtàiz] 공시하다, 광고하다 valid[vǽlid] 유효한
furthermore[fə́ːrðərmɔ̀ːr] 뿐만 아니라
promotion[prəmóuʃən] 판촉 (활동), 홍보 in-store 매장 내의
reimburse[rìːimbə́ːrs] 보상하다, 변상하다

09~10

해석 Harvey:
안녕, Andrea. 오전 10시 45분
요즘 어떻게 지내니? ⁰⁹네가 곧 고향 Granbury에 돌아온다는 사실을 듣게 되어 기뻐. 사실, ¹⁰다음 주 목요일 밤 여기에서 미술 전시회가 열릴 예정이야. 라틴 아메리카와 아시아의 여러 화가들을 소개할 거야. 너도 갈래? 나와 내 남동생은 오후 6시쯤에 갈 계획이야.

Andrea:
안녕, Harvey. 오전 11시 3분
Granbury를 방문하게 되어 정말 신나. 우리가 만났을 때 이야기해야 할 것들이 너무 많아. ¹⁰나도 그 전시회에 가고 싶어. ⁰⁹우리가 Granbury 대학교에서 다른 스타일의 미술을 공부했던 나날들을 추억할 수 있을 거야. 어쨌든, 그날 내 일정이 조금 빡빡해. 네가 괜찮다면 오후 7시에 너와 네 남동생과 함께할 수 있어. 엄청 재미있을 거 같아.

09. Q: 다음 중 Harvey에 대한 내용과 일치하는 것은 무엇인가?
   (a) 그는 해외 미술 전시회에 참가할 것이다.
   (b) 그는 현재 거주하고 있는 동네에서 대학교를 다녔다.
   (c) 그는 Granbury에서 미술품들을 팔기 시작할 작정이다.
   (d) 그는 이전 반 친구들을 위한 행사 준비를 담당한다.

10. Q: 대화 메시지에서 주로 논의되고 있는 것은 무엇인가?
   (a) 시청 행사
   (b) 예술가와의 저녁 식사
   (c) 가족 모임
   (d) 미술 전시

해설 09. 대화 메시지에서 Harvey에 대한 내용과 일치하는 것을 묻는 문제입니다. 지문에서 Harvey는 Andrea에게 고향 Granbury에 돌아온다는 사실을 듣게 되어 기쁘다(I'm glad to hear ~ to Granbury soon)고 말했고, Andrea가 Harvey에게 우리가 Granbury 대학교에서 다른 스타일의 미술을 공부했던 나날들을 추억할 수 있을 것이다(We'd be able to ~ at Granbury University)고 했으므로, Harvey가 Granbury에 살고 있으며 Granbury 대학교를 졸업했다는 것을 알 수 있습니다. 이를 '그는 현재 거주하고 있는 동네에서 대학을 다녔다'라고 바꾸어 표현한 (b)가 정답입니다.

10. 대화 메시지의 주제를 묻는 문제입니다. Harvey가 Andrea에게 다음 주 목요일 밤에 열리는 미술 전시회(there is going to be ~ Thursday night)에 갈지를 묻자, Andrea가 Harvey에게 그 전시회에 가고 싶다(I'd love to go to the exhibition)고 했으므로, 미술 전시에 대해 논의하고 있다는 것을 알 수 있습니다. 이를 '미술 전시'라고 종합한 (d)가 정답입니다.

어휘 exhibition[èksibíʃən] 전시회
showcase[ʃóukèis] 소개하다, 전시하다
catch up on (소식, 안부 등을) 이야기하다 meet up 만나다
reminisce[rèmənís] 추억하다 tight[tait] 빡빡한, 단단한

overseas[òuvərsíːz] 해외의 reside[rizáid] 거주하다, 살다
be in charge of ~을 담당하다 gathering[gǽðəriŋ] 모임

11~12

해석 발행자께,

신학 학자로서 저는 지난주 호 잡지에서 레오 13세 교황에 대한 에세이에 끌렸습니다. 그가 교황으로 선출되기 전의 경력에 대한 개요를 재미있게 봤습니다. 확실히 레오 13세는 브뤼셀의 교회와 그 이후 페루자에서 일할 때 많은 어려움을 겪었습니다. ¹¹하지만 대체로, 저는 에세이에 오해의 소지가 있다고 생각했습니다. 저는 작가가 레오 13세의 가톨릭 교회 수장으로서의 재임 기간에 대해 균형적인 시각을 제공하는 데 실패했다고 강하게 믿습니다.

¹²에세이에서, 작가는 세속적인 자유주의에 대한 그의 반대와 프리메이슨 주의에 대한 비난 때문에 레오 13세 교황을 보수적인 권위주의자로 표현합니다. 그러나, 그녀는 교회에 새로운 활기를 불어넣은 다른 문제들에 대한 레오 13세의 입장을 언급하지 않았습니다. 예를 들어, 레오 13세는 그가 공개한 수많은 편지를 통해 대중 소통을 시작했습니다. 이것들과 함께, 그는 여러 가지 문제에 대한 가르침을 주었고, 그의 이야기는 많은 나라에서 신자들에 의해 받아들여졌습니다. 뿐만 아니라, 교황은 교회 지도자들에게 과학의 발전에 동조하고 과학 기술의 변화를 받아들이라고 가르쳤습니다.

진심을 담아,
Roger Albert

11. Q: 이 편지의 목적은 무엇인가?
   (a) 레오 13세가 왜 과학에 반대했는지 설명하기 위해
   (b) 논란이 많은 종교적 관행에 대한 주장에 반박하기 위해
   (c) 종교적인 인물에 대한 불완전한 묘사에 주의를 환기시키기 위해
   (d) 세속적인 자유주의의 주요 신념에 대해 반박하기 위해

12. Q: 다음 중 Mr. Albert에 의해 주장되지 않은 것은 무엇인가?
   (a) 레오 13세는 교회 임원들에게 현대적인 발전을 수용하도록 장려했다.
   (b) 레오 13세가 많은 가톨릭 교도들에 의해 받아들여진 종교적인 조언을 제공했다.
   (c) 레오 13세는 그가 쓴 편지를 공개함으로써 대중 토론을 시작했다.
   (d) 레오 13세는 세속적인 자유주의에 반대한 보수주의자였다.

해설 11. 편지의 목적을 묻는 문제입니다. 글쓴이는 지문에서 에세이에 오해의 소지가 있다고 생각한다(On the whole ~ misleading)고 했고, 작가가 레오 13세의 가톨릭 교회 수장으로서의 재임 기간에 대해 균형적인 시각을 제공하는 데 실패했다고 강하게 믿는다(I strongly believe ~ Leo XIII's tenure as head of the Catholic Church)고 했습니다. 이를 '종교적인 인물에 대한 불완전한 묘사에 주의를 환기시키기 위해'라고 종합한 (c)가 정답입니다.

12. Mr. Albert에 의해 주장되지 않은 것을 묻는 문제입니다. 지문에서 Mr. Albert는 에세이에서 작가가 세속적인 자유주의에 대한 그의 반대와 프리메이슨 주의에 대한 비난 때문에 레오 13세 교황을 보수적인 권위주의자로 표현했지만, 교회에 새로운 활기를 불어넣은 다른 문제들에 대한 레오 13세의 입장을 언급하지 않았다(In the essay, ~ spirit to the church)고 했습니다. 이를 통해 레오 13세를 세속적 자유주의에 대한 그의 반대와 프리메이슨 주의에 대한 비난 때문에 보수주의자라고 주장한 것은 Mr. Albert가 아닌 에세이의 작가임을 알 수 있으므로 (d)가 정답입니다.

어휘 scholar[skálər] 학자 theology[θiálədʒi] 신학
misleading[mislíːdiŋ] 오해의 소지가 있는
tenure[ténjər] 재임 기간 portray[pɔːrtréi] 표현하다, 묘사하다

conservative [kənsə́ːrvətiv] 보수적인
authoritarian [əθɔ̀ːrətɛ́əriən] 권위주의자, 독재주의자
secular [sékjulər] 세속적인
liberalism [líbərəlìzm] 자유주의
condemnation [kàndəmnéiʃən] 비난, 규탄
neglect [niglékt] 하지 않다, 무시하다
instruct [instrʌ́kt] 가르치다, 지시하다
sympathetic [sìmpəθétik] 동조하는, 공감하는
oppose [əpóuz] 반박하다
dispute [dispjúːt] 반박하다, 이의를 제기하다
assertion [əsə́ːrʃən] 주장   incomplete [ìnkəmplíːt] 불완전한
depiction [dipíkʃən] 묘사, 서술   principle [prínsəpl] 신념, 원칙
embrace [imbréis] 받아들이다, 포용하다
correspondence [kɔ̀ːrəspándəns] 편지, 일치

CHAPTER 06 추론 문제 (Part 3&4)

HACKERS PRACTICE
p.86

01 (a) 02 (b) 03 (a) 04 (a)

01

해석 세계 순록 대회가 다시 열리고 수백만 명의 팬들이 앵커리지 도처에 있는 행사 장소에 몰려들 것으로 예상됩니다. Animal TV는 모든 사람들이 직접 경기를 보려고 길고 고된 여행을 할 수는 없다는 것과 경기를 그들의 집에서 편안하게 보고 싶어한다는 것을 알고 있습니다. 그러므로, 저희는 모든 행사를 생중계하는 특별 2주 '방송 패키지'를 제공합니다. 행사의 일부만 방송하는 텔레비전 방송 범위와는 달리, Animal TV는 개회식부터 최종 시상식까지 모든 행사들을 방송할 것입니다. 이 특별 제공을 원하신다면 저희 상담 전화 555-3333으로 전화주세요.

Q: 광고에서 추론할 수 있는 것은 무엇인가?

(a) 서비스 사용 기간은 행사 후에 끝난다.
(b) 경기는 Animal TV에서만 독점 방영될 것이다.

해설 광고에서 추론할 수 있는 것을 묻는 문제입니다. 지문에서 Animal TV에서 제공하는 세계 순록 대회에 대해, 모든 행사를 생중계하는 특별 2주 방송 패키지를 제공한다(offering a special ~ every event live)라고 했습니다. 이를 통해 2주 동안만 대회의 모든 행사를 생중계하는 방송 서비스를 제공한다는 것을 알 수 있으므로, '서비스 사용 기간은 행사 후에 끝난다'라고 추론한 (a)가 정답입니다.

(b) Animal TV가 모든 행사들을 방송할 것이라고는 했으나, 경기가 Animal TV에서만 독점 방영되는지는 언급되지 않았습니다.

어휘 flock [flɑk] 모이다, 떼 지어 오다   venue [vénjuː] 장소
trek [trek] 길고 고된 여행   thus [ðʌs] 그러므로
broadcast [brɔ́ːdkæst] 방송; 방송하다
coverage [kʌ́vəridʒ] 방송, 보도
hotline [háːtlain] 상담 전화, 서비스 전화

02

해석 연주자들은 지휘자의 도움 없이도 클래식 작품을 연주할 수 있지만, 지휘자를 상실한 오케스트라는 특색이 결여된다. 종종 마에스트로라고 불리는 지휘자는 작곡가들의 목소리 역할을 한다. 그들은 모든 작품을 세심하게 연구하고 교향곡의 각 음에 활기를 불어넣음으로써 작곡가들의 사고방식을 가지고 음악 작품의 의도된 느낌을 전달하기 위해 노력한다. 지휘자들은 작곡가와 연주자들 사이의 통로 역할을 하며, 매 공연마다 모방할 수 없는 음악적 경험을 만들어낸다.

Q: 지문에서 추론할 수 있는 것은 무엇인가?

(a) 오케스트라 지휘자들은 창의적인 표현이 전혀 없다.
(b) 지휘자들은 작품의 작곡가의 의도를 해석하려고 노력한다.

해설 지문에서 추론할 수 있는 것을 묻는 문제입니다. 지문에서 지휘자의 역할과 중요성에 대해 설명하면서, 지휘자(conductors)는 작곡가의 사고방식을 가지고 음악 작품의 의도된 느낌을 전달하기 위해 노력한다(attempt to ~ of a composition)고 했습니다. 이를 바탕으로 '지휘자들은 작품의 작곡가의 의도를 해석하려고 노력한다'라고 추론한 (b)가 정답입니다.

(a) 지휘자들은 모방할 수 없는 음악적 경험을 만들어낸다고 했으므로, 창의적인 표현이 전혀 없다는 것은 잘못 추론한 내용입니다.

어휘 aid [eid] 도움   conductor [kəndʌ́ktər] 지휘자
bereft [biréft] ~을 상실한   composer [kəmpóuzər] 작곡가
intended [inténdid] 의도된   fastidious [fæstídiəs] 세심한, 꼼꼼한
score [skɔːr] 악보   conduit [kándwit] 통로, 도관
inimitable [inímətəbl] 모방할 수 없는   devoid of ~이 전혀 없는

03

해석 과학 기술이 진보하고, 기계가 이전에는 인간의 영역에 포함되어 있던 훨씬 더 많은 작업들을 할 수 있게 되면서, 몇몇 예술 형식들이 사라지고 있다. 이와 같은 한 가지 유명한 경우로는 suminagashi, 즉 일본식 종이 마블링이다. 특별한 잉크와 염색료가 얕은 쟁반에 채워진 물의 표면에 붓으로 칠해진다. 그리고 나서 전문가는 잉크가 물 위에 만들어내는 패턴을 변형시키기 위해 표면에 부드럽게 바람을 분다. 원하는 패턴이 만들어질 때, 종이는 디자인 위에 조심스럽게 놓여지고, 디자인은 종이로 옮겨진다.

Q: 다음 중 suminagashi에 대해 추론할 수 있는 것은 무엇인가?

(a) 기계는 인간이 했던 것만큼이나 그 과정의 단계들을 잘 완수할 수 있다.
(b) 이제는 누구나 그것을 할 수 있기 때문에 더욱 인기가 많아졌다.

해설 suminagashi에 대해 추론할 수 있는 것을 묻는 문제입니다. 지문에서 기술이 진보하고, 기계가 이전에는 인간의 영역에 포함되어 있던 훨씬 더 많은 작업들을 할 수 있게 되면서, 몇몇 예술 형식들이 사라지고 있다(As technology ~ art are disappearing)고 한 후, 일본식 종이 마블링인 suminagashi를 예로 들었습니다. 이를 통해 기계가 인간을 대신하여 suminagashi를 할 수 있다는 것을 알 수 있으므로, '기계는 인간이 했던 것만큼이나 그 과정의 단계들을 잘 완수할 수 있다'라고 추론한 (a)가 정답입니다.

(b) 사라지고 있는 예술 형식의 예로 suminagashi를 설명했으므로, 이제는 더욱 인기가 많아졌다는 것은 잘못 추론한 내용입니다.

어휘 advance [ædvǽns] 진보하다, 발전하다   domain [douméin] 영역
practitioner [præktíʃənər] 전문가
transfer [trænsfə́ːr] 옮기다, 전달하다, 이송하다
accomplish [əkámpliʃ] 완수하다, 성취하다

04

해석 성교육은 인도의 사회와 정치, 두 분야에서 치열한 논쟁의 대상이다. 의료 종사자들은 성교육이 교육과정에서 필수과목이 되어야 한다고 주장

하는데, 자녀가 18세가 되기 전에 부모들이 결혼을 시키는 것이 여전히 보편적인 나라에서는 가끔 이른 나이에 성을 접하게 되기 때문이다. 전문가들은 15세에서 19세의 인도 여성이 6명 중 1명꼴로 어머니라는 것을 나타낸 연구 조사도 인용한다. 그러나, 인도의 정책 입안자들은 어린 아이들에게 성을 가르치는 것은 나라의 사회 기풍에 어긋나는 것이며 난혼을 조장할 것이라는 입장을 유지하고 있다.

Q: 지문에서 추론할 수 있는 것은 무엇인가?

(a) 인도의 선생님들은 성에 대해 가르치지 않아도 된다.
(b) 종교 지도자들은 성교육에 반대한다.

해설 지문에서 추론할 수 있는 것을 묻는 문제입니다. 지문에서 인도에서의 성교육 논쟁에 대해 설명하며, 의료 종사자들은 성교육이 교육과정에서 필수과목이 되어야 한다고 주장한다(Health professionals ~ of the curriculum)고 했습니다. 이를 통해 인도에서 성교육은 의무 교육 과목이 아님을 알 수 있으므로, '인도의 선생님들은 성에 대해 가르치지 않아도 된다'라고 추론한 (a)가 정답입니다.

(b) 종교 지도자들이 성교육에 대해 반대하는지는 언급되지 않았습니다.

어휘 intense[inténs] 치열한, 강렬한 debate[dibéit] 논쟁, 논의
circle[sə́ːrkl] 분야, 계, 사회 health professional 의료 종사자
compulsory[kəmpʌ́lsəri] 필수의, 의무적인
encounter[inkáuntər] 접하다, 마주하다, 부딪히다
indicate[índikèit] 나타내다, 가리키다
policymaker[páləsimèikər] 정책 입안자 ethos[íːθɑs] 기풍
promiscuity[prɑ̀məskjúːəti] 난혼, 난잡

HACKERS TEST
p. 88

01 (c)	02 (a)	03 (b)	04 (a)	05 (c)
06 (b)	07 (c)	08 (c)	09 (c)	10 (b)
11 (b)	12 (d)			

01

해석 선생님께,

'Face the Country'의 어제 방송분에서, 선생님은 사람들이 진정으로 윤리적인 삶을 살기 위해서는 채식주의자가 되어야 한다고 주장하셨습니다. 저도 선생님의 의견에 동의하는데, 왜냐하면 정육업이 요즘에는 가축들이 인도적으로 도살된다고 주장함에도 불구하고 음식을 위해 동물을 죽이는 것은 그야말로 혐오스럽기 때문입니다. 또한, 육식 위주의 식단에 들어 있는 동일한 영양소를 채식 요리에서도 찾을 수 있기 때문에 고기를 먹는 것이 부당하다고 생각합니다. 언젠가 사람들이 채식 위주의 식단이 인간과 동물 둘 다에게 가장 좋다는 것을 깨닫게 되는 것이 저의 열렬한 바람입니다.

진심을 담아,
Josh Brenner

Q: 다음 중 글쓴이는 어떤 진술에 가장 동의할 것 같은가?

(a) 도살업자들은 더 건강에 좋은 고깃덩어리를 제공할 필요가 있다.
(b) 고기를 먹는 사람들이 채식주의자들보다 더 자주 아프다.
(c) 채소와 과일도 고기만큼 영양가가 있다.
(d) 채소와 고기의 다양한 식단이 가장 건강에 좋다.

해설 글쓴이가 가장 동의할 법한 내용을 묻는 문제입니다. 지문에서 글쓴이는 윤리적인 삶을 살기 위해 채식주의자가 되어야 한다고 주장한 방송에 동의하면서, 육식 위주의 식단에 들어 있는 영양소를 채식 요리에서

도 찾을 수 있다(the same nutrients ~ in vegetarian dishes)고 했습니다. 이를 통해 글쓴이는 채식 위주의 요리도 육식만큼 영양가가 있다고 생각하는 것을 알 수 있으므로, '채소와 과일도 고기만큼 영양가가 있다'라고 추론한 (c)가 정답입니다.

어휘 contend[kənténd] 주장하다 in order to ~하기 위해
ethical[éθikəl] 윤리적인, 도덕적인 concur[kənkə́ːr] 동의하다
slay[slei] 죽이다 abhorrent[æbhɔ́ːrənt] 혐오스러운
meat industry 정육업 livestock[láivstɑ̀k] 가축
slaughter[slɔ́ːtər] 도살하다
humanely[hjuːméinli] 인도적으로, 자비롭게
unwarranted[ʌ̀nwɔ́ːrəntid] 부당한, 불필요한
fervent[fə́ːrvənt] 열렬한, 강렬한 diet[dáiət] 식단, 식습관
butcher[bútʃər] 도살업자 nourishing[nə́ːriʃiŋ] 영양가가 있는

02

해설 Floren 에스프레소 기계가 계속 맛있는 커피를 만들도록 하기 위해, 다음의 주의 사항을 준수해주세요. 우유에 거품을 내기 위해 스팀 막대를 사용한 다음 바로 따뜻한 물로 헹구세요. 사용한 커피 찌꺼기는 즉시 기계 내에 있는 필터에서 제거해야 하며, 필터는 흐르는 물에 씻어야 합니다. 이 조치들이 당신의 스팀 막대와 필터에 어떠한 막힘이 발생하는 것도 막아줄 것입니다. 배수 받침대도 정기적으로 씻어야 합니다. 기계 틀을 닦을 때 기계를 마모시킬 수 있는 천은 사용하지 마세요. 축축한 천을 사용해 표면을 닦는 것으로 충분할 것입니다.

Q: Floren 에스프레소 기계에 대해 추론할 수 있는 것은 무엇인가?

(a) 내부와 외부 모두 청소해 주는 것이 권장된다.
(b) 방울 받이는 솔을 사용해 씻을 수 있다.
(c) 필터에서 스팀이 빠져나가는 것을 막도록 설계되었다.
(d) 외부는 접시 닦는 브러시를 사용해 닦으면 된다.

해설 Floren 에스프레소 기계에 대해 추론할 수 있는 것을 묻는 문제입니다. 지문에서 다음의 주의 사항을 준수하라고 하며, 스팀 막대를 따뜻한 물로 헹구기(Rinse the steam wand with warm water), 기계 내에 있는 필터(the filter in the machine)를 흐르는 물에 헹구기(be washed under running water), 배수 받침대를 정기적으로 씻기(The drip tray should also be washed regularly), 축축한 천을 사용하여 표면 닦기(Using a damp ~ the surface)를 나열하였습니다. 이를 통해 주의 사항은 주로 기계의 안과 바깥 부분을 청소하는 것을 설명하고 있다는 것을 알 수 있으므로, '내부와 외부 모두 청소해 주는 것이 권장된다'라고 추론한 (a)가 정답입니다.

(b) 배수 받침대를 정기적으로 씻으라고는 했지만, 솔을 사용해 청소해야 하는지는 추론할 수 없습니다.
(c) 필터로부터 스팀이 빠져나가는 것을 막도록 설계되었는지는 언급되지 않았습니다.
(d) 기계의 표면은 축축한 천을 사용하여 닦으라고 했으므로, 접시 닦는 브러시를 사용하여 외부를 닦아야 한다는 것은 잘못 추론한 내용입니다.

어휘 delectable[diléktəbl] 맛있는 observe[əbzə́ːrv] 준수하다
wand[wɑnd] 막대 froth[frɔːθ] 거품을 내다
coffee grounds 커피 찌꺼기 discard[diskɑ́ːrd] 제거하다, 폐기하다
blockage[blɑ́kidʒ] 막힘, 막힌 상태
abrasive[əbréisiv] 마모시킬 수 있는 housing[háuziŋ] 틀
damp[dæmp] 축축한 suffice[səfáis] 충분하다

03

해석 많은 농부들이 다른 종류의 말보다 Suffolk Punch를 좋아하는데, 그 이유는 농사일에 이상적인 매우 바람직한 신체 특징을 가지고 있기 때

문이다. 이 품종은 크고 튼튼한 몸과 활동적인 빠른 걸음을 가진 작고 강한 품종이다. 그것은 또한 다른 종류의 말보다 더 빠른 신체적 성숙에 이른다. 게다가, 무거운 짐마차를 계속 끌고 탈진으로 쓰러질 때까지 멈추지 않을 것이라는 일화 속의 증거와 함께 농부들 사이에서 근면한 말로 알려져 있다.

Q: Suffolk Punch에 대해 추론할 수 있는 것은 무엇인가?

(a) 농장에서 사용되는 유일한 종의 말이다.
(b) 무거운 짐을 수송할 때 종종 사용된다.
(c) 긴 수명 때문에 많은 농부들에게 높이 평가받는다.
(d) 힘든 일에는 적합하지 않다.

해설 Suffolk Punch에 대해 추론할 수 있는 것을 묻는 문제입니다. 지문에서 Suffolk Punch는 농사일에 이상적이고 매우 바람직한 신체 특징(highly desirable ~ for agricultural work)을 가지며, 무거운 짐마차를 계속 끌고 탈진으로 쓰러질 때까지 멈추지 않을 것(will pull ~ falls down from exhaustion)이라고 했습니다. 이를 통해 Suffolk Punch가 무거운 짐을 계속 끌고 갈 수 있다는 것을 알 수 있으므로, '무거운 짐을 수송할 때 종종 사용된다'라고 추론한 (b)가 정답입니다.

(a) 많은 농부들이 다른 종류의 말보다 Suffolk Punch를 좋아한다고는 했으나, 그것이 농장에서 사용되는 유일한 종의 말인지는 추론할 수 없습니다.
(c) 긴 수명 때문에 많은 농부들에게 높이 평가받는지는 언급되지 않았습니다.
(d) 무거운 짐마차를 계속 끌고 갈 수 있다고 했으므로, 힘든 일에는 적합하지 않다는 것은 잘못 추론한 내용입니다.

어휘 desirable [dizáiərəbl] 바람직한, 호감 가는, 가치 있는
agricultural [ӕgrikʌ́ltʃərəl] 농사의 breed [bri:d] 품종
hefty [héfti] 크고 튼튼한, 강한
energetic [ènərdʒétik] 활동적인, 원기 왕성한
trot [trɑt] 빠른 걸음, 속보 maturity [mətʃúərəti] 성숙, 성숙함
variety [vəráiəti] 종류, 다양 anecdotal [ӕnikdóutl] 일화의
wagon [wӕgən] 짐마차
continuously [kəntínjuəsli] 계속해서, 연속적으로
exhaustion [igzɔ́:stʃən] 탈진, 고갈, 소진 life span 수명

04

해설 현대 생활의 편리함은 아이들이 사물을 당연시하도록 만들었다. 채소를 예로 들어보자. 내 아이들은 채소를 어른들이 식료품점에서 사는 맛없는 것으로만 생각하며 자랐다. 이런 이유로, 나는 뒤뜰에 채소 정원을 가꾸기로 결심했다. 내가 아이들을 우리만의 채소를 가꾸는 일에 참여시켰을 때, 아이들은 음식을 식탁에 올리기 위해 필요한 힘든 노력에 대해 깨달았다.

Q: 다음 중 글쓴이가 동의할 것 같은 것은 무엇인가?

(a) 원예는 아이들에게 음식에 대한 고마움을 갖게 해준다.
(b) 정원은 아이들에게 시골 생활에 대해 어렴풋이 알게 한다.
(c) 아이들은 집에서 자랄 때 채소를 더 먹는다.
(d) 채소를 키우는 것은 아이들에게 성취감을 준다.

해설 글쓴이가 동의할 법한 내용을 묻는 문제입니다. 현대 사회에서 아이들이 사물을 당연시 여기는 문제점을 설명하기 위해 글쓴이의 아이들이 채소에 대해 생각했던 것을 예로 들면서, 아이들을 채소를 가꾸는 일에 참여시켰을 때 아이들은 음식을 식탁에 올리기 위해 필요한 힘든 노력에 대해 깨달았다(When I ~ on the table)고 했습니다. 이를 통해 글쓴이가 아이들에게 채소 재배를 통해 직접 가꾸어 먹는 음식의 소중함을 깨닫게 했다는 것을 추론할 수 있으므로, '원예는 아이들에게 음식에 대한 고마움을 갖게 해준다'라고 표현한 (a)가 정답입니다.

어휘 convenience [kənví:njəns] 편리함, 편의, 이기

take for granted ~을 당연시하다, ~이 고마운 줄을 모르다
grow up 성장하다 unappetizing [ʌnǽpətaiziŋ] 맛없는
stuff [stʌf] 것, 물건 plant [plӕnt] 가꾸다, 심다
involve [invɑ́lv] 참여시키다 realize [rí:əlaiz] 깨닫다, 알아차리다
gardening [gɑ́:rdniŋ] 원예 glimpse [glimps] 어렴풋이 앎, 흘끗 봄
rural [rúərəl] 시골의, 지방의 achievement [ətʃí:vmənt] 성취, 업적

05

해설 Walter Bagehot은 19세기의 가장 영향력 있는 영국 정치 분석가 중 한 명이었다. 저명한 영국 신문인, 'Economist'지의 편집장이었던 Bagehot은 정치에 대한 몇 권의 중요한 책도 저술했다. 그의 지식에도 불구하고, 정치인이 되려는 목표를 달성하지 못했다. Bagehot은 무엇 때문에 그가 참여한 세 번의 의회 선거에서 낙선을 겪어야 했는가? 가장 그럴 듯한 이유는 Bagehot이 투표자들이 주로 공청회에서 입후보자들이 하는 말에 따라 판단하던 시대에 미숙련된 연설가였기 때문이다.

Q: Walter Bagehot에 대해 추론할 수 있는 것은 무엇인가?

(a) 그가 경쟁했던 의회 선거에서 높이 평가되었다.
(b) 그는 그의 책을 통해 입후보자들에게 조언을 제공했다.
(c) 그는 숙련된 연설가가 아니었기 때문에 투표자들에게 인기가 없었다.
(d) 그의 출판물은 그의 공직에서의 경험에 바탕을 두고 있다.

해설 Walter Bagehot에 대해 추론할 수 있는 것을 묻는 문제입니다. 지문에서 글쓴이는 Bagehot이 무엇 때문에 세 번의 의회 선거에서 낙방했는지(Why did ~ he participated in) 물어보며 그가 투표자들이 주로 공청회에서 후보자들이 하는 말에 따라 판단하던 시대에 미숙련된 연설가였다(Bagehot was ~ in public forum)고 했습니다. 따라서 Bagehot이 숙련된 연설가가 아니라서 투표자들에게 인기가 없었다는 것을 알 수 있으므로 (c)가 정답입니다.

(a) 그가 선거에서 세 번 낙방했다고 했으므로, 그가 높이 평가되었다는 것은 잘못 추론한 내용입니다.
(b) 그가 책을 통해 입후보자들에게 조언을 했는지는 언급되지 않았습니다.
(d) 그가 선거에서 낙방했다고 했으므로, 출판물이 그의 공직에서의 경험에 바탕을 두고 있다는 것은 잘못 추론한 내용입니다.

어휘 influential [influénʃl] 영향력 있는 analyst [ǽnəlist] 분석가
prominent [prɑ́:minənt] 저명한 political office 정치가, 정치인
parliamentary [pɑ́:rləmentri] 의회의
candidate [kǽndidət] 입후보자 primarily [praimérəli] 주로
public forum 공청회

06

해설 미국 선진 독서 협회는 아이들의 독해 능력을 향상시키기 위한 개인 지도를 주 1회 제공합니다. 단순히 인쇄 자료를 쓰기보다, 본 협회의 잘 훈련된 개인 지도 교사들이 다양한 보조 교재를 사용합니다. 책뿐만 아니라, 교육적인 컴퓨터 프로그램, 아이들을 위한 오디오 북, 나이에 맞는 보드 게임을 이용할 수 있습니다. 본 협회는 또한 부모들이 아이들에게 잠자리에서 들려주는 이야기들을 정기적으로 읽어줌으로써 자녀들의 독서 기술을 향상시키는 일에 참여하기를 요청합니다.

Q: 선진 독서 협회에 대해 추론할 수 있는 것은 무엇인가?

(a) 개인 지도 교사들은 단순한 독서 자료를 사용한다.
(b) 다양한 종류의 시청각 교구를 사용한다.
(c) 학생들에게 집에서 혼자 책을 읽도록 한다.
(d) 부모들의 자발적인 참여 없이는 성과를 거둘 수 없다.

해설 선진 독서 협회에 대해 추론할 수 있는 것을 묻는 문제입니다. 지문에

서 협회의 잘 훈련된 개인 지도 교사들은 갖가지 보조 교재를 사용한다(the institute's ~ teaching aids)고 한 후, 보조 교재의 예로서 컴퓨터 프로그램, 오디오 북, 보드 게임을 나열했습니다. 이를 바탕으로 '다양한 종류의 시청각 교구를 사용한다'라고 추론한 (b)가 정답입니다.

(a) 다양한 보조 교재를 사용한다고 했으므로, 단순한 독서 자료를 사용한다는 것은 잘못 추론한 내용입니다.
(c) 부모들이 아이들에게 잠자리에서 들려주는 이야기들을 읽어주도록 요청한다고는 했지만, 협회가 학생들이 집에서 혼자 책을 읽도록 하는지는 추론할 수 없습니다.
(d) 협회가 부모들의 참여를 요청한다고는 했지만, 부모의 자발적인 참여가 없다고 해서 성과를 거둘 수 없는지는 추론할 수 없습니다.

어휘 material [mətíːəriəl] 자료, 재료 a variety of 다양한, 갖가지의
teaching aid 보조 교재, 교구
educational [èdʒukéiʃənl] 교육적인, 교육의
books-on-tape 오디오 북, 책의 내용을 녹음한 것
board game 보드 게임 request [rikwést] 요청하다, 요구하다
take part in ~에 참여하다 regularly [régjulərli] 정기적으로
bedtime story 잠자리에서 들려주는 이야기
audiovisual [ɔ̀ːdiouvíʒuəl] 시청각의

07

해석 대부분의 학생들에게, 긴 줄기가 있는 장미 다발은 발렌타인 데이에 할 수 있는 선물이 되기에는 가격이 너무 비쌉니다. 하지만, 돈을 절약하기 위해, 아름다운 빨간 장미 몇 송이를 직접 심어서 꺾을 수 있습니다. 혹은 소유하고 있는 정원이 없다면, 정원이 있는 이웃에게 부탁하세요. 그들이 어떤 형태의 대가를 원하더라도, 꽃집에서 장미 12송이를 사는 것보다는 훨씬 저렴할 것입니다. 더 중요한 것은, 아무 가게에서나 살 수 있는 꽃다발에는 없는 여러분의 손길이 닿은 것이기 때문에 받는 분이 여러분의 선물을 더 좋아하리라는 것입니다.

Q: 발렌타인 선물로 주는 꽃에 대해 추론할 수 있는 것은 무엇인가?
(a) 가격 때문에 인기가 점점 줄어들었다.
(b) 학생들 사이에서 선택하는 발렌타인 선물이다.
(c) 꽃가게에서 사지 않았을 때 더 고마워한다.
(d) 작은 뒷마당 정원에서 키우면 비용이 더 많이 든다.

해설 발렌타인 선물로 주는 꽃에 대해 추론할 수 있는 것을 묻는 문제입니다. 지문에서 발렌타인 선물로 아름다운 빨간 장미 몇 송이를 직접 심어서 꺾을 수 있다(you can ~ red roses yourself)고 했고, 아무 가게에서나 살 수 있는 꽃다발에는 없는 여러분의 손길이 닿은 것이기 때문에 받는 분이 여러분의 선물을 더 좋아할 것(your valentine ~ any store-bought bouquet)이라고 했습니다. 이를 통해 직접 기른 장미 선물은 아무 가게에서나 살 수 없기 때문에 받는 사람이 더 좋아한다는 것을 알 수 있으므로, '꽃가게에서 사지 않았을 때 더 고마워한다'라고 추론한 (c)가 정답입니다.

(a) 가격 때문에 꽃의 인기가 점점 줄어들었다는 것은 언급되지 않았습니다.
(b) 발렌타인 선물로 주는 꽃이 학생들 사이에서 선택하는 선물인지는 언급되지 않았습니다.
(d) 이웃의 정원에서 장미를 키우더라도 꽃집에서 장미 12송이를 사는 것보다는 훨씬 저렴하다고 했으므로, 작은 뒷마당 정원에서 키우면 비용이 더 많이 든다는 것은 잘못 추론한 내용입니다.

어휘 expensive [ikspénsiv] 비싼 save [seiv] 절약하다, 아끼다
dozen [dʌ́zn] 12개 florist [flɔ́ːrist] 꽃집, 꽃집 주인
valentine [vǽləntàin] (당신에게서) 발렌타인 데이에 고백을 받는 대상
store-bought 가게에서 살 수 있는, 기성품인
bouquet [boukéi] 꽃다발

appreciate [əpríːʃièit] 고마워하다, 감사하다
purchase [pə́ːrtʃəs] 사다, 구입하다

08

해석 1970년대 초에 민주주의적인 방식으로 선출된 Salvador Allende 대통령의 짧은 통치 기간 동안, 칠레는 국가의 가장 가난한 시민들에게 경제적 기회를 제공하는 것과 부를 재분배하는 것에 초점을 맞추었다. 이 때문에 모든 산업이 국영화되었고, 저소득층 근로자들의 임금이 높아졌다. 이러한 움직임들은 그 지역에서 운영하는 미국 회사들을 포함해 상당수의 부유한 토지 소유주들과 기업가들의 이익을 위협했다. 1973년에, Augusto Pinochet 장군은 반대파와 미국 중앙 정부에 의해 지원된 쿠데타를 성공적으로 일으켰다. Pinochet가 이끌어 집권한 군사 정권은 헌법을 중단하고 모든 정치적 활동을 금지하여, 감지되는 반란을 전체적으로 억제하였다.

Q: 다음 중 지문에서 추론할 수 있는 것은 무엇인가?
(a) Allende는 시민들에게 권력을 부여하는 것에 대해 Pinochet보다 더 걱정했다.
(b) 칠레 경제는 군사적 쿠데타의 결과로써 붕괴하였다.
(c) Augusto Pinochet은 칠레 사회의 진보적인 정치적 이데올로기를 대표했다.
(d) 공공의 질서를 바로잡기 위해 더 큰 군대의 존재가 필요했다.

해설 지문에서 추론할 수 있는 것을 묻는 문제입니다. 지문에서 칠레 경제를 살리기 위해 Salvador Allende 대통령이 국가의 가장 가난한 시민들에게 경제적 기회를 제공하고 부를 재분배했지만(providing economic opportunities ~ country's poorest citizens), Augusto Pinochet 장군이 쿠데타를 일으켰고(launched a coup) 이후의 군사 정권(The military junta)은 헌법을 중단했다(suspended the constitution)고 했습니다. 이를 통해 쿠데타 이후에는 Allende 대통령이 실행한 정책들이 폐지되어 칠레의 경제가 살아나지 못했다는 것을 알 수 있으므로, '칠레 경제는 군사적 쿠데타의 결과로써 붕괴되었다'라고 추론한 (b)가 정답입니다.

(a) Allende 대통령이 시민들에게 권력이 부여되는 것에 대해 Pinochet보다 더 걱정했는지는 언급되지 않았습니다.
(c) Augusto Pinochet은 헌법을 중단하고 모든 정치적 활동을 금지했다고 했으므로, 진보적인 정치적 이데올로기를 대표한다는 것은 잘못 추론한 내용입니다.
(d) 공공의 질서를 바로잡기 위해 더 큰 규모의 군대가 필요했는지는 언급되지 않았습니다.

어휘 reign [rein] 통치 democratic [dèməkrǽtik] 민주주의의, 민주적인
redistribute [riːdistríbjut] 재분배하다
nationalize [nǽʃənəlàiz] 국영화하다 coup [kuː] 쿠데타
junta [húntə] 군사 정권 constitution [kɑ̀nstətjúːʃən] 헌법
suppression [səpréʃən] 억제
empower [impáuər] 권력을 부여하다
progressive [prəgrésiv] 진보적인
ideology [àidiɑ́lədʒi] 이데올로기

09~10

해석 국내 선두 잡지인 [09]'Weekly Tribune'지는 다음 달 말에 출간될 특별호에서 우리나라의 젊은 인도주의자들에게 영예를 수여할 것입니다. 저희의 독자인 여러분들에게, 여러분들의 마을에서 18세 미만이지만, 어린 나이에도 불구하고 이미 지역 사회에 상당히 공헌한 사람을 추천할 것을 장려합니다.

저희는 특히 봉사 활동을 하거나 중요한 문제에 대한 의식을 향상시키는 것을 통해 의료 또는 교육 분야에서 활발히 참여하는 후보를 찾고 있

습니다. 큰 민간 단체에 고용되어 있는 후보자는 고려하지 않을 것임을 유의하십시오. ¹⁰뿐만 아니라, 자선 활동과 관련된 유급직에 있는 사람은 포함할 수 없습니다. 저명한 심사위원단이 모든 후보자들을 평가하여 저희 잡지의 특별호에 실릴 10명을 선정할 것입니다. 그들은 알파벳 순으로 나올 것이고, 각각 그들의 업적을 설명하는데 전념한 면을 가질 것입니다.

09. Q: 다음 중 Weekly Tribune에 대한 내용과 일치하는 것은 무엇인가?
　(a) 매년 인도주의적 활동을 다루는 발행물을 출판할 것이다.
　(b) 독자들에게 후보에 오른 젊은 사람들에게 투표하도록 요청할 것이다.
　(c) 그들의 지역에 긍정적인 영향을 미친 젊은이들을 다룰 것이다.
　(d) 10명의 선정된 후보자 모두를 인터뷰할 것이다.

10. Q: 광고에서 추론할 수 있는 것은 무엇인가?
　(a) 보건 분야에서 자원하는 소수의 젊은 사람들이 있다.
　(b) 특별호는 자선 활동에 대한 보수를 받지 않는 사람들을 기릴 것이다.
　(c) 심사 위원단은 영향력 있는 정치인들로 구성될 것이다.
　(d) 더 큰 성취를 한 사람들에게 더 많은 페이지가 쓰일 것이다.

해설　09. Weekly Tribune에 대한 내용과 일치하는 것을 묻는 문제입니다. 지문에서 'Weekly Tribune'지는 젊은 인도주의자에게 영예를 수여할 것(will honor the nation's young humanitarians)이라고 한 뒤, 어린 나이에도 불구하고 지역 사회에 상당히 공헌한 사람을 추천할 것을 장려한다(we encourage you, our readers, to nominate ~ to improving the community)고 했으므로, Weekly Tribune이 지역 사회에 공헌한 젊은이들에게 영예를 수여할 것임을 알 수 있습니다. 이를 '그들의 지역에 긍정적인 영향을 미친 젊은이들을 다룰 것이다.'라고 바꾸어 표현한 (c)가 정답입니다.
　(a) 매년 인도주의적 활동을 다루는 발행물을 출판할 것인지는 언급되지 않았습니다.
　(b) 독자들이 젊은 인도주의자를 추천할 것을 장려한다고 했으므로, 후보에 오른 젊은 사람들에 투표하도록 요청한다는 것은 지문의 내용과 다릅니다.
　(d) 10명의 선정된 후보자 모두를 인터뷰할 것인지는 언급되지 않았습니다.

10. 광고에서 추론할 수 있는 것을 묻는 문제입니다. 지문에서 자선 활동과 관련된 유급직에 있는 사람은 포함할 수 없다(we cannot feature anyone ~ to charitable activities)라고 했습니다. 이를 통해 자선 활동에 대해 돈을 받지 않는 사람만이 포함될 것임을 알 수 있으므로 '특별호는 자선 활동에 대한 보수를 받지 않는 사람들을 기릴 것이다.'라고 추론한 (b)가 정답입니다.

어휘　humanitarian [hjuːmænitɛ́ːəriən] 인도주의자
　encourage [inkə́ːridʒ] 장려하다
　nominate [nάmənèit] 추천하다, 지명하다
　nominee [nὰməníː] 후보　awareness [əwéərnis] 의식
　employ [implɔ́i] 고용하다
　nongovernmental [nὰngʌvərnméntəl] 민간의
　charitable [tʃǽritəbl] 자선의　distinguished [distíŋgwiʃt] 저명한
　evaluate [ivǽljuèit] 평가하다
　compensate [kάmpənsèit] 보수를 주다

11~12

해석　'Idaho Times'지
　지역 뉴스
　지역 항공 사고 후 우체국이 변화를 시행하다
　Brett Hayes 작성

Sholes 마을의 깜짝 놀란 주민들이 지켜보는 가운데 수백 통의 편지가 옥수수밭에 쏟아졌다. 이것은 저공 비행을 하던 단발 엔진의 우편 사업 비행기의 화물 출입구가 잘못되어 열리면서 편지를 방출한 후 발생했다. ¹¹아무도 다치지 않았지만, 우편 사업 노동 조합은 비행기가 비행하기에 안전한지 조사해달라고 요청했다. 대부분의 우편물이 나중에 되찾아졌고 그것의 수취인에게 배송되었다.

우편 사업의 최근 사고가 드론 기술의 도입 속도를 높일 것이다. 우편 사업은 우편 배달 드론의 사용이 운영비를 극적으로 낮출 것이기 때문에 우편 배달 드론의 테스트를 실행해왔다. 가장 중요하게도, ¹²그것들이 나라의 외딴 지역에 이를 수 있기 때문에 현재 항공 우편 서비스를 대체할 수 있을 것이다. 1킬로그램 또는 그보다 적게 나가는 소포를 배달하는 드론은 빠르면 내년에 도입될 수 있을 것이다.

11. Q: Sholes 사고의 결과로 무엇이 일어났는가?
　(a) 우편 수신자로부터 몇 백 개의 항의가 제기되었다.
　(b) 안전성 평가가 요청되었다.
　(c) 우체국 조종사는 그의 직업으로부터 해고되었다.
　(d) 옥수수 밭이 접근하기 어렵게 되었다.

12. Q: 지문에서 드론에 대해 추론할 수 있는 것은 무엇인가?
　(a) 아직 몇몇 외딴 지역에 갈 수 없다.
　(b) 우편 사업부가 정기적으로 사용하기에 현재 매우 비싸다.
　(c) 우편 사업부에 의해 소유된 가장 발전된 기술이다.
　(d) 배달 항공기의 사용이 더 이상 쓸모 없게 할 것이다.

해설　11. Sholes 사고의 결과로 일어난 일이 무엇인지 묻는 육하원칙 문제입니다. 질문의 키워드인 a result of the accident와 관련된 plane accidentally opened and discharged the mail 주변을 읽어보면 우편 사업 노동 조합이 비행기가 비행하기에 안전한지 조사할 것을 요청했다는 것을 알 수 있습니다. 따라서 '안전성 평가가 요청되었다'는 내용의 (b)가 정답입니다.

12. 드론에 대해 추론할 수 있는 것을 묻는 문제입니다. 지문에서 드론은 나라의 외딴 구석에 이를 수 있기 때문에 현재 항공 우편 서비스를 대체할 수 있다(since they can reach ~ current airmail service)고 했습니다. 이를 통해 배달 항공기의 사용이 더 이상 쓸모 없게 할 것이라는 것을 알 수 있으므로 '배달 항공기의 사용이 더 이상 쓸모 없게 할 것이다'라고 추론한 (d)가 정답입니다.
　(a) 아직 몇몇 외딴 지역에 갈 수 없는지는 언급되지 않았습니다.
　(b) 우편 배달 드론의 사용이 운영비를 극적으로 낮출 것이기 때문에 우편 배달 드론의 테스트를 실행해왔다고 했으므로, 우편 사업부가 정기적으로 사용하기에 현재 매우 비싸다는 것은 잘못 추론한 내용입니다.
　(c) 우편 사업부에 의해 소유된 가장 발전된 기술인지는 언급되지 않았습니다.

어휘　rain [rein] 쏟아지다, 비 오듯 하다　cornfield [kɔ́ːrnfiːld] 옥수수밭
　stunned [stʌ́nd] 깜짝 놀란　cargo [kάːrgou] 화물
　hatch [hætʃ] 출입구　low-flying 저공 비행의　call for 요청하다
　investigation [invèstəgéiʃən] 조사, 수사
　dramatically [drəmǽtikəli] 극적으로　remote [rimóut] 외딴
　incident [ínsədənt] 사고, 사건　complaint [kəmpléint] 항의, 불평
　assessment [əsésmənt] 평가
　discharge [distʃάːrdʒ] 해고하다, 발사하다

render [réndər] ~이 되게 하다, 만들다
inaccessible [ìnəksésəbl] 접근하기 어려운
obsolete [àbsəlíːt] 더 이상 쓸모가 없는, 구식의

MINI TEST

MINI TEST 1
p. 104

| 01 (b) | 02 (d) | 03 (b) | 04 (d) | 05 (b) |
| 06 (d) | 07 (a) | 08 (c) | 09 (c) | 10 (c) |

01

해석 과학자들은 잠이 부족한 사람이 _____ 위험성이 훨씬 더 높다는 것을 발견했다. 과학자들은 500명의 수면 습관을 관찰하고 각 실험 대상에서 관상 동맥의 칼슘 침착물의 양을 확인했다. 연구의 결과를 검토하면서, 그들은 침착물의 양이 사람들이 취하는 수면의 양과 반비례한다고 결론을 내렸다. 이것은 사람들이 잠이 부족하면, 그들의 동맥에 칼슘의 축적이 증가하고, 관상 동맥 부전을 초래하는 플라크에 영향받기 쉽게 되면서 결국 다양한 심장 혈관 질환으로 이어진다는 것을 의미한다.

(a) 뼈가 약해질
(b) 심장 마비에 걸릴
(c) 칼슘 부족을 겪을
(d) 힘의 부족을 경험할

해설 지문 처음의 빈칸을 채우는 문제입니다. 빈칸이 있는 문장 Scientists have discovered ~ greater risk of ____ (과학자들은 수면이 부족한 사람이 ____ 위험성이 훨씬 더 높다는 것을 발견했다)를 통해, 빈칸에 수면이 부족한 사람에게 발생할 수 있는 높은 위험성과 관련해 과학자들이 발견한 내용을 넣어야 한다는 것을 예상할 수 있습니다. 지문에서 사람들에게 수면이 부족하면(when people lack sleep) 결국 다양한 심장 혈관 질환으로 이어진다(eventually leading to various cardiovascular diseases)고 했습니다. 이를 바탕으로 과학자들이 잠이 부족한 사람이 '심장 마비에 걸릴' 위험성이 높다는 것을 발견했다고 표현한 (b)가 정답입니다.

어휘 monitor [mánətər] 관찰하다 coronary [kɔ́ːrənèri] 관상 동맥의
deposit [dipázit] 침착물, 침전물
examine [igzǽmin] 검토하다, 검사하다
inversely [invə́ːrsli] 반대로, 거꾸로
proportionate [prəpɔ́ːrʃənət] 비례하는 buildup [bíldʌp] 축적
artery [áːrtəri] 동맥 susceptible [səséptəbl] 영향받기 쉬운
plaque [plæk] 플라크 (대식세포가 그대로 혈관 내벽에 엉겨붙어 만들어진 혹)
cardiovascular [kàːrdiouvǽskjulər] 심장 혈관의
brittle [brítl] 약한, 부서지기 쉬운 deficiency [difíʃənsi] 부족, 결핍

02

해석 과학자들은 세계 인구 증가가 깨끗한 물을 차지하기 위한 경쟁을 불러올 것이라고 예견한다. 지구의 표면은 주로 액체로 이루어져 있지만, 단 3퍼센트만이 식수와 농업에 사용될 수 있는 담수다. 염수를 마실 수 있는 물로 전환하는 데 드는 비용은 엄두도 못 낼 정도로 비싸서, 염수의 담수화는 실행 가능하지 않다. 증가하는 세계 인구가 이미 한계에 이른 수자원에 더 무거운 부담을 지울 것이기 때문에, _____이 필요하다. 이것은 이를 닦는 동안 수도꼭지를 잠그거나 목욕 대신 샤워를 하는 것과 같이 단순한 행동의 변화를 통해 행할 수 있다.

(a) 정확한 원인을 집어내는 것
(b) 가정 배수 시스템을 개조하는 것
(c) 담수화 기술을 연구하는 것
(d) 물 사용을 절약하는 것

해설 지문 중간의 빈칸을 채우는 문제입니다. 빈칸이 있는 문장 Because the world's ~ it is necessary ____ (세계 인구 증가가 이미 한계에 이른 수자원에 더 무거운 부담을 지울 것이기 때문에, ____이 필요하다)를 통해 빈칸에 한계에 이른 수자원의 문제에 필요한 것이 무엇인지 넣어야 한다는 것을 예상할 수 있습니다. 지문에서 더 많은 수자원 확보를 위한 방법으로 담수화는 실행 가능하지 않다고 한 후, 다른 방법의 예로서 이를 닦는 동안 수도꼭지를 잠그는 것(turning off the faucet while brushing your teeth)과 목욕 대신 샤워를 하는 것(taking showers instead of baths)을 나열했습니다. 이를 통해 '물 사용을 절약하는 것'이라고 표현한 (d)가 정답입니다.

어휘 surface [sə́ːrfis] 표면 be composed of ~로 이루어지다, 구성되다
convert [kənvə́ːrt] 전환시키다, 개조하다
saline [séilain] 염수, 염류 drinkable [dríŋkəbl] 마실 수 있는
prohibitive [prouhíbitiv] 엄두도 못 낼 정도로 비싼, 금지하는
desalination [diːsæ̀lənéiʃən] 담수화, 염분 제거
viable [váiəbl] 실행 가능한, 성공할 수 있는
tax [tæks] 무거운 부담을 지우다, 과세하다
strain [strein] 한계에 이르다, 무리하다 resource [ríːsɔːrs] 자원
behavioral [bihéivjərəl] 행동의 faucet [fɔ́ːsit] 수도꼭지
economize [ikánəmàiz] 절약하다

03

해석 지금 미국 알래스카 주를 구성하고 있는 지역에는 Tlinga, Haida, Aleut 원주민들이 수천 년 동안 살고 있었다. 1741년, 러시아 탐험가 Vitus Bering이 그 지역으로 탐험대를 이끌었고, 정착지가 만들어졌다. 다음 세기에 걸쳐, 유럽과 미국의 배들이 모두 소유권을 확보하기를 바라며 알래스카로 항해했다. 1867년에 러시아는 총 7백만 달러라는 얼마 안 되는 금액에 알래스카 영토를 미국에 팔았지만, 당시 토지의 가치는 명확하지 않았다. _____, 대규모의 금과 석유 자원들이 그곳에서 발견되었고, 그러한 발견이 많은 이들이 무모한 매입이라고 여겼던 것에 대한 정당성을 입증했다.

(a) 분명히
(b) 결국
(c) 그러므로
(d) 요약하면

해설 빈칸에 알맞은 연결어를 넣는 문제입니다. 빈칸 앞에는 러시아가 미국에 알래스카를 얼마 안 되는 금액에 팔았다는 내용이 나오고, 빈칸 뒤에는 미국이 그 지역을 매입한 이후 대규모의 금과 석유가 발견되어 알래스카 영토 매입의 정당성이 입증되었다는 알래스카 영토 매입의 경과가 나옵니다. 따라서 미국이 알래스카를 매입하기 이전과 이후의 달라진 영토의 가치를 설명하였으므로 경과를 나타내는 연결어인 (b) Ultimately(결국)가 정답입니다.

어휘 comprise [kəmpráiz] 구성하다, 차지하다
inhabit [inhǽbit] ~에 살다 native [néitiv] 원주민
expedition [èkspədíʃən] 탐험대, 탐험, 여행
settlement [sétlmənt] 정착지 found [faund] 만들다, 세우다
ensuing [insúːiŋ] 다음의, 뒤따른 stake claim 소유권을 확보하다

Mini Test 1 29

paltry [pɔ́ːltri] 얼마 안 되는
immediate [imíːdiət] 당시의, 당장의, 즉시의
extensive [iksténsiv] 대규모의, 광범위한
justify [dʒʌ́stəfài] 정당성을 입증하다 foolhardy [fúːlhɑ̀ːrdi] 무모한

04

해석 Sweetsville이 미식가를 위한 디저트 가게 개장에 여러분을 초대합니다. (a) 저희 가게에는 대표적인 인기 상품부터 엘리트 제빵사가 잽싸게 만든 독특한 작품까지 다양한 종류의 케익들이 있습니다. (b) 저희는 또한 매주 다른 나라를 원산지로 하는 특선품을 포함하여, 아주 맛있는 파이와 패스트리를 제공합니다. (c) 뿐만 아니라, 갓 끓인 커피와 엄선된 유기농 허브 차들도 제공합니다. (d) 차를 마시는 것은 건강에 좋다고 알려져 있어서, 저희는 매일 한 잔의 차를 드시는 것을 강력히 추천합니다.

해설 지문의 흐름상 어색한 문장을 고르는 문제입니다. 첫 문장에서 Sweetsville이라는 디저트 가게를 개장한다고 한 후, (a), (b), (c)는 이 디저트 가게에서 판매하는 제품들을 나열했습니다. 반면 (d)의 '차를 마시는 것은 건강에 좋다고 알려져 있다'는 내용은 첫 문장의 '디저트 가게의 개장'과는 관련이 없으므로 (d)가 정답입니다.

어휘 grand opening 개장, 개점 gourmet [guərméi] 미식가, 식도락가
range from A to B (범위가) A부터 B에 이르다
classic [klǽsik] 최고의, 일류의 whip up (요리를) 잽싸게 만들다
pastry chef 제빵사 scrumptious [skrʌ́mpʃəs] 아주 맛있는
feature [fíːtʃər] 특징으로 하다 specialty [spéʃəlti] 특선품, 전문
origin [ɔ́ːrədʒin] 원산, 기원, 유래 brew [bruː] (차를) 끓이다
organic [ɔːrgǽnik] 유기농의, 화학비료를 쓰지 않는

05

해석 Mr. Cartwright께,
최근 농업 박람회에서 귀하와 만나는 기회를 가졌던 것에 매우 감사합니다. 저의 비료 제품이 귀하의 수확량을 크게 증가시키고 농작물의 질을 향상시킬 것이라고 믿습니다. 저는 귀하와의 성공적인 제휴를 수립하길 기대합니다. 우리가 협의를 진행하는 데 기반으로 사용할 수 있는, 동봉된 서류들을 검토해주십시오.
존경을 담아,
Dexter Hammonds
Q: 편지는 주로 무엇에 관한 내용인가?
(a) 상품 설명
(b) 사업 제안
(c) 소유권 협상
(d) 농업 회의

해설 편지의 주제를 묻는 문제입니다. 편지의 첫 부분에서 농업 박람회에서의 만남을 언급한 후, 귀하와의 성공적인 제휴를 수립하길 기대한다(I look forward ~ partnership with you)고 한 후, 협의 진행에 기반으로 사용할 수 있는, 동봉된 서류들을 검토해달라(Please review ~ to conduct negotiations)고 했습니다. 이를 '사업 제안'이라고 종합한 (b)가 정답입니다.

어휘 expo [ékspou] 박람회 fertilizer [fə́ːrtəlàizər] 비료
quantity [kwɑ́ntəti] 양 harvest [hɑ́ːrvist] 수확
crop [krɑp] 농작물 partnership [pɑ́ːrtnərʃip] 제휴
enclose [inklóuz] 동봉하다, 에워싸다 basis [béisis] 기반, 기초
conduct [kəndʌ́kt] 수행하다, 처리하다
negotiation [nigòuʃiéiʃən] 협의, 협상
property [prɑ́pərti] 소유권, 재산

06

해석 보더 콜리는 모든 견종들 중에서 가장 지능이 뛰어난 것으로 알려져 있다. 과학 실험들은 이 개가 비범한 인식 능력을 가지고 있다는 것을 보여주었다. 예를 들어, 한 보더 콜리는 천 개가 넘는 사물의 이름을 배우고 그것들을 기능과 모양에 따라 분류할 수 있다. 그러나, 이러한 높은 지적 수준은 몇몇 보더 콜리들이 기능 장애를 겪는 이유가 되기도 한다. 그들은 많은 주인들이 제공할 수 없는, 지속적인 정신적 자극을 필요로 한다. 그 결과, 끊임없는 따분함 때문에 개는 우울해진다.
Q: 보고서에 따르면 보더 콜리에 대한 내용과 일치하는 것은 무엇인가?
(a) 같이 놀아주지 않으면 폭력적으로 변한다.
(b) 매우 사교적인 견종이다.
(c) 생물학 연구를 하기에 매우 적합하다.
(d) 폭넓은 범위의 어휘를 이해할 수 있다.

해설 보고서의 보더 콜리에 대한 내용과 일치하는 것을 묻는 문제입니다. 지문에서 보더 콜리는 비범한 인식 능력을 가지고 있다고 하면서, 천 개가 넘는 사물의 이름을 배우고 그것들을 기능과 모양에 따라 분류할 수 있다(one has learned ~ function and shape)고 했으므로, 보더 콜리는 사물의 이름을 인식할 수 있다는 것을 알 수 있습니다. 이를 '폭넓은 범위의 어휘를 이해할 수 있다'고 바꾸어 표현한 (d)가 정답입니다.

(a) 보더 콜리들은 지속적인 정신적 자극이 없으면 우울해진다고 했으므로, 폭력적으로 변한다는 것은 지문의 내용과 다릅니다.
(b) 보더 콜리가 사교적인 견종인지는 언급되지 않았습니다.
(c) 보더 콜리가 생물학 연구를 하기에 적합한지는 언급되지 않았습니다.

어휘 extraordinary [ikstrɔ́ːrdənèri] 비범한, 보통이 아닌
cognitive [kɑ́gnətiv] 인식의 classify [klǽsəfài] 분류하다
dysfunctional [disfʌ́ŋkʃənl] 기능 장애의
continuous [kəntínjuəs] 지속적인
stimulation [stìmjuléiʃən] 자극, 격려 depressed [diprést] 우울한
unremitting [ʌ̀nrimítiŋ] 끊임없는 ennui [ɑːnwíː] 따분함, 권태감
sociable [sóuʃəbl] 사교적인, 붙임성 있는
comprehend [kɑ̀mprihénd] 이해하다

07

해석 'Woman With a Hat'은 야수파로 알려진 일시적인 미술 운동의 이상적인 예가 되는 작품이며, 야수파는 1900년대 초에 프랑스에서 번성하였다. 야수파는 화가의 감정을 전달하는 방법으로써 빠르고 공격적인 붓놀림의 사용과 함께 선명하고 대담한 색을 사용하는 것이 특징이다. 이 방식을 이용하는 이들에게 붙여진 별명인 야수파 화가는 앙리 마티스가 선도하였는데, 그는 특히 고갱과 반 고흐와 같은 후기 인상파 화가들의 두드러진 기술에 크게 영향을 받았다. 야수파 화가들은 순수한 색을 현실적이기보다는 의미심장하게 사용하였고, 그 결과로 캔버스 위에서 선명한 색들의 향연이 일어났다.
Q: 지문에서 추론할 수 있는 것은 무엇인가?
(a) 야수파는 화가들의 자유로운 감정을 표현한다.
(b) 후기 인상주의는 고갱으로부터 비롯된 방법이다.
(c) 'Woman With a Hat'은 마티스의 경력의 정점으로 여겨졌다.
(d) 야수파 화가들은 여성 그림들의 유명한 시리즈를 만들어냈다.

해설 지문에서 추론할 수 있는 것을 묻는 문제입니다. 지문에서 야수파에 대해 설명하면서, 화가들의 감정을 전달하는 방법으로써 빠르고 공격적인 붓놀림의 사용과 함께 선명하고 대담한 색을 사용하는 것이 특징(characterized by ~ the artist's sentiments)이라고 했습니다. 이를 통해 야수파 화가들의 감정 표현이 대담하고 뚜렷했다는 것을 알 수 있으므로, '야수파는 화가들의 자유로운 감정들을 표현한다'라고 추론한 (a)가 정답입니다.

(b) 고갱이 후기 인상파 화가라고는 했지만, 후기 인상주의가 고갱이 로부터 비롯된 방법이라는 것은 추론할 수 없습니다.
(c) 'Woman With a Hat'이 마티스의 경력의 정점으로 여겨졌는지는 언급되지 않았습니다.
(d) 야수파 화가들이 여성 그림들의 유명한 시리즈를 만들어냈는지는 언급되지 않았습니다.

어휘 transitory[trǽnsətɔ̀:ri] 일시적인 Fauvism[fóuvizm] 야수파
characterize[kǽriktəràiz] 특징이 되다, 특징짓다
bold[bould] 선명한, 굵은 audacious[ɔ:déiʃəs] 대담한
aggressive[əgrésiv] 공격적인, 활동적인, 적극적인
sentiment[séntəmənt] 감정, 정서, 정취 moniker[mánəkər] 별명
influence[ínfluəns] 영향을 끼치다, 감화를 주다
striking[stráikiŋ] 두드러진, 이목을 끄는, 인상적인
Post-Impressionist 후기 인상파의
expressively[iksprésivli] 의미심장하게, 표현적으로
realistically[rìːəlístikəli] 현실적으로
unfettered[ʌnfétərd] 자유로운, 구속 받지 않는
pinnacle[pínəkl] 정점

08

해석 편집자께,

스마트폰에 관한 당신의 기사는 몇몇 기본적인 사실들을 간과합니다. 비록 스마트폰이 우리를 언제나 연결되게 하여 의사소통을 향상시키도록 되어 있지만, 사실 여느 때보다도 더 우리를 소외시켰습니다. 우리는 실제로 친구들 그리고 사랑하는 사람들과 보내는 것보다는, 그들에게 문자를 보내거나 끊임없이 그들의 소셜 미디어 게시글을 확인합니다. 이것을 우리가 연락하고 지내는 편리한 방식으로 생각할 수도 있지만, 사실 이것은 증가된 불안과 우울증으로 이어집니다. 인간은 본래부터 정서적 행복을 위해 다른 사람들과의 교제에 의지하는 사회적 존재입니다. 편리해 보이는 만큼 스마트폰은 그것을 제공할 수 없습니다.

진심을 담아,
Jack Collins

Q: 지문에 따르면 사람들은 왜 더 우울한가?
(a) 혼자 있을 기회가 더 적다.
(b) 온라인에서 다른 사람들과 연결할 수 없다.
(c) 충족되지 않는 사회적 욕구가 있다.
(d) 소셜 미디어에서 그들 자신을 다른 사람들과 비교를 한다.

해설 사람들이 왜 더 우울한지를 묻는 육하원칙 문제입니다. 질문의 키워드인 people more depressed와 관련된 increased anxiety and depression 주변을 읽어보면 인간은 본래부터 정서적 행복을 위해 다른 사람들과의 교제에 의지하는 사회적 존재(Human beings ~ well-being)이고, 스마트폰은 그것을 제공할 수 없다(A smartphone ~ cannot provide that)는 것을 알 수 있습니다. 따라서 '충족되지 않는 사회적 욕구가 있다'는 내용의 (c)가 정답입니다.

어휘 article[á:rtikl] 기사, 글 overlook[òuvərlúk] 간과하다, 눈감아주다
isolate[áisəlèit] 소외시키다, 격리하다
constantly[kánstəntli] 끊임없이, 계속
anxiety[æŋzáiəti] 불안, 걱정
depression[dipréʃən] 우울증, 불경기
inherently[inhíərəntli] 본래부터
rely on ~에 의지하다, ~을 필요로 하다
companionship[kəmpǽnjənʃip] 교제, 사귐
handy[hǽndi] 편리한, 유용한

09~10

해석 [09]초기 가톨릭교도들은 교회의 모든 구성원이 세례를 받아야 한다고 믿었다. 그들은 세례가 구원을 위해 필요하다고 주장했고, 수 세기 동안 의식은 출생 직후에 행해졌다. 하지만, 유아 세례에 대한 반대가 16세기에 재침례파로 불리는 새로운 신교도 운동의 구성원들에 의해 제기되었다. 재침례파는 세례가 사람이 다 자란 성인기에 이뤄져야 한다고 주장했다.

재침례파에 대응하여, 취리히의 한 교회에서 설교한 개혁적 지도자인 [09]Huldrych Zwingli는 성경에 세례를 서술하고 있지만, 세례가 죄로부터 구원을 위해 필수적인 것은 아니라고 주장했다. 그는 세례가 단지 성서의 가르침을 따르겠다는 약속일 뿐이라고 말했다. [10]그는 또한 그들이 세례를 통해 아담과 이브가 범했다고 추정되는 원죄를 용서받았다고 생각했기 때문에 가톨릭을 미신이라고 비난했다. 세례에 대한 Zwingli의 입장은 신교도 교회에 오래 지속되는 영향을 주었다.

09. Q: 지문의 주제는 무엇인가?
(a) 세례 의식에 대한 성서의 가르침
(b) 가톨릭교도들이 세례를 받는 이유
(c) 세례에 대한 다른 견해
(d) 가톨릭 교회의 신도가 되기 위한 필요 조건

10. Q: 다음 중 지문의 내용과 일치하는 것은?
(a) Huldrych Zwingli는 정기적인 예배 참석이 필수적이라고 주장했다.
(b) 원죄의 개념이 16세기 동안 많이 변했다.
(c) Huldrych Zwingli는 가톨릭 교회의 가르침에 대해 비판적이었다.
(d) 재침례파의 신념은 더 이상 실행되지 않는다.

해설 09. 지문의 주제를 묻는 문제입니다. 지문에서 초기 가톨릭교도들은 교회의 모든 구성원이 세례를 받아야 한다고 믿었다(Early Catholics ~ baptized)고 했고, Huldrych Zwingli는 세례가 성경에서 설명되고 있지만, 그것이 필수적인 것은 아니라고 주장했다(Huldrych Zwingli ~ from sin)고 했습니다. 이를 '세례에 대한 다른 견해'라고 종합한 (c)가 정답입니다.

10. 지문의 내용과 일치하는 것을 묻는 문제입니다. 지문에서 Huldrych Zwingli는 가톨릭교도들이 세례를 통해 아담과 이브가 범했다고 추정되는 원죄를 용서받았다고 생각했기 때문에 가톨릭을 미신이라고 비난했다(He also accused ~ Adam and Eve)고 했으므로, Huldrych Zwingli는 가톨릭을 비난했다는 것을 알 수 있습니다. 이를 'Huldrych Zwingli는 가톨릭 교회의 가르침에 대해 비판적이었다'고 바꾸어 표현한 (c)가 정답입니다.

(a) Huldrych Zwingli가 정기적인 예배 참석이 필수적이라고 주장했는지는 언급되지 않았습니다.
(b) 원죄의 개념이 16세기 동안 많이 변했는지는 언급되지 않았습니다.
(d) 재침례파의 신념이 더 이상 실행되지 않는지는 언급되지 않았습니다.

어휘 Catholic[kǽθəlik] 가톨릭교도 baptize[bæptáiz] 세례를 주다
baptism[bǽptizm] 세례 necessary[nésəsèri] 필요한
salvation[sælvéiʃən] 구원 rite[rait] 의식
objection[əbdʒékʃən] 반대, 이의
Protestant[prátəstənt] 신교도, 프로테스탄트
Anabaptism[ænəbǽptizm] 재침례파(유아 세례를 인정치 않고 성년 후 재세례 주장) adulthood[ədʌ́lthùd] 성인기
mature[mətʃúər] 다 자란, 성인이 된
reformist[rifɔ́:rmist] 개혁적인

Mini Test 1   **31**

contend [kənténd] 주장하다
essential [isénʃəl] 필수적인, 극히 중요한
deliverance [dilívərəns] 구원, 구제   merely [míərli] 단지, 그저
pledge [pledʒ] 약속, 서약   accuse [əkjúːz] 비난하다, 고발하다
superstition [sùːpərstíʃən] 미신
absolve [æbzálv] 용서하다, 무죄임을 선언하다
commit [kəmít] 범하다, 저지르다
enduring [indjúəriŋ] 오래 지속되는, 영구적인

MINI TEST 2   p. 109

| 01 (a) | 02 (b) | 03 (a) | 04 (b) | 05 (a) |
| 06 (c) | 07 (c) | 08 (d) | 09 (b) | 10 (b) |

01

해석 새로운 DNA 분석은 선사 시대 뉴질랜드의 날지 못하는 새인 모아가 날 수 있는 능력을 언제 잃었는지에 대한 이론을 바꿀 수 있는 정보를 밝혀냈다. 과학자들은 모아가 이전에 생각됐던 것처럼 키위같이 날지 못하는 조상이 아닌 날 수 있는 남아메리카의 티나무와 더 밀접하게 관련이 있었다고 말한다. 모아와, 타조나 뮤 같은 다른 평흉류의 새들은 원래 날지 못하는 생물로 진화했다고 항상 여겨져 왔다. 그러나, 과학자들은 두 날개가 지탱하기에 모아가 너무 무거워져서, 이것이 _____고 말한다.

(a) 육지에서 사는 동물로 발달하도록 했다
(b) 순식간에 멸종되게 했다
(c) 새 사냥꾼들에게 쉬운 먹이가 되게 만들었다
(d) 평흉류 간에 경쟁을 일으켰다

해설 지문 마지막의 빈칸을 채우는 문제입니다. 빈칸이 있는 문장 However, the scientists ~ wings to support, ____(그러나, 과학자들은 두 날개가 지탱하기에 모아가 너무 무거워져서, 이것이 ____고 말한다)를 통해, 빈칸에 However(그러나) 앞의 내용과 대조되면서, 모아가 무거워지고 날개가 지탱하지 못해서 발생한 결과를 넣어야 한다는 것을 예상할 수 있습니다. 지문에서 모아가 원래 날지 못하는 생물로 진화했다고 항상 여겨져 왔다(It had ~ as flightless creatures)고 했으므로, 일반적으로 모아는 원래 날지 못하는 새로 간주되어 왔으나, 과학자들은 이와 다르게 생각한다는 것을 알 수 있습니다. 이를 바탕으로 과학자들은 모아가 원래는 날 수 있었지만, 너무 무거워져서 두 날개가 무게를 지탱하지 못하여 '육지에서 사는 동물로 발달하도록 했다'고 말했다는 것을 알 수 있으므로, (a)가 정답입니다.

어휘 analysis [ənæləsis] 분석, 분석 연구
moa [móuə] 모아 <뉴질랜드에서 발견된 날지 못하는 새>
prehistoric [prìːhistɔ́ːrik] 선사 시대의
flightless [fláitlis] 날지 못하는   be related to ~과 관계가 있다
closely [klóusli] 밀접하게   flight [flaited] 날 수 있는
tinamou [tínəmùː] 티나무 <중남미산의 메추라기 비슷한 새>
ratite [rǽtait] 평흉류의 새   ostrich [ɔ́ːstritʃ] 타조
emu [íːmjuː] 에뮤 <호주산 큰 새, 날지 못함>

02

해석 _____인, Literary Society에 가입해주셔서 감사합니다. 본 단체는 모든 회원들에게 매달 정기 간행물을 보내 이용 가능한 신간 도서에 대해 알려 드립니다. 비평가 위원단은 논평과 추천을 제공하고, 무엇을 사야 할지 조언을 구하는 회원들에게 서비스로 각자 이달의 우수 도서를 몇 권 선정합니다. 우수 회원들에게는 자주 무료 도서와 대폭 할인된 도서를 제공해 드립니다. 동봉된 카탈로그를 훑어 보시고 판매중인 수천 가지의 상품들에서 골라보세요.

(a) 저희 월간 잡지의 편집자 위원단
(b) 국내 최대의 문학 애호 단체
(c) 저희 도서 판매처의 우편물 수신자 명단
(d) 국내 최대의 할인 클럽

해설 지문 처음의 빈칸을 채우는 문제입니다. 빈칸이 있는 문장 Thank you for joining ____, the Literary Society(____인, Literary Society에 가입해주셔서 감사합니다)를 통해, Literary Society에 대한 설명을 빈칸에 넣어야 한다는 것을 예상할 수 있습니다. 광고 전체에서 Literary Society가 회원들에게 매달 신간 도서에 대한 정기 간행물, 비평가 위원단의 논평과 추천, 그리고 무료 도서와 대폭 할인된 도서를 제공한다고 했습니다. 이를 '국내 최대의 문학 애호 단체'라고 종합한 (b)가 정답입니다.

어휘 organization [ɔ̀ːrgənizéiʃən] 단체, 조직
periodical [pìəriádikəl] 정기 간행물
available [əvéiləbl] 이용 가능한   panel [pǽnl] 위원단
recommendation [rèkəməndéiʃən] 추천, 권고
select [silékt] 선정하다   outstanding [àutstǽndiŋ] 우수한, 뛰어난
volume [váljuːm] 책, 권   browse [brauz] 훑어보다, 둘러보다
enclosed [inklóuzd] 동봉된   editorial [èdətɔ́ːriəl] 편집의

03

해석 20세기 말, 음악학 연구가들에 의해 '신성한 미니멀리스트'로 분류된 작곡가들이 음악계를 활성화한 새 장르를 만들었다. 신성한 미니멀리즘은 중세의 합창 음악과 찬송가의 기상에 간단하고 반복되는 멜로디를 불어넣음으로써 사색적 신비주의를 떠올리게 하는 포스트모던 형식이다. 그러나, 그 음악의 작곡가들은 공통점이 별로 없으며, 서로 전혀 다른 국적, 종교, 음악적 영감을 가졌다. _____, 그들은 자신들이 같은 음악 유파를 이루지는 않는다고 생각했다.

(a) 그에 따라
(b) 예를 들어
(c) 그럼에도 불구하고
(d) 한편

해설 빈칸에 알맞은 연결어를 넣는 문제입니다. 빈칸 앞에는 신성한 미니멀리즘의 작곡가들이 공통점이 별로 없고, 서로 전혀 다른 국적, 종교, 음악적 영감을 가졌다는 내용이 나오고, 빈칸 뒤에는 작곡가들은 자신들이 같은 음악 유파를 이루지 않는다고 생각한다는 공통점이 없다는 것에 대한 결과가 나옵니다. 따라서 작곡가들이 서로 공통점이 별로 없다고 생각하는 상황에 대한 결과를 설명하였으므로 결과를 나타낼 때 사용되는 (a) Accordingly(그에 따라)가 정답입니다.

어휘 minimalist [mínəməlist] 미니멀리스트 <되도록 소수의 단순한 요소를 통해 최대 효과를 이루려는 사고방식을 지닌 예술가>
invigorate [invígərèit] 활성화하다
minimalism [mínəməlìzəm] 미니멀리즘 <최소한 표현주의>
postmodern [poustmádərn] 포스트모던의
evoke [ivóuk] 떠올리게 하다, 환기시키다
contemplative [kəntémplətiv] 사색적인, 명상을 하는
mysticism [místəsìzm] 신비주의   infuse [infjúːz] 불어넣다
hymn [him] 찬송가, 찬가   disparate [díspərit] 서로 전혀 다른
school [skuːl] 유파, 파

04

해석 싱클레어 루이스는 그의 풍자 소설들로 문학 비평가와 독자 모두에게 널

리 칭송받은 소설가였다. (a) 그의 가장 유명한 소설인 'Main Street' 은 시골 사람들과 그들을 경멸하는 천박한 도시 지식인들 둘 다를 겨냥한 풍자 소설이다. (b) 이 책은 강인한 여성 주인공이 등장한 최초의 미국 소설들 중 하나이기 때문에 중요하다. (c) 'Main Street'의 상업적 성공으로 루이스는 독자들이 풍자를 좋아한다고 확신했다. (d) 그가 예상한 대로, 그의 다음 풍자 소설인, 'Babbit'은 베스트셀러가 되었고 두 번이나 영화로 만들어지기까지 했다.

해설 지문의 흐름상 어색한 문장을 고르는 문제입니다. 첫 문장에서 싱클레어 루이스는 그의 풍자 소설들로 모두에게 널리 칭송받은 소설가였다고 했고, (a)는 그의 가장 유명한 소설인 'Main Street', (c)는 Lewis로 하여금 독자들이 풍자 소설을 좋아한다는 확신을 가지게 해 준 'Main Street'의 상업적 성공, (d)는 그의 다음 소설인 'Babbit'의 성공을 설명했습니다. 반면 (b)의 '강인한 여주인공이 등장하는 최초의 미국 소설들 중 하나라는 점에서 'Main Street'이 가지는 중요성'은 지문 전체에서 언급하고 있는 '싱클레어 루이스의 풍자 소설의 성공'과는 관련이 없으므로 (b)가 정답입니다.

어휘 **novelist** [návəlist] 소설가   **satirical** [sətírikəl] 풍자적인
literary critic 문학 비평가, 문예 평론가   **alike** [əláik] 둘 다, 똑같이
direct [dirékt] 겨냥하다, ~로 향하다   **folk** [fouk] 사람들
superficial [sù:pərfíʃəl] 천박한, 깊이 없는   **urban** [ə́:rbən] 도시의
intellectual [ìntəléktʃuəl] 지식인   **despise** [dispáiz] 경멸하다
protagonist [proutǽgənist] 주인공
commercial [kəmə́:rʃəl] 상업적인, 상업의
convince [kənvíns] 확신시키다

05

해설 현대 경제학에서, 두 개의 경쟁하는 이론들인 수요 이론과 공급 이론이 논의의 중심에 있다. 공급 이론은 1970년대에 만들어졌으며 1980년대에 미국 대통령 로널드 레이건과 영국 총리 마거릿 대처의 재정 정책 중 중요한 부분이었다. 요약하면, 공급 이론은 경제를 성장시키기 위해 생산에 대한 장벽이 허물어져야 한다고 말하며, 이것은 규제 완화와 소득세의 저하에 찬성하는 것을 의미한다. 반면에, 수요 이론은 정부의 개입이, 예산 적자를 축적하는 것을 의미할지라도, 상품의 수요를 신장시키는 데 필요하다고 한다.

Q: 지문은 주로 무엇에 관한 내용인가?

(a) 경제가 가장 잘 기능하는 방법에 대한 서로 다른 이론들
(b) 레이건 대통령과 대처 총리의 두드러진 경제 방안
(c) 시간이 흐름에 따라 공급자 이론이 발전한 방식
(d) 두 국가가 재정에 접근한 방식의 차이점들

해설 지문의 주제를 묻는 문제입니다. 지문의 첫 부분에서 두 개의 경쟁하는 이론인 수요 이론과 공급 이론이 논의의 중심에 있다(two competing ~ forefront of discussion)고 한 후, 경제를 성장시키기 위해 생산에 대한 장벽이 제거되어야 한다고 말하는 공급 이론과 상품의 수요를 신장시키기 위해 정부의 개입이 필요하다고 말하는 수요 이론을 설명했습니다. 이를 통해 경제를 발전시키기 위해 두 개의 다른 방법을 제시하는 이론들이 있다는 것을 알 수 있으므로, '경제가 가장 잘 기능하는 방법에 대한 서로 다른 이론들'이라고 표현한 (a)가 정답입니다.

어휘 **forefront** [fɔ́:rfrʌnt] 중심, 가장 중요한 위치
formulate [fɔ́:rmjulèit] 만들어 내다   **integral** [íntəgrəl] 필수적인
fiscal [fískəl] 국가 재정의   **favor** [féivər] 찬성하다, 호의를 보이다
deregulation [di:règjuléiʃən] 규제 완화
dictate [díkteit] 구술하다, 명령하다
intervention [ìntərvénʃən] 개입, 중재
amass [əmǽs] 모으다, 축적하다   **deficit** [défəsit] 적자, 부족
predominant [pridɑ́mənənt] 두드러진, 우세한

06

해설 대영 제국은 19세기 후반부터 20세기 초반까지의 전성기 동안 광대한 영토를 아울렀다. 대영 제국이 자국의 문화를 전 세계에 걸친 식민지로 전파한 결과, 지리학적으로 멀리 떨어져 있는 나라들이 지금까지도 동일한 전통들을 많이 공유하고 있다. 영국의 예전 점령지였던 캐나다, 레소토, 바누아투 같이 서로 전혀 다른 나라들이 모두 영어를 공용어로 사용하고, 영국식 철자법을 쓰며, 유사한 정치 체제를 사용한다. 그들의 문화적 유사성 때문에, 영국의 이전 속국들 대부분이 매우 가까운 외교관계를 구축했다.

Q: 다음 중 지문의 내용과 일치하는 것은 무엇인가?

(a) 대영 제국은 1900년대 초에 확장되기 시작했다.
(b) 영국의 이전 식민지들은 제국 통치의 모든 흔적들을 벗어버렸다.
(c) 영국의 이전 식민지들은 서로 우호적인 정치 관계를 가지고 있다.
(d) 영국 문화는 식민지들의 영향을 받아 향상되었다.

해설 지문의 내용과 일치하는 것을 묻는 문제입니다. 지문의 마지막에서 문화적 유사성 때문에, 영국의 이전 식민지 대부분이 매우 가까운 외교관계를 구축했다(Due to ~ close diplomatic ties)고 했으므로, 영국의 식민지였던 나라들은 서로간에 호의적인 외교 관계를 가지고 있다는 것을 알 수 있습니다. 이를 '영국의 이전 식민지들은 서로 우호적인 정치 관계를 가지고 있다'라고 바꾸어 표현한 (c)가 정답입니다.

(a) 20세기 초반이 대영제국의 전성기라고는 했지만, 대영 제국이 1900년대 초에 확장되기 시작했는지는 언급되지 않았습니다.
(b) 영국의 문화 전파의 결과 영국의 이전 식민지들이 여러 동일한 전통을 여전히 공유하고 있다고 했으므로, 영국의 이전 식민지들이 제국 통치의 모든 흔적들을 벗어버렸다는 것은 지문의 내용과 다릅니다.
(d) 영국 문화가 식민지들의 영향을 받아 향상되었는지는 언급되지 않았습니다.

어휘 **encompass** [inkʌ́mpəs] 아우르다, 둘러싸다
heyday [héidèi] 전성기   **erstwhile** [ə́:rsthwàil] 예전의, 지금까지의
possession [pəzéʃən] 점령된 국가
disparate [díspərət] 서로 전혀 다른, 이질적인
official language 공용어   **employ** [implɔ́i] 사용하다, 쓰다
affinity [əfínəti] 유사성, 관련성   **ex-dependency** 이전의 속국
forge [fɔ:rdʒ] 구축하다   **diplomatic tie** 외교관계
shed [ʃed] 벗다, 버리다   **vestige** [véstidʒ] 흔적, 자취
imperial [impíəriəl] 제국의   **mutually** [mjú:tʃuəli] 서로
amicable [ǽmikəbl] 우호적인, 평화적인

07

해설 당신의 자녀는 Celestial 444를 받을 만해요!
Celestial 444는 아이들을 위해 특별히 디자인된 디지털 현미경입니다. 이것은 몇몇 특징들을 포함합니다

· 고해상도의 액정 화면
  – 전통적인 접안 렌즈보다 어린 학습자들이 조작하기 더 쉽습니다.
  – 여러 아이들이 함께 이미지를 볼 수 있게 합니다.
· 워크북
  – 아이들이 그들의 실험들을 기록하는 것을 돕습니다.
· 플라스틱 외관
  – 물기 있는 천으로 닦을 수 있습니다.

Celestial 444는 Kiducation 상점과 www.kiducation.com에서 온라인으로 구매 가능합니다.

Q: Celestial 444에 무엇이 포함되어 있는가?

(a) 표면의 상태를 관리하기 위한 천
(b) 접안 렌즈에 부착될 수 있는 어댑터

Mini Test 2   **33**

(c) 과학적인 관찰들을 기록하기 위한 소책자
(d) 디지털 화면을 작동시키기 위한 배터리 한 세트

해설 Celestial 444에 포함된 것을 묻는 육하원칙 문제입니다. 질문의 키워드인 included with the Celestial 444와 관련된 features include 주변을 읽어보면 아이들이 실험들을 기록하는 것을 돕는 워크북이 포함되어 있다는 것을 알 수 있습니다. 따라서 '과학적인 관찰들을 기록하기 위한 소책자'라는 내용의 (c)가 정답입니다.

어휘 microscope [máikrəskòup] 현미경
high-resolution 고해상도의   eyepiece [áipì:s] 접안 렌즈
keep track of ~을 기록하다   exterior [ikstíəriər] 외관
damp [dæmp] 물기 있는   booklet [búklit] 소책자

08

해설 미국이 대외개발원조에 들인 돈의 액수가 국가 재정 운영에 관한 국내의 논쟁을 촉발시켰다. 그 결과, 동맹 국가에 잠정적으로 할당된 미래 국제 원조가 위험에 빠졌다. 이것은 매우 난처한 상황인데, 그 이유는 역설적이게도, 우리가 다른 국가들이 필요로 하는 곳에 돈을 쏟지 못하는 것은 우리 경제에 해로운 영향을 미칠 것이기 때문이다. 현재의 세계 경제 체제는 우리가 다른 나라들의 서비스와 자원에 의존하게 만든다. 미국에서 판매되는 완제품을 제조하는 데 사용되는 원료는 대부분 우리의 재정 지원에 의존하는 나라들로부터 온다.

Q: 글쓴이는 어떤 진술에 가장 동의할 것 같은가?
(a) 재정적인 부실 경영은 현재 행정의 특징이다.
(b) 심각한 금융 위기는 세계의 신흥경제에 영향을 미치고 있다.
(c) 대외원조가 한 국가의 상대적 전략적 중요성에 따라 달라져서는 안 된다.
(d) 다른 국가 경제의 변화가 미국에 영향을 줄 것이다.

해설 글쓴이가 가장 동의할 법한 내용을 묻는 문제입니다. 글쓴이는 우리가 다른 국가들이 필요로 하는 곳에 돈을 쏟지 못하면, 우리 경제에 해로운 영향을 미칠 것이다(our failure ~ on our economy)라고 했습니다. 이를 통해 미국으로부터 원조를 필요로 하는 국가들이 원조를 받지 못해 경제 상황이 나빠지면 미국의 경제도 해로운 영향을 받는다는 것을 알 수 있으므로, '다른 국가 경제의 변화가 미국에 영향을 줄 것이다'라고 추론한 (d)가 정답입니다.

어휘 spark [spa:rk] 촉발시키다, 유발하다   debate [dibéit] 논쟁, 논란
fiscal [fískəl] 국가 재정의   aid [eid] 원조
provisionally [prəvíʒənli] 잠정적으로
apportion [əpɔ́:rʃən] 할당하다, 배분하다
allied [əláid] 동맹한, 연합한
distressing [distrésiŋ] 난처한, 괴로움을 주는, 비참한
ironically [airánikəli] 역설적으로
expend [ikspénd] (돈·시간을) 쏟다
detrimental [dètrəméntl] 해로운   dependent on ~에 의존하는
reliant [riláiənt] 의존하는   hallmark [hɔ́:lmàrk] 특징
emerging [imə́:rdʒiŋ] 신흥의   hinge on ~에 달려 있다

09~10

해석 출장비 양식 - MPS사
이름: Conner Linwood   부서: 영업
기간: 6월 8일-10일   제출된 날짜: 6월 13일
청구된 금액
항공 요금(이코노미 클래스 한정):   572달러
숙박: 324달러
식사: 126달러
⁰⁹지상교통(대중교통 한정):   159달러

의견: ⁰⁹Utrecht를 방문하는 동안, 저는 고객과의 미팅에 오고 가기 위해 택시에 의존했습니다. 이것은 제 출장 기간 동안 지속된 시 전역에 걸친 대중 교통 파업 때문이었습니다. ¹⁰차를 빌리는 것을 생각해 보았지만, 도시에 익숙하지 않아서, 이것이 최선의 선택이라고 생각하지 않았습니다.

제 부서장의 조언에 따라, ⁰⁹MPS사의 상환 정책에 따르지 않았음에도 불구하고 제가 지상교통에 사용한 비용을 청구합니다. 이 상황이 저의 통제 밖임을 감안할 때, 제 경우에는 예외가 이루어져야 하고 전액을 상환 받아야 한다고 생각합니다.

09. Q: 양식은 주로 무엇에 관한 내용인가?
(a) 출장 연장에 대한 설명
(b) 허용되지 않는 비용에 대한 상환 요청
(c) 선호되는 교통 수단에 대한 문의
(d) 계속 진행 중인 비용 청구 문제에 대한 업데이트

10. Q: 다음 중 지문의 내용과 일치하는 것은 무엇인가?
(a) 대중교통 서비스가 6월 10일에 재개했다.
(b) Mr. Linwood는 Utrecht에서 운전하는 것을 불편하게 느꼈다.
(c) 부서장이 출장비에 대해 알지 못했다.
(d) Utrecht의 택시 운전사들은 파업하기로 결정했다.

해설 09. 양식의 주제를 묻는 문제입니다. 양식에서 지상교통은 대중교통 한정(public transit only)이라고 제시되어 있고, Utrecht를 방문하는 동안, 고객과의 미팅을 오고 가기 위해 택시에 의존했다(During my trip ~ meetings with clients)고 한 후, MPS사의 상환 정책에 따르지 않았지만, 지상교통에 사용한 비용을 청구한다(I am claiming ~ reimbursement policy)고 했습니다. 이를 '허용되지 않은 비용에 대한 상환 요청'이라고 종합한 (b)가 정답입니다.

10. 지문의 내용과 일치하는 것을 묻는 문제입니다. 차를 빌리는 것을 생각해 보았지만, 도시에 익숙하지 않아서 최선의 선택이라고 생각하지 않았다(I considered ~ the best option)고 했으므로, 작성자가 Utrecht에 익숙하지 않기 때문에 차를 빌리지 않았다는 것을 알 수 있습니다. 이를 'Mr. Linwood가 Utrecht에서 운전하는 것을 불편하게 느꼈다'라고 바꾸어 표현한 (b)가 정답입니다.

(a) 출장 기간이 6월 8일부터 10일이며 출장 기간 동안 시 전역에 걸쳐 대중교통 파업이 지속되었다고 했으므로, 대중교통 서비스가 6월 10일에 재개했다는 것은 지문의 내용과 다릅니다.
(c) 부서장의 조언에 따라 MPS사의 상환 정책에 따르지 않았음에도 불구하고 지상교통에 사용한 비용을 청구한다고 했으므로, 부서장이 출장비에 대해 알지 못했다는 것은 지문의 내용과 다릅니다.
(d) Utrecht의 택시 운전사들이 파업하기로 결정했는지는 언급되지 않았습니다.

어휘 claim [kleim] 청구하다, 주장하다   public transit 대중교통
comply with 따르다, 준수하다
reimbursement [rì:imbə́:rsmənt] 상환, 변제
exception [iksépʃən] 예외
unallowable [ʌ̀nəláuəbl] 허용할 수 없는
ongoing [á:ngòuiŋ] 계속 진행 중인
resume [rizú:m] 재개하다, 다시 시작하다   strike [straik] 파업

MINI TEST 3   p.114

| 01 (a) | 02 (a) | 03 (d) | 04 (c) | 05 (c) |
| 06 (a) | 07 (d) | 08 (c) | 09 (a) | 10 (b) |

01

해석 기원전 157년경, 중국의 지역 장군들은 공공연하게 한 왕조의 황제 통치의 권위를 무시했다. 이러한 정치적 위협에 맞서기 위해, 황제는 관료 정치를 중앙 집권화하는 행정 개혁들을 제정했다. 지역 장군들의 법률 제정 특권은 줄어들고, 지리적 관할권 내에서 그들의 인사 권한도 약화되었다. 이러한 시기적절하고 전략적인 행동들은 _____.

(a) 군주가 제국에 대한 그의 지배력을 강화할 수 있게 하였다
(b) 지도자들이 한때 다스렸던 왕국을 강제로 떠나게 만들었다
(c) 왕조가 개인의 자유를 더욱 존중하는 법들을 제정하도록 대담하게 만들었다
(d) 중국의 국경을 상당한 범위까지 확장시켰다

해설 지문 마지막의 빈칸을 채우는 문제입니다. 빈칸이 있는 문장 These timely and strategic actions ____(이러한 시기적절하고 전략적 행동들은 ____)에서 These actions는 관료 정치를 중앙 집권화하는 행정 개혁을(administrative reforms to centralize the bureaucracy)를 가리킵니다. 따라서 빈칸에 행정 개혁들에 대한 내용을 넣어야 한다는 것을 예상할 수 있습니다. 지문에서 행정 개혁 시행의 결과로서 지역 장군들의 법률 제정 특권은 줄어들고(The local warloads' legislative privileges were reduced), 그들의 인사 권한도 약화되었다(their power ~ jurisdiction was weakened)고 했습니다. 이를 바탕으로 행정 개혁들을 제정한 황제의 행동들은 지역 장군들의 권력을 약화시켜 관료 정치를 황제에게 집중시키려 했다는 것을 알 수 있으므로, '군주가 제국에 대한 그의 지배력을 강화할 수 있게 하였다'라고 표현한 (a)가 정답입니다.

어휘 warlord[wɔ́ːrlɔːrd] 장군 defy[difái] 무시하다, 얕보다
imperial[impíəriəl] 황제의, 제국의
counter[káuntər] 맞서다, 대항하다
enact[inǽkt] 제정하다, 규정하다
administrative[ædmínəstrèitiv] 행정의
centralize[séntrəlàiz] 중앙 집권화하다, 중심에 모으다
bureaucracy[bjuərɑ́krəsi] 관료 정치, 관료주의, 관료제
legislative[lédʒislèitiv] 법률을 제정하는, 입법권을 가진
privilege[prívəlidʒ] 특권, 특전
appoint[əpɔ́int] 임명하다, 지명하다
personnel[pə̀ːrsənél] 인사, 사람, 직원
jurisdiction[dʒùərisdíkʃən] 관할권, 사법권
chieftain[tʃíːftən] 지도자, 두목, 추장
embolden[imbóuldən] 대담하게 하다

02

해설 직장에서의 질투에 대한 연구는 서로를 질투하는 직원들이 고용주에게 자신의 가치를 보여줄 필요가 있다고 느끼기 때문에 성공할 가능성이 더 높다는 것을 보여주었다. 연구원들은 동료가 승진했거나 임금이 인상되었다는 사실을 알게 된 직원들은 직장 동료의 성공에 화가 나지만, 자신만의 무언가를 성취하겠다고 결심함으로써 그 감정에 긍정적으로 대응한다고 말했다. 이것은 직장에서 적대감보다 건전한 경쟁이 일어나기 때문이다. 그러므로, 직원들이 질투의 감정을 인식할 때, 그들은 동료의 성공을 _____으로 해석한다.

(a) 자신들로 하여금 스스로의 성과를 향상시키도록 하는 도전
(b) 자신들의 중요성을 경영진이 인정하지 않는 것
(c) 임금 인상을 협상할 수 있는 기회
(d) 자신들의 열등한 기술과 능력에 대한 신호

해설 지문 마지막의 빈칸을 채우는 문제입니다. 빈칸이 있는 문장 Hence, while ~ a coworker as ____(그러므로, 직원들이 질투의 감정을 인식할 때, 그들은 동료의 성공을 ____으로 해석한다)를 통해, 빈칸에 직원들이 동료의 성공에 대해 어떻게 해석하는지에 대한 내용을 넣어야 한다는 것을 예상할 수 있습니다. 지문에서 직원들은 직장 동료의 성공에 화가 나지만, 자신만의 무언가를 성취하겠다고 결심함으로써 그 감정에 긍정적으로 대응한다(employees who ~ of their own)고 했습니다. 이를 바탕으로 직원들이 동료의 성공에 대해 느끼는 질투의 감정을 '자신들로 하여금 스스로의 성과를 향상시키도록 하는 도전'으로 해석한다고 표현한 (a)가 정답입니다.

어휘 workplace[wɔ́ːrkplèis] 직장
envious[énviəs] 질투하는, 선망하는
promote[prəmóut] 승진시키다 resolve[rizɑ́lv] 결심하다
accomplish[əkɑ́mpliʃ] 성취하다, 해내다
animosity[æ̀nəmɑ́səti] 적대감, 반감
interpret[intə́ːrprit] 해석하다 negotiate[nigóuʃièit] 협상하다
inferior[infíəriər] 열등한

03

해석 제국 말기 동안, 로마 제국은 유럽의 야만적인 부족들로부터 용병을 고용했다. 그 당시에는, 자원하는 신병이 부족했기 때문에 로마는 오로지 자국 시민들로만 구성된 군대를 형성할 수 없었다. _____, 용병들은 애국심에 의해 싸우지 않았고 누구든지 제일 높은 가격을 제시하는 사람을 지원하였다. 그럼에도, 그들은 보수를 잘 받는 동안에는 유능한 전투 부대를 구성하였다.

(a) 이에 반해서
(b) 대신에
(c) 그러므로
(d) 당연히

해설 빈칸에 알맞은 연결어를 넣는 문제입니다. 빈칸 앞에는 로마 제국이 오로지 자국 시민들로만 구성된 군대를 형성할 수 없었다는 내용이 나오고, 빈칸 뒤에는 고용한 용병들은 자국 시민이 아니기 때문에 애국심이 아닌 높은 보수를 위해 싸웠다는 놀랄 것 없이 당연한 것을 강조하는 내용이 나옵니다. 따라서 강조를 나타내는 연결어인 (d) Of course(당연히)가 정답입니다.

어휘 mercenary[mə́ːrsənèri] 용병 barbaric[baːrbǽrik] 야만적인
tribe[traib] 부족 be composed of ~으로 구성되다
solely[sóulli] 오로지, 단지 willing[wíliŋ] 자원하는, 자발적인
recruit[rikrúːt] 신병 patriotism[péitriətìzm] 애국심
bidder[bídər] 가격 제시자, 응찰자
constitute[kɑ́nstətjùːt] 구성하다, 이루다
effective[iféktiv] 유능한, 효과적인

04

해설 1950년대 쿠바에서 Fulgencio Batista의 독재 정권 기간 동안, 무장한 반란군은 정부를 타도하기 위한 연속적인 공격들을 선동했다. (a) 첫 번째 반란은 Batista의 병력에 의해 진압되었으며, Fidel Castro를 포함한 지도자들은 수감되었고 나중에 멕시코로 추방당했다. (b) 이 시기 동안, Castro는 다른 추방된 혁명가들을 모아서 Batista에 대한 또 다른 공격을 개시하도록 그들을 지휘했다. (c) 경험이 풍부한 전사들에 의해 수행된 잘 계획된 공격이 신규 신병을 이용하는 것보다 단연 더 효과

적일 수 있었다. (d) 이 반란군들은 전략적인 장악력으로 결국 독재자의 부하들을 제압하고 정부를 몰아낼 수 있었다.

해설 지문의 흐름상 어색한 문장을 고르는 문제입니다. 첫 문장에서 1950년대 쿠바의 독재 정부를 타도하기 위한 반란군의 무장 공격이 있었다고 한 후, (a)는 첫 번째 반란의 결과, (b)는 또 다른 공격 개시를 위한 준비, (d)는 독재 정부의 타도 결과를 나열하면서, 반란군이 독재 정부를 몰아낸 과정을 설명했습니다. 반면 (c)의 '더 효과적인 공격 방법'은 지문 전체에서 언급하고 있는 '쿠바 독재 정권을 몰아낸 반란군의 선동'과는 관련이 없으므로 (c)가 정답입니다.

어휘 **dictatorship**[diktéitərʃìp] 독재 정권
armed[a:rmd] 무장한 **rebel**[rébəl] 반란군, 반역자
instigate[ínstəgèit] 선동하다, 부추기다
overthrow[òuvərθróu] 타도하다, 전복시키다
revolt[rivóult] 반란, 봉기, 저항 **crush**[krʌʃ] 진압하다, 탄압하다
force[fɔ:rs] 병력, 부대 **jail**[dʒeil] 수감하다, 투옥하다
exile[égzail] 추방하다, 망명을 가게 만들다 **round up** 모으다
banish[bǽniʃ] 추방하다 **sway**[swei] 지휘하다, 조종하다
launch[lɔ:ntʃ] 개시하다 **offensive**[əfénsiv] 공격
assault[əsɔ́:lt] 공격, 도전, 폭행 **carry out** 수행하다, 이행하다
experienced[ikspíəriənst] 경험이 풍부한, 능숙한
easily[í:zili] 단연 **utilize**[jú:təlàiz] 이용하다
recruit[rikrú:t] 신병 **tactical**[tǽktikəl] 전략적인, 전술적인
mastery[mǽstəri] 장악력, 지배력, 숙달, 통달
overpower[òuvərpáuər] 제압하다, 압도하다
oust[aust] 몰아내다, 쫓아내다

05

해설 편집자께,

당신의 기사는 자율주행차가 어떻게 교통사고를 과감하게 줄일 수 있는 가능성을 가지는지 논의하고 있습니다. 하지만, 이것이 광범위하게 도입된다면 이 기술로부터 문제들 또한 발생될 것이라고는 전혀 언급하고 있지 않습니다. 제 생각에는 독자들이 운전자가 필요 없는 자동차가 틀림없이 다양한 산업에 부정적인 경제적 영향을 끼칠 것이라는 것을 아는 것이 중요합니다. 우선, 많은 유형의 회사들이 운전자를 고용합니다. 미국 트럭 운전사 조합에 따르면, 미국에는 300만 명 이상의 트럭 운전사가 있습니다. 그리고 이들 운전사는 호텔, 식당, 주유소에서 돈을 씁니다. 기본적으로, 인간 운전사 없이는 이와 같은 많은 사업들이 필요가 없을 것이기 때문에 파산할 것입니다.

진심을 담아,
Janice Walker

Q: 지문은 주로 무엇에 관한 내용인가?

(a) 자율주행차들의 재정적 이득
(b) 미국에서의 교통사고 증가
(c) 사업에 미치는 기술의 잠재적 영향
(d) 고속도로 근처에서 영업하는 사업의 종류

해설 지문의 주제를 묻는 문제입니다. 지문에서 기사가 자율 주행차가 어떻게 교통사고를 과감하게 줄일 수 있는 가능성을 가지는지에 대해 논의한다(Your article ~ accidents)고 한 후, 독자들이 운전자가 필요 없는 자동차가 틀림없이 다양한 산업에 부정적인 경제적 영향을 끼칠 것이라는 것을 아는 것이 중요하다(it's important for readers ~ various industries)고 했습니다. 이를 '사업에 미치는 기술의 잠재적 영향'이라고 종합한 (c)가 정답입니다.

어휘 **self-driving car** 자율주행차 **potential**[pəténʃəl] 가능성
drastically[drǽstikəli] 과감하게, 철저하게
wide-scale 광범위한, 대규모의 **aware**[əwɛ́ər] 알고 있는

driverless[dráivərlis] 운전자가 필요 없는
impact[ímpækt] 영향, 충격 **employ**[implɔ́i] 고용하다, 근무하다

06

해설 65세 이상의 이 나라 모든 국민들은 노인분들께 건강보험을 보장하는 정부 프로그램인 노인 의료 보험 제도에 자동으로 등록됩니다. 이 제도는 병원 입원, 요양원 치료, 몇몇 재택 의료 서비스에 대한 비용을 지불하는 데 도움이 되지만, 노인분들은 종종 이 제도에 의해 어떤 특정 절차가 보장되는지 잘 모르십니다. 혹시 당신도 전문용어로 쓰여 있어서 노인 의료 보험 제도의 혜택에 대해 잘 모르는 수백만의 노인들 중 한 분이신가요? 만약 그렇다면, 555-1000으로 전화 주시고 노인 의료 보험 제도의 보상 범위에 대해 이해하기 쉬운 안내서인 Medicare Made Easy라는 소책자를 주문하세요.

Q: 광고의 요지는 무엇인가?

(a) 많은 노인들이 그들의 노인 의료 보험 제도 방침을 이해하지 못한다.
(b) 누가 노인 의료 보험 제도에 의해 보상받는지에 대해 혼란이 있다.
(c) 노인들은 더 넓은 범위의 의료 서비스가 필요하다.
(d) 공식 노인 의료 보험 제도 안내는 이용하기 어렵다.

해설 광고의 요지를 묻는 문제입니다. 광고 대상을 소개하는 부분에서 노인들을 위한 노인 의료 보험 제도(Medicare)에 대해 설명한 후, 세부 내용에서 노인분들이 종종 제도에 의해 어떤 특정 절차가 보장되는지 잘 모른다(the elderly ~ by the plan)고 했습니다. 이를 '많은 노인들이 그들의 노인 의료 보험 제도 방침을 이해하지 못한다'라고 표현한 (a)가 정답입니다.

어휘 **automatically**[ɔ̀:təmǽtikəli] 자동적으로
enroll[inróul] 등록하다, 명부에 올리다
Medicare[médikɛ̀ər] (미국의) 노인 의료 보험 제도
health insurance 건강 보험 **nursing home** 요양원, 양로원
health service 공공 의료 서비스 **procedure**[prəsí:dʒər] 절차, 방법
jargon[dʒá:rgən] 전문용어 **easy-to-understand** 이해하기 쉬운
coverage[kʌ́vəridʒ] 보상 범위, 적용 범위
comprehend[kàmprihénd] 이해하다
confusion[kənfjú:ʒən] 혼란, 혼동
extensive[iksténsiv] 넓은 범위의, 광범한

07

해설 세계에서 가장 귀중한 책들 중 하나는 1450년대에 요한 구텐베르크에 의해 인쇄된 구텐베르크 성서이다. 가치를 매기기 어려울 만큼 귀중한 수많은 책들 중에서, 구텐베르크 성서는 두드러지는데, 왜냐하면 그것은 가동 활자를 사용하여 대량으로 출판되었다는 대단한 중요성을 가진 첫 번째 책이기 때문이다. 역사가들은 약 180부의 구텐베르크 성서 복사본이 출판되었다고 생각하지만, 오늘날에는 단지 21부의 완본만이 현존한다. 유럽에서 16부를 찾아볼 수 있고, 나머지 5부는 미국 내에 있다.

Q: 다음 중 구텐베르크 성서에 대한 내용과 일치하는 것은 무엇인가?

(a) 14세기에 출판되었다.
(b) 5부의 복사본이 미국에서 인쇄되었다.
(c) 대량 생산된 최초의 문학 작품이었다.
(d) 21부의 복사본이 남아있다고 알려져 있다.

해설 구텐베르크 성서에 대한 내용과 일치하는 것을 묻는 문제입니다. 지문의 구텐베르크 성서에 대한 설명에서 오늘날에는 21부의 완본만이 남아 있다(only 21 complete copies remain extant today)고 했습니다. 이를 '21부의 복사본이 남아있다고 알려져 있다'라고 바꾸어 표현한 (d)가 정답입니다.

(a) 구텐베르크 성서가 15세기인 1450년대에 인쇄되었다고 했으므로, 14세기에 출판되었다는 것은 지문의 내용과 다릅니다.
(b) 복사본 5부가 미국 내에 있다고는 했지만, 5부의 복사본이 미국에서 인쇄되었는지는 알 수 없습니다.
(c) 구텐베르크 성서가 가동 활자를 사용하여 대량으로 출판되었다는 중요성을 가진 첫 번째 책이라고는 했지만, 대량 생산된 최초의 문학 작품인지는 알 수 없습니다.

어휘 Gutenberg Bible 구텐베르크 성서(1456년 이전에 인쇄된 라틴어 성서)
inestimable [inéstəməbl] (가치를) 매길 수 없는, 측정할 수 없는
stand out 두드러지다, 눈에 띄다
significance [signífikəns] 중요성, 의의
publish [pʌ́bliʃ] 출판하다, 발행하다
movable type 가동 활자 (낱낱으로 독립된 활자)
approximately [əpráksəmətli] 약, 거의 complete copy 완본
extant [ékstənt] 현존하는 reside [rizáid] 있다, 존재하다, 거주하다
literary [lítərèri] 문학의 mass produce 대량 생산

08

해석 Strings.com의 매년 개최되는 음악 작곡 대회인 Notable Notes는 음악 업계에 성공적으로 진출하려는 기회를 찾는 아마추어 작곡가들에게 열려 있습니다. 이전에 발매되지 못한 상위 3곡의 작품은 연말에 발매될 편집 앨범에 수록될 것입니다. 참가작은 적어도 3분 길이여야 하며, 저희 웹사이트 www.strings.com에 MP3 형식으로 업로드 되어야 합니다. 다른 파일 형식으로 제출된 작품은 실격 처리됩니다.

Q: 다음 중 지문의 내용과 일치하는 것은 무엇인가?
(a) 최고의 작곡가는 솔로 음반 계약 제의를 받을 것이다.
(b) 작품은 가사가 없는 음악을 포함해야 한다.
(c) MP3가 아닌 형식의 참가작은 접수되지 않을 것이다.
(d) 음악가들은 우편 서비스를 통해 참가작을 제출해도 된다.

해설 지문의 내용과 일치하는 것을 묻는 문제입니다. 광고의 대상을 소개하는 부분에서 음악 작곡 대회인 Notable Notes에 대해 소개했고, 마지막 부분에서 대회의 참가작(Entries)은 MP3 형식으로 업로드 되어야 하며(must be ~ in MP3 format) 다른 파일 형식으로 제출된 작품은 실격 처리된다(Compositions submitted ~ will be disqualified)고 했습니다. 이를 'MP3가 아닌 형식의 참가작은 접수되지 않을 것이다'라고 바꾸어 표현한 (c)가 정답입니다.
(a) 최고의 작곡가가 솔로 음반 계약 제의를 받을 것인지는 언급되지 않았습니다.
(b) 작품이 가사가 없는 음악을 포함해야 하는지는 언급되지 않았습니다.
(d) 참가작은 저희 웹사이트 www.strings.com에 업로드 되어야 한다고는 했지만, 음악가들이 우편 서비스를 통해 참가작을 제출해도 되는지는 언급되지 않았습니다.

어휘 songwriting [sɔ́:ŋraitiŋ] 작곡, 작사
competition [kàmpətíʃən] 대회 composer [kəmpóuzər] 작곡가
composition [kàmpəzíʃən] 곡, 작곡
previously [prí:viəsli] 이전에 release [rilí:s] 발매하다
compilation [kàmpəléiʃən] 편집, 모음집 entry [éntri] 참가작
disqualify [diskwɑ́ləfài] 실격시키다 lyric [lírik] (노래의) 가사

09~10

해석 신입생 여러분께,

Royce 대학교에 오신 여러분을 맞이하게 되어 기쁩니다. 여러분께서 아시는 바와 같이, 우리 시설은 다문화 지역에 위치하고 있고 50개가 넘는 학위 수여 프로그램을 제공합니다. 여러분이 이미 전공을 정했지만,

[09]저희는 여러분이 여러 학문 분야를 시도해 보기 위해 지금으로부터 한 주 후에 다양한 선택 과목에 등록하기를 권장합니다. 그렇게 하는 것이 여러분이 부전공을 선택하거나 또는 나중에 복수 전공 프로그램에 등록하게끔 고무시킬 수 있습니다.

여러분이 대학 생활에 적응하는 것을 돕기 위해, 여러분의 학과에서 멘토가 배정될 것입니다. 지금으로부터 한 달 뒤 의무 오리엔테이션 프로그램에서 이 3학년 학생을 소개받을 것입니다. 게다가, [10]학기의 첫 2주 내에 여러분은 지도 교수와 짝이 지어질 것입니다. 여러분이 강의에 대한 걱정이나 질문이 있다면 찾아갈 수 있는 사람이 바로 이분입니다. 여러분을 여기 Royce 대학교에 모시게 되어 기쁩니다.

Emma Bing 드림
총장, Royce 대학교

09. Q: 학생들이 언제 수업에 등록할 수 있는가?
(a) 일주일 후에
(b) 이주일 후에
(c) 한 달 후에
(d) 두 달 후에

10. Q: 편지에서 Royce 대학교에 대해 추론할 수 있는 것은 무엇인가?
(a) 전 세계 대학교들과 교환 학생 협정을 맺었다.
(b) 교수진들이 학생 상담을 위해 시간을 배정해 두도록 요청한다.
(c) 학생들이 오리엔테이션 프로그램에 참여하는 것을 요구하지 않는다.
(d) 여러 새로운 대학원생 프로그램들을 시작할 계획이다.

해설 09. 학생들이 언제 수업에 등록할 수 있는지를 묻는 육하원칙 문제입니다. 질문의 키워드인 register for courses와 관련된 enroll in various elective courses 주변을 읽어보면 지금으로부터 한 주 후에 다양한 선택 과목에 등록하기를 장려한다는 것을 알 수 있습니다. 따라서 '일주일 후에'라고 한 (a)가 정답입니다.

10. Royce 대학교에 대해 추론할 수 있는 것을 묻는 문제입니다. 편지에서 학기의 첫 이주 내에 지도 교수와 짝이 지어지고, 강의에 대한 걱정이나 질문이 있다면 찾아 갈 수 있다(within the first two weeks ~ your courses)고 했습니다. 이를 통해 교수진들이 학생들과 상담을 해야 한다는 것을 알 수 있으므로, '교수진들이 학생 상담을 위해 시간을 배정해 두도록 요청한다'라고 추론한 (b)가 정답입니다.
(a) Royce 대학교가 다문화 지역에 위치해 있다고는 하였으나, 전 세계 대학교들과 교환 학생 협정을 맺었는지는 추론할 수 없습니다.
(c) 한 달 후 의무 오리엔테이션 프로그램이 있을 것이라고 했으므로, 학생들이 오리엔테이션 프로그램에 참여하는 것을 요구하지 않는다는 것은 잘못 추론한 내용입니다.
(d) Royce 대학교가 여러 새로운 대학원생 프로그램들을 시작할 계획인지는 언급되지 않았습니다.

어휘 freshman [fréʃmən] 신입생
institution [ìnstətjú:ʃən] (학교·병원·교회 등의) 시설
multicultural [mʌ̀ltikʌ́ltʃərəl] 다문화의
district [dístrikt] 지역, 구역
encourage [inkə́:ridʒ] 권장하다, 장려하다
elective [iléktiv] 선택 과목 sample [sǽmpl] 시도해 보다, 맛보다
inspire [inspáiər] 고무하다, 영감을 주다 minor [máinər] 부전공
adjust [ədʒʌ́st] 적응하다, 조정하다
assign [əsáin] 배정하다, 할당하다 faculty [fǽkəlti] (학부의) 교수단
launch [lɔ:ntʃ] 시작하다, 출시하다
postgraduate [poustgrǽdʒuit] 대학원의

MINI TEST 4

p. 119

| 01 (d) | 02 (d) | 03 (b) | 04 (c) | 05 (a) |
| 06 (b) | 07 (d) | 08 (b) | 09 (b) | 10 (b) |

01

해석 'The Fox and the Hound'는 1960년대의 미국 시골을 배경으로 폭력적인 여우 사냥계를 다룬 어둡고 음울한 소설이다. 두 주인공들, 여우 Tod와 개 Copper 사이에는 평생 동안 지속된 적대감이 있다. Tod의 삶은 비극적이었다. 그의 어머니, 형제자매, 부인, 새끼들은 모두 죽임을 당했다. 죽음은 이 책 속에 스며들어 있는 존재이며 이 책은 그 세부 묘사와 형식으로 문학상을 수상하였다. 사실, 두 주인공은 작가 Daniel Mannix가 출판한 판에서는 결국 죽고 만다. 그러나, 이러한 _____은, 이 소설을 각색한 디즈니사의 영화에는 포함되지 않았다.

(a) 매우 잔인하고 불법적인 사냥 활동들
(b) 동물의 죽음을 둘러싼 의식 절차들
(c) 미국 시골 지역 안에서의 삶의 특성들
(d) 줄거리의 우울하고 비극적인 면들

해설 지문 마지막의 빈칸을 채우는 문제입니다. 빈칸이 있는 문장 These ____, ~ of the novel(그러나, 이러한 ___은, 이 소설을 각색한 디즈니사의 영화에는 포함되지 않았다)을 통해, 빈칸에는 앞에서 설명한 소설인 'The Fox and the Hound'의 내용 중 디즈니사의 각색 영화에는 포함되지 않은 부분이 무엇인지를 넣어야 한다는 것을 예상할 수 있습니다. 지문에서 'The Fox and the Hound'는 1960년대 미국 시골의 폭력적인 여우 사냥계를 다룬 어둡고 음울한 소설('The Fox and the Hound' ~ 1960s rural America)이라고 한 후, 소설 속 여우들의 비극적인 삶과 죽음에 대해 설명했고, 빈칸이 있는 문장에서 그러나 소설을 각색한 영화에는 소설의 이러한 부분이 포함되지 않았다고 했습니다. 이를 바탕으로 디즈니사의 영화에는 '줄거리의 우울하고 비극적인 면들'은 포함되지 않았다는 것을 알 수 있으므로, (d)가 정답입니다.

어휘 **brooding**[brúːdiŋ] 음울한
lifelong[láiflɔ̀ːŋ] 평생 동안 지속된, 일생의
animosity[æ̀nəmɑ́səti] 적대감, 반감 **pup**[pʌp] (여러 동물의) 새끼
permeate[pə́ːrmièit] 스며들다, 침투하다 **literary award** 문학상
detail[ditéil] 세부 묘사 **version**[və́ːrʒən] ~판
include[inklúːd] 포함하다 **adaptation**[æ̀dəptéiʃən] 각색
cruel[krúːəl] 잔인한, 잔혹한 **ritual**[rítʃuəl] 의식 절차
countryside[kʌ́ntrisàid] 시골지역
gloomy[glúːmi] 우울한, 침울한 **aspect**[ǽspekt] 측면

02

해설 외래종, 즉 어떤 서식지에 번성한 비토착 식물이나 동물들은, _____. 이 문제에 대한 유일한 해결책은 토종이 아닌 종들을 제거하는 것이지만, 이는 매우 달성하기 어렵다. 몇 안 되는 성공 사례 중 하나는 매리언섬의 고양이가 박멸인데, 이 고양이들은 1950년대에 쥐들을 죽이기 위해 계획적으로 들여온 것이었다. 포식자들의 부족 때문에, 그들은 무서운 속도로 번식하였다. 근절되기 전까지, 이 동물들은 매년 45만 마리의 바닷새들을 죽이며, 이동하는 조류 집단을 멸살시켰다.

(a) 작은 지역의 포식자들을 죽일지도 모른다
(b) 잡종을 낳기 위해 토종 동물군과 짝짓기 한다
(c) 외딴 섬들의 새들을 죽이는 경향이 있다
(d) 침입한 지역에 불리한 영향을 미칠 수 있다

해설 지문 처음의 빈칸을 채우는 문제입니다. 빈칸이 있는 문장 Invasive species, ~ spread in certain habitats, ____(외래종, 즉 어떤 서식지에 번성한 비토착 식물이나 동물들은, ____)를 통해 빈칸에 외래종에 대한 내용을 넣어야 한다는 것을 예상할 수 있습니다. 외래종인 매리언섬의 고양이를 예로 들면서 포식자들의 부족 때문에, 무서운 속도로 번식하였다(Because of ~ at an alarming rate)고 한 후, 이 동물들은 이동하는 조류 집단을 멸살시켰다(the animals devastated the migrating avian population)고 했습니다. 이를 '침입한 지역에 불리한 영향을 미칠 수 있다'라고 표현한 (d)가 정답입니다.

어휘 **invasive species** 외래종 (다른 나라에서 들어온 품종)
non-indigenous 비토착의, 토착이 아닌 **habitat**[hǽbitæt] 서식지
eliminate[ilímənèit] 제거하다
nonnative[nʌnnéitiv] 토종이 아닌
deliberately[dilíbərətli] 계획적으로
eradicate[irǽdəkeit] 근절하다, 제거하다
devastate[dévəstèit] 멸살시키다
migrate[máigreit] 이동하다, 이주하다 **avian**[éiviən] 조류의, 새의
fauna[fɔ́ːnə] 동물군 **hybrid**[háibrid] 잡종
adversely[ædvə́ːrsli] 불리하게, 반대로

03

해설 엘레아의 제논은 초기 그리스 철학자로 자연법칙이 불가능한 것처럼 보이게 하는 것인 역설, 즉 논리적 모순을 묘사했던 것으로 가장 유명했다. 그 중 하나는 그리스 신화 속에 나오는 영웅인 아킬레스가 거북이와 경주하는 이야기를 포함하고 있다. 아킬레스는 거북이가 100미터 앞에서 시작할 수 있도록 해주었다. 아킬레스가 100미터를 달리는 시간 동안, 거북이는 10미터를 달리며, 그들은 이제 10미터 떨어져 있다. 그 다음에, 아킬레스가 이곳에서부터 10미터를 더 달리면, 거북이는 1미터를 움직일 것이다. 이 패턴이 계속되고, 그들 사이의 거리는 계속해서 줄어든다. 아킬레스는 점점 더 가까워지지만, 절대 거북이를 지나칠 수는 없다. _____, 이는 절대로 발생하지 않겠지만, 이 역설은 철학적 논리를 사용하여 해결하는 데 수 세기가 걸렸다.

(a) 예를 들어
(b) 사실
(c) 대조적으로
(d) 결과적으로

해설 빈칸에 알맞은 연결어를 넣는 문제입니다. 지문은 자연법칙이 불가능한 것처럼 보이게 하는 역설을 묘사했던 초기 그리스 철학자인 엘레아의 제논에 대한 설명입니다. 빈칸 앞에는 아킬레스가 거북이와 점점 더 가까워져도 절대 거북이를 지나칠 수 없다는 내용이 나오고, 빈칸 뒤에는 이는 절대 발생하지 않겠지만 이 역설은 철학적 논리를 사용하여 해결하는 데 수 세기가 걸렸다는 추가적인 설명이 나옵니다. 따라서 앞 문장에 대해 부가적인 설명을 덧붙일 때 사용되는 연결어인 (b) In fact (사실)가 정답입니다.

어휘 **paradox**[pǽrədɑ̀ks] 역설 **logical**[lɑ́dʒikəl] 논리적인
inconsistency[ìnkənsístənsi] 모순, 불일치
mythical[míθikəl] 신화 속에 나오는
Achilles[əkíliːz] 아킬레스 (Homer 작 Illiad 중의 그리스 영웅)
progressively[prəgrésivli] 계속해서

04

해설 영장류 동물학자들은 몇 년에 걸쳐 영장류가 높은 수준의 인지 능력을 가질 수 있다는 것을 발견했다. (a) 영장류는 비교적 큰 뇌, 사물을 입체적으로 보는 시력, 마주 볼 수 있는 엄지손가락을 가졌다는 점에서 동물들 중에서 가장 인간과 비슷하다. (b) 몇몇 영장류는 사냥에 사용하는 정교한 도구를 만드는 능력이 있다. (c) 영장류 동물학자들에 의해 발견

된 뾰족한 막대기들은 영장류의 도구 사용에 대한 최초의 증거에 해당한다. (d) 생물학자들은 또한 영장류가 인간처럼, 의식적으로 다른 이들을 조종하고 속일 수 있다는 것을 알아냈다.

해설 지문의 흐름상 어색한 문장을 고르는 문제입니다. 첫 문장에서 '영장류 동물학자들은 영장류에게 높은 수준의 인지 능력을 가질 수 있다'고 언급하고, (a), (b), (d)는 이러한 발견을 뒷받침할 수 있는 증거로서 영장류가 가지고 있는 인간과 비슷한 특성과 능력들을 나열했습니다. 반면, (c)의 '뾰족한 막대기들은 영장류의 도구 사용에 대한 최초의 증거'라는 내용은 도구를 만드는 능력에 대한 예시로 첫 문장의 '높은 수준의 인지 능력을 가진 영장류'와는 관련이 없으므로 (c)가 정답입니다.

어휘 **primatologist**[prὰimətάləʤist] 영장류 동물학자
primate[práimèit] 영장류 **be capable of** 할 수 있다
cognition[kɑgníʃən] 인식, 인지
stereoscopic[stèriəskάpik] 사물을 입체적으로 보는
opposable[əpóuzəbl] 마주 볼 수 있는 **primate species** 영장류
sophisticated[səfístəkèitid] 정교한
manipulate[mənípjulèit] 조종하다 **deceive**[disíːv] 속이다

05

해설 Easy Speak의 발표 기술 강좌로 무대 공포증을 극복하세요
대중 연설이 두려우신가요? Easy Speak이 해결책을 갖고 있습니다! 저희의 집중 강좌는 청중 앞에서 말하는 데 자신감을 주는 것뿐만 아니라 더 효율적인 의사소통가로 만들어줄 것입니다. 저희의 다음 강좌에 참여하는 것에 관심이 있으시다면, 다음 정보를 주목해 주세요:
- 기간: 6월 1일에서 6월 7일
- 강의 시간: 매일 오전 10시에서 오후 4시
- 위치: Cedar Court 호텔 회의실
- 강의 인원: 최대 25명
- 비용: 1,600달러

등록하시거나 더 많은 정보를 받으시려면, 555-0912로 Easy Speak에 연락주세요.

Q: 강좌에 대해 주로 광고되고 있는 무엇인가?

(a) 사람들이 더 나은 대중 연설가가 되도록 도와줄 것이다.
(b) 의사소통의 가치에 대해 학생들을 교육할 것이다.
(c) 인상적인 연설을 작성하는 방법에 대한 조언을 제공할 것이다.
(d) 예산을 관리하는 것에 대한 안내를 제공할 것이다.

해설 광고의 주제를 묻는 문제입니다. 지문에서 강좌는 청중 앞에서 말하는 데 자신감을 주는 것뿐만 아니라 더 효율적인 의사소통가로 만들어 줄 것(course will not only ~ effective communicator)이라고 한 후, 지문 전체에 걸쳐 강좌의 세부 사항에 대해 설명했습니다. 이를 '사람들이 더 나은 대중 연설가가 되도록 도와줄 것이다'라고 종합한 (a)가 정답입니다.

어휘 **conquer**[kάːŋkər] 극복하다, 정복하다 **stage fright** 무대 공포증
public speaking 대중 연설 **intensive**[inténsiv] 집중적인
confidence[kάnfədəns] 자신감 **take note of** ~을 주목하다
enroll[inróul] 등록하다
memorable[mémərəbl] 인상적인, 기억할 만한
manage[mǽnidʒ] 관리하다 **budget**[bʌ́dʒit] 예산

06

해설 30년간 중국의 성장을 추진시키는 데 도움이 되어 온 중국의 제조업 분야는 개혁을 해야 한다는 압박을 지금 받고 있다. 놀랍게도, 이를 요구하는 것은 중국 소비자들이다. 신흥부자들, 그들 중 많은 이들이 싸고, 질이 낮은 것으로 알려진 중국 회사들의 상품들에 대한 대안을 찾고 있다. 이는 중국 시장에서 갑작스런 수입품의 쇄도로 이어졌다. 업계 관찰자들은 중국 제조업자들이 중국 시장을 되찾을 수 있는 유일한 방법은 그들의 상표에 대한 대중의 인식을 강화하는 것이라고 지적한다. 그들이 말하기를, 문제는 사실 상품의 질에 관한 것이 아니라, 소비자들의 인식에 관한 것이라고 한다.

Q: 다음 진술 중 기사의 내용과 일치하는 것은 무엇인가?

(a) 외국 회사들이 그들의 사업을 중국에서 철수시키겠다고 위협하고 있다.
(b) 중국 상표는 국내 시장에서의 시장 점유율을 위해 경쟁해야 한다.
(c) 중국 소비자들은 수입품의 높은 가격에 대해 불평하고 있다.
(d) 업계 전문가들은 기술 투자가 가장 중요하다고 생각한다.

해설 기사의 내용과 일치하는 것을 묻는 문제입니다. 많은 신흥부자들이 싸고, 질이 낮은 것으로 알려진 중국 회사의 상품들에 대한 대안을 찾고 있다(Newly wealthy ~ become known for)고 했고, 이는 중국 시장에서 갑작스런 수입품의 쇄도로 이어졌다(This has ~ the Chinese market)고 했으므로, 중국 내에서 자국의 제품이 많이 팔리지 않는다는 것을 알 수 있습니다. 이를 '중국 상표는 국내 시장에서의 시장 점유율을 위해 경쟁해야 한다'라고 바꾸어 표현한 (b)가 정답입니다.

(a) 외국 회사들이 그들의 사업을 중국에서 철수시키겠다고 위협하고 있는지는 언급되지 않았습니다.
(c) 중국 소비자들이 수입품의 높은 가격에 대해 불평하고 있는지는 언급되지 않았습니다.
(d) 업계 관찰자들은 중국 회사들이 상표 가치에 투자해야 한다고 지적한다고 했으나, 업계 전문가들이 기술 투자를 가장 중요하게 생각하는지는 지문의 내용과 다릅니다.

어휘 **manufacturing**[mænjufǽktʃəriŋ] 제조업
drive[draiv] 추진시키다, 몰아가다 **under pressure** 압력을 받아
alternative[ɔːltə́ːrnətiv] 대안 **low-quality** 질이 낮은, 저급의
flood[flʌd] 쇄도, 쏟아짐 **observer**[əbzə́ːrvər] 관찰자
point out 지적하다 **recapture**[rìːkǽptʃər] 되찾다
perception[pərsépʃən] 인식 **threaten**[θretn] 위협하다
pull out 철수시키다 **share**[ʃɛər] 몫, 할당
domestic[dəméstik] 국내의
paramount[pǽrəmàunt] 가장 중요한

07

해설 유로화 대비 미국 달러의 성적은 지난 10년의 대부분 동안 주춤했다. 2001년에 유로화 대비 최고의 성적을 거둔 이후로, 달러는 주로 미국의 급증하는 예산 적자로 인해 그 가치가 상당히 떨어졌다. 현재 미국 통화는 고작 달러당 0.6254유로였던 2008년보다는 강세지만, 현재 환율은 달러당 1.1171유로였던 2001년의 수준에 비해서는 한참 멀었다.

Q: 지문에 따르면 다음 중 미국 달러에 대한 내용과 일치하는 것은 무엇인가?

(a) 10년 전부터 계속해서 가치가 떨어져왔다.
(b) 달러의 부실한 성적이 미국 경제를 위축시켰다.
(c) 2001년에 달러는 현재보다 유로에 대한 가치가 더 적었다.
(d) 유로화 대비 달러의 가치는 2008년 이후에 올랐다.

해설 미국 달러에 대한 내용과 일치하는 것을 묻는 문제입니다. 지문에서 현재 미국 통화는 달러당 0.6254유로였던 2008년보다는 강세이다(the American currency ~ only 0.6254 euro)라고 했습니다. 이를 '유로화 대비 달러의 가치는 2008년 이후에 올랐다'라고 바꾸어 표현한 (d)가 정답입니다.

(a) 현재 미국 달러는 2008년보다는 강세라고 했으므로, 10년 전부터 계속해서 가치가 떨어져왔다는 것은 지문의 내용과 다릅니다.
(b) 달러의 부실한 성적이 미국 경제를 위축시켰는지는 언급되지 않

았습니다.
(c) 현재 유로에 대한 달러의 가치가 2001년의 수준보다 한참 낮다고 했으므로, 2001년에 달러는 현재보다 유로에 대한 가치가 더 적었다는 것은 지문의 내용과 다릅니다.

어휘 performance[pərfɔ́ːrməns] 성적, 성과
falter[fɔ́ːltər] 주춤하다, 약해지다
the better part of ~의 대부분, 더욱 많은
significantly[signífikəntli] 상당히
depreciate[diprí:ʃièit] 가치가 떨어지다 balloon[bəlú:n] 급증하다
budget[bʌ́dʒit] 예산 deficit[défəsit] 적자, 부족
currency[kə́:rənsi] 통화 exchange rate 환율
deflate[difléit] 수축시키다, 공기를 빼다 value[vǽlju:] 가치
appreciate[əprí:ʃièit] 가치가 오르다

08

해석 여러분께서는 일상 업무에서의 휴식이 필요하시나요? 그렇다면 벨기에로 여행을 가보세요. 벨기에 문화는 약간의 플랑드르가 첨가된 프랑스와 독일 문화의 혼합입니다. 그중에 가장 좋은 부분은 건축과 자연의 보물들로 가득 차 있는 매우 작은 나라 안에서 이 모든 것들을 즐길 수 있다는 점입니다. 벨기에의 관광 기반 시설은 세계 최고와 동등하여, 여러분의 여행이 순조롭게 진행될 것임을 보장합니다. 게다가, 여러분은 파리나 베를린과 같은 근처 유럽의 다른 명소들에 있는 엄청난 군중들을 상대하지 않아도 됩니다. 오늘 여러분의 여행사로 전화하셔서 벨기에로 가는 여행을 예약하세요!
Q: 광고에서 벨기에에 대해 추론할 수 있는 것은 무엇인가?
(a) 보유하고 있는 건축물로 가장 잘 알려져 있다.
(b) 이웃 국가들만큼 인기 있는 여행지는 아니다.
(c) 관광 안내자의 서비스를 이용하여 가장 잘 답사할 수 있다.
(d) 지역 관광 서비스를 개선하는 과정 중에 있다.

해설 광고에서 벨기에에 대해 추론할 수 있는 것을 묻는 문제입니다. 지문에서 벨기에로 여행을 가보라고 한 후, 벨기에 여행의 장점으로 근처 유럽의 다른 명소들에 있는 엄청난 군중들을 상대하지 않아도 된다(you don't ~ nearby European hotspots)고 했으므로, 벨기에는 근처의 다른 유럽 여행지들보다 여행자가 많지 않다는 것을 알 수 있습니다. 이를 바탕으로 '이웃 국가들만큼 인기 있는 여행지는 아니다'라고 추론한 (b)가 정답입니다.
(a) 벨기에에서 건축물들을 감상할 수 있다고는 했지만, 벨기에가 건축물로 가장 잘 알려져 있는지는 추론할 수 없습니다.
(c) 관광 안내자의 서비스를 이용하여 가장 잘 답사할 수 있는지는 언급되지 않았습니다.
(d) 벨기에가 지역 관광 서비스를 개선하는 중인지는 언급되지 않았습니다.

어휘 daily routine 일상 생활 architectural[àːrkətéktʃərəl] 건축의
treasure[tréʒər] 보물
infrastructure[ínfrəstrʌ̀ktʃər] (사회) 기반 시설
hot spot 명소, 활기 넘치는 곳 possess[pəzés] 소유하다

09~10

해석 Eric:
안녕, Crystal.   오후 3시 40분
어떻게 지내? 나는 일하느라 매우 바쁜 한 주였어. 어제 너에게 수 차례 전화했는데, 네가 전화를 받지 않았어. 그건 그렇고, ⁰⁹조금 안 좋은 소식이 있어. 네가 빌려준 헤드폰을 뜻하지 않게 망가트렸어. 주차장에서 내 차로 걸어갈 때 가방에서 그것들이 빠져 나와서 내가 밟아 버렸어. ¹⁰네가 만약 시간이 된다면 오늘 밤에 새로운 세트를 사러 전자제품 매장에 갈 수 있어.

Crystal
안녕, Eric.   오후 4시 1분
어제 나에게 연락할 수 없어서 미안해. 집에 휴대폰을 두고 나왔고, 하루 종일 사무실에 있었어. 나도 내 차가 고장 나서 정비소를 여러 번 방문해야 했기 때문에 꽤 바빴어. 헤드폰에 대해 속상해하지마. 사고가 일어난다는 것을 알고 있어. ¹⁰내가 오늘 밤에 남동생 숙제를 도와줘야 해서 다음에 쇼핑하러 가자.

09. Q: 대화 메시지에서 주로 논의되고 있는 것은 무엇인가?
(a) 더 최신 모델로의 휴대폰 교체
(b) 어떤 오디오 장비에 초래된 손상
(c) 새로운 옷 물품의 구매
(d) 백화점에서 할인 판매 중인 상품들

10. Q: 대화 메시지에서 추론할 수 있는 것은 무엇인가?
(a) Crystal은 곧 새로운 차를 구입할 계획이다.
(b) Crystal은 물건을 대체하자는 제안을 수락했다.
(c) 손님은 며칠 동안 도시에 머무를 것이다.
(d) Eric은 최근에 정비소에 태워달라고 요청했다.

해설 09. 대화 메시지의 주제를 묻는 문제입니다. Eric이 Crystal에게 조금 안 좋은 소식이 있다(I have some bad news)고 한 후, 빌려준 헤드폰을 주차장에서 밟아버려서 뜻하지 않게 망가트렸다(I accidentally ~ stepped on them)고 설명했습니다. 이를 '어떤 오디오 장비에 초래된 손상'이라고 종합한 (b)가 정답입니다.

10. 대화 메시지에서 추론할 수 있는 것을 묻는 문제입니다. Eric이 Crystal에게 시간이 된다면 오늘 밤에 새로운 세트를 사러 전자제품 매장에 갈 수 있다(We can go ~ you have time)고 하자, Crystal이 Eric에게 오늘 밤에 남동생 숙제를 도와줘야 하기 때문에 다음에 쇼핑하러 가자(Let's go shopping ~ homework tonight)고 했습니다. 이를 통해 Crystal이 새로운 세트를 사러 전자제품 매장에 가자는 제안을 수락했다는 것을 알 수 있으므로, 'Crystal은 물건을 대체하자는 제안을 수락했다'라고 추론한 (b)가 정답입니다.

어휘 fall out 빠져 나오다 break down 고장 나다
feel bad 속상해하다, 낙담하다 incur[inkə́:r] 초래하다

MINI TEST 5   p.124

| 01 (b) | 02 (a) | 03 (c) | 04 (c) | 05 (a) |
| 06 (d) | 07 (c) | 08 (a) | 09 (d) | 10 (b) |

01

해석 내란이 터지는 것을 막기 위한 노력의 일환으로, 짐바브웨의 두 다수당은 권력 분배 협정에 찬성했다. Zanu PF당의 Robert Mugabe가 대통령으로 임명되고, MDC당의 Morgan Tsvangirai가 국무총리로 임명되었다. 이 구조는 경쟁하는 두 당파가 국가를 운영하는 데 발언권을 가질 수 있도록 하려는 것이었다. 그러나, 이 합병은 Zanu PF당이 권력 분배 협정을 파기하려는 시도로 지방에서 폭력을 조장하였다는 혐의를 받았을 때 커다란 장애물에 봉착했다. Zanu당의 작전은 _____
_____.
(a) 많은 MDC당 지지자들에게 환영받았다
(b) MDC당으로 하여금 경쟁자의 진실성을 의심하게 만들었다

(c) 두 당파 사이의 협력을 발휘했다
(d) 짐바브웨의 농업이 난장판이 되었다는 것을 보여 주었다

해설 지문 마지막의 빈칸을 채우는 문제입니다. 빈칸이 있는 문장 The Zanu operation ____(Zanu당의 작전은 ___)을 통해 빈칸에 Zanu 당의 작전에 대한 내용을 넣어야 한다는 것을 예상할 수 있습니다. 지문의 첫 부분에서 짐바브웨의 두 다수당은 권력 분배 협정에 찬성했다 (Zimbabwe's two ~ a power-sharing deal)고 했으나, 지문의 마지막 부분에서 Zanu PF당이 권력 분배 협정을 파기하기 위해 지방에서 폭력을 조장한 혐의를 받아 커다란 장애물에 봉착했다(the merger ~ the power-sharing deal)고 했습니다. 따라서, Zanu당이 받은 혐의로 인해 MDC당과의 권력 분배 협정이 파기될 위기에 처하게 됨을 알 수 있습니다. 이를 바탕으로 Zanu의 작전은 'MDC당으로 하여금 경쟁자의 진실성을 의심하게 만들었다'고 표현한 (b)가 정답입니다.

어휘 **in an effort to** ~하기 위한 노력의 일환으로
erupt[irʌ́pt] 터지다, 분출하다 **major party** 다수당
power-sharing 권력을 분배하는
designate[dézignèit] 임명하다, 지명하다
prime minister 국무총리, 수상 **faction**[fǽkʃən] 당파, 파벌 싸움
say[sei] 발언권 **merger**[mə́ːrdʒər] 합병
stumbling block 장애물 **accuse**[əkjúːz] 혐의를 제기하다, 고발하다
foment[foumént] 조장하다, 조성하다 **break off** 파기하다
hail[heil] 환영하다 **sincerity**[sinsérəti] 진실성, 정직, 성실
shamble[ʃǽmbl] 난장판, 지저분한 곳

02

해설 주지사께,

저는 지역 경제_____과 관련해 귀하의 입장에 동의하지 않습니다. 귀하는 회사들이 제조업 일자리를 해외에 외주한 후로 많은 국민들이 정리 해고되었기 때문에 세계화가 국가에 해롭다고 주장합니다. 하지만, 통계는 지난해 실직의 단 3퍼센트만이 외주에 의해 발생하였고, 97퍼센트는 기술의 진보 때문임을 보여줍니다. 다시 말해서, 고용인 명부는 기계가 인간보다 일을 더 잘할 수 있었기 때문에 대폭 줄었으며, 무역 장벽을 허무는 것과는 전혀 관계가 없습니다.

존경을 담아,
Ricardo Smith

(a) 에 대한 세계적인 자유무역체제의 영향
(b) 에 대한 세계 시장의 이로운 영향
(c) 로 인해 증가된 국내 회사들의 경쟁력
(d) 에 대한 주요 문제를 위해 제시된 해결책

해설 편지 처음의 빈칸을 채우는 문제입니다. 빈칸이 있는 문장 I disagree with your stance on the ____ the local economy(저는 지역 경제 ___과 관련해 귀하의 입장에 동의하지 않습니다)를 통해, 빈칸에 글쓴이가 동의하지 않는 지역 경제와 관련한 주지사의 입장에 대한 내용을 넣어야 한다는 것을 예상할 수 있습니다. 편지에서 주지사가 회사들이 제조업 일자리를 해외에 외주한 후로 많은 국민들이 정리 해고되었기 때문에 세계화가 국가에 해롭다고 주장한다(You contend ~ manufacturing jobs overseas)고 했으므로, 주지사의 주장은 해외로 외주를 주는 것이 지역 경제에 미치는 영향에 대한 것이라는 것을 알 수 있습니다. 이를 바탕으로 글쓴이가 '지역 경제'에 대한 세계적인 자유무역체제의 영향'과 관련해 주지사의 입장에 동의하지 않는다고 표현한 (a)가 정답입니다.

어휘 **stance**[stæns] 입장, 태도 **economy**[ikánəmi] 경제
globalization[glòubəlizéiʃən] 세계화
injurious[indʒúəriəs] 해로운, 나쁜

redundant[ridʌ́ndənt] 정리 해고된, 잉여의
outsource[àutsɔ́ːrs] 외주하다, 외부에서 조달하다
manufacturing[mæ̀njufǽktʃəriŋ] 제조업의
roll[roul] 명부 **slash**[slæʃ] 대폭 줄다
dismantle[dismǽntl] 허물다, 해체하다 **trade barrier** 무역 장벽
competitive[kəmpétətiv] 경쟁적인, 경쟁할 수 있는
domestic[dəméstik] 국내의

03

해설 다른 조류들의 것과는 달리, 벌새의 길고 칼날 같은 날개들은 오직 어깻죽지에서만 나와서 몸으로 연결된다. 이로 인해 벌새는 날개를 초당 90번까지 퍼덕이면서 공중에서 맴돌 수 있다. _____, 벌새는 날개의 이러한 빠른 움직임을 사용하여 뒤로 날 수 있는데, 그런 능력을 가진 것은 조류 중에서 벌새밖에 없다.

(a) 마침내
(b) 사실상
(c) 마찬가지로
(d) 대조적으로

해설 빈칸에 알맞은 연결어를 넣는 문제입니다. 지문은 벌새의 독특한 날기 능력에 대한 설명입니다. 빈칸 앞에는 다른 조류들과 다르게 벌새가 초당 90번의 날갯짓으로 공중에서 맴돌 수 있다는 내용이 나오고, 빈칸 뒤에는 이러한 날개의 움직임으로 인해 뒤로 날 수 있는 능력 또한 벌새에게만 있다는 내용으로 두 내용은 독특한 날개 구조로 인해 벌새만이 갖는 비행 능력을 나타내는 유사한 관계입니다. 따라서 유사함을 나타내는 연결어인 (c) Similarly(마찬가지로)가 정답입니다.

어휘 **species**[spíːʃiːz] 종 **bladelike**[bléidlàik] 칼날 같은
hummingbird[hʌ́miŋbə̀ːrd] 벌새 **shoulder joint** 어깻죽지, 견관절
flap[flæp] 퍼덕이다 **permit**[pərmít] 허용하다, 허락하다
hover[hʌ́vər] 맴돌다 **midair**[midɛ́ər] 공중
avian[éiviən] 조류의, 새의

04

해설 'Women's Fashion Weekly'지는 패션, 미용, 소매업계들의 최신 소식과 이슈를 알리는 것에 충실한 잡지입니다. (a) 저희는 독자들에게 매주 중요한 업계 소식을 요약하여 제공해 드립니다. (b) 또한 저희의 노련한 작가들은 여성들의 핵심 패션 동향을 추적하여 독자들이 어떤 옷과 액세서리를 사야 할지 안내해 드립니다. (c) 잡지의 독자층은 대기업 간부, 사교계 명사, 유행의 선도자들이 포함됩니다. (d) 그러므로 패션과 미용에 관심이 있다면, 지금 구독 신청하셔서 가판대 가격에서 30퍼센트 할인 받으세요.

해설 지문의 흐름상 어색한 문장을 고르는 문제입니다. 첫 문장에서 'Women's Fashion Weekly'지가 패션, 미용, 소매업계들의 최신 소식과 이슈를 알리는 것에 충실한 잡지라고 한 후, (a), (b), (c)는 잡지 홍보를 위해 잡지의 주요 특징 및 구독 신청과 할인율을 설명했습니다. 반면 (c)의 '잡지의 독자층'은 지문 전체에서 언급하고 있는 '잡지의 주요 특징 및 구독 할인율'과는 관련이 없으므로 (c)가 정답입니다.

어휘 **devote**[divóut] 충실하다, 전념하다, 쏟다
retail industry 소매 업계
experienced[ikspíəriənst] 노련한, 경험이 풍부한
track[træk] 추적하다 **key**[kiː] 핵심적인, 가장 중요한
corporate executive 대기업 간부 **socialite**[sóuʃəlàit] 사교계 명사
trendsetter[tréndsètər] 유행의 선도자
subscribe[səbskráib] (신문 등을) 구독하다
newsstand[njúːzstæ̀nd] 가판대

05

해석 대부분 사람들은 지구의 표면이 주로 물로 구성되어 있다는 것을 알고 있지만, 물은 애초에 어떻게 이곳에 생긴 것일까? 과학자들이 연구하고 있는 하나의 지배적인 이론은 지구의 바다가 약 40억 년 전인 후기 운석 대충돌기라고 불리는 시기에 혜성과 소행성들로부터 발생한 충격에 의해 생성되었다는 것이다. 자료는 소행성과 몇몇 혜성들에서 발견된 물의 'D/H' 비율, 즉 일정량의 물에 포함된 중수소 금속의 양이 지구에서 찾아볼 수 있는 물의 D/H 비율과 같다는 것을 나타낸다.

Q: 지문의 요지는 무엇인가?

(a) 지구의 물은 원래 우주로부터 기원했다.
(b) 물은 지구 밖에서 발견될 수 있다.
(c) 물분자는 금속도 포함할 수 있다.
(d) 물은 소행성과 혜성들에서 발견된다.

해설 지문의 요지를 묻는 문제입니다. 지문에서 물의 기원을 제시하는 이론 중 하나는 지구의 바다가 혜성과 소행성들로부터 발생한 충격에 의해 생성되었다(the planet's oceans were created by impacts from comets and asteroids)는 것이라고 한 후, 이 이론을 뒷받침할 수 있는 증거로 혜성과 운석에서 발견된 물과 지구의 물의 D/H 비율이 같음을 제시했으므로, 지구의 물은 우주에서 날아온 혜성과 운석이 지구와 충돌하면서 생성되었다는 것을 알 수 있습니다. 이를 '지구의 물은 원래 우주로부터 기원했다'라고 표현한 (a)가 정답입니다.

어휘 in the first place 애초에, 첫 번째로
prevailing [privéiliŋ] 지배적인
impact [ímpækt] 충돌, 충격   asteroid [æstərɔ̀id] 소행성
deuterium [djuːtíəriəm] 중수소   molecule [máləkjùːl] 분자

06

해석 육지와 물 속 모두에서 발견되는 선충들은 지구상에 가장 많은 동물들이다. 땅 1제곱 미터당 적어도 이백만 마리의 선충들이 있는데, 이것은 진드기 같은 비교적 대규모인 유기체보다 10배 더 많은 것이다. 백선이라고도 알려진 선충들은 세계의 해저에 있는 모든 생명체 종류의 약 90퍼센트를 구성한다. 일부는 기생하며 살지만, 대부분의 선충들은 독립 생활을 하는 유기체이다. 약 28,000종의 선충들이 확인되었으나, 과학자들은 백만 개 이상의 다른 종류들이 있을 수도 있다고 생각한다.

Q: 다음 중 지문의 내용과 일치하는 것은 무엇인가?

(a) 선충들은 모든 해양 생명체 종류의 10퍼센트를 이룬다.
(b) 백만 종이 넘는 선충들이 확인되었다.
(c) 대부분의 선충들은 육지 지역에서 찾을 수 있다.
(d) 소수의 백선 종은 살아남기 위해 다른 생물들을 먹고 산다.

해설 지문의 내용과 일치하는 것을 묻는 문제입니다. 일부는 기생하며 살지만, 대부분의 선충들은 독립 생활을 하는 유기체(Most nematodes are free-living organisms, although some are parasitic)라고 했으므로, 일부 기생하는 선충들은 살기 위해 다른 생물들에게서 먹이를 얻는다는 것을 알 수 있습니다. 이를 '소수의 백선 종은 살아남기 위해 다른 생물들을 먹고 산다'라고 바꾸어 표현한 (d)가 정답입니다.

(a) 선충들은 세계의 해저에 있는 모든 생명체 종류의 약 90퍼센트를 구성한다고 했으므로, 선충들이 모든 해양 생명체 종류의 10퍼센트를 이룬다는 것은 지문의 내용과 다릅니다.
(b) 약 28,000종의 선충들이 확인되었다고 했으므로, 백만 종이 넘는 선충들이 확인되었다는 것은 지문의 내용과 다릅니다.
(c) 선충들은 세계의 해저에 있는 모든 생명체 종류의 약 90퍼센트를 구성한다고 했으므로, 대부분의 선충들을 육지 지역에서 찾을 수 있다는 것은 지문의 내용과 다릅니다.

어휘 nematode [némətòud] 선충 (선형동물의 하나)
plentiful [pléntifəl] 많은   at least 적어도
square meter 제곱 미터   soil [sɔil] 땅, 토양
comparatively [kəmpǽrətivli] 비교적으로
massive [mǽsiv] 대규모의, 거대한
organism [ɔ́ːrgənìzm] 유기체, 생물   mite [mait] 진드기
ringworm [ríŋwə̀ːrm] 백선
comprise [kəmpráiz] 구성하다, 이루어지다
free-living 독립 생활을 하는   parasitic [pæ̀rəsítik] 기생하는
identify [aidéntəfài] 확인하다   upwards of ~ 이상
feed on ~을 먹고 살다   terrestrial [təréstriəl] 육지의, 지구의
make up ~을 이루다, 구성하다

07

해석 고딕 소설 'Frankenstein'에서, Victor Frankenstein은 생명을 창조한다는 생각에 매료되었다. 그는 시체에서 가져온 신체 부위로 만들어진 기괴한 존재에 생명을 불어넣는다. 그의 창조물에 혐오감을 느끼자, Victor는 그 괴물을 버린다. 괴물은 처음에 다른 이들에게 친절하지만, 그의 외모 때문에 사회로부터 외면당한다. 두 등장인물은 고독에 처하게 된다. Victor는 자신의 죄책감과 수치심 때문에, 그 창조물은 자신의 모습 때문에. 이야기의 마지막에서, 그들은 한 사람이 다른 사람에게 처하게 한 역경에 대한 죄의식뿐만 아니라 애착의 감정을 공유한다.

Q: 다음 중 지문에서 추론할 수 있는 것은 무엇인가?

(a) Victor와의 연계 때문에 창조물은 부당하게 대우받았다.
(b) Victor는 사랑하는 사람을 죽음으로부터 부활시키려고 시도했다.
(c) 창조물을 소생시킨 것에 대한 Victor의 기쁨은 그것에 대한 그의 증오에 의해 압도되었다.
(d) 창조물은 본래부터 사람들에게 적대적인 태도를 가지고 있었다.

해설 지문에서 추론할 수 있는 것을 묻는 문제입니다. 지문에서 Victor는 생명을 창조한다는 생각에 매료되어(Victor Frankenstein was enthralled by the idea of creating life), 시체에서 가져온 신체 부위로 만들어진 기괴한 존재에 생명을 불어넣는다(He brings ~ taken from corpses)고 한 후, 그의 창조물에 혐오감을 느끼자, Victor는 그 괴물을 버린다(Revolted by ~ forsakes the monster)고 했습니다. 이를 통해 Victor는 그가 만든 창조물에 증오심을 느껴 그것을 버렸다는 것을 알 수 있으므로, '창조물을 소생시킨 것에 대한 Victor의 기쁨은 그것에 대한 그의 증오에 의해 압도되었다'라고 추론한 (c)가 정답입니다.

(a) 창조물은 그의 외모 때문에 사회로부터 외면을 당했다고 했으므로, Victor와의 연관성 때문에 부당한 대우를 받았다는 것은 잘못 추론한 내용입니다.
(b) Victor가 시체에서 신체 부위를 가져와 생명체를 만들었다고는 했으나, 사랑하는 사람을 죽음으로부터 부활시키려 했는지는 언급되지 않았습니다.
(d) 창조물은 처음에 다른 이들에게 친절했다고 했으므로, 본래부터 사람들에게 적대적인 태도를 가졌다는 것은 잘못 추론한 내용입니다.

어휘 Gothic novel 고딕 소설, 괴기 소설
enthrall [inθrɔ́ːl] 매료하다, 마음을 사로잡다
grotesque [groutésk] 기괴한, 괴상한   corpse [kɔːrps] 시체
revolt [rivóult] 혐오감을 주다, 반란을 일으키다
forsake [fərséik] 버리다, 저버리다   shun [ʃʌn] 외면하다, 피하다
solitude [sálətjùːd] 고독   guilt [gilt] 죄책감
shame [ʃeim] 수치심, 부끄러움   attachment [ətǽtʃmənt] 애착
culpable [kʌ́lpəbl] 죄 있는, 비난할 만한
plight [plait] 역경, 곤경   unjustly [ʌndʒʌ́stli] 부당하게
association [əsòusiéiʃən] 연계, 연관성
attempt [ətémpt] 시도하다   resurrect [rèzərékt] 부활시키다
animosity [ænəmásəti] 증오, 적대감

inherently [inhíərəntli] 본래부터

08

해석 드레드 스콧 사건에 대한 미국 대법원의 결정은 미국 남북 전쟁을 촉발시켰다고 여겨진다. 드레드 스콧은 오랫동안 John Emerson이라는 사람의 노예였다. 마침내, 스콧은 그의 자유를 사려고 했지만 그의 주인은 거절했다. 그는 자기의 주인을 법정에 세웠고, 사건은 결국 몇 차례의 항소 후에 대법원에까지 오게 되었다. 고등법원은 스콧에게 그가 기소할 권리조차도 없다는 판결을 내렸는데, 그 이유는 그는 미국 헌법에 의해 시민으로 고려되지 않았기 때문이다. 이 판결은 노예제도의 반대자들을 격분하게 만들었고 더 나아가 그 나라를 분열시켰다.

Q: 지문에서 추론할 수 있는 것은 무엇인가?

(a) 노예제도에 대한 반대는 드레드 스콧 사건의 판결 이전에도 존재했다.
(b) 대법원은 노예제도에 대한 법이 다시 쓰여야 한다고 생각했다.
(c) 드레드 스콧은 결국 그의 주인으로부터 자유를 보장받을 수 있었다.
(d) 법원의 판결은 효과적으로 미국의 노예제도를 폐지했다.

해설 지문에서 추론할 수 있는 것을 묻는 문제입니다. 지문에서 드레드 스콧 사건의 판결은 노예제도의 반대자들을 격분시켰고 더 나아가 미국을 분열시켰다(The decision ~ divided the country)고 했습니다. 이를 통해 드레드 스콧 사건 이전부터 이미 노예 제도에 반대하는 사람들이 있었다는 것을 알 수 있으므로, '노예제도에 대한 반대는 드레드 스콧 사건의 판결 이전에도 존재했다'라고 추론한 (a)가 정답입니다.

(b) 대법원이 노예제도에 대한 법이 다시 쓰여야 한다고 느꼈는지는 언급되지 않았습니다.
(c) 드레드 스콧이 결국 주인으로부터 자유를 보장받았는지는 추론할 수 없습니다.
(d) 법원의 판결이 노예제도의 반대자들을 격분하게 만들었다고 했으므로, 효과적으로 미국의 노예제도를 폐지했다는 것은 잘못 추론한 내용입니다.

어휘 Supreme Court 대법원 decision [disíʒən] 판결, 결정
precipitate [prisípətèit] 촉발시키다
longtime [lɔ́ŋtàim] 오랫동안의 appeal [əpíːl] 항소
High court 고등법원 rule [ruːl] 판결을 내리다
constitution [kɑ̀nstətjúːʃən] 헌법
enrage [enréidʒ] 격분하게 만들다
slavery [sléivəri] 노예제도 secure [sikjúər] 보장하다
effectively [iféktivli] 효과적으로 abolish [əbɑ́liʃ] 폐지하다

09~10

해석 출생 전 의료 서비스

과거에는, 의사들이 임신을 진단하고 여성이 출산할 때까지 얼마나 걸릴지를 추정하기 위해 기본적인 임상 기술에 의존해야 했다. 태아가 건강하고 정상적으로 자라고 있는지 또는 남자인지 여자인지를 확인할 방법이 없었다. 그러나 초음파 기술의 발전이 이 과정에서의 많은 추측을 없앴다.

⁰⁹초음파 검사는 빠르고 행하기 쉬울 뿐만 아니라, 출산을 앞둔 부모에게 많은 양의 정보를 제공한다. 이것은 자궁으로 고주파 음파를 보내는 방식으로 작동한다. 파동이 내부 경계에 부딪힐 때 튕겨져 나오고, ¹⁰초음파 기계는 태아의 이미지를 만들기 위해 그 데이터를 사용한다. 이것은 산부인과 의사들이 태아를 측정할 수 있게 하여 출산이 언제 일어날지를 예측할 수 있게 한다. 또한 이것은 발생할 수 있는 선천성 장애를 진단하고, 이 중 몇몇은 태아가 아직 자궁에 있는 동안 치료가 가능하게끔 도움을 줄 수 있다.

09. Q: 지문의 제목으로 가장 적절한 것은 무엇인가?

(a) 정기적인 출생 전 검사의 중요성
(b) 선천적 결함의 가능성을 증가시키는 초음파 검사
(c) 치명적인 선천성 질환의 유전
(d) 태아에 관한 정보를 제공하는 초음파 검사

10. Q: 다음 중 지문의 내용과 일치하는 것은 무엇인가?

(a) 초음파 검사는 복잡하고 행하는 데 시간이 많이 걸린다.
(b) 의사들은 아기가 언제 태어날지 예측하기 위해 초음파를 쓸 수 있다.
(c) 음파 이미지는 때때로 태아를 부정확하게 묘사한다.
(d) 초음파 검사는 선천성 장애의 확률을 낮춘다고 증명되었다.

해설 09. 지문의 제목으로 적절한 것을 묻는 문제입니다. 초음파 검사는 빠르게 행하기 쉬우며, 출산을 앞둔 부모에게 많은 양의 정보를 제공한다(Ultrasound ~ to expectant parents)고 한 후, 초음파 검사가 사용되는 예시들을 나열했습니다. 이를 '태아에 관한 정보를 제공하는 초음파 검사'라고 종합한 (d)가 정답입니다.

10. 지문의 내용과 일치하는 것을 묻는 문제입니다. 지문에서 초음파 기계는 태아의 이미지를 만들기 위해 그 데이터를 사용한다(ultrasound machine ~ an image of the fetus)고 말한 후, 이것이 산부인과 의사들이 태아를 측정할 수 있게 하여 출산이 언제 일어날지를 예측할 수 있게 한다(This allows ~ when the birth will take place)고 했습니다. 따라서 초음파 기계를 통해 의사들이 출산이 언제 일어날지를 예측한다는 것을 알 수 있습니다. 이를 '의사들은 아기가 언제 태어날지 예측하기 위해 초음파를 쓸 수 있다'고 바꾸어 표현한 (b)가 정답입니다.

(a) 초음파 검사는 빠르고 행하기 쉽다고 했으므로, 초음파 검사는 복잡하고 행하는데 시간이 많이 걸린다는 것은 지문의 내용과 다릅니다.
(c) 음파 이미지가 때때로 태아를 부정확하게 묘사하는지는 언급되지 않았습니다.
(d) 초음파 검사가 발생할 수 있는 선천성 장애를 진단하여 이 중 몇몇은 태아가 아직 자궁에 있는 동안 치료가 가능하게끔 도움을 줄 수 있다고는 했지만, 선천성 장애의 확률을 낮춘다고 증명되었는지는 알 수 없습니다.

어휘 diagnose [dáiəgnòus] 진단하다 pregnancy [prégnənsi] 임신
determine [ditə́ːrmin] 확인하다, 단정하다
fetus [fíːtəs] (임신 9주 후의) 태아
ultrasound [ʌ́ltrəsàund] 초음파 (검사)
guesswork [géswə̀ːrk] 짐작, 추측
expectant parent 출산을 앞둔 부모 high frequency 고주파
sound wave 음파 womb [wuːm] 자궁
encounter [inkáuntər] 부딪히다, 맞닥뜨리다
internal [intə́ːrnl] 내부의, 내적인
boundary [báundəri] 경계, 경계선
obstetrician [ɑ̀ːbstitríʃən] 산부인과 의사
congenital [kəndʒénətl] 선천성의 defect [díːfekt] 장애, 결함
time-consuming 시간이 많이 걸리는
ultrasonography [ʌ̀ltrəsənɑ́grəfi] 초음파 검사(법)

ACTUAL TEST

p. 131

1 (c)	2 (b)	3 (a)	4 (c)	5 (d)
6 (c)	7 (c)	8 (b)	9 (a)	10 (d)
11 (c)	12 (a)	13 (c)	14 (b)	15 (d)
16 (b)	17 (b)	18 (b)	19 (c)	20 (a)
21 (d)	22 (a)	23 (c)	24 (a)	25 (b)
26 (b)	27 (c)	28 (b)	29 (c)	30 (b)
31 (b)	32 (c)	33 (b)	34 (a)	35 (d)

1

해석 Eugene Cernan은 다수의 우주 공간 임무에 참여했던 은퇴한 우주 비행사이다. 그는 달 위를 걸을 수 있는 기회가 주어졌던 몇 안 되는 사람들 중 한 명이다. 더욱 중요한 것은, 그가 달에 두 번 가본 유일한 3명 중 한 사람이라는 것이다. 그의 큰 업적 때문에, 그는 미국 항공 우주국의 저지구 궤도를 넘는 마지막 유인 임무인 Apollo 17의 지휘관으로 임명되었다. 많은 과학자들은 Cernan이 _____ 때문에 그것이 적합한 존경의 표시였다고 생각했다.

(a) 그 자신을 증명할 기회가 필요했기
(b) 항상 달을 밟아보고 싶어 했기
(c) 과거 임무에서 많은 것을 이뤘기
(d) 임무에서 물러나기를 요청받았기

해설 지문 마지막의 빈칸을 채우는 문제입니다. 빈칸이 있는 문장 Many scientists ~ because Cernan ____(많은 과학자들은 Cernan이 ____ 때문에 그것이 적합한 존경의 표시였다고 생각했다)에서 it은 바로 앞 문장의 그는 Apollo 17의 지휘관으로 임명되었다(he was made commander of Apollo 17)를 가리키므로, 빈칸에 Cernan이 Apollo 17 임무의 지휘관으로서 적합한 이유를 넣어야 한다는 것을 예상할 수 있습니다. 지문에서 그는 달에 두 번 다녀왔고(have been twice to the moon), 그의 큰 업적 때문에 그는 Apollo 17의 지휘관으로 임명되었다(Due to ~ of Apollo 17)고 했습니다. 이를 바탕으로 Cernan이 '과거 임무에서 많은 것을 이뤘기' 때문에 그것이 적합한 존경의 표시였다고 표현한 (c)가 정답입니다.

어휘 retired[ritáiərd] 은퇴한 astronaut[ǽstrənɔ̀ːt] 우주 비행사
participate[pɑːrtísəpèit] 참여하다
multiple[mʌ́ltəpl] 다수의, 다양한
mission[míʃən] 임무, 특급 outer space 우주 공간
due to ~ 때문에 track record 업적, 실적
commander[kəmǽndər] 지휘관, 사령관
manned[mǽnd] 유인의, 사람을 실은
National Aeronautics and Space Administration 미국 항공 우주국 <NASA>
low Earth orbit 저지구 궤도 <낮은 원 지구궤도>
fitting[fítiŋ] 적합한, 알맞은 tribute[tríbjuːt] 존경의 표시, 찬사
prove[pruːv] 증명하다 accomplish[əkʌ́mpliʃ] 이루다, 완수하다

2

해석 댐들은 _____ 건설되고 있다. 댐에서 흐르는 물에 의해 생산되는 에너지는 수력 전기라고 불린다. 세계에서 가장 큰 수력 발전소는 중국의 Three Gorges 댐이다. 이곳은 현재 18,200메가와트의 전력을 만들어 내지만, 미래에는 22,500메가와트까지 생산량을 증가시킬 것이다. 현재, Congo강에 Three Gorges 댐을 작아 보이게 만들 것으로 예상되는 댐이 계획되고 있다. 그것은 Grand Inga 댐으로 알려질 것이고, 39,000메가와트의 전력을 생산하도록 설계되었다.

(a) 용수량을 상당히 증가시키기 위해
(b) 훨씬 더 많은 양의 에너지를 생산하기 위해
(c) 중요한 수중 생물의 보호를 위해
(d) 미래 세대의 이득을 위해

해설 지문 처음의 빈칸을 채우는 문제입니다. 빈칸이 있는 문장 Dams are being constructed ____(댐들은 ____ 건설되고 있다)를 통해, 빈칸에 댐들이 건설되고 있는 것과 관련된 내용을 넣어야 한다는 것을 예상할 수 있습니다. 지문에서 현재 세계에서 가장 큰 수력 발전소는 중국의 Three Gorges 댐(The biggest hydroelectric ~ in China)이라고 한 후, Congo강에 Three Gorges 댐을 작아 보이게 만들 것으로 예상되는 댐이 계획되고 있다(a dam is ~ dwarf the Three Gorges Dam)고 했습니다. 이를 바탕으로 댐들은 '훨씬 더 많은 양의 에너지를 생산하기 위해' 건설된다고 표현한 (b)가 정답입니다.

어휘 construct[kənstrʌ́kt] 건설하다
hydroelectricity[hàidrouilèktrísəti] 수력 전기
plant[plǽnt] 발전소 currently[kə́ːrəntli] 현재, 지금
generate[dʒénərèit] 만들어 내다, 발생시키다
megawatt[mégəwàt] 메가와트
output[áutpùt] 생산량, 산출량, 전력량
at present 현재는, 지금은 expect[ikspékt] 예상하다
dwarf[dwɔːrf] 작아 보이게 하다 electricity[ilektrísəti] 전력
significantly[signífikəntli] 상당히, 중요하게
capacity[kəpǽsəti] 용량 vital[váitl] 중요한, 필수적인
aquatic[əkwǽtik] 수중의 benefit[bénəfit] 이득, 혜택
generation[dʒènəréiʃən] 세대

3

해석 신석기 혁명이라고 알려진 선사 시대 동안, _____ _____. 이 시기 동안, 인간들은 식물을 재배하고 동물을 사육하는 것을 배웠다. 공동체들이 유목하는 것에서 정착하는 것으로 생활 방식을 바꾸면서, 마을과 도시들이 세워지고, 미래 도시 국가의 기초를 제공했다. 결국 인구 수가 증가하게 되어 새로운 땅에 대한 탐험과 더 많은 정착이 확립되는 결과를 가져왔다.

(a) 문명의 방향을 바꾼 사회적 변화가 발생했다
(b) 방랑하는 유목민들에게 도심이 지배당했다
(c) 독립적인 도시들은 통합된 국가들을 형성하기 위해 함께 단결했다
(d) 전쟁은 문명화된 세계의 성장을 방해했다

해설 지문 처음의 빈칸을 채우는 문제입니다. 빈칸이 있는 문장 During the period ~ as the Neolithic Revolution, ____(신석기 혁명이라고 알려진 선사 시대 동안, ____)을 통해, 빈칸에 선사 시대 동안 일어난 내용을 넣어야 한다는 것을 예상할 수 있습니다. 지문에서 선사 시대 동안 인간들은 식물을 재배하고 동물을 사육하는 것을 배워(During this time ~ plants and animal) 공동체들이 유목하는 것에서 정착하는 것으로 생활 방식을 바꾸었다(communities transitioned from a nomadic to a sedentary lifestyle)고 했고, 결국 인구수가 증가하게 되어 새로운 땅에 대한 탐험과 더 많은 정착이 확립되는 결과를 가져왔다(Populations eventually increased ~ of more settlements)고 했으므로, 신석기 혁명 동안 생활 방식을 비롯한 공동체 정착에 대한 것들이 바뀌었음을 알 수 있습니다. 이를 바탕으로 신석기 혁명 동안 '문명의 방향을 바꾼 사회적 변화가 발생했다'라고 표현한 (a)가 정답입니다.

어휘 prehistory[prìːhístəri] 선사 시대, 유사 이전

Neolithic [nìːəlíθik] 신석기 시대의
domesticate [dəméstikèit] (식물을) 재배하다, (동물을) 사육하다
community [kəmjúːnəti] 공동체, 공동사회
transition [trænzíʃən] 바꾸다, 변천하다
nomadic [nouméædik] 유목의, 방랑의
sedentary [sédntèri] 정착해 있는   set up 세우다, 건립하다
city-state 도시 국가   exploration [èkspləréiʃən] 탐험, 답사
establishment [istǽbliʃmənt] 확립, 설립, 수립
settlement [sétlmənt] 정착, 이민
wandering [wándəriŋ] 방랑하는, 돌아다니는
nomad [nóumæd] 유목민, 유목 민족
independent [ìndipéndənt] 독립한, 자치적인, 자주의
band [bænd] 단결하다, 묶다
unify [júːnəfài] 통합하다, 단일화하다, 통일하다
warfare [wɔ́ːrfɛər] 전쟁   stunt [stʌnt] 방해하다, 저해하다

4

해석 독일에서 1888년은 _____로 주목할 만한 해이다. 길고 성공적인 통치 후에, **빌헬름 1세**는 3월에 91세의 나이로 사망했다. 말기 후두암과 싸우고 있던 그의 아들 프리드리히 3세가 그의 뒤를 이었다. 프리드리히는 그가 왕위에 즉위한지 겨우 99일 만에 죽었다. 그 결과, 그의 장남 **빌헬름 2세**가 새 황제가 되었으며 독일 제국이 제1차 세계 대전에서 패배하여 몰락한 1918년까지 왕의 역할을 다했다.

(a) 매도된 독재자 빌헬름 1세의 죽음
(b) 독일 군주제의 예상치 못한 정권 탈취
(c) 급속한 승계 속에서의 세 새 황제의 통치
(d) 야망있는 제국 통치자들 사이의 전쟁

해설 지문 처음의 빈칸을 채우는 문제입니다. 빈칸이 있는 문장 In Germany, the year 1888 is notable for ____(독일에서 1888년은 ____로 주목할 만한 해이다)를 통해, 빈칸에 1888년에 독일에서 일어난 일이 무엇인지를 넣어야 한다는 것을 예상할 수 있습니다. 지문에서 1888년 당시 황제였던 빌헬름 1세가 사망(Wilhelm I died)하고, 그의 아들 프리드리히 3세가 뒤를 이었다(He was succeeded by his son Frederick III)고 했으나, 왕위에 즉위한지 겨우 99일 만에 죽었고(Frederick died ~ to the throne), 빌헬름 2세가 새 황제가 되었다(Wilhelm II became the new emperor)고 했으므로, 세 명의 황제의 왕위 계승이 짧은 시간 내에 모두 일어난 것임을 알 수 있습니다. 이를 바탕으로 독일에서 1888년은 '급속한 승계 속에서의 세 황제의 통치'로 주목할 만한 해라는 것을 알 수 있으므로, (c)가 정답입니다.

어휘 notable [nóutəbl] 주목할 만한, 유명한   reign [rein] 통치, 지배
succeed [səksíːd] 뒤를 잇다, 계승하다   terminal [tə́ːrmənl] 말기의
larynx [lǽriŋks] 후두   ascension [əsénʃən] 즉위
throne [θroun] 왕위, 왕좌   firstborn [fə́ːrstbɔ̀ːrn] 장남, 첫 아이
serve [səːrv] (임기 동안) 일하다   fall [fɔːl] 몰락, 붕괴, 타락
revile [riváil] 매도하다, 욕하다, 헐뜯다
autocrat [ɔ́ːtəkræ̀t] 독재자, 독재 군주
takeover [téikòuvər] (정권) 탈취, 장악, 기업 인수
monarchy [mánərki] 군주제, 군주 정치
succession [səkséʃən] 승계, 상속, 왕위 계승권
aspiring [əspáiəriŋ] 야망있는

5

해석 맹도견들은 _____ 교육을 받은 개들이다. 훈련은 개들이 한 살일 때 시작하고, 맹도견들은 효과적으로 길을 안내하고 그들의 주인이 볼 수 없는 장애물을 피하는 방법에 대해 지도받는다. 하지만, 개들이 아무리 잘 훈련되더라도, 그들은 잘 맞는 주인을 만나야 한다. 인간들이 그러하듯이 동물들도 기질이 각기 달라서, 사이좋게 지낼 수 있는 성격을 소유한 주인들과 짝을 이룰 필요가 있다.

(a) 그들의 주인들이 독립적으로 될 수 있게 훈련하도록
(b) 그들의 맹인 주인들이 필요할 만한 물건들을 가지고 오도록
(c) 그들의 맹인 주인들을 해치는 사람을 쓰러뜨리도록
(d) 그들의 주인에게 보이지 않는 물리적 장애물을 감지하도록

해설 지문 처음의 빈칸을 채우는 문제입니다. 빈칸이 있는 문장 Seeing-eye dogs are canines that have been taught to ____(맹도견들은 교육을 ____ 받은 개들이다)를 통해, 빈칸에 맹도견들이 받는 교육에 대한 내용을 넣어야 한다는 것을 예상할 수 있습니다. 지문에서 맹도견들은 그들의 주인들이 볼 수 없는 장애물을 피하는 방법에 대해 지도받는다(They are coached ~ masters cannot see)고 했습니다. 이를 바탕으로 맹도견들이 '그들의 주인에게 보이지 않는 물리적 장애물을 감지하도록' 교육을 받는다고 표현한 (d)가 정답입니다.

어휘 seeing-eye dog 맹도견   canine [kéinain] 개
navigate [nǽvəgèit] 길을 안내하다   obstacle [ábstəkl] 장애물
right [rait] 올바른, 맞는, 제대로 된, 좋은
temperament [témpərəmənt] 기질
necessitate [nəsésətèit] ~을 필요로 하다
compatible [kəmpǽtəbl] 사이좋게 지낼 수 있는, 화합할 수 있는
personality [pə̀ːrsənǽləti] 성격, 인격
take down 쓰러뜨리다, 넘어뜨리다   individual [ìndivídʒuəl] 사람
obstruction [əbstrʌ́kʃən] 장애물   unseen [ʌ̀nsíːn] 보이지 않는

6

해석 글루텐과 카세인이 자폐증 증상을 악화시킨다는 몇몇 학계의 오해는 사실이 아니다. 로체스터 대학교의 소아과 의사들의 연구에 따르면, 글루텐과 카세인이 없는 음식을 먹은 자폐아들은 그들의 증상에 현저한 개선을 보이지 않았다. 자폐증이 있는 100명의 아이들에게 18주 동안 글루텐과 카세인이 없는 식사를 하도록 했지만, 연구원들은 연구대상들에게서 어떠한 행동의 변화도 발견하지 못했다. 그러므로, 자폐증이 있는 아이들에게 _____.

(a) 행동의 변화는 중요한 이정표이다
(b) 그들의 소아과 의사에게 정기적으로 방문하는 것은 필수이다
(c) 식단의 제한은 아무런 이득을 가져오지 않는다
(d) 어떤 특정 음식들을 먹는 것은 증상을 개선시킨다

해설 지문 마지막의 빈칸을 채우는 문제입니다. 빈칸이 있는 문장 Thus, for children with autism, ____(그러므로, 자폐증이 있는 아이들에게 ____)를 통해, 빈칸에 앞에서 나온 자폐아에 대한 연구의 결론을 넣어야 한다는 것을 예상할 수 있습니다. 지문에서 글루텐과 카세인이 없는 음식만 먹은 자폐아들은 그들의 증상에 현저한 개선을 보이지 않았다(autistic children ~ in their symptoms)고 했으므로, 특정 음식만 먹는 것이 자폐아들의 증상 개선에 도움이 되지 않는다는 것을 알 수 있습니다. 이를 바탕으로 자폐증이 있는 아이들에게 '식단의 제한은 아무런 이득을 가져오지 않는다'라고 표현한 (c)가 정답입니다.

어휘 misconception [mìskənsépʃən] 오해, 잘못된 생각
circle [sə́ːrkl] 계, 집단   gluten [glúːtn] 글루텐, 부질
casein [kéisiːn] 카세인, 건락소
exacerbate [igzǽsərbèit] 악화시키다, 더욱 심하게 하다
autism [ɔ́ːtizm] 자폐증   symptom [símptəm] 증상
according to ~에 따르면   pediatrician [pìːdiətríʃən] 소아과 의사
significant [signífikənt] 현저한, 의미 있는, 상당한
improvement [imprúːvmənt] 개선, 향상
researcher [risə́ːrtʃər] 연구원   thus [ðʌs] 그러므로, 이와 같이

milestone [máilstòun] 이정표   necessity [nəsésəti] 필수, 필요
dietary [dáiətèri] 식단의, 음식의, 식이요법의
restriction [ristríkʃən] 제한, 제약

7

해석 19세기에 미국 남부에서 노예 노동을 없애는 것은 매우 어려운 문제였다. 그 당시 남부 면화 농장에서는 기계가 사용되고 있었고, 그로 인한 효율 증대가 농장의 확장으로 이어졌다. 이것은 경지를 정리하고 기계를 가동할 더 많은 노동자들을 필요로 했고, 시간이 지날수록 백인 노동자들에게 임금을 주는 것보다 노예를 사는 것이 더욱 저렴했기 때문에 남부 지역을 더욱 노예에 의존하도록 만들었다. 그러므로 당시 남부 사람들은 노예 제도를 _____으로 보았다고 말할 수 있을 것이다.

(a) 이주민들에게 가장 쉬운 노동 방법
(b) 그들의 경제 규모를 줄일 수 있는 가장 확실한 방법
(c) 그들의 사업을 보장하는 수단
(d) 산업화에서 거꾸로 가는 단계

해설 지문 마지막의 빈칸을 채우는 문제입니다. 빈칸이 있는 문장 It could ~ saw slavery as ____(그러므로 당시 남부 사람들은 노예 제도를 ____으로 보았다고 말할 수 있을 것이다)를 통해, 노예 제도에 대한 당시 남부 사람들의 생각을 빈칸에 넣어야 한다는 것을 예상할 수 있습니다. 지문에서 농장의 확장(the expansion of plantations)이 남부 지역을 더욱 노예에 의존하도록 만들었다(making the South more dependent on slaves)고 했으므로, 농장 사업을 확장하기 위해 노예들을 확보하는 것이 반드시 필요했다는 것을 알 수 있습니다. 이를 바탕으로 당시 남부 사람들은 노예 제도를 '그들의 사업을 보장하는 수단'으로 보았다고 표현한 (c)가 정답입니다.

어휘 slave [sleiv] 노예   proposition [prɑ̀pəzíʃən] 문제, 과제
plantation [plæntéiʃən] 농장   efficiency [ifíʃənsi] 효율, 능률
expansion [ikspǽnʃən] 확장, 확대
necessitate [nəsésətèit] ~을 필요로 하다
dependent on ~에 의존하여   wage [weidʒ] 임금, 급료
slavery [sléivəri] 노예 제도   immigrant [ímigrənt] 이주민
means [mi:nz] 수단, 방법   ensure [inʃúər] 보장하다
industrialization [indʌ̀striəlizéiʃən] 산업화

8

해석 Luis 의사 선생님께,

최근에 저는 귀하가 빈곤한 사람들에게 의료 관리를 제공한 일에 대해 상세히 알리는 기사를 우연히 발견했습니다. 귀하의 노력은 박수받아 마땅합니다. 우리의 가난한 형제 자매들은 너무나 오랫동안 방치되어 고통 받아 왔습니다. 귀하의 단체는 그들의 의료적인 필요를 돌보고, 그들에게 _____는 것을 보여줌으로써 그들의 고통을 덜어주고 있습니다. 저는 귀하가 필요한 의료용품들을 구매하는 데 사용할 수 있도록, 1천 달러를 기부하여 귀하의 주목할 만한 노고를 돕고 싶습니다.

진심을 담아,
John Yuri

(a) 약을 살 형편이 안 되는 사람들이 많이 있다
(b) 모두가 불우한 사람들을 잊지는 않았다
(c) 의료업계가 자원 봉사 활동들을 지지한다
(d) 보험 증권에 등록하는 것이 권장된다

해설 지문 중간의 빈칸을 채우는 문제입니다. 빈칸이 있는 문장 Your group ~ showing them that ____(귀하의 단체는 그들의 의료적인 필요를 돌보고, 그들에게 ____는 것을 보여줌으로써 그들의 고통을 덜어주고 있습니

다)의 them은 바로 앞 문장의 가난한 형제 자매들(destitute brothers and sisters)을 가리키므로, 빈칸에 가난한 사람들의 고통을 덜어주기 위해 단체가 그들에게 보여준 일을 넣어야 한다는 것을 알 수 있습니다. 지문에서 가난한 형제 자매들은 너무나 오랫동안 방치되어 고통받아 왔으나(Our destitute brothers ~ for so long), 단체가 그들의 의료적인 필요를 돌보았다고 했으므로, 단체는 사회로부터 방치된 가난한 사람들을 잊지 않고 도와주고 있음을 알 수 있습니다. 이를 바탕으로 단체가 방치되어 왔던 사람들에게 '모두가 불우한 사람들을 잊지는 않았다'는 것을 보여주었다고 표현한 (b)가 정답입니다.

어휘 recently [rí:sntli] 최근에   come across 우연히 발견하다
medical care 의료 관리   impoverished [impávəriʃt] 빈곤한
applaud [əplɔ́:d] 박수를 치다, 갈채를 보내다
destitute [déstətjù:t] 가난한, 궁핍한   suffer [sʌ́fər] 고통받다
neglect [niglékt] 방치, 소홀   ease [i:z] (고통을) 덜어 주다
agony [ǽgəni] 고통, 괴로움   attend [əténd] 주의를 기울이다
noteworthy [nóutwə̀:rði] 주목할 만한
endeavor [indévər] 노고, 시도, 애씀   donate [dóuneit] 기부하다
purchase [pə́:rtʃəs] 구입하다   necessary [nésəsèri] 필요한
afford [əfɔ́:rd] ~을 살 형편이 되다, 여유가 되다
healthcare [hélθkɛ̀ər] 의료   insurance policy 보험 증권
recommend [rèkəménd] 권장하다, 추천하다

9

해석 1950년대 말에, 루돌프 누레예프는 겨우 20대임에도 불구하고, 구소련에서 가장 유명한 발레 무용수였다. 전통적 스타일과 현대 스타일을 결합시키는 그의 능력은 획기적이라고 여겨졌다. 구소련 최고의 발레 공연단인 키로프의 단원으로서, 그는 서부 유럽에서 순회 공연을 다닐 수 있는 기회를 얻었다. 프랑스에서 순회 공연을 하는 중에, 구소련 정부와 상충함을 느낀 누레예프는 망명을 하였고 그곳에 머물기로 결심하였다. _____, 누레예프는 그 당시 대통령이었던, 미하일 고르바초프가 그에게 러시아를 방문할 수 있도록 허가를 승인한 1987년까지, 25년이 넘도록 그의 고향에 돌아갈 수 없었다.

(a) 따라서
(b) 대조적으로
(c) 마찬가지로
(d) 그렇지 않으면

해설 빈칸에 알맞은 연결어를 넣는 문제입니다. 지문은 프랑스로 망명한 유명한 구소련 발레 무용수에 대한 내용입니다. 빈칸 앞에는 누레예프가 순회 공연 중에 프랑스로 망명하여 그곳에 머물기로 결심했다는 내용이 나오고, 빈칸 뒤에는 그가 망명한 이후로 25년 넘게 고국에 돌아갈 수 없었다는 결론이 나옵니다. 따라서 결론을 나타내는 연결어인 (a) Consequently(따라서)가 정답입니다.

어휘 barely [bɛ́ərli] 겨우, 간신히
celebrated [séləbrèitid] 유명한, 저명한
meld [meld] 결합시키다, 혼합시키다
classical [klǽsikəl] (양식, 동작의 우아함 등이) 전통적인
groundbreaking [gráundbrèikiŋ] 획기적인
premier [primjíər] 최고의, 첫째의   troupe [tru:p] 공연단, 극단
defect [difékt] 망명하다, 도망가다

10

해석 범미주 경기 대회 개막일이 다가오면서 우리 나라 육상 경기 팀의 열의를 억누르기가 어려워졌습니다. 선수들은 국가의 대표라는 그들의 책임감을 생각하며 긴장감을 느끼기 시작했습니다. 많은 이들이 이 경기에 앞서 그들의 훈련의 적절성에 대해 재고하며 스스로를 괴롭히고 있습니다. _____, 선수들이 그들의 경기 전에 푹 자려고 노력하겠지만,

많은 이들은 국제적인 스포츠 영예를 얻을 기회를 기다리며 떨리는 기대감으로 침대에서 뒤척일 것입니다.

(a) 결론적으로
(b) 하지만
(c) 운 좋게
(d) 정말로

해설 빈칸에 알맞은 연결어를 넣는 문제입니다. 지문은 스포츠 대회를 앞둔 선수들에 대한 내용입니다. 빈칸 앞에는 범미주 경기 대회를 앞두고 선수들이 책임감을 생각하며 긴장하고 있다는 내용이 나오고, 빈칸 뒤에는 많은 이들이 떨리는 기대감으로 잠을 설칠 것이라는 앞에서 언급한 긴장감을 다시 한번 뒤에서 강조하는 내용입니다. 따라서 강조를 나타내는 연결어인 (d) Indeed(정말로)가 정답입니다.

어휘 track and field 육상 경기 eagerness [í:gərnis] 열의, 열심, 열망
contain [kəntéin] 억누르다, 참다 opening [óupəniŋ] 개막
Pan American Games 범미주 경기 대회
draw near 다가오다, 접근하다 athlete [ǽθli:t] (운동) 선수
anxious [ǽŋkʃəs] 긴장하는, 염려하는
contemplate [kántəmplèit] 생각하다, 고려하다
responsibility [rispànsəbíləti] 책임감
representative [rèprizéntətiv] 대표
torment [tɔːrmént] 괴롭히다
second thought 재고, 반성 adequacy [ǽdikwəsi] 적절성, 타당성
toss and turn 뒤척이다 anticipation [æntìsəpéiʃən] 기대감, 예상
await [əwéit] 기다리다 opportunity [àpərtjúːnəti] 기회
international [ìntərnǽʃənl] 국제적인

11

해설 Music Finder는 세계 유명 밴드들과 가수들의 디지털 음원 발매에 있어 가장 유명합니다. (a) 음악 팬들은 저희의 온라인 데이터베이스를 통해 수천 곡의 노래 중에서 고를 수 있습니다. (b) 저희는 모든 장르의 음악 다운로드를 제공하므로, 여러분이 좋아하는 것을 분명히 찾을 수 있을 것입니다. (c) 고전 레코드 음반을 찾는 고객분들은 45s@musicfinder.com으로 이메일을 보내셔서 카탈로그를 요청하실 수 있습니다. (d) 만약 인기 있는 노래의 무료 MP3를 매주 받고 싶으시면, 저희의 우편 수신 명단에 가입하실 수도 있습니다.

해설 지문의 흐름상 어색한 문장을 고르는 문제입니다. 첫 문장에서 Music Finder가 디지털 음원 발매에 있어 가장 유명하다고 한 후, (a), (b), (d) 모두 디지털 음원 제공과 관련한 서비스를 설명했습니다. 반면 (c)의 '고전 레코드 음반의 카탈로그 요청'은 첫 문장의 '디지털 음원 발매'와는 관련이 없으므로 (c)가 정답입니다.

어휘 release [rilíːs] 발매, 개봉 offer [ɔ́:fər] 제공하다
genre [ʒɑ́:ŋrə] 장르 vinyl [váinl] 레코드의
request [rikwést] 요청하다

12

해설 빈대학교에서 진행했던 개에 대한 연구에서, 개들에게 먹이를 선택적으로 주거나 억제하면서 개들이 재주를 부리도록 교육시켰다. (a) 개들은 총명한 생물로 여겨지고 그로 인해 좋은 반려동물이다. (b) 매번 재주 후에 두 마리 모두에게 먹이를 주자 개들은 계속해서 시키는 대로 했다. (c) 그러나, 오직 한 마리의 개만 보상을 받을 때, 먹이를 받지 않은 동물은 명령을 따르는 것을 멈추었다. (d) 이것은 사람처럼 개들도 그들이 불공평하게 대접받을 때 그것을 감지할 수 있다는 것을 증명한다.

해설 지문의 흐름상 어색한 문장을 고르는 문제입니다. 첫 문장에서 개에 대해 연구를 했다고 한 후, (b)는 연습 후 두 마리 모두에게 먹이를 줄 때의 개의 반응, (c)는 오직 한 마리에게만 먹이를 줄 때의 개의 반응, (d)는 연구 결과로서 개도 불공평한 대접을 받음을 감지한다는 것의 증명을 언급했습니다. 반면 (a)의 '총명하고 좋은 반려동물인 개'에 대한 내용은 첫 문장의 '개에 대한 연구'와는 관련이 없으므로 (a)가 정답입니다.

어휘 detect [ditékt] 감지하다 trick [trik] 재주, 묘기
selectively [siléktivli] 선택적으로 withhold [wiðhóuld] 억제하다
companion animal 반려동물
continuously [kəntínjuəsli] 계속해서 reward [riwɔ́ːrd] 보상

13

해설 Cheney 대학교 대학원 과정 지원서

당신이 왜 석사 학위를 취득하는 것을 고려해야 할까요? 많은 이유가 있습니다.
✓ 고급 학위를 가진 직원들이 승진과 급여 인상을 받을 가능성이 더 많다
✓ 대학원생들은 그들 분야의 최신 발전에 대해 배운다
✓ 교수와 동창생들이 가치 있는 전문적인 네트워크를 형성하게 된다

Cheney 대학교의 28가지 다른 대학원 과정 프로그램들을 둘러보고 당신에게 맞는 것을 찾기 위해, www.cheneyuniv.com/gradprograms를 방문하세요. 잃을 게 뭐가 있나요? 오늘 등록하세요!

Q: 광고의 주제는 무엇인가?
(a) 급여 인상과 승진을 요구하는 방법
(b) 대학원에 등록하는 것의 편리함
(c) 석사 학위를 가지는 것의 이점
(d) 자신의 직종에서 승진하는 방법

해설 광고의 주제를 묻는 문제입니다. 지문 처음의 광고 대상을 설명하는 부분에서 왜 석사 학위를 따는 것을 고려해야 하는지 물은(Why should you ~ a master's degree) 후, 광고의 세부 내용에서 고급 학위를 가진 직원들이 승진과 급여 인상을 받을 가능성이 더 많다(Employees with ~ promotion and raises), 대학원생들은 그들 분야의 최신 발전에 대해 배운다(Graduate students ~ in their field), 교수와 동창생들이 가치 있는 전문적인 네트워크를 형성하게 된다(Professors and classmates ~ professional network)고 하면서, 석사 학위 취득 시 얻을 수 있는 장점들을 설명했습니다. 이를 '석사 학위를 가지는 것의 이점'이라고 종합한 (c)가 정답입니다.

어휘 master's degree 석사 학위 plenty of 많은
promotion [prəmóuʃən] 승진, 판촉 browse [brauz] 둘러보다
ease [i:z] 편리함 enroll [inróul] 등록하다
profession [prəféʃən] 직종, 직업

14

해설 Supremes는 주요 멤버가 Diana Ross, Florence Ballard, Mary Wilson, 그리고 Cindy Birdsong으로, 1960년대 가장 성공한 가수 그룹 중 하나였다. 그들의 첫 1위 싱글인, 'Where Did Our Love Go'는 빌보드 Hot 100 싱글 차트에서 2주간 1위를 했다. 'Baby Love'와 'Come See About Me'와 같은 다음 싱글들 또한 히트했는데, 왜냐하면 주로 그들의 스타일이 어른들과 십 대들 모두에게 흥미를 끌었기 때문이다. 그들의 엄청난 성공으로 인해, Supremes는 1988년에 로큰롤 명예의 전당에 등록되었다.

Q: 지문의 제목으로 가장 적절한 것은 무엇인가?
(a) 1960년대에 가장 유명했던 노래들
(b) 한 가수 그룹의 업적
(c) Supremes의 음악 스타일
(d) 4명의 여성 가수들의 우정

해설 지문의 제목으로 적절한 것을 묻는 문제입니다. 지문의 첫 부분에서 Supremes(The Supremes)는 1960년대 가장 성공한 가수 그룹들 중 하나였다(were among ~ of the 1960s)고 한 후, 그들이 이루어낸 성공들로 2주간 1위를 한 첫 1위 싱글, 히트한 다음 싱글들, 1988년 로큰롤 명예의 전당에 등록된 사실들을 나열하였습니다. 이를 '한 가수 그룹의 업적'이라고 종합한 (b)가 정답입니다.

어휘 **principal**[prínsəpəl] 주요한 **top**[tɑp] 1위를 하다, 정상에 오르다
succeeding[səksí:diŋ] 다음의, 계속해서 일어나는
primarily[praimérəli] 주로, 우선
appeal[əpí:l] 흥미를 끌다, 관심을 끌다
immense[iméns] 엄청난, 어마어마한
induct[indʌ́kt] 등록하다, 임명하다 **Hall of Fame** 명예의 전당
achievement[ətʃí:vmənt] 업적

15

해석 Michael Reuter 국무총리는 국가가 중동으로부터의 석유 수입에 대한 의존을 줄여야 한다고 믿는다. 그러나, 그는 해결책이 해저에 있는 국가 석유 자원의 개발인 해양 굴착이 아니라고 주장한다. 비록 국가의 해안에 석유의 풍부한 공급량이 있지만, Reuter는 해저 석유 추출의 환경적인 결과에 대해 걱정한다. 만약 석유 굴착 장치에서 누출이나 사고가 발생한다면, 바다는 오염될 것이고, 수천 마리의 물고기, 새, 해양 포유동물들을 죽음에 이르게 할 수 있다.

Q: 지문의 주제는 무엇인가?

(a) 석유 수입에 의존하는 숨은 이유들
(b) 근해 시추가 석유 거래에 미치는 영향
(c) 누출 사고의 영향을 관리하는 방법
(d) 바다에 있는 석유를 굴착하는 것에 대한 공직자의 꺼림

해설 지문의 주제를 묻는 문제입니다. 지문의 첫 부분에서 국가가 중동 석유 수입에 의존하는 것에 대한 Michael Reuter 국무총리의 견해를 설명하면서, 해결책이 해저에 있는 국가 석유 자원의 개발인 해양 굴착은 아니라고 주장한다(He asserts ~ that lie underwater)고 했고, 해저 석유 추출이 가져올 수 있는 환경적 결과를 그 근거로 제시하고 있습니다. 이를 '바다에 있는 석유를 굴착하는 것에 대한 공직자의 꺼림'이라고 종합한 (d)가 정답입니다.

어휘 **Prime Minister** 국무총리 **assert**[əsə́:rt] 주장하다
offshore[ɔ́:fʃɔ̀:r] 근해의 **drilling**[dríliŋ] 굴착, 시추
consequence[kánsəkwèns] 결과
extraction[ikstrǽkʃən] 추출 **leak**[li:k] 누출 **rig**[rig] 굴착 장치
contaminate[kəntǽmənèit] 오염시키다
mammal[mǽməl] 포유동물
reluctance[rilʌ́ktəns] 꺼림, 마지못해 함

16

해석 크론병은 소화관의 어느 부분에라도 영향을 미칠 수 있는 염증성 질환이다. 감염된 장기의 팽창과 궤양으로 인한 복부의 통증과 같은, 이 병의 증상들은 다른 위장 질환들의 증상과 비슷하다. 크론병을 발견하기 위한 특정한 검사도 없어서, 진단 절차들의 조합들이 먼저 실시되어야 한다. 의사들은 정확한 진단에 이르기 전에, 다른 유사한 병들의 가능성을 배제시켜야 한다.

Q: 지문의 주제는 무엇인가?

(a) 크론병으로 자주 오해받는 건강 상태들
(b) 크론병을 식별하기 어려운 이유들
(c) 생명을 위협하는 크론병의 증상들
(d) 크론병을 진단하는데 사용되는 일반적인 절차들

해설 지문의 주제를 묻는 문제입니다. 지문의 첫 부분에서 크론병(Crohn's disease)에 대한 설명을 하면서, 이 병의 증상들은 다른 위장 질환들의 증상과 비슷하다(Its symptoms ~ are similar to those of other gastrointestinal disorders)고 하며, 크론병을 발견하기 위한 특정한 검사도 없고(There is no specific test to detect Crohn's disease), 의사들은 정확한 진단에 이르기 전에 다른 병들의 가능성을 먼저 배제시켜야 한다(Physicians must ~ at the correct diagnosis)고 했습니다. 이를 '크론병을 식별하기 어려운 이유들'이라고 종합한 (b)가 정답입니다.

어휘 **Crohn's disease** 크론병, 국한성 회장염
inflammatory[inflǽmətɔ̀:ri] 염증성의, 염증을 일으키는
involve[invá:lv] ~에 영향을 미치다, 포함하다 **tract**[trækt] 관
symptom[símptəm] 증상 **abdominal**[æbdámənl] 복부의, 배의
swelling[swéliŋ] 팽창, 부풀어 오름
ulceration[ʌ̀lsəréiʃən] 궤양 (형성), 궤양화
affected[əféktid] 감염된, (병에) 걸린 **organ**[ɔ́:rgən] 장기, 기관
gastrointestinal[gæ̀strouintéstənl] 위장의, 위장 내의
combination[kɑ̀mbənéiʃən] 조합, 결합
diagnostic[dàiəgnɑ́stik] 진단의 **procedure**[prəsí:dʒər] 절차
rule out ~의 가능성을 배제하다, 제외하다
ailment[éilmənt] 병 **diagnosis**[dàiəgnóusis] 진단

17

해석 용은 중국의 첫 번째 황제인 시황제가 그의 황제 권위를 나타내는 휘장으로 채택한 이후로, 중국의 영구적인 상징이었다. 중국인들에게 용은 날씨를 조작할 수 있는 능력까지 가지고 있는 엄청난 힘과 행운의 신화 속 생물이다. 그들은 비를 요청하거나 홍수나 가뭄의 시기에 용의 화를 달래기 위해서 용에게 제물과 기도를 바친다. 용은 중국인들에게 오랫동안 존경과 경외를 자아낸 생물이다.

Q: 지문에 따르면 다음 중 중국인들에 대한 내용과 일치하는 것은 무엇인가?

(a) 용을 불운과 연관짓는다.
(b) 용을 신성한 존재로 믿는다.
(c) 다른 자연 요소들보다 물을 소중히 여긴다.
(d) 권위를 존중하는 전통이 있다.

해설 중국인들에 대한 내용과 일치하는 것을 묻는 문제입니다. 중국인들에게 용은 행운과 엄청난 힘의 신화 속 생물(For the Chinese ~ and great power)이라고 한 후, 비를 요청하기 위해 용에게 제물과 기도를 바친다(They offer ~ ask for rainfall)고 했습니다. 이를 '용을 신성한 존재로 믿는다'라고 바꾸어 표현한 (b)가 정답입니다.

(a) 중국인들에게 용은 행운의 신화 속 생물이라고 했으므로, 용을 불운과 연관짓는다는 것은 지문의 내용과 다릅니다.
(c) 중국인들이 다른 자연 요소들보다 물을 아끼는지는 언급되지 않았습니다.
(d) 중국인들에게 권위를 존중하는 전통이 있는지는 언급되지 않았습니다.

어휘 **enduring**[indjúəriŋ] 영구적인, 오래 지속되는
symbol[símbəl] 상징, 표상 **emperor**[émpərər] 황제
adopt[ədɑ́pt] 채택하다 **insignia**[insígniə] 휘장, 표장
imperial[impíəriəl] 황제의, 제국의 **authority**[əθɔ́:rəti] 권위, 권한
mythical[míθikəl] 신화 속의 **creature**[krí:tʃər] 생물
fortune[fɔ́:rtʃən] 운 **manipulate**[mənípjulèit] 조작하다, 조종하다
sacrifice[sǽkrəfàis] 제물, 희생물
appease[əpí:z] 달래다, 진정시키다
evoke[ivóuk] 자아내다, 환기시키다 **respect**[rispékt] 존경, 경의
reverence[révərəns] 경외 **associate**[əsóuʃièit] 연관짓다

sacred [séikrid] 신성한, 성스러운
cherish [tʃériʃ] 소중히 여기다, 아끼다

18

해석 어제 Sparkler 재단으로부터 Wesleyan 대학교의 생물학자와 인류학자가 연구 보조금을 기부받았다. 25만 달러의 보조금을 받은 Dr. Frank Weston은 수석 연구원으로서 정규직 근무를 하기 전에 생물학과 교수로 10년을 보냈다. 현재 페루에서 프로젝트를 마무리 중인 저명한 인류학자 Emily Brennan도 곧 있을 그녀의 연구를 위해 동일한 금액을 받았다. 추가로 다른 기관 소속인 48명의 사람들이 보조금 수령인 명단에 올랐다.

Q: 다음 중 지문의 내용과 일치하는 것은 무엇인가?

(a) 보조금은 50명의 지원자들에게 균등하게 나누어졌다.
(b) Dr. Weston은 Wesleyan 대학교에서 10년 동안 가르쳤다.
(c) 재단은 두 명의 생물학자들에게 보조금을 수여하였다.
(d) Ms. Brennan은 페루에서의 그녀의 연구로 인정받았다.

해설 지문의 내용과 일치하는 것을 묻는 문제입니다. Wesleyan 대학교의 생물학자와 인류학자가 연구 보조금을 기부받았다(a biologist ~ with research grants)고 했고, Dr. Frank Weston은 수석 연구원으로 근무하기 전에 생물학과 교수로 10년을 보냈다(Dr. Frank Weston ~ the biology department)고 했습니다. 이를 'Dr. Weston은 Wesleyan 대학교에서 10년 동안 가르쳤다'라고 바꾸어 표현한 (b)가 정답입니다.

(a) 추가로 다른 기관 소속인 48명의 사람들이 보조금 수령인 명단에 올랐다고는 했지만, 보조금이 50명의 지원자들에게 균등하게 나누어졌는지는 알 수 없습니다.
(c) 연구 보조금을 기부받은 사람들은 생물학자 1명과 인류학자 1명이라고 했으므로, 재단이 두 명의 생물학자들에게 기부금을 수여하였다는 것은 지문의 내용과 다릅니다.
(d) Ms. Brennan이 페루에서의 그녀의 연구로 인정받았는지는 언급되지 않았습니다.

어휘 biologist [baiáləʤist] 생물학자
anthropologist [æ̀nθrəpáləʤist] 인류학자
endow [indáu] 기부하다 grant [grænt] 보조금, 조성금
foundation [faundéiʃən] 재단 decade [dékeid] 10년
biology [baiáləʤi] 생물학 senior [síːnjər] 수석의
noted [nóutid] 저명한, 잘 알려져 있는 finish up 마무리하다, 끝내다
upcoming [ʌ́pkʌmiŋ] 곧 있을 institution [ìnstətjúːʃən] 기관, 협회
beneficiary [bènəfíʃièri] 수령인, 수혜자
divide [diváid] 나누다, 쪼개 쓰다 equally [íːkwəli] 균등하게
award [əwɔ́ːrd] 수여하다 recognize [rékəgnàiz] 인정하다

19

해석 Northeast Journal지
역사 > 식민지 시대
Miles Standish의 역할

플리머스 식민지의 첫 이주민들은 Miles Standish를 그들의 군사 고문으로 근무하도록 선택했다. 그의 임무는 북미 원주민들로부터 식민지 개척자들이 그들 자신을 지킬 수 있게 돕는 것이었다. 그는 일을 매우 잘해서 여생 동안 계속해서 그 자리에 재선되었다. 식민지 개척자로서의 그의 공헌을 기념하여, 많은 마을들과 요새들이 그의 이름을 따서 명명되었다. 게다가, 그는 Henry Wadsworth Longfellow의 긴 시 'The Courtship of Miles Standish'로 불후의 명성을 얻게 되었다.

Q: Miles Standish는 무엇에 책임졌는가?

(a) 지역 선거 과정을 감독하는 것
(b) 다양한 작은 마을들을 여행하는 것
(c) 지역 사회의 방어를 돕는 것
(d) 문학 작품의 원고를 수정하는 것

해설 Miles Standish가 무엇을 책임졌는지 묻는 육하원칙 문제입니다. 질문의 키워드인 responsible for가 바꾸어 표현된 his duty 주변을 읽어보면 북미 원주민들로부터 식민지 개척자들이 그들 자신을 지킬 수 있게 도와주는 것이 그의 임무라는 것을 알 수 있습니다. 따라서 '지역 사회의 방어를 돕는 것'이라고 한 (c)가 정답입니다.

어휘 Plymouth Colony 플리머스 식민지 serve [səːrv] 근무하다, 일하다
adviser [ædváizər] 고문 colonist [kálənist] 식민지 개척자
reelect [rìːilékt] 재선하다 in memory of ~을 기념하여, 추모하여
contribution [kàntrəbjúːʃən] 공헌, 기여
name after ~의 이름을 따서 명명하다
further [fə́ːrðər] 게다가, 더 나아가서
manuscript [mǽnjuskrìpt] 원고 literary [lítərèri] 문학의

20

해석 단체와 이름이 같은 저명한 배우가 설립한, Michael J. Fox Foundation은 소아마비의 치료법을 찾는 일에 헌신하고 있다. MJFF는 이 병에 대한 연구 자금을 지원하는 일에 앞장서고 전 세계의 일류 의학 전문가들과 밀접하게 일한다. 이 그룹은 세심하게 연구 제안을 검토하고 자신의 연구 결과를 즉각적인 임상 적용으로 옮길 준비가 가장 잘 된 과학자들에게 보조금을 제공한다. 재단의 출범 이후로, MJFF는 전 세계적으로 의학 연구에 2억 달러 이상의 자금을 지원했다.

Q: 다음 중 지문에서 주장하는 것은 무엇인가?

(a) 소아마비를 위한 연구 자금을 지원하는 것이 기관의 목표 중 하나이다.
(b) 소아마비에 대한 관심을 높이는 것이 MJFF의 최우선 과제다.
(c) MJFF는 다양한 의료 기관들로부터 2억 달러를 모금하였다.
(d) Michael J. Fox는 재단의 유명한 대변인이다.

해설 지문에서 주장하는 내용을 묻는 문제입니다. Michael J. Fox 재단은 소아마비의 치료법을 찾기 위해 헌신하고 있다(The Michael J. Foundation ~ cure for Polio)고 했고, 이 병에 대한 연구 자금을 지원하는 일에 앞장서고 있다(The MJFF ~ the disease)고 했습니다. 이를 '소아마비를 위한 연구 자금을 지원하는 것이 기관의 목표 중 하나이다'라고 바꾸어 표현한 (a)가 정답입니다.

(b) 기관은 소아마비의 치료법을 찾는 일에 헌신하고 있다고는 했지만 소아마비에 대한 관심을 높이는 것이 MJFF의 최우선 과제인지는 알 수 없습니다.
(c) MJFF가 2억 달러 이상의 자금을 지원했다고 했으므로, 다양한 의료 기관들로부터 2억 달러를 모금했다는 것은 지문의 내용과 다릅니다.
(d) Michael J. Fox는 재단을 설립한 사람이라고 했으므로, 그가 재단의 유명한 대변인이라는 것은 지문의 내용과 다릅니다.

어휘 illustrious [ilʌ́striəs] 저명한, 유명한
namesake [néimsèik] 이름이 같은 사람
polio [póuliòu] 소아마비 closely [klóusli] 밀접하게
meticulously [mətíkjuləsli] 세심하게
grant [grænt] 보조금 poised [pɔizd] ~할 준비가 된
translate [trænsléit] 옮기다, 바꾸다
immediate [imíːdiət] 즉각적인, 직접적인
inception [insépʃən] 시작, 개시 globally [glóubəli] 전 세계적으로
institution [ìnstətjúːʃən] 기관 awareness [əwɛ́ərnis] 관심, 의식
various [vɛ́ːəriəs] 다양한
establishment [istǽbliʃmənt] 기관, 시설
spokesperson [spóukspə̀ːrsn] 대변인

21

해석 연구 조합원

과학 위원회는 물리학, 화학, 생물학의 박사 학위 취득 이후의 연구 조합원 지원서를 받고 있습니다. 모든 지원자들은 이러한 학과목 중 하나에서 박사 학위를 가지고 있어야 합니다. 지원자들은 또한 현재 국내에 거주하고 있는 파키스탄 국민이어야 합니다. 게다가, 지원자들은 지원한 날짜에 35세이거나 더 어려야 합니다. 이 나이 제한은 위원회가 국가의 과학 기관에 더 젊은 연구원들을 받아들이기 위해 시행되었습니다. 최종 선발 후보자 명단에 오른 지원자들은 이달 말에 인터뷰를 하게 될 것입니다.

Q: 위원회는 왜 제한을 두기로 결정했는가?

(a) 학생들을 위해 연구 기회를 제공하고 싶어 한다.
(b) 보내진 지원서의 수를 제한하고 싶어 한다.
(c) 연구 시설을 더 국제적으로 만들 계획이다.
(d) 공동체의 평균 나이를 낮추길 바란다.

해설 위원회가 제한을 두기로 결정한 이유에 대해 묻는 육하원칙 문제입니다. 질문의 키워드인 set a restriction이 바뀌어 표현된 age restriction 주변을 읽어보면 국가의 과학 기관에 더 젊은 연구원들을 받아들이기 위해 시행되었다는 것을 알 수 있습니다. 따라서 '공동체의 평균 나이를 낮추길 바란다'는 내용의 (d)가 정답입니다.

어휘
accept [æksépt] 받다, 받아 주다
application [æ̀pləkéiʃən] 지원서, 신청서
postdoctoral [pòustdáktərəl] 박사 학위 취득 후의
physics [fíziks] 물리학 chemistry [kéməstri] 화학
biology [baiálədʒi] 생물학 applicant [ǽplikənt] 지원자
PhD 박사 (학위)(Doctor of Philosophy)
discipline [dísəplin] 학과목, 지식 분야
restriction [ristríkʃən] 제한
establishment [istǽbliʃmənt] 기관, 시설, 지배층
short-list 최종 선발 후보자 명단에 올리다
candidate [kǽndidèit] 지원자, 후보자

22

해석 아프리카 민족 회의는 흑인 민족주의자 단체로 시작한 남아프리카 공화국의 정당입니다. 흑인과 혼혈 인종의 투표권을 쟁취하기 위하여 1912년에 설립되었습니다. 1940년대부터, 남아프리카 내의 백인이 아닌 인종들을 분리하고 차별하는 남아프리카 공화국의 공식 정책인, 아파르트헤이트의 폐지를 위해 투쟁했습니다. 아프리카 민족 회의는 1960년부터 1990년까지 금지되었고 많은 지도자들이 체포되어, 조직은 지하 조직이 될 수 밖에 없었습니다.

Q: 지문에 따르면 아프리카 민족 회의에 대한 내용과 일치하는 것은 무엇인가?

(a) 억압받는 유색인종들을 돕기 위해 창설되었다.
(b) 조직이 시작될 때부터 아파르트헤이트와 싸웠다.
(c) 조직이 금지되었을 때 활동을 중단했다.
(d) 조직의 회원들은 오로지 흑인들로만 이루어져 있다.

해설 아프리카 민족 회의에 대한 내용과 일치하는 것을 묻는 문제입니다. 지문의 아프리카 민족 회의에 대한 설명에서 이 정당이 1912년 흑인과 혼혈 인종들의 투표권을 쟁취하기 위하여 설립되었다(It was established ~ of mixed race)고 했습니다. 이를 '억압받는 유색인종들을 돕기 위해 창설되었다'고 바꾸어 표현한 (a)가 정답입니다.

(b) 이 정당이 1912년에 설립되었고 1940년대부터 아파르트헤이트와 투쟁했다고 했으므로, 조직이 시작될 때부터 아파르트헤이트와 싸웠다는 것은 지문의 내용과 다릅니다.
(c) 아프리카 민족 회의가 1960년부터 1990년까지 금지되어서 조직은 지하 조직이 될 수 밖에 없었다고 했으므로, 조직이 금지되었을 때 활동을 중단했다는 것은 지문의 내용과 다릅니다.
(d) 아프리카 민족 회의가 흑인 민족주의자 단체로 시작했다고는 했지만, 조직의 회원들이 오로지 흑인들로만 이루어져 있는지는 알 수 없습니다.

어휘
African National Congress 아프리카 민족 회의
political party 정당
nationalist [nǽʃənəlist] 민족주의자; 민족주의의
elimination [ilìmənéiʃən] 폐지, 삭제, 제거
voting right 투표권, 선거권
apartheid [əpá:rtheit] 아파르트헤이트 <예전 남아프리카공화국의 인종차별정책> official policy 공식 정책
segregation [sègrəgéiʃən] 분리, 차별
discrimination [diskrìmənéiʃən] 차별
non-white [nànhwáit] 백인이 아닌, 유색 인종인
underground [ʌ̀ndərgráund] 지하 조직의, 비밀의, 지하의
oppress [əprés] 억압하다, 탄압하다
inception [insépʃən] 시작, 개시
operation [ὰpəréiʃən] 활동, 작전 consist of ~로 이루어지다

23

해석 많은 미식 축구 팬들이 로렌스 테일러를 경기 역사상 최고의 선수 중 하나라고 생각한다. 전미 미식 축구 연맹(NFL)은 1981년에 그를 올해의 신인으로 선정했으며, 1981년과 1982년에는 올해의 수비 선수, 1986년에는 최우수 선수로 뽑았고, 1999년에는 프로 미식 축구 명예의 전당에 그를 소중히 모셨다. 그러나 미식 축구 경기장을 벗어나면, 테일러는 전혀 모범이 되는 사람이 아니었다. 그는 1988년에 약물 검사를 통과하지 못하여 NFL에 의해 출전을 정지당했고, 1996년부터 1998년까지 약물 혐의로 세 번 체포되었다.

Q: 이 기사에서 추론할 수 있는 것은 무엇인가?

(a) 십 대들은 테일러의 생활방식을 모방하도록 권장된다.
(b) 테일러는 출전이 정지된 후로 약물 사용을 멈추었다.
(c) 테일러는 NFL에서 경기할 당시에 약물을 사용했다.
(d) 미식 축구 팬들은 테일러의 이력을 존중하지 않는다.

해설 기사에서 추론할 수 있는 것을 묻는 문제입니다. 테일러가 1988년에 약물 검사를 통과하지 못하여 NFL에 의해 출전을 정지당했다(was suspended ~ in 1988)고 했습니다. 이를 통해 NFL이 그의 약물 복용을 이유로 경기 출전을 금지했다는 것을 알 수 있으므로, '테일러는 NFL에서 경기할 당시에 약물을 사용했다'라고 추론한 (c)가 정답입니다.

(a) 미식 축구 경기장을 벗어나면 테일러는 전혀 모범이 되는 사람이 아니었다고 했으므로, 십 대들이 그의 생활방식을 모방하도록 권장된다는 것은 잘못 추론한 내용입니다.
(b) 테일러가 1988년 출전을 정지당한 이후에 1996년부터 1998년까지 약물 혐의로 세 번 체포되었다고 했으므로 출전이 정지된 후로 약물 사용을 멈추었다는 것은 잘못 추론한 내용입니다.
(d) 많은 미식 축구 팬들이 로렌스 테일러를 경기 역사상 최고의 선수 중 하나라고 생각한다 했으므로, 미식 축구 팬들이 테일러의 이력을 존중하지 않는다는 것은 잘못 추론한 내용입니다.

어휘
National Football League 전미 미식 축구 연맹 <NFL>
rookie [rúki] 신인, 신예
most valuable player 최우수 선수, 엠브이피
enshrine [inʃráin] 소중히 모시다 Hall of Fame 명예의 전당
hardly [há:rdli] 전혀 ~이 아니다
role model 모범이 되는 사람, 역할 모델
suspend [səspénd] 정지시키다 fail [feil] (~하지) 못하다, 실패하다

drug test 약물 검사 arrest[ərést] 체포하다
charge[tʃɑːrdʒ] 혐의 emulate[émjuléit] 모방하다

24

해석 다른 사람들과 같이, 나는 직장에서 고용인이 항상 생산적이어야 할 의무가 있다고 생각한다. 그러나, 제조 회사들 간에 심한 경쟁 때문에, 무엇이 생산적인가에 대한 정의가 철저하게 바뀌었다. 특정 시장 안에 오로지 몇 개의 경쟁자들만 있었던 과거에는, 생산 할당량이 채워지기만 하면 경영자들은 공장에서 나오는 생산품의 질에 대해 엄격하지 않았다. 그러나, 요즘은 다수의 회사에 의해 만들어진 비슷한 상품이 시장 안에 넘쳐나기 때문에, 제조사들은 우수한 상품을 만들어서 자신들이 구별되게 만들도록 강요받고 있다. 이러한 관점의 변화는 노동자들이 더 엄격한 품질 기준에 충실하기 위해 쟁탈전을 벌이도록 만들었다.

Q: 다음 중 글쓴이가 가장 동의할 만한 것은 무엇인가?

(a) 회사들이 이제는 양보다 질에 더 신경을 쓴다.
(b) 현재 판매되고 있는 생산품들은 열등한 재료로 만들어진다.
(c) 몇 년 동안 생산품에 대한 수요가 감소했다.
(d) 노동자들이 우수한 상품을 생산하기 위한 훈련이 부족하다.

해설 글쓴이가 가장 동의할 만한 내용을 묻는 문제입니다. 과거에 경영자들은 공장에서 나오는 생산품의 질에 대해 엄격하지 않았지만(In the past, ~ managers were ~ of their factories), 요즘은 제조사들이 우수한 상품을 만들어서 자신들이 구별되게 만들도록 강요받는다(Today ~ manufacturers are ~ creating superior products)고 했고, 이어서 이러한 관점의 변화는 노동자들이 더 엄격한 품질 기준에 충실하기 위해 쟁탈전을 벌이도록 만들었다(This change ~ stringent quality standards)고 했습니다. 이를 통해 이전에는 양을 중요하게 생각하였으나, 관점의 변화로 인해 이제는 질에 더욱 엄격해졌다는 것을 알 수 있으므로 '회사들이 이제는 양보다 질에 더 신경을 쓴다'라고 추론한 (a)가 정답입니다.

어휘 productive[prədʌ́ktiv] 생산적인 stiff[stif] 심한
manufacturing[mæ̀njufǽktʃəriŋ] 제조
drastically[drǽstikəli] 철저하게, 과감하게
competitor[kəmpétətər] 경쟁자
quota[kwóutə] 할당량, 몫, 분담액 meet[miːt] 채우다, 충족시키다
flood[flʌd] 넘치다, 많이 몰려들다
manufacturer[mæ̀njufǽktʃərər] 제조사, 제조자
compel[kəmpél] 강요하다, ~하게 만들다
distinguish[distíŋgwiʃ] 구별하다, 구분하다
scramble[skrǽmbl] 쟁탈전을 벌이다
stringent[stríndʒənt] 엄격한 inferior[infíəriər] 열등한, 하급의

25

해석 Charles Concord의 최신 작곡인 'Sonata 1912'는 수많은 장식음을 사용하여 만들어낸 매우 빠른 선율을 듣는 이에게 선보이려고 시도한다. Concord는 그의 음악에 쉼표를 사용하지 않아 소나타에 기백이 넘치는 가속도를 주었고, 능숙하고 대담한 연주 내에서 음이 높이 올라간다. 소나타의 마지막 악장은 작곡가가 독창적인 멜로디, 복잡한 화성, 그리고 전통적인 음악 구조와의 불협화음의 사용을 선호한다는 것을 보여준다. 이 새로운 작품은 Concord가 음악적 천재라는 명성을 더욱 굳힌다.

Q: 지문에서 'Sonata 1912'에 대해 추론할 수 있는 것은 무엇인가?

(a) 그것의 성공은 Charles Concord를 인기 있는 연주자로 만들어 주었다.
(b) 전통적인 음악 작곡과 거의 공통점이 없다.
(c) 그것의 빠른 속도는 불협화음의 사용으로 달성된다.
(d) 여러 개의 화성을 가진 단일 멜로디로 작곡되어 있다.

해설 'Sonata 1912'에 대해 추론할 수 있는 것을 묻는 문제입니다. 'Sonata 1912'의 마지막 악장은 독창적인 멜로디, 복잡한 화성, 전통 음악 구조와의 불협화음을 보여준다(The final movement ~ traditional musical structures)라고 한 후, 이 새로운 작품은 Concord가 음악적 천재라는 명성을 더욱 굳힌다(This new ~ a musical genius)고 했습니다. 이를 통해 새로운 음악은 기존의 음악과는 다르기 때문에 천재라는 그의 명성이 더 강화된다는 것을 알 수 있으므로, '전통적인 음악 작곡과 거의 공통점이 없다'라고 추론한 (b)가 정답입니다.

(a) 이 새로운 작품은 Concord가 음악적 천재라는 명성을 더욱 굳힌다고는 했으나 'Sonata 1912'가 그를 인기 있는 연주자로 만들었는지는 추론할 수 없습니다.
(c) Concord는 그의 음악에 쉼표를 사용하지 않아 소나타에 기백이 넘치는 가속도를 주었다고 했으므로, 빠른 속도가 불협화음의 사용으로 달성된다는 것은 잘못 추론한 내용입니다.
(d) 'Sonata 1912'가 여러 개의 화성을 가진 단일 멜로디로 작곡되어 있는지는 추론할 수 없습니다.

어휘 composition[kɑ̀mpəzíʃən] 작곡 grace note 장식음
rest[rest] (음악) 쉼표 spirited[spíritid] 기백이 넘치는
momentum[mouméntəm] 가속도 adept[ədépt] 능숙한
high-wire 대담한 movement[múːvmənt] 악장, 율동
showcase[ʃóukèis] 보여주다, 진열하다
dissonant[dísənənt] 불협화음의
cement[simént] 굳히다, 접합하다 sought-after 인기 있는

26~27

해석 공지

이 공지는 ²⁶Science University of America에서 학생들과 교수진들의 전문적인 학업 관련 필요를 충족시켜 줄 상점을 연 것을 모두에게 알리기 위한 것입니다. 행정처는 학교 공동체 구성원들이 근처에서 과학 장비를 파는 곳 찾기를 어려워한다는 것을 알게 되었습니다. 게다가, 그러한 장비들이 온라인으로 구입할 수 있지만, 몇몇 대형 품목의 배송비는 엄청나게 비쌉니다. 이러한 이유로, 대학이 당신이 필요로 할 만한 모든 실험실 도구들을 사이즈에 상관없이 살 수 있는 전문 상점을 설립하였습니다.

새 상점은 교내 서점의 맞은편 Gouldman 건물에 위치해 있습니다. 처음 방문할 때에 현장에서 계정을 만들어야 하므로 추가 10분을 할당하여 주시길 바랍니다. ²⁷상점이 대학에 소속되지 않는 사람에게 과학 관련 물품들을 판매하는 것은 허가되지 않았다는 것을 유념해 주시기 바랍니다.

26. Q: 지문은 주로 무엇에 관한 내용인가?

(a) 인터넷에서 실험 장비를 구매하는 것의 높은 비용
(b) 과학 기구를 판매하는 소매점의 개점
(c) 서점에서 계정을 만드는 절차
(d) 모든 일학년 학생들에게 의무적인 재료들

27. Q: 다음 중 안내의 내용과 일치하는 것은 무엇인가?

(a) 과학을 전문적으로 다루는 새 학교가 개설될 예정이다.
(b) 행정처 직원이 학생들의 필요에 대해 설문 조사하는 것을 시작했다.
(c) 필요한 모든 실험 장비가 연구자들에게 무료로 제공된다.
(d) 오직 대학과 관련된 개인들만 구매를 할 수 있다.

해설 26. 지문의 주제를 묻는 문제입니다. 지문의 첫 부분에서 Science University of America에서 학생들과 교수진들의 전문적인 학업 관련 필요를 충족시켜 줄 상점을 열었다(Science University of

America has opened ~ and faculty members)고 한 후, 지문 전체에 걸쳐 상점을 연 이유와 위치 및 특이사항을 설명했습니다. 이를 '과학 기구를 판매하는 소매점의 개점'이라고 종합한 (b)가 정답입니다.

27. 안내의 내용과 일치하는 것을 묻는 문제입니다. 상점이 대학에 소속되지 않은 사람에게 과학 관련 물품들을 판매하는 것이 허가되지 않았다(the store is not licensed ~ to anyone unaffiliated with the university)고 했습니다. 이를 '오직 대학과 관련된 개인들만 구매를 할 수 있다'라고 바꾸어 표현한 (d)가 정답입니다.

(a) 과학을 전문적으로 다루는 새 학교가 개설될 예정인지는 언급되지 않았습니다.
(b) 행정처는 학교 공동체 구성원들이 근처에서 과학 장비를 파는 곳을 찾기가 어렵다는 것을 알았다고 했지만, 행정처가 학생들의 필요를 설문 조사하는 것을 시작했는지는 알 수 없습니다.
(c) 필요로 할 만한 모든 실험실 도구들을 판매하는 전문 상점을 설립했다고 했으므로 필요한 모든 실험 장비가 연구자들에게 무료로 제공된다는 것은 지문의 내용과 다릅니다.

어휘
inform [infɔ́ːrm] 알리다, 알아내다
cater [kéitər] 필요를 채우다, 조달하다
academic [ækədémik] 학업의, 학교의 faculty [fǽkəlti] 교수진
administration [ædmìnistréiʃən] 행정부, 관리부
notice [nóutis] 알다, 의식하다 locate [lóukeit] 찾아내다
locally [lóukəli] 근처에, 위치상으로 gear [giər] 장비
shipping charge 배송비 prohibitively [prouhíbətivli] 엄청나게
laboratory [lǽbərətɔ̀ːri] 실험의; 실험실
budget [bʌ́dʒit] 할당하다, 예산을 세우다 on the spot 현장에서
license [láisəns] 허가하다; 면허
unaffiliated [ʌ̀nəfílièitid] 소속되지 않은 retail outlet 소매점
instrument [ínstrəmənt] 기구, 도구, 악기
mandatory [mǽndətɔ̀ːri] 의무적인 associate with ~과 관련된

28~29

해석 Samuel: ²⁸오전 10시 55분
안녕하세요, Isabel.
²⁸아직 실험실에 있으신가요? 사실 제가 지금 그곳으로 돌아가고 있어요. 당신과 당신의 팀이 개발해 온 새로운 배달 드론의 시연이 너무 흥미진진해서 당신이 저에게 빌려주기로 동의한 모델을 두고 나왔어요. 저의 공학과 학생들이 그것을 꼭 보면 좋을 것 같아요. 연구실에 들러서 가져오는 것이 문제가 되지 않길 바라요.

Isabel: 오전 11시 4분
안녕하세요, Samuel.
저희 시연이 즐거우셨다는 것을 듣게 되어 기쁘네요. ²⁹다른 팀이 발표를 위해 사용하고 있어서 저는 더 이상 실험실에 있지 않아요. 대신 제 사무실로 와 주세요. 여기 그 모델이 저에게 있어요. 그렇지만, 제가 오늘 안과 의사와 약속이 있어서 정오에 떠날 것이라는 것을 아셔야 해요. 그보다 여기에 늦게 오시면, 제 조교에게 요청하세요.

28. Q: Samuel은 오늘 무엇을 했는가?
(a) 공학과 학생들 수업을 했다.
(b) 아침에 시연을 봤다.
(c) 배달 드론을 시험했다.
(d) 실험실에서 작업을 조금 했다.

29. Q: 대화에서 추론할 수 있는 것은 무엇인가?
(a) Samuel이 직장에 동료의 방문을 받을 것이다.
(b) 실험실은 여러 팀들과 함께 공유된다.
(c) Isabel은 그녀의 약속 이후에 Samuel을 볼 것이다.
(d) 드론 모델은 사무 보조원에게 맡겨졌다.

해설
28. Samuel이 오늘 무엇을 했는지를 묻는 육하원칙 문제입니다. Samuel이 Isabel에게 보낸 메시지에서 질문의 키워드인 Samuel do today와 관련된 now 주변을 읽어보면 아직 실험실에 있는지 Isabel에게 물은 후, 지금 실험실로 돌아가고 있으며 새로운 배달 드론의 시연을 너무 흥미진진하게 느꼈다는 것을 알 수 있습니다. 또한, Samuel이 Isabel에게 메시지를 보낸 시간이 오전 10시 55분인 것을 통해 Samuel이 아침에 시연을 봤다는 것을 알 수 있습니다. 따라서 '아침에 시연을 봤다'는 내용의 (b)가 정답입니다.

29. 대화에서 추론할 수 있는 것을 묻는 문제입니다. 지문에서 Isabel이 Samuel에게 다른 팀이 발표를 위해 실험실을 사용하고 있기 때문에 자신이 더 이상 실험실에 있지 않다(I'm no longer ~ for a presentation)고 했으므로, 실험실이 여러 팀에 의해 공유된다는 것을 알 수 있습니다. 이를 바탕으로 '실험실은 여러 팀들과 함께 공유된다'라고 추론한 (b)가 정답입니다.

(a) Samuel이 직장에 동료의 방문을 받을 것인지는 언급되지 않았습니다.
(c) Samuel이 정오보다 늦게 도착한다면, 조교에게 문의하라고 했으므로 Isabel이 그녀의 약속 이후에 Samuel을 만난다는 것은 잘못 추론한 내용입니다.
(d) Isabel이 지금 모델을 가지고 있다고 했으므로 드론 모델이 사무 보조원에게 맡겨졌다는 것은 잘못 추론한 내용입니다.

어휘 demonstration [dèmənstréiʃən] 시연
assistant [əsístənt] (대학의) 조교

30~31

해석 최근 실험에서, ³⁰연구원들은 맨발로 뛰는 것이 운동화를 신고 뛰는 것보다 나은지 알아보기로 했다. 연구원들은 두 가지 경우에서 사람들의 발이 어떻게 바닥을 치는지 관찰하기 위해 3D 적외선 추적 장치를 사용했다. 최첨단 신발이 달리는 사람을 부상으로부터 보호해준다는 것은 흔히들 하는 생각이다. 그러나, 결과는 운동화가 불필요할 뿐만 아니라, 맨발로 달리는 것이 실제로 더 안전하다는 것을 보여주었다.

맨발로 달린 사람들은 몸에서 본래 충격을 흡수하는 곳인, 발의 앞과 중간 부분으로 땅에 착지했다. 반면에, 운동화를 신고 달린 사람들은 부상을 일으킬 수도 있는 발 뒤꿈치로 부자연스럽게 착지했다. 이것이 몇몇 회사들로 하여금 맨발로 달리는 것의 많은 장점들을 제공하는 발가락 운동화를 생산하게 했다. 이 운동화들은 더 적은 부상을 일으킬 뿐만 아니라, 전통적인 것들보다 훨씬 가벼워서 달리는 사람이 더 적은 신체 활동을 하도록 한다. 게다가, 몇몇 운동선수들에게 속도 증가를 제공한다. ³¹발가락 운동화가 발 근육을 강화한다는 주장도 있어 왔지만, 이것을 뒷받침할 어떠한 증거도 없다.

30. Q: 지문은 주로 무엇에 관한 내용인가?
(a) 초보 달리기 선수들에게 전형적으로 발생하는 실수들
(b) 신발 없이 달리는 것의 효과에 관한 연구
(c) 장거리 달리기와 관련된 건강 문제에 관한 실험
(d) 기술적으로 향상된 운동화의 가장 유명한 특징들

31. Q: 발가락 운동화의 장점이 아닌 것은 무엇인가?
(a) 몇몇 사람들이 더 빨리 달릴 수 있게 한다.
(b) 근육 발달을 촉진시킨다.
(c) 가벼운 구조를 가지고 있다.
(d) 부상 가능성을 줄인다.

해설 30. 지문의 요지를 묻는 문제입니다. 지문의 첫 부분에서 연구원들이 맨발로 뛰는 것이 운동화를 신고 뛰는 것보다 나은지 알아보기로

했다(researchers tried ~ running in sneakers)고 한 후, 3D 적외선 추적 장치를 사용한 결과 맨발로 달리는 것이 더 안전하다는 연구 결과를 설명했습니다. 이를 '신발 없이 달리는 것의 효과에 관한 연구'라고 종합한 (b)가 정답입니다.

31. 발가락 운동화의 장점이 아닌 것을 묻는 문제입니다. 지문에서 발가락 운동화가 발 근육을 강화한다는 주장도 있어 왔지만, 이것을 뒷받침할 어떠한 증거도 없다고 했습니다. 이를 통해 '근육 발달 촉진'이 발가락 운동화의 장점이 될 수 없음을 알 수 있으므로 (b)가 정답입니다.

어휘 barefoot [béərfùt] 맨발로; 맨발의 infrared [ìnfrəréd] 적외선의
tracking [trǽkiŋ] 추적 device [diváis] 장치
observe [əbzə́ːrv] 관찰하다 strike [straik] 치다, 때리다
instance [ínstəns] 경우, 사례 high-tech 첨단 기술의, 고도 기술의
unnecessary [ʌ̀nnésəsèri] 불필요한 built-in 본래의, 타고난
absorption [æbsɔ́ːrpʃən] 흡수 on the other hand 반면에
unnaturally [ʌ̀nnǽtʃərəli] 부자연스럽게
physical exertion 신체적 활동 novice [návis] 초보
lightweight [láitwèit] 가벼운

32~33

해석 Stanford Times지
의견
사설: 인문학 학위

독자의 의견
Tiffany88 7시간 전
인문학에 대한 당신의 견해는 현실과 다릅니다. ³³인문학 졸업생들은 실제로 많은 다양한 직업 분야에서 사회에 의미 있는 기여를 하고 있습니다. 저는 그렇게 생각하는 유일한 사람이 아닙니다.

사실, 영국 의회에 의한 최근 연구는 ³²인문학 전공자들이 민간 부분의 주요 기업들에 의해 활발하게 채용되고 있다는 것을 밝혔습니다. 이것은 인문학 졸업생들이 교육을 받는 동안 얻은 창의성과 분석적 사고가 특히 기계들이 수작업을 대체하는 직장에서 그들을 가치 있게 만들기 때문입니다.

이 연구는 또한 전 세계 지도자의 절반 이상이 인문학 학위를 가지고 있고, 상당수의 유명한 스타트업 창업자들이 컴퓨터 공학이나 공학보다는 인문학을 대학에서 공부했다고 주장합니다. 그리고 그들의 사업은 수천 개의 고용 기회를 창출하고 경제를 활성화시키고 있습니다. 스티브 잡스는 아마 "기술만으로는 충분하지 않다."고 말하며 인문학을 칭찬한 가장 유명한 기술 경영자의 예일 것입니다. ³³다른 사람들도 이것을 깨닫는다면 좋을 것 같습니다.

32. Q: 다음 중 지문의 내용과 일치하는 것은 무엇인가?
(a) 인문학 졸업생들은 소수의 직업 분야에서 일한다.
(b) 경영주는 성공하기 위해 기술적인 기초 지식을 가지고 있어야 한다.
(c) 회사들이 창의적인 직원들을 더 많이 찾고 있다.
(d) 신생기업들은 한정된 수의 고용 기회를 창출한다.

33. Q: 지문에서 글쓴이에 대해 추론할 수 있는 것은 무엇인가?
(a) 그녀는 기계가 같은 일을 할 수 있기 때문에 직장을 잃었다.
(b) 그녀는 인문학 학위가 높이 평가되어야 한다고 생각한다.
(c) 회사들이 더 많은 엔지니어를 고용해야 한다고 느낀다.
(d) 기술 회사 창립자 위원회에 소속되어 있다.

해설 32. 지문의 내용과 일치하는 것을 묻는 문제입니다. 지문에서 인문학 전공자들이 민간 부분의 주요 기업들에 의해 활발하게 채용되고 있다(liberal arts majors ~ in the private sector)고 했고, 인문학 졸업생들의 창의성과 분석적 사고가 특히 기계들이 수작업을 떠맡는 직장에서 그들을 가치 있게 만든다(This is because ~ over manual tasks)고 했습니다. 따라서 인문학 전공자들이 그들의 창의성과 분석적 사고로 인해 민간 부분의 주요 기업들에 활발하게 채용되고 있다는 것을 알 수 있습니다. 이를 '회사들이 창의적인 직원들을 더 많이 찾고 있다'라고 바꾸어 표현한 (c)가 정답입니다.

33. 글쓴이에 대해 추론할 수 있는 것을 묻는 문제입니다. 지문의 첫 부분에서 인문학 졸업생들이 실제로 많은 다양한 직업 분야에서 사회에 의미 있는 기여를 하고 있으며, 나만이 그렇게 생각하는 유일한 사람이 아니다(Liberal arts graduates ~ career fields. I'm not ~ so.)고 한 후, 다른 사람들도 이것을 알아차린다면 좋을 것 같다(It would be great if others ~ as well)고 했습니다. 이를 바탕으로 '인문학 학위가 높이 평가되어야 한다고 생각한다'라고 추론한 (b)가 정답입니다.

(a) 글쓴이가 기계가 같은 일을 할 수 있기 때문에 직장을 잃었다는 것은 언급되지 않았습니다.
(c) 글쓴이가 회사들이 더 많은 엔지니어들을 고용해야 한다고 느낀다는 것은 언급되지 않았습니다.
(d) 글쓴이가 기술 회사 창립자 위원회에 소속되어 있는지는 언급되지 않았습니다.

어휘 liberal arts 인문학 out of line ~와 다른
meaningful [míːniŋfəl] 의미 있는, 중요한
contribution [kɑ̀ntrəbjúːʃən] 기여, 공헌
recruit [rikrúːt] 채용하다, 모집하다 analytical thinking 분석적 사고
stimulate [stímjulèit] 활성화시키다 praise [preiz] 칭찬하다
the humanities 인문학

34~35

해석 용광로 또는 샐러드볼

건국 이후에 미국은 이민자들의 나라였다. 하지만, 역사 속에서 새로운 사람들이 항상 똑같은 대우를 받은 것은 아니며, 특정 집단이 얼마나 미국인의 삶에 잘 적응하는지와 크게 관련되는 차이가 있었다.

³⁴1900년대 초, 미국 사회는 무엇인가 새로운 것이 되기 위해 함께 섞여 있는 문화의 용광로처럼 보였다. 이 시기 즈음, 동유럽과 러시아에서 이민자의 물결이 도착했고, 새로 도착하는 사람들은 그들의 옛 문화를 뒤로하고 미국화되는 것이 기대되었다. 이런 압박은 학교 커리큘럼과 직장에서 나타났다.

하지만, 20세기 중반 무렵, 라틴 아메리카에서 미국으로 이민자의 물결이 도착하면서 ³⁵다양한 집단들이 용광로 개념에 저항하기 시작했다. 소수자들은 다수의 문화적 관습을 받아들여야 하는 것에 분개했고 많은 사람이 다문화주의를 지지하기 시작했다. ³⁴오늘날 일반적으로 받아들여지는 이 관점에 따르면, 미국 사회는 용광로보다는 별개 문화들의 샐러드볼에 비유되어야 한다.

34. Q: 지문의 주제는 무엇인가?
(a) 미국에 오는 이민자들이 어떻게 행동해야 하는지에 대한 태도의 변화
(b) 주류 문화를 완전히 따르는 것의 장점
(c) 새로 온 사람들이 그들만의 지역 사회를 만드는데 도움을 주기 위해 고안된 정책들
(d) 사람들이 미국으로 이민 오게 만든 경제적인 요소들

35. Q: 용광로의 개념은 왜 비판받았는가?
(a) 라틴 아메리카인들은 그들이 도착했을 때 이미 미국 문화에 익숙했다.
(b) 많은 이민자들이 그들의 고국으로 돌아가기로 결정했다.

(c) 적은 수의 학교에서만 가르쳐진다.
(d) 소수 집단이 문화적 규범에 따라야 한다고 제안한다.

해설 34. 지문의 주제를 묻는 문제입니다. 지문에서 1900년대 초 미국 사회는 문화의 용광로로 여겨졌다(In the beginning ~ something new)고 했고, 지문의 마지막에서 오늘날 일반적으로 받아들여지는 관점에 따르면 미국은 별개 문화들의 샐러드볼에 비유되어야 한다(According to this ~ than a melting pot)고 했습니다. 이를 '미국에 오는 이민자들이 어떻게 행동해야 하는지에 대한 태도의 변화'라고 종합한 (a)가 정답입니다.

35. 용광로의 개념이 비판 받은 이유를 묻는 육하원칙 문제입니다. 질문의 키워드인 melting pot criticized가 바뀌어 표현된 resisting the melting pot idea 주변을 읽어보면 다양한 집단들이 용광로 개념에 저항했으며 소수자들이 다수의 문화적 관습을 받아들여야 하는 것에 분개했음을 알 수 있습니다. 따라서 '소수 집단이 문화적 규범에 따라야 한다고 제안한다'라고 한 (d)가 정답입니다.

어휘 newcomer[njúːkÀmər] 새로 온 사람
disparity[dispǽrəti] 차이, 격차
minority[minɔ́ːrəti] 소수, 소수자
resent[rizént] 분개하다, 분하게 여기다   practice[prǽktis] 관습
advocate[ǽdvəkèit] 지지하다; 지지자
perspective[pərspéktiv] 관점, 시각   liken to ~에 비유하다
conform to ~에 따르다   mainstream[méinstrìːm] 주류
norm[nɔːrm] 규범, 표준

어휘

CHAPTER 01 Collocation

HACKERS TEST p.154

01 (d)	02 (a)	03 (c)	04 (c)	05 (a)
06 (a)	07 (d)	08 (b)	09 (c)	10 (d)
11 (b)	12 (a)	13 (d)	14 (a)	15 (b)
16 (a)	17 (a)	18 (d)	19 (a)	20 (b)

01 sedentary lifestyle 주로 앉아서 지내는 생활 방식

해설 'Bobby는 절대 집에서 나가지 않고, 앉아서 TV를 보면서 그의 하루를 보내요'라는 말에 '그렇게 ___ 생활 방식은 그에게 아무런 도움이 되지 않을 거예요'라고 대답했습니다. 이 문맥에 적합하면서, 빈칸 뒤의 명사 lifestyle(생활 방식)과 어울려 '주로 앉아서 지내는 생활 방식'이라는 뜻을 만드는 형용사는 (d) sedentary(주로 앉아서 지내는)입니다.

(a) mandatory [mǽndətɔ̀:ri] 의무적인
(b) voluntary [váləntèri] 자발적인
(c) rudimentary [rù:dəméntəri] 가장 기본적인

해석 A: Bobby는 절대 집에서 나가지 않고, 앉아서 TV를 보면서 그의 하루를 보내요.
B: 그렇게 주로 앉아서 지내는 생활 방식은 그에게 아무런 도움이 되지 않을 거예요.

어휘 lifestyle [láifstàil] 생활 방식 do good 도움이 되다, 이롭다

02 maternity leave 출산 휴가

해설 'Carla가 이제 막 아이를 낳았다고 들었어요'라는 말에 '네. 그녀는 두 달 동안 ___ 휴가에서 돌아오지 않을 거예요'라고 대답했습니다. 이 문맥에 적합하면서, 빈칸 뒤의 명사 leave(휴가)와 어울려 '출산 휴가'라는 뜻을 만드는 명사는 (a) maternity(임산부인 상태)입니다.

(b) fraternity [frətə́:rnəti] 형제애
(c) paternity [pətə́:rnəti] 아버지인 상태
(d) eternity [itə́:rnəti] 영원

해석 A: Carla가 이제 막 아이를 낳았다고 들었어요.
B: 네. 그녀는 두 달 동안 출산 휴가에서 돌아오지 않을 거예요.

어휘 give birth 아이를 낳다

03 clinch a deal 거래를 성사시키다

해설 'Mr. Boyle과의 협상은 어떻게 되었나요'라는 질문에 '우리가 거래를 ___다고 말하게 되어 기뻐요. 그가 우리 회사에 투자하겠다고 했어요'라고 대답했습니다. 이 문맥에 적합하면서, 빈칸 뒤의 명사 deal(거래)과 어울려 '거래를 성사시키다'라는 뜻을 만드는 동사는 (c) clinched(성사시키다)입니다.

(a) grasp [græsp] 움켜잡다 (b) annex [ənéks] 합병하다
(d) revoke [rivóuk] 폐지하다

해석 A: Mr. Boyle과의 협상은 어떻게 되었나요?
B: 우리가 거래를 성사시켰다고 말하게 되어 기뻐요. 그가 우리 회사에 투자하겠다고 했어요.

어휘 negotiation [nigòuʃiéiʃən] 협상 deal [di:l] 거래, 합의
invest [invést] 투자하다

04 inclement weather 궂은 날씨

해설 '폭풍 때문에 모든 보트 여행이 취소되었어요'라는 말에 '그것은 예상된 일이에요. 어떤 배든 이런 ___ 날씨에 항해하는 것은 위험해요'라고 대답했습니다. 이 문맥에 적합하면서, 빈칸 뒤의 명사 weather(날씨)와 어울려 '궂은 날씨'라는 뜻을 만드는 형용사는 (c) inclement(궂은)입니다.

(a) temperate [témpərət] 온화한
(b) congenial [kəndʒí:njəl] 마음이 맞는
(d) bellicose [bélikòus] 호전적인

해석 A: 폭풍 때문에 모든 보트 여행이 취소되었어요.
B: 그것은 예상된 일이에요. 어떤 배든 이런 궂은 날씨에 항해하는 것은 위험해요.

어휘 cancel [kǽnsəl] 취소하다 expect [ikspékt] 예상하다, 기대하다
navigate [nǽvəgèit] 항해하다

05 clearance sale 재고 정리 판매

해설 '길모퉁이에 있는 옷 가게가 곧 폐업한다고 들었어요'라는 말에 '네, 지난주에 그들은 ___ 판매를 했어요'라고 대답했습니다. 이 문맥에 적합하면서, 빈칸 뒤의 명사 sale(판매)과 어울려 '재고 정리 판매'라는 뜻을 만드는 명사는 (a) clearance(정리)입니다.

(b) riddance [ridns] 제거 (c) bailout [béilàut] 긴급 구제
(d) takeoff [téikɔ̀:f] 출발

해석 A: 길모퉁이에 있는 옷 가게가 곧 폐업한다고 들었어요.
B: 네, 지난주에 그들은 재고 정리 판매를 했어요.

어휘 boutique [bu:tí:k] (작은) 옷 가게, 부티크 close down 폐업하다

06 resist the urge 욕구를 억제하다

해설 '당신은 충동적으로 물건을 구매하는 것을 정말 그만둬야 해요'라는 말에 '알아요, 하지만 이 자켓을 사고 싶은 욕구를 ___할 수가 없었어요'라고 대답했습니다. 이 문맥에 적합하면서, 빈칸 뒤의 명사 urge(욕구)와 어울려 '욕구를 억제하다'라는 뜻을 만드는 동사는 (a) resist(억제하다)입니다. (c)의 endure는 '(힘든 시간 등을) 참고 기다린다'라는 뜻이므로 오답입니다.

(b) defend [difénd] 방어하다

Chapter 01 Collocation **55**

(c) endure [indʒúər] (힘든 시간 등을) 참고 기다린다
(d) commit [kəmít] 저지르다

해석 A: 당신은 충동적으로 물건을 구매하는 것을 정말 그만둬야 해요.
B: 알아요, 하지만 이 자켓을 사고 싶은 욕구를 억제할 수가 없었어요.

어휘 on impulse 충동적으로 urge [əːrdʒ] 욕구, 충동

07 faculty member 교수진

해설 '가장 오랫동안 재직한 법학 대학 ___ 중 한 명인 Dr. Hay는 1985년부터 가르쳐 왔다'는 문맥에 적합하면서, 빈칸 뒤의 명사 members (구성원)와 어울려 '교수진'이라는 뜻을 만드는 명사는 (d) faculty(교수단)입니다.

(a) trustee [trʌstíː] 이사 (b) constituent [kənstítʃuənt] 유권자
(c) regime [rəʒíːm] 정권, 체제

해석 가장 오랫동안 재직한 법학 대학 교수진 중 한 명인 Dr. Hay는 1985년부터 가르쳐 왔다.

어휘 serve [səːrv] 재직하다, 근무하다

08 fracture one's elbow 팔꿈치가 골절되다

해설 '훈련하는 동안, 기수는 말에서 떨어져 그녀의 오른쪽 팔꿈치가 ___되었다'는 문맥에 적합하면서, 빈칸 뒤의 명사 elbow(팔꿈치)와 어울려 '팔꿈치가 골절되다'라는 뜻을 만드는 동사는 (b) fractured(골절되다)입니다. (c)의 flawed는 '(인격이나 명예에) 금이 가게 하다'라는 뜻이므로 오답입니다.

(a) frustrate [frʌ́streit] 좌절하게 되다
(c) flaw [flɔː] 금이 가게 하다 (d) flex [fleks] 몸을 풀다

해석 훈련하는 동안, 기수는 말에서 떨어져 오른쪽 팔꿈치가 골절되었다.

어휘 throw off 떨어지다 elbow [élbou] 팔꿈치

09 obtain a permit 허가증을 얻다

해설 '새로운 운전자는 그들이 정식 면허를 취득하기 전에 연습자 운전허가증을 ___해야 한다'는 문맥에 적합하면서, 빈칸 뒤의 명사 permit(허가증)과 어울려 '허가증을 얻다'라는 뜻을 만드는 동사는 (c) obtain(얻다)입니다.

(a) initiate [iníʃièit] 착수시키다 (b) divulge [diνʌ́ldʒ] 누설하다
(d) realize [ríːəlàiz] 깨닫다

해석 새로운 운전자들은 정식 면허를 취득하기 전에 연습자 운전허가증을 얻어야 한다.

어휘 learner's permit 연습자 운전허가증 regular [régjulər] 정식의
license [láisəns] 면허

10 compulsory subject 필수 과목

해설 '___ 과목들을 제외하고, 학생들은 몇 개의 학교 선택 과목들 중 하나를 선택하는 것이 허용된다'는 문맥에 적합하면서, 빈칸 뒤의 명사 subjects(과목)와 어울려 '필수 과목'이라는 뜻을 만드는 형용사는 (d) compulsory(필수의)입니다.

(a) immediate [imíːdiət] 즉각적인
(b) impending [impéndiŋ] 임박한
(c) consequential [kɑ̀nsəkwénʃəl] ~의 결과로 일어나는

해석 필수 과목들을 제외하고, 학생들은 몇 개의 학교 선택 과목들 중 하나를 선택하는 것이 허용된다.

어휘 aside from ~을 제외하고 academic [æ̀kədémik] 학교의, 학문의
elective [iléktiv] 선택 과목

11 designer label 유명 디자이너 제품

해설 '유명 디자이너 ___을 사기 위해 높은 가격을 지불하지 않아도 멋진 옷을 모을 수 있다'는 문맥에 적합하면서, 빈칸 앞의 명사 designer(디자이너)와 어울려 '유명 디자이너 제품'이라는 뜻을 만드는 명사는 (b) labels(상표)입니다.

(a) stamp [stæmp] 우표 (c) emblem [émbləm] 상징
(d) mark [mɑːrk] 표시

해석 유명 디자이너 제품을 사기 위해 높은 가격을 지불하지 않아도 멋진 옷을 모을 수 있다.

어휘 amass [əmǽs] 모으다 stylish [stáiliʃ] 멋진, 유행에 따른
wardrobe [wɔ́ːrdròub] 옷

12 obedient children 말을 잘 듣는 아이들

해설 '그 엄격한 부모는 주어진 가르침을 항상 따르는 ___ 아이들을 키웠다'는 문맥에 적합하면서, 빈칸 뒤의 명사 children(아이들)과 어울려 '말을 잘 듣는 아이들'이라는 뜻을 만드는 형용사는 (a) obedient(말을 잘 듣는)입니다.

(b) protected [prətéktid] 보호받는
(c) oblivious [əblíviəs] 의식하지 못하는, 건망증이 있는
(d) indifferent [indífərənt] 무관심한

해석 그 엄격한 부모는 주어진 가르침을 항상 따르는 말을 잘 듣는 아이들을 키웠다.

어휘 raise [reiz] 키우다 instruction [instrʌ́kʃən] 가르침

13 excavate the remains 유물들을 발굴하다

해설 '그가 Hisarlik 고분을 파기 시작한 후 2년 만에, Heinrich Schliemann은 그가 트로이라고 믿었던 고대 도시의 유물들을 ___했다'는 문맥에 적합하면서, 빈칸 뒤의 명사 remains(유물)와 어울려 '유물들을 발굴하다'라는 뜻을 만드는 동사는 (d) excavated(발굴하다)입니다.

(a) hollow [hɑ́lou] 움푹하게 만들다
(b) assemble [əsémbl] 조립하다
(c) dismiss [dismís] 해산시키다

해석 그가 Hisarlik 고분을 파기 시작한 후 2년 만에, Heinrich Schliemann은 그가 트로이라고 믿었던 고대 도시의 유물들을 발굴했다.

어휘 dig [dig] 파다 mound [maund] 고분, 흙무더기
remain [riméin] 유물, 유적 ancient [éinʃənt] 고대의

14 office supplies 사무용품

해설 'Read Well 재단은 복사 용지, 펜, 스테이플러와 같은 사무___의 기증을 요청하고 있다'는 문맥에 적합하면서, 빈칸 앞의 명사 office(사무실)와 어울려 '사무용품'이라는 뜻을 만드는 명사는 (a) supplies(보급품)입니다.

(b) matter [mǽtər] 물질 (c) produce [prədʒúːs] 생산품
(d) device [diνáis] 장치

해석 Read Well 재단은 복사 용지, 펜, 스테이플러와 같은 사무용품의 기증을 요청하고 있다.

어휘 solicit [səlísit] 요청하다, 간청하다 donation [dounéiʃən] 기증
such as ~과 같은

15 repeal a law 법률을 폐지하다

해설 '인권 운동가 단체는 사형을 허용하는 법률이 비인도적이라고 주장하며 주지사에게 이 법률을 ___ 할 것을 강력히 촉구했다'는 문맥에 적합하면서, 빈칸 뒤의 명사 law(법률)와 어울려 '법률을 폐지하다'라는 뜻을 만드는 동사는 (b) repeal(폐지하다)입니다. (a)의 demolish는 '(건물 등을) 철거하다, 허물다'라는 뜻이므로 오답입니다.

(a) demolish [dimáliʃ] 철거하다
(c) asphyxiate [æsfíksièit] 질식시키다
(d) indemnify [indémnəfài] 배상하다

해석 인권 운동가 단체는 사형을 허용하는 법률이 비인도적이라고 주장하며, 주지사에게 이 법률을 폐지할 것을 강력히 촉구했다.

어휘 human rights 인권 urge [əːrdʒ] 강력히 촉구하다
mandate [mǽndeit] 허용하다, 위임하다 death penalty 사형
contend [kəntént] 주장하다
inhumane [ìnhjuːméin] 비인도적인, 비인간적인

16 viable alternative 실용적인 대안

해설 'Transit사의 임무는 탄소 배출을 줄이기 위해 석유를 원료로 한 연료에 대해 상업적으로 ___ 대안들을 제공하는 것이다'라는 문맥에 적합하면서, 빈칸 뒤의 명사 alternatives(대안)와 어울려 '실용적인 대안'이라는 뜻을 만드는 형용사는 (a) viable(실용적인)입니다.

(b) biased [báiəst] 편견을 지닌 (c) equitable [ékwətəbl] 공정한
(d) exempt [igzémpt] 면제되는

해석 Transit사의 임무는 탄소 배출을 줄이기 위해 석유를 원료로 한 연료에 대해 상업적으로 실용적인 대안들을 제공하는 것이다.

어휘 commercially [kəməːrʃəli] 상업적으로
alternative [ɔːltəːrnətiv] 대안
petroleum-based 석유를 원료로 한
reduce [ridjúːs] 줄이다 carbon emission 탄소 배출

17 area of expertise 전문 분야

해설 'Dr. Denver는 ___ 분야가 소아 심장 수술인 심장 외과의이다'라는 문맥에 적합하면서, 빈칸 앞의 명사 area(분야)와 어울려 '전문 분야'라는 뜻을 만드는 명사는 (a) expertise(전문 지식)입니다.

(b) capacity [kəpǽsəti] 능력 (c) influence [ínfluəns] 영향
(d) residence [rézədəns] 거주

해석 Dr. Denver는 전문 분야가 소아 심장 수술인 심장 외과의이다.

어휘 cardiac [káːrdiæk] 심장의 surgeon [səːrdʒən] 외과의
infant [ínfənt] 소아 surgery [səːrdʒəri] 수술

18 level of understanding 이해 수준

해설 '감성 지능은 다른 이들의 감정에 대한 한 사람의 이해 ___ 을 나타낸다'는 문맥에 적합하면서, 빈칸 뒤의 명사 understanding(이해)과 어울려 '이해 수준'이라는 뜻을 만드는 명사는 (d) level(수준)입니다.

(a) standard [stǽndərd] 표준 (b) quality [kwáləti] 질
(c) factor [fǽktər] 요인

해석 감성 지능은 다른 이들의 감정에 대한 한 사람의 이해 수준을 나타낸다.

어휘 emotional intelligence 감성 지능 refer [rifəːr] 나타내다

19 rich sources 풍부한 공급원

해설 '아몬드와 피스타치오를 포함한 많은 견과류는 섬유질의 풍부한 ___ 이다'라는 문맥에 적합하면서, 빈칸 앞의 형용사 rich(풍부한)와 어울려 '풍부한 공급원'이라는 뜻을 만드는 명사는 (a) sources(공급원)입니다.

(b) cause [kɔːz] 원인 (c) base [beis] 기초
(d) ration [rǽʃən] 식량, 배급량

해석 아몬드와 피스타치오를 포함한 많은 견과류는 섬유질의 풍부한 공급원이다.

어휘 fiber [fáibər] 섬유질

20 public access 일반 대중의 접근권

해설 '새 연방 정부 웹사이트는 국가의 국세 조사 자료와 관련된 통계 자료에 대한 일반 대중의 ___ 을 향상시키는 것을 목표로 한다'는 문맥에 적합하면서, 빈칸 앞의 명사 public(일반인들)과 어울려 '일반 대중의 접근권'이라는 뜻을 만드는 명사는 (b) access(접근권)입니다. (d) approach는 장소나 문제점 등에 대한 접근이나 접근 방법을 의미하므로 오답입니다.

(a) entrance [éntrəns] 입장 (c) opening [óupəniŋ] 공석
(d) approach [əpróutʃ] 접근, 접촉

해석 새 연방 정부 웹사이트는 국가의 국세 조사 자료와 관련된 통계 자료에 대한 일반 대중의 접근권을 향상시키는 것을 목표로 한다.

어휘 federal [fédərəl] 연방 정부의 aim [eim] ~을 목표로 하다
improve [imprúːv] 향상시키다 census [sénsəs] 국세 조사
statistics [stətístiks] 통계자료, 통계

CHAPTER 02 관용적 표현

HACKERS TEST   p.162

01 (b)	02 (c)	03 (c)	04 (a)	05 (b)
06 (c)	07 (b)	08 (b)	09 (d)	10 (a)
11 (d)	12 (d)	13 (a)	14 (a)	15 (a)
16 (c)	17 (a)	18 (c)	19 (b)	20 (c)

01 It takes a lot of effort. 많은 노력이 필요해요.

해설 '제 자신만의 사업을 운영하는 일이 이렇게 어려울 것이라고는 생각하지 못했어요'라는 말에 '네, 모든 것을 당신 스스로 하려면 많은 노력이 ___ 해요'라고 대답했으므로, 빈칸이 포함된 문장에는 사업을 운영하면서 모든 것을 스스로 하려면 '많은 노력이 필요하다'는 내용이 오는 것이 자연스럽습니다. 따라서 정답은 빈칸 앞의 it, 빈칸 뒤의 a lot of effort와 함께 '많은 노력이 필요해요'라는 표현을 완성하는 (b) takes(필요하다)입니다.

해석 A: 제 자신만의 사업을 운영하는 일이 이렇게 어려울 것이라고는 생각하지 못했어요.
B: 네, 모든 것을 당신 스스로 하려면 많은 노력이 필요해요.

어휘 run [rʌn] 운영하다, 경영하다

02 look up 찾아보다

해설 '난 내 과학 보고서 자료 조사를 어디에서부터 시작해야 할지 모르겠어'라는 말에 '나는 먼저 백과사전에 있는 주제를 ___하는 것을 제안해'라고 대답했습니다. 따라서 문맥상 빈칸에 적합한 표현은 (c) look up (찾아보다)입니다.

(a) think through 충분히 생각하다 (b) point out 지적하다
(d) see off 배웅하다

해석 A: 난 내 과학 보고서 자료 조사를 어디에서부터 시작해야 할지 모르겠어.
B: 나는 먼저 백과사전에 있는 주제를 찾아보는 것을 제안해.

어휘 research [risə́ːrtʃ] 자료를 조사하다 suggest [səgdʒést] 제안하다
encyclopedia [insàikləpíːdiə] 백과사전

03 drop a line 메시지를 보내다

해설 '반드시 가끔 연락하고 지내도록 해요'라는 말에 '제가 가능할 때마다 당신에게 꼭 ___할게요'라고 대답했으므로, B가 A에게 연락을 할 것이라는 것을 짐작할 수 있습니다. 따라서 이 문맥에 적합한 표현은 (c) drop you a line(메시지를 보내다)입니다.

(a) call the shots 지배하다
(b) talk through one's hat 엉뚱한 소리를 늘어놓다
(d) get one's act together 마음을 가다듬다

해석 A: 반드시 가끔 연락하고 지내도록 해요.
B: 제가 가능할 때마다 당신에게 꼭 메시지를 보낼게요.

어휘 be sure to 반드시 ~해라 keep in touch 연락하고 지내다
once in a while 가끔 definitely [défənitli] 꼭, 틀림없이

04 get away with 무사히 ~을 하다

해설 '오늘 남은 시간은 쉬고 싶어요'라는 말에 '당신이 그것을 ___하도록 사장님이 내버려 두지 않을 거예요'라고 대답했습니다. 따라서 문맥상 빈칸에 적합한 표현은 (a) get away with(무사히 ~을 하다)입니다.

(b) walk out on ~을 버리다 (c) cut down on ~을 삭감하다
(d) break up with ~와 헤어지다

해석 A: 오늘 남은 시간은 쉬고 싶어요.
B: 당신이 무사히 그것을 하도록 사장님이 내버려 두지 않을 거예요.

05 out of line 부적절한

해설 '회의 중에 Debby가 부장님에게 한 모욕적인 발언은 완전히 부적절했어요'라는 말에 '저도 동의해요. 그녀가 한 일은 ___했다고 생각해요'라고 대답했으므로, 부장에게 모욕적인 발언을 한 것을 '부적절한' 것으로 생각하고 있음을 짐작할 수 있습니다. 따라서 이 문맥에 적합한 표현은 (b) out of line(부적절한)입니다.

(a) down the drain 수포로 돌아간 (c) up in the air 아직 미정인
(d) off the record 비공개로

해석 A: 회의 중에 Debby가 부장님에게 한 모욕적인 발언은 완전히 부적절했어요.
B: 저도 동의해요. 그녀가 한 일은 부적절했다고 생각해요.

어휘 derogatory [dirágətɔ̀ːri] 모욕적인, 명예를 손상하는
remark [rimáːrk] 발언 completely [kəmplíːtli] 완전히
inappropriate [ìnəpróupriət] 부적절한

06 I can handle it. 제가 처리할 수 있어요.

해설 '저 상자들을 옮기는 데 도움이 필요하나요'라는 질문에 '아니요'라고 대답했으므로, 빈칸이 포함된 문장에는 '자신이 처리할 수 있다'는 내용이 오는 것이 자연스럽습니다. 따라서 정답은 빈칸 앞의 I can, 빈칸 뒤의 it과 함께 '제가 처리할 수 있어요'라는 표현을 완성하는 (c) handle(처리하다)입니다.

(a) control [kəntróul] 조절하다 (b) conduct [kəndʌ́kt] 수행하다
(d) operate [ápərèit] 실행하다

해석 A: 저 상자들을 옮기는 데 도움이 필요하나요?
B: 아니요, 제가 처리할 수 있어요.

어휘 carry [kǽri] 옮기다

07 apply oneself 전념하다

해설 '저는 Gail이 매일 바이올린 연습을 하며 긴 시간을 보내는 것에 감탄해요'라는 말에 '맞아요. 그녀는 분명히 ___하고 있어요'라고 대답했으므로, 그녀가 바이올린 연습에 '전념하고 있다'는 것을 짐작할 수 있습니다. 따라서 이 문맥에 적합하면서, 빈칸 뒤의 재귀대명사 herself와 어울려 '전념하다'라는 뜻을 만드는 동사는 (b) applying(전념하다)입니다.

(a) pertain [pərtéin] 어울리다, 적용되다
(c) restrict [ristríkt] 제한하다 (d) incline [inkláin] ~로 기울다

해석 A: 저는 Gail이 매일 바이올린 연습을 하며 긴 시간을 보내는 것에 감탄해요.
B: 맞아요. 그녀는 분명히 전념하고 있어요.

어휘 admire [ædmáiər] 감탄하다, 존경하다
practice [prǽktis] 연습하다 certainly [sə́ːrtnli] 분명히, 틀림없이

08 I didn't mean to hurt your feelings.
당신 마음을 상하게 할 의도는 없었어요.

해설 '제가 당신 기분을 나쁘게 했다면 미안해요. 당신 마음을 상하게 할 ___는 없었어요'라는 말에 '괜찮아요. 이해해요'라고 대답했으므로, 빈칸이 포함된 문장에는 '당신 마음을 일부러 상하게 하려던 것은 아니다'라는 내용이 오는 것이 자연스럽습니다. 따라서 정답은 빈칸 앞의 I didn't, 빈칸 뒤의 to hurt your feelings와 함께 '당신 마음을 상하게 할 의도는 없었어요'라는 표현을 완성하는 (b) mean(의도하다)입니다.

해석 A: 제가 당신 기분을 나쁘게 했다면 미안해요. 당신 마음을 상하게 할 의도는 없었어요.
B: 괜찮아요. 이해해요.

어휘 offend [əfénd] 기분 나쁘게 하다, 화나게 하다

09 I recognize your voice. 당신 목소리를 알아 들었어요.

해설 '전화한 사람이 저인지 어떻게 알았어요'라는 질문에 '당신 목소리를 ___했어요'라고 대답했으므로, 빈칸이 포함된 문장에는 '목소리를 듣고 당신인지 알았다'는 내용이 오는 것이 자연스럽습니다. 따라서 정답은 빈칸 앞의 I, 빈칸 뒤의 your voice와 함께 '당신 목소리를 알아 들었어요'라는 표현을 완성하는 (d) recognized(인식하다)입니다.

(a) understand [ʌ̀ndərstǽnd] 이해하다
(b) realize [ríːəlàiz] 깨닫다
(c) acknowledge [æknálidʒ] 인정하다

해석 A: 전화한 사람이 저인지 어떻게 알았어요?
B: 당신 목소리를 알아 들었어요.

10 tighten one's belt 허리띠를 졸라매다

해설 '현재 시장의 불안정이 상품 가격을 천정부지로 치솟게 하고 있어요'라

는 말에 '맞아요. 이제 ___ 할 때에요'라고 대답했으므로, 상품 가격이 오르는 것에 대비하여 '허리띠를 졸라매야' 할 때라는 것을 짐작할 수 있습니다. 따라서 이 문맥에 적합한 표현은 (a) tighten our belts(허리띠를 졸라매다)입니다.

(b) spare no expense 비용을 아끼지 않다
(c) break a leg 행운을 빌어   (d) put a sock in it 조용히 하다

해석 A: 현재 시장의 불안정이 상품 가격을 천정부지로 치솟게 하고 있어요.
B: 맞아요. 이제 허리띠를 졸라맬 때에요.

어휘 instability [ìnstəbíləti] 불안정
cause [kɔːz] ~으로 하여금 -하게 하다
commodity [kəmɑ́dəti] 상품, 물품   sky-high 천정부지로, 너무 높이

11 put through (전화로) 연결해 주다

해설 '안녕하세요. Mr. Taylor와 통화하고 싶은데요'라는 말에 '잠시만 기다려주세요. 그의 직통 전화로 ___ 해 드리겠습니다'라고 대답했습니다. 따라서 문맥상 빈칸에 적합한 표현은 (d) put you through(연결해 주다)입니다.

(a) hear out ~의 말을 끝까지 들어주다
(b) give away 거저주다, 배신하다   (c) lead on 유혹하다

해석 A: 안녕하세요. Mr. Taylor와 통화하고 싶은데요.
B: 잠시만 기다려주세요. 그의 직통 전화로 연결해 드리겠습니다.

어휘 direct line 직통 전화

12 spread oneself too thin 일을 너무 벌이다

해설 '넌 왜 합창단을 그만 뒀니'라는 질문에 '내가 ___ 하는 것 같아어. 학교 공부와 아르바이트에 더해서 클럽 활동까지 해낼 수가 없었어'라고 대답했으므로, 학업과 아르바이트 등 할 일이 너무 많다는 것을 짐작할 수 있습니다. 따라서 이 문맥에 적합한 표현은 (d) spreading myself too thin(일을 너무 벌이다)입니다.

(a) sell someone short ~를 하찮게 여기다
(b) bite the bullet 고통을 꾹 참다
(c) rub salt in the wound 사태를 더욱 악화시키다

해석 A: 넌 왜 합창단을 그만 뒀니?
B: 내가 일을 너무 벌이는 것 같았어. 학교 공부와 아르바이트에 더해서 클럽 활동까지 해낼 수가 없었어.

어휘 glee club 합창단   manage [mǽnidʒ] 해내다
on top of ~에 더하여

13 It was my pleasure. 천만에요.

해설 '도와줘서 정말 고마워요, Tracey'라는 말에 '뭘요'라고 대답했으므로, 빈칸이 포함된 문장에는 '천만에요'라는 내용이 오는 것이 자연스럽습니다. 따라서 정답은 It was my와 함께 '천만에요'라는 표현을 완성하는 (a) pleasure(기쁨)입니다. (c) gladness도 기쁨이라는 의미로 답인 것처럼 보이지만, It was my와 함께 '천만에요'라는 뜻을 완성하지 못하므로 오답입니다.

(b) comfort [kʌ́mfərt] 편안함
(c) gladness [glǽdnis] 기쁨, 반가움   (d) luxury [lʌ́kʃəri] 사치

해석 A: 도와줘서 정말 고마워요, Tracey.
B: 뭘요. 천만에요.

14 throw the book at a person ~를 엄벌에 처하다

해설 '이웃에서 일어난 연쇄 절도 사건이 걱정스러워요'라는 말에 '맞아요. 당국이 도둑들을 빨리 검거해서 ___ 했으면 좋겠어요'라고 대답했으므로, 도둑들을 검거하여 '벌을 가하길' 바란다는 것을 짐작할 수 있습니다. 따라서 이 문맥에 적합한 표현은 (a) throw the book at them(엄벌에 처하다)입니다.

(b) steal a march on a person ~에게 살금살금 다가가다
(c) take cover from 숨다, 피난하다
(d) show a person the door 밖으로 내쫓다

해석 A: 이웃에서 일어난 연쇄 절도 사건이 걱정스러워요.
B: 맞아요. 당국이 도둑들을 빨리 검거해서 그들을 엄벌에 처했으면 좋겠어요.

어휘 series [síəriːz] 연쇄, 연속   burglary [bə́ːrɡləri] 절도, 빈집털이
alarming [əlɑ́ːrmiŋ] 걱정스러운, 두려운   authority [əθɔ́ːrəti] 당국
arrest [ərést] 검거하다, 체포하다

15 That would make my life easier.
그렇게 해주시면 제 일이 한결 수월해질 것 같아요.

해설 '제가 당신을 위해 저 문서들을 복사해 드릴까요'라는 질문에 '고마워요'라고 대답했으므로, 빈칸이 포함된 문장에는 문서를 복사해 준다면 '일이 수월해질 것 같다'는 내용이 오는 것이 자연스럽습니다. 따라서 정답은 That would make my life와 함께 '그렇게 해주시면 제 일이 한결 수월해질 것 같아요'라는 표현을 완성하는 (a) easier(더 쉬운)입니다.

해석 A: 제가 당신을 위해 저 문서들을 복사해 드릴까요?
B: 고마워요. 그렇게 해주시면 제 일이 한결 수월해질 것 같아요.

어휘 document [dɑ́kjumənt] 문서

16 in the same boat 같은 처지에 있는

해설 '난 화학 수업에서 애를 먹고 있어'라는 말에 '우린 ___. 나도 정말 내 성적을 향상시킬 필요가 있거든'이라고 대답했으므로, 수업에서 좋은 성적을 받지 못하는 '같은 처지에 놓여 있다'는 것을 짐작할 수 있습니다. 따라서 이 문맥에 적합한 표현은 (c) are in the same boat(같은 처지에 놓여 있다)입니다.

(a) neither here nor there 중요하지 않은
(b) have enough on one's plates 할 일이 잔뜩 있다
(d) have two left feet 동작이 매우 어색하다

해석 A: 난 화학 수업에서 애를 먹고 있어.
B: 이봐, 우린 같은 처지에 있어. 나도 정말 내 성적을 향상시킬 필요가 있거든.

17 keep down (소리, 소음을) 낮추다

해설 '통화를 좀 더 조용히 할 수 있어요? 제가 공부하려고 하는 중이거든요'라는 질문에 '미안해요, 당신을 방해하고 있는지 몰랐어요. 제가 ___ 할게요'라고 대답했습니다. 따라서 문맥상 빈칸에 적합한 표현은 (a) keep it down(낮추다)입니다.

(b) hang up 전화를 끊다   (c) bring off (어려운 일을) 해내다, 가져가다
(d) turn out (전기·난방기를) 끄다

해석 A: 통화를 좀 더 조용히 할 수 있어요? 제가 공부하려고 하는 중이거든요.
B: 미안해요, 당신을 방해하고 있는지 몰랐어요. 제가 소리를 낮출게요.

어휘 bother [bɑ́ðər] 방해하다, 괴롭히다

18 shell out (비용을) 들이다

해설 '배관공에게 얼마를 지불했나요'라는 질문에 '수리비로 75달러를 ___ 해야 했어요'라고 대답했습니다. 따라서 문맥상 빈칸에 적합한 표현은 (c) shell out(들이다)입니다.

(a) soak in 흡수하다 (b) sock away 돈을 모으다
(d) shake down ~에게서 돈을 빼앗다

해석 A: 배관공에게 얼마를 지불했나요?
B: 수리비로 75달러를 들여야 했어요.

어휘 plumber[plʌ́mər] 배관공 repair[ripέər] 수리

19 put down ~를 깎아내리다

해설 '난 새 코치님이 마음에 들지 않아'라는 말에 '나도 그래. 그는 끊임없이 우리를 ___ 하고 무례한 말을 해'라고 대답했습니다. 따라서 문맥상 적합한 표현은 (b) putting us down(~를 깎아내리다)입니다.

(a) hold up ~를 떠받치다 (c) keep in (감정을) 억제하다, 가두다
(d) throw out ~를 내쫓다

해석 A: 난 새 코치님이 마음에 들지 않아.
B: 나도 그래. 그는 끊임없이 우리를 깎아내리고 무례한 말을 해.

어휘 constantly[kánstəntli] 끊임없이 rude[ru:d] 무례한
remark[rimá:rk] 말, 발언

20 a wide range of 다양한

해설 'Clutch'지는 최신 자동차 부품과 부속품에 관한 소식을 포함하여, 자동차와 관련된 ___ 주제들을 다룬다'는 문맥에 적합하면서, 빈칸 앞의 a wide, 빈칸 뒤의 of와 어울려 '다양한'이라는 뜻을 만드는 명사는 (c) range(범위)입니다.

(a) display[displéi] 전시 (b) order[ɔ́:rdər] 순서
(d) series[síəri:z] 연속

해석 'Clutch'지는 최신 자동차 부품과 부속품에 관한 소식을 포함하여, 자동차와 관련된 다양한 주제들을 다룬다.

어휘 cover[kʌ́vər] 다루다, 보도하다 topic[tápik] 주제, 화제
latest[léitist] 최신의 part[pɑ:rt] 부품
accessory[æksésəri] 부속품

CHAPTER 03 동사

HACKERS TEST   p. 170

01 (a)	02 (a)	03 (b)	04 (c)	05 (d)
06 (a)	07 (c)	08 (b)	09 (c)	10 (b)
11 (a)	12 (b)	13 (a)	14 (d)	15 (d)
16 (c)	17 (a)	18 (d)	19 (a)	20 (b)

01 stuff 채워 넣다

해설 '그 쓰레기 봉투에 이 낡은 잡지들을 넣을 공간이 더 있나요'라는 질문에 '거기에 몇 개 더 ___할 수 있을 것 같아요'라고 대답했으므로, 봉투에 잡지를 '채워 넣을' 공간이 더 있음을 짐작할 수 있습니다. 따라서 문맥상 빈칸에 적합한 어휘는 (a) stuff(채워 넣다)입니다.

(b) crush[krʌʃ] 뭉개다 (c) nudge[nʌdʒ] 조금씩 움직이다
(d) pinch[pintʃ] 꼬집다

해석 A: 그 쓰레기 봉투에 이 낡은 잡지들을 넣을 공간이 더 있나요?
B: 거기에 몇 개 더 채워 넣을 수 있을 것 같아요.

어휘 room[ru:m] 공간 garbage bag 쓰레기 봉투

02 spill 쏟다

해설 '왜 부엌 바닥에 물 웅덩이가 있어요'라는 질문에 '죄송해요. 제가 ___한 물을 치우는걸 깜빡 했어요'라고 대답했으므로, B가 물을 부엌 바닥에 '쏟았다'는 것을 짐작할 수 있습니다. 따라서 문맥상 빈칸에 적합한 어휘는 (a) spilled(쏟다)입니다.

(b) turn[tə:rn] 돌리다 (c) fill[fil] 채우다
(d) flow[flou] 넘치게 하다

해석 A: 왜 부엌 바닥에 물 웅덩이가 있어요?
B: 죄송해요. 제가 쏟은 물을 치우는걸 깜빡 했어요.

어휘 puddle[pʌ́dl] 물 웅덩이 clean up 치우다

03 accept 받아들이다

해설 'Ross는 그의 차를 훨씬 더 높은 가격에 팔 수 있었어요'라는 말에 '만약 그가 그렇게 긴박하게 돈이 필요하지 않았다면, 그런 낮은 가격을 ___하지 않았을 거예요'라고 대답했으므로, Ross는 긴박하게 돈이 필요해서 낮은 가격을 '받아들이고' 차를 팔았음을 짐작할 수 있습니다. 따라서 문맥상 빈칸에 적합한 어휘는 (b) accepted(받아들이다)입니다.

(a) adopt[ədápt] 채택하다 (c) stumble[stʌ́mbl] 발을 걸리게 하다
(d) sustain[səstéin] 떠받치다

해석 A: Ross는 그의 차를 훨씬 더 높은 가격에 팔 수 있었어요.
B: 만약 그가 그렇게 긴박하게 돈이 필요하지 않았다면, 그런 낮은 가격을 받아들이지 않았을 거예요.

어휘 dire[dáiər] 긴박한

04 confirm 확인하다

해설 '내일 파티에 Chris가 참석하나요'라는 질문에 '그런 것 같아요. 나중에 전화해서 ___해 볼게요'라고 대답했으므로, Chris에게 전화하는 이유는 그가 파티에 참석할 것인지 '확인하기' 위해서 임을 짐작할 수 있습니다. 따라서 문맥상 빈칸에 적합한 어휘는 (c) confirm(확인하다)입니다.

(a) establish[istǽbliʃ] 설립하다
(b) enforce[infɔ́:rs] (법률 등을) 실시하다
(d) conflict[kɑnflíkt] 충돌하다

해석 A: 내일 파티에 Chris가 참석하나요?
B: 그런 것 같아요. 나중에 전화해서 확인해 볼게요.

어휘 attend[əténd] 참석하다

05 prepare 준비하다

해설 '난 엄마가 속을 채운 게 요리를 더 자주 해주셨으면 좋겠어'라는 말에

'그건 만들기가 힘들기 때문에 엄마는 특별한 경우에만 그것을 ___하셔'라고 대답했으므로, 특별한 일이 있을 때에만 그 요리를 '준비한다'는 것을 짐작할 수 있습니다. 따라서 문맥상 빈칸에 적합한 어휘는 (d) prepares(준비하다)입니다.

(a) develop[divéləp] 개발하다   (b) deliver[dilívər] 전달하다
(c) perform[pərfɔ́:rm] 수행하다

해석 A: 난 엄마가 속을 채운 게 요리를 더 자주 해주셨으면 좋겠어.
B: 그건 만들기가 힘들기 때문에 엄마는 특별한 경우에만 그것을 준비하셔.

어휘 stuffed[stʌft] 속을 채운   crab[kræb] 게
occasion[əkéiʒən] 경우

06 drench 흠뻑 물에 적시다

해설 '어째서 당신 옷이 그렇게 ___ 해 있나요'라는 질문에 '우산 없이 비를 맞았어요'라고 대답했으므로, 비를 맞았다는 것은 옷이 '흠뻑 물에 젖어 있는' 이유라는 것을 짐작할 수 있습니다. 따라서 문맥상 빈칸에 적합한 어휘는 (a) drenched(흠뻑 물에 적시다)입니다.

(b) water[wɔ́:tər] 물을 주다   (c) dump[dʌmp] 버리다
(d) splash[splæʃ] 튀기다

해석 A: 어째서 당신 옷이 그렇게 흠뻑 젖어 있나요?
B: 우산 없이 비를 맞았어요.

07 demolish 허물다

해설 '불이 건물들을 무너뜨렸나요'라는 질문에 '한 집은 ___했지만, 근처의 다른 집들은 피해를 면했어요'라고 대답했습니다. but(그러나)은 앞의 상황과 반대되는 의미를 연결하므로, but 뒤에 온 '피해를 면하게 해주다'라는 뜻의 spared와 반대되는 뜻의 어휘가 와야 합니다. 따라서 문맥상 빈칸에 적합한 어휘는 (c) demolished(허물다)입니다.

(a) invalidate[invǽlidèit] 무효화하다
(b) overthrow[òuvərθróu] 뒤엎다
(d) smother[smʌ́ðər] 숨막히게 하다

해석 A: 불이 건물들을 무너뜨렸나요?
B: 한 집은 허물어졌지만, 근처의 다른 집들은 피해를 면했어요.

어휘 destroy[distrɔ́i] 무너뜨리다, 파괴하다   nearby[nìərbái] 근처의
spare[spɛər] 피해를 면하게 해주다

08 impose 폐를 끼치다

해설 '만약 하룻밤 묵기 원하신다면 예비 침실이 있습니다'라는 말에 '아니요, ___ 할 수 없습니다. 그래도 제안해 주셔서 감사합니다'라고 대답했습니다. though(그래도)는 양보의 의미를 나타내므로 제안을 고맙게 여기지만 '폐를 끼칠' 수는 없다는 내용이 오는 것이 자연스럽습니다. 따라서 문맥상 빈칸에 적합한 어휘는 (b) impose(폐를 끼치다)입니다.

(a) prevail[privéil] 우세하다   (c) breach[bri:tʃ] 위반하다
(d) offend[əfénd] 감정을 상하게 하다

해석 A: 만일 하룻밤 묵기 원하신다면 예비 침실이 있습니다.
B: 아니요, 폐를 끼칠 수는 없습니다. 그래도 제안해 주셔서 감사합니다.

어휘 offer[ɔ́:fər] 제안

09 inflate 가격이 상승하다

해설 '그 지역의 부동산이 최근에 매우 비싸졌어요'라는 말에 '투자자들은 가격이 계속 ___ 할 것이라고 예측하고 있어요'라고 대답했으므로, 부동산의 '가격이 상승해서' 비싸진 것임을 짐작할 수 있습니다. 따라서 문맥상 빈칸에 적합한 어휘는 (c) inflate(가격이 상승하다)입니다.

(a) magnify[mǽgnəfài] 확대하다
(b) project[prɑ́dʒekt] 계획하다   (d) unfold[ʌ̀nfóuld] 펼치다

해석 A: 그 지역의 부동산이 최근에 매우 비싸졌어요.
B: 투자자들은 가격이 계속 상승할 것이라고 예측하고 있어요.

어휘 property[prɑ́pərti] 부동산, 소유지   expensive[ikspénsiv] 비싼
of late 최근에   predict[pridíkt] 예측하다

10 fabricate 조작하다, 꾸며내다

해설 '그 정치가의 임박한 사임에 대한 소식은 거짓으로 밝혀졌어요'라는 말에 '맞아요, 기자가 단지 파문을 일으키기 위해 정보를 ___ 한 거예요'라고 대답했으므로, 기자가 파문을 일으키기 위한 수단으로 정보를 '조작했음'을 알 수 있습니다. 따라서 문맥상 빈칸에 적합한 어휘는 (b) fabricated(조작하다)입니다.

(a) discard[diskɑ́:rd] 버리다   (c) disguise[disɡáiz] 변장시키다
(d) pronounce[prənáuns] 표명하다

해석 A: 그 정치가의 임박한 사임에 대한 소식은 거짓으로 밝혀졌어요.
B: 맞아요, 기자가 단지 파문을 일으키기 위해 정보를 조작한 거예요.

어휘 politician[pɑ̀lətíʃən] 정치가   impending[impéndiŋ] 임박한
turn out ~으로 밝혀지다
sensation[senséiʃən] 파문, 세상을 떠들썩하게 하는 것

11 cram 벼락 공부를 하다

해설 'Cyrus는 시험 전에 ___ 할 필요가 없도록 매일 수업 내용을 복습했다'는 내용에서 매일 수업 내용을 복습했기 때문에 시험을 앞두고 '벼락 공부를 할 필요가 없다는 것을 짐작할 수 있습니다. 따라서 문맥상 빈칸에 적합한 어휘는 (a) cram(벼락 공부를 하다)입니다.

(b) inspire[inspáiər] 격려하다   (c) bomb[bɑm] 폭발하다
(d) absorb[æbsɔ́:rb] 흡수하다

해석 Cyrus는 시험 전에 벼락 공부를 할 필요가 없도록 매일 수업 내용을 복습했다.

어휘 review[rivjú:] 복습하다   lesson[lesn] 수업

12 decline 건강이 약해지다

해설 '불치병으로 진단을 받은 이후부터, Mrs. Willow의 건강은 천천히 ___했다'는 내용에서 불치병 진단을 받은 후로 시간이 지남에 따라 건강이 점점 '약해지고' 있음을 짐작할 수 있습니다. 따라서 문맥상 빈칸에 적합한 어휘는 (b) declined(건강이 약해지다)입니다.

(a) compose[kəmpóuz] 구성하다
(c) render[réndər] 보수를 주다   (d) sever[sévər] 절단하다

해석 불치병으로 진단을 받은 이후부터, Mrs. Willow의 건강은 천천히 약해졌다.

어휘 diagnose[dáiəɡnòus] 진단하다   terminal disease 불치병
health[helθ] 건강

13 influence 영향을 주다

해설 '피아노를 연주하기로 한 Michael의 결심은 음악 선생님이었던 그의 아버지로부터 크게 ___을 받았다'라고 했습니다. Michael의 아버지가 음악 선생님이셨으므로 그의 결심은 아버지로부터 '영향을 받았다'는 것을 짐작할 수 있습니다. 따라서 문맥상 빈칸에 적합한 어휘는 (a) influenced(영향을 주다)입니다.

(b) dominate [dάmənèit] 지배하다
(c) calculate [kǽlkjulèit] 계산하다
(d) permeate [pə́ːrmièit] 퍼지다

해석 피아노를 연주하기로 한 Michael의 결심은 음악 선생님이었던 그의 아버지로부터 크게 영향을 받았다.

어휘 greatly [gréitli] 크게, 대단히

14 force (어쩔 수 없이) ~하게 만들다

해설 '많은 사람들이 그들 나라에서의 부족한 취업 기회로 인해 해외에서 일자리를 구하게 ___한다'는 내용에서 그들 나라의 부족한 취업 기회는 사람들이 '어쩔 수 없이' 해외에서 일자리를 구하게 '만든다'는 것을 짐작할 수 있습니다. 따라서 문맥상 빈칸에 적합한 어휘는 (d) forced(어쩔 수 없이 ~하게 만들다)입니다.

(a) remove [rimúːv] 제거하다 (b) inform [infɔ́ːrm] 알리다
(c) engage [ingéidʒ] 약속하다

해석 많은 사람들이 그들 나라에서의 부족한 취업 기회로 인해 어쩔 수 없이 해외에서 일자리를 구하게 된다.

어휘 seek [siːk] 구하다 employment [implɔ́imənt] 일자리, 고용
due to ~로 인해 lack [læk] 부족, 결핍

15 disintegrate 붕괴되다

해설 '지속적인 습기가 판지로 된 상자를 ___하도록 만들었다'라고 했습니다. 지속적인 습기가 상자에 미친 영향에 대해 이야기하고 있으므로, 상자가 '붕괴됐다'는 내용이 오는 것이 자연스럽습니다. 따라서 문맥상 빈칸에 적합한 어휘는 (d) disintegrate(붕괴되다)입니다.

(a) demean [dimíːn] 품위를 떨어뜨리다
(b) succumb [səkʌ́m] 굴복하다
(c) synthesize [sínθisàiz] 합성하다

해석 지속적인 습기가 판지로 된 상자를 붕괴되도록 만들었다.

어휘 constant [kάnstənt] 지속적인, 일정한
humidity [hjuːmídəti] 습기, 습도

16 convene 소집하다

해설 '워크숍은 조직 심리학의 현대 연구 주제들을 분석하고 평가하기 위해 전문가들을 ___했다'는 내용에서 전문가들이 워크숍에서 할 일에 대해 이야기하고 있으므로 그 일을 위해 전문가들을 '소집했음'을 짐작할 수 있습니다. 따라서 문맥상 빈칸에 적합한 어휘는 (c) convened(소집하다)입니다.

(a) extend [iksténd] 뻗다
(b) reconcile [rékənsàil] 화해시키다
(d) embody [imbάdi] 구체화하다

해석 워크숍은 조직 심리학의 현대 연구 주제들을 분석하고 평가하기 위해 전문가들을 소집했다.

어휘 workshop [wə́ːrkʃὰp] 워크숍, 연수회
explore [ikesplɔ́ːr] 분석하다, 탐구하다
evaluate [ivǽljuèit] 평가하다
contemporary [kəntémpərèri] 현대의
organizational psychology 조직 심리학

17 comprise 포함하다

해설 '비올라, 첼로, 더블베이스, 그리고 바이올린을 ___하는 바이올린 군은 오케스트라 현악기 부문의 기초를 구성한다'는 내용에서 비올라, 첼로, 더블베이스, 바이올린은 오케스트라 현악 부문의 기초를 구성하는 바이올린 군에 '포함됨'을 짐작할 수 있습니다. 따라서 문맥상 빈칸에 적합한 어휘는 (a) comprising(포함하다)입니다.

(b) engross [ingróus] 집중시키다 (c) assume [əsúːm] 추정하다
(d) devise [diváiz] 고안하다

해석 비올라, 첼로, 더블베이스, 그리고 바이올린을 포함하는 바이올린 군은 오케스트라 현악기 부문의 기초를 구성한다.

어휘 violin family 바이올린 군 form [fɔːrm] 구성하다, 이루다
string section 현악기 부문

18 envision 상상하다

해설 '그 연예인은 어렸을 때 그녀의 수줍음 때문에 영화 속에서 연기를 하고 있는 자신을 ___해 본 적이 전혀 없다고 말했다'고 했습니다. 어릴 적 수줍음을 타는 성격이 현재 연기자인 상황과 반대되므로 '상상하기' 힘들다는 내용이 오는 것이 자연스럽습니다. 따라서 문맥상 빈칸에 적합한 어휘는 (d) envisioned(상상하다)입니다.

(a) scheme [skiːm] 계획하다 (b) profess [prəfés] 공언하다
(c) appraise [əpréiz] 평가하다

해석 그 연예인은 어렸을 때 그녀의 수줍음 때문에 영화 속에서 연기를 하고 있는 자신을 상상해 본 적이 전혀 없다고 말했다.

어휘 celebrity [səlébrəti] 연예인 shyness [ʃáinis] 수줍음, 겁 많음

19 squander 낭비하다

해설 '복권 당첨자는 무모하게 도박을 하여 상금을 ___했고 결국 아무것도 남은 게 없었다'라고 했습니다. 복권 당첨 후 결국 아무것도 남지 않은 것은 도박으로 상금을 모두 '낭비했기' 때문임을 짐작할 수 있습니다. 따라서 문맥상 빈칸에 적합한 어휘는 (a) squandered(낭비하다)입니다.

(b) extrapolate [ikstrǽpəlèit] 추정하다
(c) disseminate [disémənèit] 퍼뜨리다
(d) liberate [líbərèit] 해방하다

해석 복권 당첨자는 무모하게 도박을 하여 상금을 낭비했고 결국 아무것도 남은 게 없었다.

어휘 lottery [lάtəri] 복권 winnings [wíniŋz] 상금
gamble [gǽmbl] 도박을 하다, 돈을 걸다
recklessly [réklisli] 무모하게 eventually [ivéntʃuəli] 결국

20 elude 기억하지 못하다

해설 '선수권 대회는 그녀가 마침내 우승을 하게 된 작년까지도 그 피겨 스케이팅 선수를 ___했다'고 했습니다. 선수권 대회는 피겨 스케이팅 선수가 우승하기 전까지 그녀를 '기억하지 못했다'는 내용이 오는 것이 자연스럽습니다. 따라서 문맥상 빈칸에 적합한 어휘는 (b) eluded(기억하지 못하다)입니다.

(a) beguile [bigáil] 구슬리다 (c) baffle [bǽfl] 당황하게 하다
(d) erode [iróud] 침식시키다, 약화시키다

해석 선수권 대회는 그녀가 마침내 우승을 하게 된 작년까지도 그 피겨 스케이팅 선수를 기억하지 못했다.

어휘 championship [tʃǽmpiənʃìp] 선수권 대회, 결승전
figure skater 피겨 스케이팅 선수

CHAPTER 04 명사

HACKERS TEST p.178

01 (c)	02 (d)	03 (b)	04 (b)	05 (c)
06 (a)	07 (c)	08 (a)	09 (b)	10 (c)
11 (a)	12 (d)	13 (c)	14 (b)	15 (a)
16 (a)	17 (a)	18 (d)	19 (d)	20 (c)

01 volume 용량

해설 '보통의 와인병은 와인을 얼마나 담고 있나요'라는 질문에 '일반적인 것은 750밀리미터의 ___을 담고 있지만, 훨씬 더 큰 것도 몇 개 본 적이 있습니다'라고 대답했으므로, 와인병이 담을 수 있는 '용량'에 대한 내용이 오는 것이 자연스럽습니다. 따라서 문맥상 빈칸에 적합한 어휘는 (c) volume(용량)입니다.

(a) remainder[riméindər] 나머지   (b) extent[ikstént] 넓이
(d) hiatus[haiéitəs] 틈

해석 A: 보통의 와인병은 와인을 얼마나 담고 있나요?
B: 일반적인 것은 750밀리미터의 용량을 담고 있지만, 훨씬 더 큰 것도 몇 개 본 적이 있습니다.

어휘 average[ǽvəridʒ] 보통의, 평균의
hold[hould] (그릇이 액체 등을) 담다
typical[típikəl] 일반적인, 보통의

02 interval 간격

해설 '지하철이 얼마나 자주 도착하나요'라는 질문에 '15분 ___으로 도착해요'라고 대답했으므로, 지하철은 15분 '간격'의 빈도로 도착한다는 내용이 오는 것이 자연스럽습니다. 따라서 문맥상 빈칸에 적합한 어휘는 (d) intervals(간격)입니다.

(a) trip[trip] 여행   (b) jaunt[dʒɔːnt] 소풍
(c) period[píːəriəd] 기간

해석 A: 지하철이 얼마나 자주 도착하나요?
B: 15분 간격으로 도착해요.

03 departure 출발

해설 '비행기에 타기 전에 잠깐 들러서 커피를 마셔도 될까요'라는 질문에 '___ 구역에 커피숍이 있어요'라고 대답했으므로, '출발' 구역에서 비행기 탑승을 기다리고 있는 상황임을 짐작할 수 있습니다. 따라서 문맥상 빈칸에 적합한 어휘는 (b) departure(출발)입니다.

(a) movement[múːvmənt] 이동, 운동
(c) transport[trænspɔ́ːrt] 운송   (d) crossing[krɔ́ːsiŋ] 교차

해석 A: 비행기에 타기 전에 잠깐 들러서 커피를 마셔도 될까요?
B: 출발 구역에 커피숍이 있어요.

04 basement 지하층

해설 '폭풍우가 치는 동안 1층도 침수되었나요'라는 질문에 '아니요, 빗물은 오직 ___에만 고였어요'라고 대답했으므로, 1층은 침수되지 않고 오직 1층보다 낮은 '지하층'에만 물이 고였음을 짐작할 수 있습니다. 따라서 문맥상 빈칸에 적합한 어휘는 (b) basement(지하층)입니다.

(a) passage[pǽsidʒ] 통로   (c) footing[fútiŋ] 발밑
(d) penthouse[pénthàus] 고급 옥상 주택

해석 A: 폭풍우가 치는 동안 1층도 침수되었나요?
B: 아니요, 빗물은 오직 지하층에만 고였어요.

어휘 ground floor 1층   flood[flʌd] 침수되다, 범람하다
storm[stɔːrm] 폭풍우   collect[kəlékt] 고이다, 모으다

05 hint 단서

해설 '당신은 왜 서버가 갑자기 멈췄는지 알고 있나요'라는 질문에 '원인에 대한 ___를 찾으려고 지금 경과 기록을 확인 중이에요'라고 대답했으므로, 경과 기록을 확인하는 이유는 서버가 멈춘 원인의 '단서'를 찾기 위함임을 짐작할 수 있습니다. 따라서 문맥상 빈칸에 적합한 어휘는 (c) hint(단서)입니다.

(a) point[pɔint] 요점   (b) qualm[kwɑːm] 양심의 가책
(d) knack[næk] 요령

해석 A: 당신은 왜 서버가 갑자기 멈췄는지 알고 있나요?
B: 원인에 대한 단서를 찾으려고 지금 경과 기록을 확인 중이에요.

어휘 crash[kræʃ] (시스템·프로그램이) 갑자기 기능을 멈추다
log[lɔːg] (컴퓨터) 경과 기록, 로그

06 assembly 조립

해설 '컴퓨터 책상 조립하는 것을 도와드릴까요'라는 질문에 '아니요, 괜찮아요. 전 ___을 거의 다 했어요'라고 대답했으므로, 이미 컴퓨터 책상 '조립'을 거의 다 마쳤으므로 도움이 필요하지 않다는 내용이 오는 것이 자연스럽습니다. 따라서 문맥상 빈칸에 적합한 어휘는 (a) assembly(조립)입니다.

(b) standard[stǽndərd] 기준   (c) expansion[ikspǽnʃən] 확대
(d) connection[kənékʃən] 연결

해석 A: 컴퓨터 책상 조립하는 것을 도와드릴까요?
B: 아니요, 괜찮아요. 전 조립을 거의 다 했어요.

어휘 set up 조립하다   be done with ~을 다 하다

07 tenant 세입자

해설 '전 현재 아래층에 한 세대가 비어 있는 것을 방금 알아챘어요'라는 말에 '몰랐나요? 이전의 ___는 한 달도 더 전에 이사를 갔어요'라고 대답했으므로 아래층의 방을 쓰던 '세입자'가 이미 이사간지 오래 되었음을 짐작할 수 있습니다. 따라서 문맥상 빈칸에 적합한 어휘는 (c) tenant(세입자)입니다.

(a) settler[sétlər] 정착민   (b) patron[péitrən] 후원자
(d) client[kláiənt] 고객

해석 A: 전 현재 아래층에 한 세대가 비어 있는 것을 방금 알아챘어요.
B: 몰랐나요? 이전의 세입자는 한 달도 더 전에 이사를 갔어요.

어휘 notice[nóutis] 알아채다
unit[júːnit] (아파트 같은 공동 주택 내의) 한 세대, 가구
vacant[véikənt] 비어 있는, 사람이 안 사는
previous[príːviəs] 이전의

08 dedication 헌신

해설 '저는 Ken이 부상에도 불구하고 경기에서 계속 뛰어서 놀랐어요'라는 말에 '맞아요, 그 상황은 토너먼트에서 이기고자 하는 그의 ___을 증

명했어요'라고 대답했으므로, 부상에도 불구하고 경기를 계속함으로써 Ken이 승리를 위해 '헌신'했음을 짐작할 수 있습니다. 따라서 문맥상 빈칸에 적합한 어휘는 (a) dedication(헌신)입니다.

(b) attachment[ətǽtʃmənt] 애착
(c) conformity[kənfɔ́ːrməti] 순응
(d) opposition[ὰpəzíʃən] 반대

해석 A: 저는 Ken이 부상에도 불구하고 경기에서 계속 뛰어서 놀랐어요.
B: 맞아요, 그 상황은 토너먼트에서 이기고자 하는 그의 헌신을 증명했어요.

어휘 continue[kəntínjuː] 계속하다 injury[índʒəri] 부상
prove[pruːv] 증명하다 tournament[túərnəmənt] 토너먼트

09 exchange 교환

해설 '제가 구입한 블라우스가 안 맞아요. 반품하고 더 큰 치수로 가져갈 수 있을까요'라는 질문에 '물론이죠. 저희는 구매일로부터 30일 이내에 하는 ____은 받아들입니다'라고 대답했으므로, 블라우스를 30일 이내에 다른 사이즈로 '교환'하는 것이 가능하다는 것을 짐작할 수 있습니다. 따라서 문맥상 빈칸에 적합한 어휘는 (b) exchanges(교환)입니다.

(a) notice[nóutis] 통지 (c) alteration[ɔ̀ːltəréiʃən] 변화
(d) transaction[trænsǽkʃən] 거래

해석 A: 제가 구입한 블라우스가 안 맞아요. 반품하고 더 큰 치수로 가져갈 수 있을까요?
B: 물론이죠. 저희는 구매일로부터 30일 이내에 하는 교환은 받아들입니다.

어휘 fit[fit] (의복 등이) 맞다 accept[æksépt] 받아들이다, 인정하다
purchase[pə́ːrtʃəs] 구매, 구입

10 alternative 대안

해설 '당신은 설탕 섭취를 줄여야 해요'라는 말에 '알겠어요. 설탕 대신에 사용할 수 있는 ____이 있나요'라고 질문했으므로, 설탕을 덜 먹기 위해서는 설탕의 '대안'이 되는 식품이 필요함을 짐작할 수 있습니다. 따라서 문맥상 빈칸에 적합한 어휘는 (c) alternative(대안)입니다.

(a) selection[silékʃən] 선택
(b) preference[préfərəns] 선호하는 것, 선호
(d) supplement[sʌ́pləmənt] 보충

해석 A: 당신은 설탕 섭취를 줄여야 해요.
B: 알겠어요. 설탕 대신에 사용할 수 있는 대안이 있나요?

어휘 intake[íntèik] 섭취

11 aspect 측면

해설 'Tina의 훌륭한 미술품에 대한 애호와 고전 음악에 대한 사랑은 그녀의 교양 있는 출신 배경의 두 가지 ____을 보여준다'라고 했습니다. 예술품과 클래식 음악을 좋아하는 것은 그녀가 교양 있음을 보여주는 두 가지 '측면'임을 짐작할 수 있습니다. 따라서 문맥상 빈칸에 적합한 어휘는 (a) aspects(측면)입니다.

(b) scheme[skiːm] 계획
(c) niche[nitʃ] (사람·물건에) 적합한 장소, 지위
(d) issue[íʃuː] 주제

해석 Tina의 훌륭한 미술품에 대한 애호와 고전 음악에 대한 사랑은 그녀의 교양 있는 출신 배경의 두 가지 측면을 보여준다.

어휘 affinity[əfínəti] 애호, 좋아함 fine[fain] 훌륭한, 정교한

artwork[áːrtwə̀ːrk] 미술품, 공예품
classical music 고전 음악, 클래식
demonstrate[démənstrèit] 보여주다, 입증하다
cultured[kʌ́ltʃərd] 교양 있는

12 correspondence 연관성

해설 '많은 비교 연구들은 전 세계 소비자들이 다른 구매 습관을 가지고 있지만, 국가별 소비자 행동에는 어느 정도의 ____이 있다는 것을 보여준다'고 했습니다. while(하지만)은 반대되는 의미를 연결하므로, 빈칸을 포함한 문장에는 다른 구매 습관을 가지는 것과 반대되는 내용이 오는 것이 자연스럽습니다. 따라서 빈칸에 적합한 어휘는 (d) correspondence(연관성)입니다.

(a) bondage[bándidʒ] 구속 (b) rapport[ræpɔ́ːr] 관계
(c) incongruity[ìnkəŋgrúːəti] 부조화

해석 많은 비교 연구들은 전 세계 소비자들이 다른 구매 습관을 가지고 있지만, 국가별 소비자 행동에는 어느 정도의 연관성이 있다는 것을 보여준다.

어휘 comparative study 비교 연구
consumer[kənsúːmər] 소비자 degree[digríː] 정도
consumer behavior 소비자 행동 (소비자가 상품·서비스를 구입하는 이유와 그 행동 패턴)

13 component 성분

해설 '생선으로 만든 소스인, 누옥 맘은 베트남 요리에 독특한 풍미를 더해 주는 ____이다'는 내용에서 누옥 맘이라는 소스가 베트남 요리에 사용되는 요리 '성분'임을 짐작할 수 있습니다. 따라서 문맥상 빈칸에 적합한 어휘는 (c) component(성분)입니다.

(a) appliance[əpláiəns] 기기 (b) instance[ínstəns] 사례
(d) appetizer[ǽpətàizər] 전채 요리

해석 생선으로 만든 소스인, 누옥 맘은 베트남 요리에 독특한 풍미를 더해 주는 성분이다.

어휘 fish sauce 생선으로 만든 소스, 생선용 소스 cuisine[kwizíːn] 요리
distinct[distíŋkt] 독특한, 구별되는 flavor[fléivər] 풍미, 맛

14 regulation 규정

해설 '안전모를 요구하는 것은 공사장에서 안전을 보장할 수 있는 간단한 ____이다'는 내용에서 안전모를 착용하는 것은 공사장에서 지켜야 할 '규정'임을 짐작할 수 있습니다. 따라서 문맥상 빈칸에 적합한 어휘는 (c) regulation(규정)입니다.

(a) treaty[tríːti] 조약 (b) etiquette[étikit] 예의
(d) ritual[rítʃuəl] 종교적인 의식

해석 안전모를 요구하는 것은 공사장에서 안전을 보장할 수 있는 간단한 규정이다.

어휘 require[rikwáiər] 요구하다 hard hat (공사장 등에서 쓰는) 안전모
guarantee[gæ̀rəntíː] 보장하다 construction site 공사장

15 purpose 목적

해설 '학생 스터디 그룹을 만드는 ____은 학생들 사이에 협력 학습을 장려하기 위함이다'라는 내용에서 학생들 사이에 협력 학습을 장려하는 것은 스터디 그룹을 만드는 '목적'임을 짐작할 수 있습니다. 따라서 문맥상 빈칸에 적합한 어휘는 (a) purpose(목적)입니다.

(b) method[méθəd] 방법 (c) draft[dræft] 밑그림
(d) duty[djúːti] 의무

해석 학생 스터디 그룹을 만드는 목적은 학생들 사이에 협력 학습을 장려하기 위함이다.

어휘 promote [prəmóut] 장려하다
collaborative [kəlǽbərèitiv] 협력적인, 공동의

16 oratory 웅변

해설 '후보자의 ___ 능력은 그가 지지자들을 각성시키는 연설을 할 때마다 유감없이 드러났다'는 내용에서 후보자가 연설을 할 때마다 드러나는 것은 그의 '웅변' 능력임을 짐작할 수 있습니다. 따라서 문맥상 빈칸에 적합한 어휘는 (a) oratory(웅변)입니다.

(b) profligacy [práfligəsi] 방탕 (c) temerity [təmérəti] 무모함
(d) prolixity [prouliksəti] 장황함

해석 후보자의 웅변 능력은 그가 지지자들을 각성시키는 연설을 할 때마다 유감없이 드러났다.

어휘 candidate [kǽndidèit] 후보자
rousing [ráuziŋ] 각성시키는, 기운나게 하는
supporter [səpɔ́ːrtər] 지지자

17 bargain 싼 물건

해설 '중고품 할인점은 ___을 찾기에 좋은 장소인데, 이는 판매하는 물건들이 중고이기 때문이다'라는 내용에서 중고품 할인점의 물건들은 중고이기 때문에 값이 '싼 물건들'임을 짐작할 수 있습니다. 따라서 문맥상 빈칸에 적합한 어휘는 (a) bargains(싼 물건)입니다.

(b) portion [pɔ́ːrʃən] 부분 (c) treasure [tréʒər] 보물
(d) bounty [báunti] 보상금

해석 중고품 할인점은 싼 물건을 찾기에 좋은 장소인데, 이는 판매하는 물건들이 중고이기 때문이다.

어휘 thrift store 중고품 할인점
secondhand [sékəndhǽnd] 중고의, 고물의

18 space 공간

해설 '거실에 더 많은 ___을 만들기 위해, 그 커플은 더 작은 소파를 사고 오래된 소파를 버릴 것이다'라는 내용에서 더 작은 소파를 사는 목적은 거실에 더 많은 '공간'을 만들기 위함임을 짐작할 수 있습니다. 따라서 문맥상 빈칸에 적합한 어휘는 (d) space(공간)입니다.

(a) utility [juːtíləti] 유용성 (b) border [bɔ́ːrdər] 국경
(c) facility [fəsíləti] 시설

해석 거실에 더 많은 공간을 만들기 위해, 그 커플은 더 작은 소파를 사고 오래된 소파를 버릴 것이다.

어휘 create [kriéit] 만들다, 창조하다
discard [diskáːrd] 버리다, 폐기하다

19 ambience 분위기

해설 '턱시도를 입은 종업원들과 화려한 장식으로, 식당은 매우 격식을 차린 ___였다'는 내용에서 턱시도를 입은 웨이터와 화려한 장식은 매우 형식을 차린 '분위기'를 풍긴다는 것을 짐작할 수 있습니다. 따라서 문맥상 빈칸에 적합한 어휘는 (d) ambience(분위기)입니다.
(b) circumstance는 어떤 사건에 영향을 미치는 상황을 의미하므로 오답입니다.

(a) disposition [dìspəzíʃən] 배치
(b) circumstance [sə́ːrkəmstæns] 상황

(c) backdrop [bǽkdràp] (무대의) 배경

해석 턱시도를 입은 종업원들과 화려한 장식으로, 식당은 매우 격식을 차린 분위기였다.

어휘 tuxedoed [tʌksíːdoud] 턱시도를 입은
waitstaff [wéitstæf] 종업원들, 웨이터들 ornate [ɔːrnéit] 화려한
decoration [dèkəréiʃən] 장식 stuffy [stʌ́fi] 격식을 차린, 딱딱한

20 accident 사고

해설 '어제 고속도로에서 세 대의 차량이 충돌한 ___는 두 명의 목숨을 앗아갔고 여섯 명의 부상자를 냈다'는 내용에서 고속도로에서 난 '사고'가 사람들을 다치거나 죽게 만든 것임을 짐작할 수 있습니다. 따라서 문맥상 빈칸에 적합한 어휘는 (c) accident(사고)입니다.

(a) schedule [skédʒuːl] 일정 (b) outcome [áutkʌm] 결과
(d) collapse [kəlǽps] 붕괴

해석 어제 고속도로에서 세 대의 차량이 충돌한 사고는 두 명의 목숨을 앗아갔고 여섯 명의 부상자를 냈다.

어휘 freeway [fríːwèi] 고속도로 collide [kəláid] 충돌하다
claim [kleim] (목숨을) 앗아가다, 빼앗다 injured [índʒərd] 부상한

CHAPTER 05 형용사와 부사

HACKERS TEST p.186

01 (c)	02 (b)	03 (c)	04 (a)	05 (b)
06 (b)	07 (c)	08 (c)	09 (a)	10 (b)
11 (a)	12 (a)	13 (c)	14 (a)	15 (a)
16 (b)	17 (a)	18 (a)	19 (d)	20 (a)

01 legible 알아보기 쉬운

해설 '이 기록이 뭐라고 하는 건지 이해할 수 있겠어요'라는 질문에 '필체가 정말 ___하지 않아서, 전 잘 모르겠어요'라고 대답했습니다. 기록의 내용을 이해하기 힘든 이유는 필체가 뚜렷하지 않아 '알아보기 쉽지' 않기 때문임을 짐작할 수 있습니다. 따라서 문맥상 빈칸에 적합한 어휘는 (c) legible(알아보기 쉬운)입니다.

(a) cohesive [kouhíːsiv] 화합하는
(b) coherent [kouhíərənt] 일관성 있는
(d) legitimate [lidʒítəmət] 정당한

해석 A: 이 기록이 뭐라고 하는 건지 이해할 수 있겠어요?
B: 필체가 정말 알아보기 쉽지 않아서, 전 잘 모르겠어요.

어휘 penmanship [pénmənʃìp] 필체

02 pale 창백한

해설 '당신의 흰 피부 때문에, 연한 색조 화장이 당신에게 잘 어울려요'라는 말에 '맞아요. 제 피부는 어두운 톤을 하기엔 너무 ___해요'라고 대답했으므로, 어두운 톤의 화장을 하면 흰 피부가 상대적으로 '창백해' 보

임을 짐작할 수 있습니다. 따라서 문맥상 빈칸에 적합한 어휘는 (b) pale(창백한)입니다.

(a) gaunt[gɔːnt] 수척한   (c) scarlet[skáːrlit] 진홍색의
(d) ivory[áivəri] 상아색의

해석 A: 당신의 흰 피부 때문에, 연한 색조 화장이 당신에게 잘 어울려요.
B: 맞아요. 제 피부는 어두운 톤을 하기엔 너무 창백해요.

어휘 fair[fɛər] 흰 피부의   shade[ʃeid] 색조   makeup[méikʌp] 화장

03 subtle 미묘한

해설 '로고의 색이 약간 다른 걸 알아챘나요'라는 질문에 '정말 ____해서, 처음에는 알아채지 못했어요'라고 대답했으므로, 색의 차이가 매우 적어서 '미묘'했기 때문에 처음에 차이를 알아채지 못했음을 짐작할 수 있습니다. 따라서 문맥상 빈칸에 적합한 어휘는 (c) subtle(미묘한)입니다.

(a) feeble[fíːbl] 연약한   (b) explicit[iksplísit] 명백한
(d) lucid[lúːsid] 맑은

해석 A: 로고의 색이 약간 다른 걸 알아챘나요?
B: 정말 미묘해서, 처음에는 알아채지 못했어요.

어휘 notice[nóutis] 알아채다   slight[slait] 약간의, 조금의
catch[kætʃ] 알아채다, 발견하다

04 comparable 비슷한

해설 '새로운 전화 모델에 흥미로운 특징이 있나요'라는 질문에 '특별한 건 없습니다. 이전 버전과 ____해요'라고 대답했으므로, 새로운 모델이 이전 버전과 비교했을 때 특별한 특징이 없이 이전 것과 '비슷하다'는 것을 짐작할 수 있습니다. 따라서 문맥상 빈칸에 적합한 어휘는 (a) comparable(비슷한)입니다.

(b) acceptable[ækséptəbl] 받아들일 수 있는
(c) coherent[kouhíərənt] 일관성 있는
(d) reciprocal[risíprəkəl] 상호 간의

해석 A: 새로운 전화 모델에 흥미로운 특징이 있나요?
B: 특별한 건 없습니다. 이전 버전과 비슷해요.

어휘 feature[fíːtʃər] 특징, 특성

05 related 친척의, 동족의

해설 '당신은 Melissa를 어떻게 아세요'라는 질문에 '그녀는 제 사촌의 아내예요, 우리는 결혼에 의한 ____이에요'라고 대답했으므로, B의 사촌이 Melissa와 결혼함으로써 B와 Melissa는 '친척' 관계가 되었음을 짐작할 수 있습니다. 따라서 문맥상 빈칸에 적합한 어휘는 (b) related(친척의)입니다.

(a) similar[símələr] 비슷한   (c) drawn[drɔːn] 핼쑥한
(d) mutual[mjúːtʃuəl] 공동의

해석 A: 당신은 Melissa를 어떻게 아세요?
B: 그녀는 제 사촌의 아내예요, 우리는 결혼에 의한 친척이에요.

어휘 marriage[mǽridʒ] 결혼

06 erratic 불규칙한

해설 '최근에 제 심장 박동이 가끔 ____하게 느껴져요'라는 말에 '의사에게 진찰을 받고 원인이 무엇인지 알아봐야겠어요. 심각한 문제일 수도 있어요'라고 대답했으므로, 심장 박동이 정상과는 다르기 때문에 의사에게 진찰을 받을 필요가 있음을 짐작할 수 있습니다. 따라서 문맥상 빈칸에 적합한 어휘는 (b) erratic(불규칙한)입니다.

(a) particular[pərtíkjulər] 특정한
(c) jocular[dʒákjulər] 익살스러운   (d) relentless[riléntlis] 냉혹한

해석 A: 최근에 제 심장 박동이 가끔 불규칙하게 느껴져요.
B: 의사에게 진찰을 받고 원인이 무엇인지 알아봐야겠어요. 심각한 문제일 수도 있어요.

어휘 heartbeat[háːrtbìːt] 심장 박동   figure out 알아내다
cause[kɔːz] 원인

07 imminent 임박한, 일촉즉발의

해설 '날씨가 따뜻해지기 시작하네요'라는 말에 '네, 여름이 ____하는 신호에요'라고 대답했으므로, 날씨가 따뜻해지고 있어 여름이 곧 '임박했다'는 것을 짐작할 수 있습니다. 따라서 문맥상 빈칸에 적합한 어휘는 (c) imminent(임박한)입니다.

(a) consecutive[kənsékjutiv] 연속적인
(b) overriding[òuvərráidiŋ] 최우선의
(d) continuous[kəntínuəs] 끊임없는

해석 A: 날씨가 따뜻해지기 시작하네요.
B: 네, 여름이 임박했다는 신호에요.

어휘 sign[sain] 신호

08 due 예정된

해설 '제출 마감일이 언제인가요'라는 질문에 '대회 출품은 다음 주 금요일로 ____ 있습니다'라고 대답했으므로, 제출 마감일이 다음 주 금요일로 '예정되어' 있음을 짐작할 수 있습니다. 따라서 문맥상 빈칸에 적합한 어휘는 (c) due(예정된)입니다.

(a) ready[rédi] 준비가 된   (b) good[gud] 좋은
(d) near[niər] 가까운

해석 A: 제출 마감일이 언제인가요?
B: 대회 출품은 다음 주 금요일로 예정되어 있습니다.

어휘 closing date 마감일   submission[səbmíʃən] 제출
entry[éntri] 출품, 출품작

09 awkward 어색한

해설 '그들의 몸이 겪는 신체의 변화들 때문에 청소년들은 사춘기 동안 종종 ____라고 느낀다'는 내용에서 청소년들이 신체에서 일어나는 변화 때문에 자신을 '어색하게' 느낀다는 것을 짐작할 수 있습니다. 따라서 문맥상 빈칸에 적합한 어휘는 (a) awkward(어색한)입니다.

(b) complex[kampléks] 복잡한
(c) obscure[əbskjúər] 분명치 않은
(d) prominent[prámənənt] 두드러진

해석 그들의 몸이 겪는 신체의 변화들 때문에 청소년들은 사춘기 동안 종종 어색하다고 느낀다.

어휘 adolescent[ædəlésnt] 청소년   puberty[pjúːbərti] 사춘기
physical[fízikəl] 신체의   undergo[ʌ̀ndərgóu] 겪다, 경험하다

10 tenuous 빈약한

해설 '기사들은 WDE Motors사가 ____한 재정 상태에 있으며 올해 폐업할지도 모른다고 전한다'는 내용에서 올해 폐업할 수도 있는 이유는 회사의 재정 상태가 '빈약하기' 때문임을 짐작할 수 있습니다. 따라서 문맥상 빈칸에 적합한 어휘는 (b) tenuous(빈약한)입니다.

(a) deranged[diréindʒd] 미친   (c) favorable[féivərəbl] 우호적인

(d) eminent [émənənt] 뛰어난

해석 기사들은 WDE Motors사가 빈약한 재정 상태에 있으며 올해 폐업할지도 모른다고 전한다.

어휘 report [ripɔ́:rt] 기사   financial [finǽnʃəl] 재정상의
position [pəzíʃən] 상태, 위치   close down 폐업하다

11 nonchalant 차분한

해설 '그의 팀 동료들이 느끼는 초조함에도 불구하고 곧 있을 결승전 경기에 대하여 Calvin은 어떻게 그렇게 ____할 수 있는지 놀랍다'고 했습니다. despite(~에도 불구하고)를 통해, Calvin은 팀 동료들이 느끼는 초조함과 대조되는 감정을 느끼고 있다는 것을 짐작할 수 있습니다. 따라서 문맥상 빈칸에 적합한 어휘는 (a) nonchalant(차분한)입니다.

(b) whimsical [hwímzikəl] 엉뚱한
(c) disheveled [diʃévəld] 헝클어진
(d) perturbed [pərtə́:rbd] 동요한

해석 그의 팀 동료들이 느끼는 초조함에도 불구하고 곧 있을 결승전 경기에 대하여 Calvin은 어떻게 그렇게 차분할 수 있는지 놀랍다.

어휘 remarkable [rimɑ́:rkəbl] 놀라운, 주목할 만한
upcoming [ʌ́pkʌ̀miŋ] 곧 있을, 다가오는
championship [tʃǽmpiənʃìp] 결승
nervousness [nə́:rvəsnis] 초조함, 신경과민, 겁

12 grueling 험난한

해설 '신병 훈련소는 신병이 군인이 되기 전에 직면해야 하는 가장 ____한 경험이다'라고 했습니다. 훈련소에서 군인이 되기 위해 많은 훈련을 받을 것이므로 훈련소에서의 경험이 힘들고 '험난한' 경험임을 짐작할 수 있습니다. 따라서 문맥상 빈칸에 적합한 어휘는 (a) grueling(험난한)입니다.

(b) battling [bǽtliŋ] 투쟁하는   (c) defiant [difáiənt] 반항하는
(d) observant [əbzə́:rvənt] 관찰력 있는

해석 신병 훈련소는 신병이 군인이 되기 전에 직면해야 하는 가장 험난한 경험이다.

어휘 boot camp 신병 훈련소   experience [ikspíəriəns] 경험
recruit [rikrú:t] 신병   face [feis] 직면하다
soldier [sóuldʒər] 군인

13 crowded 붐비는

해설 '혼잡 시간대에는, 기차가 너무 ____해서 누군가 내려야 할 때 움직이는 것이 거의 불가능하다'라고 했습니다. 혼잡 시간대에는 기차에 사람이 많아 '붐비기' 때문에 움직이기가 거의 불가능하다는 것을 짐작할 수 있습니다. 따라서 문맥상 빈칸에 적합한 어휘는 (c) crowded(붐비는)입니다.

(a) noisy [nɔ́izi] 시끄러운   (b) intense [inténs] 강렬한
(d) unlimited [ʌ̀nlímitid] 끝없는

해석 혼잡 시간대에는, 기차가 너무 붐벼서 누군가 내려야 할 때 움직이는 것이 거의 불가능하다.

어휘 rush hour 혼잡 시간대   get off 내리다, 하차하다

14 exclusive 전용의

해설 '온라인 백과사전의 글들을 모두 볼 수 있는 접근 권한은 구독자 ____입니다'는 내용에서 오로지 구독자들만 백과사전의 모든 내용을 볼 수 있음을 짐작할 수 있습니다. 따라서 문맥상 빈칸에 적합한 어휘는 (a) exclusive(전용의)입니다.

(b) preferred [prifə́:rd] 우선의   (c) absolute [ǽbsəlù:t] 절대적인
(d) distant [dístənt] 먼

해석 온라인 백과사전의 글들을 모두 볼 수 있는 접근 권한은 구독자 전용입니다.

어휘 access [ǽkses] 접근 권한   article [ɑ́:rtikl] 글, 기사
encyclopedia [insàikləpí:diə] 백과사전
subscriber [səbskráibər] 구독자

15 various 다양한

해설 '그 주방장은 브라질식, 에콰도르식, 그리고 칠레식 같은 ____한 남미의 조리법을 전문으로 한다'는 내용에서 주방장이 만들 수 있는 요리가 '다양하다'는 것을 짐작할 수 있습니다. 따라서 문맥상 빈칸에 적합한 어휘는 (a) various(다양한)입니다.

(b) refined [ri:fáind] 세련된   (c) infinite [ínfənət] 무한한
(d) fanciful [fǽnsifəl] 상상의

해석 그 주방장은 브라질식, 에콰도르식, 그리고 칠레식 같은 다양한 남미의 조리법을 전문으로 한다.

어휘 specialize [spéʃəlàiz] 전문적으로 다루다

16 mundane 일상적인

해설 '매일 직장으로 통근하는 것은 도시 생활의 가장 ____한 활동들 중 하나로 여겨진다'는 내용에서 직장으로 출퇴근하는 것이 매일 하는 '일상적인' 활동임을 짐작할 수 있습니다. 따라서 문맥상 빈칸에 적합한 어휘는 (b) mundane(일상적인)입니다.

(a) corporeal [kɔ:rpɔ́:riəl] 물질적인
(c) submissive [səbmísiv] 순종하는
(d) optimal [ɑ́ptəməl] 최적의

해석 매일 직장으로 통근하는 것은 도시 생활의 가장 일상적인 활동들 중 하나로 여겨진다.

어휘 commute [kəmjú:t] 통근   urban [ə́:rbən] 도시의

17 stringent 엄중한

해설 '연방 교도소는 최근의 탈출 시도를 고려하여 더 ____한 방문 지침을 채택했다'라고 했습니다. 최근에 수감자들의 탈출 시도가 있었으므로 이를 막기 위해 방문 지침을 보다 '엄중하게' 바꾸었음을 짐작할 수 있습니다. 따라서 문맥상 빈칸에 적합한 어휘는 (a) stringent(엄중한)입니다.

(b) archaic [ɑ:rkéiik] 구식인   (c) oblique [əblí:k] 완곡한
(d) tolerant [tɑ́lərənt] 관대한

해석 연방 교도소는 최근의 탈출 시도를 고려하여 더 엄중한 방문 지침을 채택했다.

어휘 federal penitentiary 연방 교도소   adopt [ədɑ́pt] 채택하다
guideline [gáidlàin] 지침   in light of ~을 고려하여
escape [iskéip] 탈출   attempt [ətémpt] 시도

18 disagreeable 무례한

해설 '그 남자의 동료들은 그의 ____한 태도가 그가 해고된 주요 요인이라고 생각했다'라는 내용에서 그가 해고된 이유는 그의 태도가 회사 생활에 적합하지 않기 때문임을 짐작할 수 있습니다. 따라서 문맥상 빈칸에 적

합한 어휘는 (a) disagreeable(무례한)입니다.
(b) cumbersome[kʌ́mbərsəm] 크고 무거운
(c) prudent[prúːdnt] 신중한
(d) unheralded[ʌ̀nhérəldid] 미리 언급되지 않은

해석 그 남자의 동료들은 그의 무례한 태도가 그가 해고된 주요 요인이라고 생각했다.

어휘 colleague[káliːg] 동료 attitude[ǽtitjùːd] 태도
factor[fǽktər] 요인 get fired 해고되다

19 elaborate 복잡한

해석 '그 소설은 불필요하게 ___하여, 이야기의 진행에 도움이 되지 않는 상세한 설명을 담고 있다'는 내용에서 소설이 이야기 진행에 도움이 되지 않는 상세한 설명을 포함하고 있어 필요 이상으로 '복잡한' 소설임을 짐작할 수 있습니다. 따라서 빈칸에 적합한 어휘는 (d) elaborate (복잡한)입니다.

(a) impressive[imprésiv] 인상적인
(b) elevated[éləvèitid] 고상한
(c) exemplary[igzémpləri] 모범적인, 훌륭한

해석 그 소설은 불필요하게 복잡하여, 이야기의 진행에 도움이 되지 않는 상세한 설명을 담고 있다.

어휘 unnecessarily[ʌ̀nnèsəsérəli] 불필요하게, 쓸데없이
contain[kəntéin] 담고 있다, 포함하다
detail[díːteil] 상세한 사항, 기술 serve[səːrv] 도움이 되다, 기여하다
progression[prəgréʃən] 진행

20 upset 속상한

해석 '여행자들은 궂은 기상 조건 때문에 공항에서 오도 가도 못하게 된 것에 대해 ___한다'라고 했습니다. 공항에서 발이 묶인 상황에 대해 이야기하고 있으므로 여행자들이 '속상해'하고 있음을 짐작할 수 있습니다. 따라서 문맥상 빈칸에 적합한 어휘는 (a) upset(속상한)입니다.

(b) mean[miːn] 비열한 (c) dizzy[dízi] 어지러운
(d) severe[səvíər] 엄한

해석 여행자들은 궂은 기상 조건 때문에 공항에서 오도 가도 못하게 된 것에 대해 속상해 한다.

어휘 strand[strænd] 오도 가도 못하게 되다
inclement[inklémənt] 궂은, 험한 condition[kəndíʃən] 조건

CHAPTER 06 혼동하기 쉬운 어휘

HACKERS TEST
p. 194

01 (a)	02 (b)	03 (a)	04 (c)	05 (b)
06 (b)	07 (d)	08 (c)	09 (b)	10 (b)
11 (b)	12 (c)	13 (c)	14 (c)	15 (b)
16 (c)	17 (a)	18 (b)	19 (a)	20 (a)

---

01 feeling 기분

해석 '제가 Anna의 생일을 잊어버린 것 때문에 그녀는 아직도 제게 화가 나 있나요'라는 질문에 '그래요. 당신은 정말로 그녀의 ___을 상하게 했어요'라고 대답했습니다. 따라서 문맥상 빈칸에는 '기분'이라는 뜻의 (a) feelings가 들어가는 것이 자연스럽습니다. (c) sentiments는 정서적인 감정이나 감상을 나타내는 것이므로 오답입니다.

(b) affection[əfékʃən] 애정 (c) sentiment[séntəmənt] 정서
(d) sensation[senséiʃən] 감각

해석 A: 제가 Anna의 생일을 잊어버린 것 때문에 그녀는 아직도 제게 화가 나 있나요?
B: 네, 그래요. 당신은 정말로 그녀의 기분을 상하게 했어요.

02 close 바짝 (가까이)

해석 '무대 주변에 관객들이 서로 너무 ___ 붙어서 꽉 들어차 있어요'라는 말에, '불편해 보여요. 대신 여기 뒤에서 밴드를 봐요'라고 대답했습니다. 따라서 문맥상 빈칸에는 '바짝(가까이)'이라는 뜻의 (b) close가 들어가는 것이 자연스럽습니다. (a) dense도 사람이나 식물이 좁은 공간에 빽빽하게 들어찬 것을 의미하지만, 형용사로만 쓰이므로 오답입니다.

(a) dense[dens] 빽빽한 (c) thick[θik] 두꺼운
(d) clear[kliər] 투명한

해석 A: 무대 주변에 관객들이 서로 너무 바짝 붙어서 꽉 들어차 있어요.
B: 네, 불편해 보여요. 대신 여기 뒤에서 밴드를 봐요.

어휘 crowd[kraud] 관객, 무리 packed[pækt] (특히 사람들이) 꽉 들어찬
uncomfortable[ʌ̀nkʌ́mfərtəbl] 불편한

03 proceed 진행하다

해석 'Mr. Bernstein이 사무실에서 나갔나요'라는 질문에 '네, 하지만 그는 우리에게 우리의 회의를 ___할 것을 요청했어요'라고 대답했습니다. but(하지만)은 반대되는 의미를 연결하므로 Mr. Bernstein이 사무실에서 나갔어도 회의는 계속 '진행하라'고 요청했다는 내용이 오는 것이 자연스럽습니다. 따라서 빈칸에 적합한 어휘는 (a) proceed(진행하다)입니다.

(b) succeed[səksíːd] 뒤를 잇다 (c) precede[prisíːd] 앞서다
(d) recede[risíːd] 물러나다

해석 A: Mr. Bernstein이 사무실에서 나갔나요?
B: 네, 하지만 그는 우리에게 우리의 회의를 진행할 것을 요청했어요.

어휘 step out of ~에서 나가다

04 means 방법

해석 '넌 이번 가을에 대학에 등록할 거니'라는 질문에 '아니, 난 올해 학비를 지불할 수 있는 ___이 없어'라고 대답했습니다. 따라서 문맥상 빈칸에는 '방법'이라는 뜻의 (c) means가 들어가는 것이 자연스럽습니다. (d) modes는 어떤 일을 행하기 위한 방식이나, 기계를 동작시키는 방법을 의미하므로 오답입니다.

(a) range[reindʒ] 범위 (b) round[raund] 원
(d) mode[moud] 방식

해석 A: 넌 이번 가을에 대학에 등록할 거니?
B: 아니, 난 올해 학비를 지불할 수 있는 방법이 없어.

어휘 enroll[inróul] 등록하다

05 alteration 고침, 변경

해설 '난 이 드레스를 졸업 댄스 파티에 입고 갈 계획이었는데, 그것은 더 이상 맞지 않아'라는 말에 '재봉사에게 너에게 맞게 좀 ___ 해달라고 요청해봐'라고 대답했으므로, 드레스가 몸에 맞도록 '고쳐'줄 것을 요청할 것임을 짐작할 수 있습니다. 따라서 문맥상 빈칸에 적합한 어휘는 (b) alterations(고침)입니다.

(a) restoration[rèstəréiʃən] 복원   (c) reduction[ridʌ́kʃən] 감소
(d) conversion[kənvə́:rʒən] 전환

해석 A: 난 이 드레스를 졸업 댄스 파티에 입고 갈 계획이었는데, 그것은 더 이상 맞지 않아.
B: 재봉사에게 너에게 맞게 좀 고쳐 달라고 요청해봐.

어휘 prom[pram] 졸업 댄스 파티   no longer 더 이상 ~하지 않다
seamstress[síːmstris] 재봉사

06 sear 재빨리 굽다

해설 '당신은 스테이크를 보통 어떻게 요리하나요'라는 질문에 '전 센 불을 사용해서 반드시 바깥쪽은 ___하도록 만들어요'라고 대답했습니다. 따라서 문맥상 빈칸에는 '재빨리 굽다'라는 뜻의 (b) seared가 오는 것이 자연스럽습니다. (c) boil은 어떤 것을 끓이거나 삶는 것을 의미하므로 오답입니다.

(a) kindle[kindl] 불이 붙기 시작하다   (c) boil[bɔil] 끓이다
(d) melt[melt] 녹다

해석 A: 당신은 스테이크를 보통 어떻게 요리하나요?
B: 전 센 불을 사용해서 반드시 바깥쪽은 재빨리 구워지도록 만들어요.

어휘 open flame 센 불

07 prescribe 처방하다

해설 '기침 약을 먹고 있나요'라는 질문에 '네. 의사 선생님이 항생제를 ___해 주었어요'라고 대답했으므로, 기침 약이 의사 선생님이 '처방한' 항생제임을 짐작할 수 있습니다. 따라서 문맥상 빈칸에 적합한 어휘는 (d) prescribed(처방하다)입니다.

(a) circumscribe[sə́:rkəmskràib] 제한하다
(b) transcribe[trænskráib] 기록하다
(c) subscribe[səbskráib] 구독하다

해석 A: 기침 약을 먹고 있나요?
B: 네. 의사 선생님이 항생제를 처방해 주셨어요.

어휘 medicine[médəsin] 약   antibiotic[æ̀ntibaiátik] 항생제

08 intense 굉장한

해설 '인도 여행은 어땠나요'라는 질문에 '___했어요. 전 그런 모험을 한번도 해본 적이 없었거든요'라고 대답했습니다. 따라서 문맥상 빈칸에는 '굉장한'이라는 뜻의 (c) intense가 들어가는 것이 자연스럽습니다. (a) vehement는 주장이나 찬반 논쟁이 격렬하거나, 분노를 느낄 때 사용되므로 오답입니다.

(a) vehement[víːəmənt] 격렬한   (b) serene[səríːn] 평화로운
(d) confident[kánfədənt] 자신감 넘치는

해석 A: 인도 여행은 어땠나요?
B: 굉장했어요. 전 그런 모험을 한번도 해본 적이 없었거든요!

어휘 adventure[ædvéntʃər] 모험

09 contradict 반박하다

해설 'Karen이 아이들에게 내가 말한 것과 반대로 말하면 화가 나요'라는 말에 '그렇다면, 그녀한테 당신에게 ___하지 말라고 이야기하세요'라고 대답했으므로, 내가 한 말에 반대하여 '반박하지' 말라고 이야기해야 함을 짐작할 수 있습니다. 따라서 문맥상 빈칸에 적합한 어휘는 (b) contradict(반박하다)입니다.

(a) condemn[kəndém] 비난하다
(c) discharge[distʃá:rdʒ] 해고하다
(d) disclose[disklóuz] 폭로하다

해석 A: Karen이 아이들에게 내가 말한 것과 반대로 말하면 화가 나요.
B: 그렇다면, 그녀한테 당신의 말을 반박하지 말라고 이야기하세요.

어휘 upset[ʌ̀psét] 화나게 하다   opposite[ápəzit] 반대

10 immunity 면역성

해설 '제가 전에 홍역을 앓았던 경우라면, 또 걸릴 수 있나요'라는 질문에 '아니요, 당신은 그것에 대한 ___을 길렀어요'라고 대답했으므로, 홍역에 다시 걸리지 않는다는 것은 그것에 대한 '면역성'이 있기 때문임을 짐작할 수 있습니다. 따라서 문맥상 빈칸에 적합한 어휘는 (b) immunity(면역성)입니다.

(a) indemnity[indémnəti] 배상금
(c) sensitivity[sènsətívəti] 예민함
(d) susceptibility[səsèptəbíləti] 민감성

해석 A: 제가 전에 홍역을 앓았던 경우라면, 또 걸릴 수 있나요?
B: 아니요, 당신은 그것에 대한 면역성을 길렀어요.

어휘 measles[míːzlz] 홍역

11 efficient 효율적인, 효과적인

해설 '이 건물은 전력 소비를 줄이기 위해 매우 ___한 에너지 절약 기술을 사용한다'고 했습니다. 전력 소비를 줄이기 위해 에너지를 '효율적'으로 절약할 수 있는 기술이 사용되었음을 짐작할 수 있습니다. 따라서 문맥상 빈칸에 적합한 어휘는 (b) efficient(효율적인)입니다.

(a) deficient[difíʃənt] 부족한
(c) detachable[ditǽtʃəbl] 분리할 수 있는
(d) extractable[ikstrǽktəbl] 추출할 수 있는

해석 이 건물은 전력 소비를 줄이기 위해 매우 효율적인 에너지 절약 기술을 사용한다.

어휘 make use of ~을 사용하다   energy-saving 에너지를 절약하는
reduce[ridʒúːs] 줄이다   consumption[kənsʌ́mpʃən] 소비

12 dose 복용량

해설 '매일의 비타민 C ___은 괴혈병을 예방하는 데 필요하다'는 문맥상 빈칸에는 '복용량'이라는 뜻의 (c) dose가 들어가는 것이 자연스럽습니다. (b) portion은 음식의 1인분을 의미하므로 오답입니다.

(a) diet[dáiət] 식단   (b) portion[pɔ́:rʃən] 일부
(d) piece[piːs] 조각

해석 매일의 비타민 C 복용량은 괴혈병을 예방하는 데 필요하다.

어휘 daily[déili] 매일의   prevent[privént] 예방하다
scurvy[skə́:rvi] 괴혈병 (비타민 C의 결핍으로 잇몸과 점막에서 피가 나는 병)

13 obsession 집착

해설 '그 스토커는 여배우에게 비정상적인 ____을 하게 된 팬임이 밝혀졌다'고 했습니다. 팬으로서 좋아하는 사람에게 품을 수 있는 비정상적인 감정으로 '집착'이라는 내용이 오는 것이 자연스럽습니다. 따라서 문맥상 빈칸에 적절한 어휘는 (c) obsession(집착)입니다.

(a) abjection [æbdʒékʃən] 비참한 상태
(b) aggression [əgréʃən] 공격 (d) objection [əbdʒékʃən] 반대

해석 그 스토커는 여배우에게 비정상적인 집착을 하게 된 팬임이 밝혀졌다.

어휘 stalker [stɔ́ːkər] 스토커 turn out to ~ 임이 밝혀지다
unhealthy [ʌnhélθi] 비정상적인

14 spacious 널찍한

해설 '회의실은 300명까지 인원을 수용할 수 있도록 충분히 ____하다'라는 문맥상 빈칸에는 '널찍한'이라는 뜻의 (c) spacious가 들어가는 것이 자연스럽습니다. (a) extensive는 지역이나 연구·조사의 범위가 아주 광범위함을 의미하므로 오답입니다.

(a) extensive [iksténsiv] 광범위한
(b) prolific [prəlífik] (수가) 많은
(d) generous [dʒénərəs] 넉넉한

해석 회의실은 300명까지 인원을 수용할 수 있도록 충분히 널찍하다.

15 adaptation 각색 작품

해설 영화 'Slumdog Millionaire'는 평론가들의 호평을 받은 Vicas Swarup의 소설인 'Q&A'의 ____이다'는 내용에서 영화는 소설 내용을 바탕으로 만들어진 '각색 작품'임을 짐작할 수 있습니다. 따라서 빈칸에 적합한 어휘는 (b) adaptation(각색 작품)입니다.

(a) innovation [ìnəvéiʃən] 혁신
(c) conversion [kənvə́ːrʒən] 전환
(d) digression [digréʃən] 탈선

해석 영화 'Slumdog Millionaire'는 평론가들의 호평을 받은 Vicas Swarup의 소설인 'Q&A'의 각색 작품이다.

어휘 acclaimed [əkléimd] 호평을 받는, 칭찬을 얻은

16 lavish 호화로운

해설 '커플은 값비싼 꽃, 완전한 오케스트라, 500명이 넘는 하객들이 있는 ____한 결혼식을 올렸다'라는 문맥상 빈칸에는 '호화로운'이라는 뜻의 (c) lavish가 들어가는 것이 자연스럽습니다. (a) affluent는 금전적으로 부유한 것을 의미하므로 오답입니다.

(a) affluent [ǽfluənt] 부유한 (b) profuse [prəfjúːs] 다량의
(d) inclement [inklémənt] 좋지 못한

해석 커플은 값비싼 꽃, 완전한 오케스트라, 500명이 넘는 하객들이 있는 호화로운 결혼식을 올렸다.

17 deficiency 결핍증

해설 '젖당분해효소 ____이 있는 사람들은 우유와 유제품을 제대로 소화시키기 위해 필요한 효소를 충분히 가지고 있지 않다'라는 문맥상 빈칸에는 '결핍증'이라는 뜻의 (a) deficiency가 들어가는 것이 자연스럽습니다. (d) privation은 음식이나 옷처럼 생활하기 위해 필수적인 것들이 부족한 상태를 의미하므로 오답입니다.

(b) forfeiture [fɔ́ːrfitʃər] 몰수 (c) omission [oumíʃən] 생략
(d) privation [praivéiʃən] 궁핍

해석 젖당분해효소 결핍증이 있는 사람들은 우유와 유제품을 제대로 소화시키기 위해 필요한 효소를 충분히 가지고 있지 않다.

어휘 lactase [lǽkteis] 젖당분해효소 enzyme [énzaim] 효소
necessary [nésəsèri] 필요한 properly [prápərli] 제대로
digest [didʒést] 소화하다

18 confidential 기밀의, 비밀의

해설 '회사의 협상에 관한 정보는 ____로 유지되어야만 하고 어떠한 경우에도 대중에게 밝혀져서는 안 된다'고 했습니다. 회사의 협상 정보가 대중에게 밝혀져서는 안 된다고 하였으므로, 정보가 '기밀'로 유지되어야 함을 짐작할 수 있습니다. 따라서 빈칸에 적합한 어휘는 (b) confidential (기밀의)입니다.

(a) ineffectual [ìniféktʃuəl] 능력이 부족한
(c) substantial [səbstǽnʃəl] 상당한
(d) counterfactual [kàuntərfǽktʃuəl] 조건법적 서술

해석 회사의 협상에 관한 정보는 기밀로 유지되어야만 하고 어떠한 경우에도 대중에게 밝혀져서는 안 된다.

어휘 negotiation [nigòuʃiéiʃən] 협상
disclose [disklóuz] 밝히다, 폭로하다 public [pʌ́blik] 대중
under any circumstances 어떠한 경우에도

19 chasm 큰 차이

해설 '대통령은 그의 정부와 야당간의 정치적인 ____를 메우고자 하는 그의 진심 어린 바람을 표현했다'라는 문맥상 빈칸에는 '큰 차이'라는 뜻의 (a) chasm이 들어가는 것이 자연스럽습니다. (c) crevice는 바위나 담에 생긴 틈을 의미하므로 오답입니다.

(b) hiatus [haiéitəs] 중단 (c) crevice [krévis] (바위 사이에) 틈
(d) aperture [ǽpərtʃər] (작은) 구멍

해석 대통령은 그의 정부와 야당간의 정치적인 큰 차이를 메우고자 하는 그의 진심 어린 바람을 표현했다.

어휘 bridge [bridʒ] (공간·틈을) 메우다 the opposition 야당

20 unravel 풀다

해설 '만일 당신의 신발끈이 풀리는 것을 원치 않는다면, 끝을 이중 매듭으로 튼튼하게 묶으세요'라고 했습니다. 이중 매듭으로 신발끈을 튼튼하게 묶는 목적은 신발끈이 '풀리는' 것을 막기 위함임을 짐작할 수 있습니다. 따라서 문맥상 빈칸에 적합한 어휘는 (a) unravel(풀다)입니다. (b) unfasten은 잠긴 것을 푼다는 의미이므로 오답입니다.

(b) unfasten [ʌnfǽsn] 풀다 (c) impair [impéər] 손상시키다
(d) impart [impáːrt] 전하다

해석 만일 당신의 신발끈이 풀리는 것을 원치 않는다면, 끝을 이중 매듭으로 튼튼하게 묶으세요.

어휘 shoelace [ʃúːlèis] 신발끈 securely [sikjúərli] 튼튼하게, 안전하게
double knot 이중 매듭

MINI TEST

MINI TEST 1
p. 198

01 (a)	02 (b)	03 (c)	04 (a)	05 (b)
06 (a)	07 (b)	08 (c)	09 (b)	10 (a)
11 (b)	12 (c)	13 (c)	14 (d)	15 (a)

01 busy 붐비는

해설 '많은 손님들이 당신의 식당에서 식사를 하나요'라는 질문에 '네. 이곳은 항상 ___하고, 특히 주말에 그래요'라고 대답했으므로, 손님이 많아서 식당이 '붐빈다'는 것을 짐작할 수 있습니다. 따라서 문맥상 빈칸에 적합한 어휘는 **(a) busy**(붐비는)입니다.

(b) thick [θik] 두꺼운   (c) festive [féstiv] 축제의
(d) dense [dens] 빽빽한

해석 A: 많은 손님들이 당신의 식당에서 식사를 하나요?
B: 네. 이곳은 항상 붐비고, 특히 주말에 그래요.

어휘 customer [kʌ́stəmər] 손님 dine [dain] 식사를 하다
especially [ispéʃəli] 특히

02 I skipped lunch today. 오늘 점심을 걸렀어요.

해설 '이전에 뭔가 먹지 않았나요'라는 질문에 '아니요'라고 대답했으므로 빈칸이 포함된 문장에는 '먹지 않았다'는 내용이 오는 것이 자연스럽습니다. 따라서 정답은 빈칸 앞의 I, 빈칸 뒤의 lunch today와 함께 '오늘 점심을 걸렀어요'라는 표현을 완성하는 **(b) skipped**(거르다)입니다.

(a) jump [dʒʌmp] 뛰어넘다   (c) hop [hɑp] (동물이) 깡충 뛰다
(d) bounce [bauns] (공 등이) 튀다

해석 A: 이전에 뭔가 먹지 않았나요?
B: 아니요, 일이 너무 바빠서 오늘 점심을 걸렀어요.

03 honestly 솔직히

해설 '___ 이 바지가 저한테 잘 어울린다고 생각해요'라는 질문에 '네. 제가 그렇게 말했을 때는 사실을 말한 거예요'라고 대답했으므로, A는 B에게 솔직한 대답을 원하며 질문을 했음을 짐작할 수 있습니다. 따라서 문맥상 빈칸에 적합한 어휘는 **(c) honestly**(솔직히)입니다.

(a) kindly [káindli] 친절하게   (b) closely [klóusli] 엄밀히
(d) professionally [prəféʃənəli] 전문적으로

해석 A: 솔직히 이 바지가 저한테 잘 어울린다고 생각해요?
B: 네. 제가 그렇게 말했을 때는 사실을 말했던 거예요.

04 fall through 실현되지 못하다

해설 'Gabe와의 영화 관람 데이트는 어떻게 됐나요'라는 질문에, '그가 제시간에 퇴근할 수 없어서 ___했어요'라고 대답했습니다. 따라서 문맥상 빈칸에 적합한 표현은 **(a) fell through**(실현되지 못하다)입니다.

(b) stop short 갑자기 멈추다   (c) cover up 완전히 덮다
(d) run across 뛰어 건너다, ~을 우연히 만나다

해석 A: Gabe와의 영화 관람 데이트는 어떻게 됐나요?
B: 오, 그가 제시간에 퇴근할 수 없어서 실현되지 못했어요.

어휘 in time 제시간에

05 curious 궁금한, 호기심 많은

해설 'Susan이 문신을 할 줄은 예측하지 못했어요'라는 말에 '저도요. 무엇 때문에 그녀가 문신을 했는지 ___해요'라고 대답했으므로, Susan이 문신을 할 것이라고 예상하지 못했기 때문에 그녀가 문신을 한 이유를 '궁금해'하고 있음을 짐작할 수 있습니다. 따라서 문맥상 빈칸에 적합한 어휘는 **(b) curious**(궁금한)입니다.

(a) happy [hǽpi] 행복한   (c) doubtful [dáutfəl] 의심스러운
(d) peculiar [pikjú:ljər] 독특한

해석 A: Susan이 문신을 할 줄은 예상하지 못했어요.
B: 저도요. 무엇 때문에 그녀가 문신을 했는지 궁금해요.

어휘 tattoo [tætú:] 문신

06 cost 비용

해설 '내 딸은 전액 장학금을 받아서 ___을 전혀 들이지 않고 대학에 갔다'라는 문맥상 빈칸에는 '비용'이라는 뜻의 **(a) cost**가 들어가는 것이 자연스럽습니다. (d) amount는 돈의 총액을 의미하므로 오답입니다.

(b) purchase [pə́:rtʃəs] 구매   (c) salary [sǽləri] 급여
(d) amount [əmáunt] 총액

해석 내 딸은 전액 장학금을 받아서 비용을 전혀 들이지 않고 대학에 갔다.

어휘 award [əwɔ́:rd] (상을) 받다 scholarship [skɑ́lərʃip] 장학금

07 fix 수리하다

해설 '모든 세입자들이 아파트의 고장 난 난방 장치를 즉시 ___할 것을 주장했다'는 내용에서 난방 장치가 고장 났으므로 '수리할' 것을 주장했다는 것을 짐작할 수 있습니다. 따라서 문맥상 빈칸에 적합한 어휘는 **(b) fixing**(수리하다)입니다.

(a) craft [kræft] 정교하게 만들다   (c) nail [neil] 못을 박다
(d) put [put] 놓다

해석 모든 세입자들이 아파트의 고장 난 난방 장치를 즉시 수리할 것을 주장했다.

어휘 tenant [ténənt] 세입자 insistent [insístənt] 주장하는, 강요하는

08 gently 부드럽게

해설 '전화 상황과 상관없이, 올바른 전화 예의는 수화기를 ___하게 내려놓으라고 지시한다'라고 했습니다. 전화와 관련된 예의를 이야기하고 있으므로 수화기는 '부드럽게' 내려 놓는 것이 예의임을 짐작할 수 있습니다. 따라서 문맥상 빈칸에 적합한 어휘는 **(c) gently**(부드럽게)입니다.

(a) slightly [sláitli] 약간   (b) daintily [déintili] 우아하게
(d) blandly [blǽndli] 붙임성 있게

해석 전화 상황과 상관없이, 올바른 전화 예의는 수화기를 부드럽게 내려 놓으라고 지시한다.

어휘 regardless of ~에 상관없이
circumstance [sə́:rkəmstæns] 상황, 정황
proper [prɑ́pər] 적절한, 제대로 된   dictate [díkteit] 지시하다
receiver [risí:vər] 수화기

09 expect 기대하다

해설 '소년이 산 비디오 게임이 ___했던 것만큼 좋지 않다는 것이 드러나서 실망했다'는 내용에서 소년이 비디오 게임에 실망한 이유는 '기대했던' 것만큼 좋지 않았기 때문임을 짐작할 수 있습니다. 따라서 문맥상 빈칸에 적합한 어휘는 (b) expected(기대하다)입니다.

(a) contrive[kəntráiv] 고안하다 (c) invent[invént] 발명하다
(d) wait[weit] 기다리다

해석 소년은 자신이 산 비디오 게임이 기대했던 것만큼 좋지 않다는 것이 드러나서 실망했다.

어휘 disappoint[dìsəpɔ́int] 실망시키다 prove[pruːv] ~임이 드러나다

10 decreasing 감소하는

해설 '가뭄은 농업 관개 체계에서 ___하는 상수도의 주요 원인이었다'는 내용에서 가뭄이 들어 비가 내리지 않았기 때문에 상수도의 물이 '감소했음'을 짐작할 수 있습니다. 따라서 문맥상 빈칸에 적합한 어휘는 (a) decreasing(감소하는)입니다.

(b) devastating[dévəsteitiŋ] 대단히 파괴적인
(c) migrating[máigretiŋ] 이동하는
(d) resting[réstiŋ] 정지하고 있는

해석 가뭄은 농업 관개 체계에서 감소하는 상수도의 주요 원인이었다.

어휘 drought[draut] 가뭄 water supply 상수도, 급수
agricultural[æ̀grikʌ́ltʃərəl] 농업의 irrigation[ìrəgéiʃən] 관개

11 land a position 직위를 차지하다

해설 '졸업한 후 석 달 만에, Howard는 개인 회사에서 관리직을 ___했다'는 문맥에 적합하면서, 빈칸 뒤의 명사 position(직위)과 어울려 '직위를 차지하다'라는 뜻을 만드는 동사는 (b) landed(차지하다)입니다.

(a) construe[kənstrúː] 이해하다 (c) hover[hʌ́vər] 맴돌다
(d) inquire[inkwáiər] 질문하다

해석 졸업한 후 석 달 만에, Howard는 개인 회사에서 관리직을 차지했다.

어휘 managerial position 관리직
private company 개인 회사, 주식 비상장 회사

12 respite 휴식

해설 '나의 주말 해변 여행은 도시의 바쁜 생활로부터의 반가운 ___이었다'는 내용에서 바쁜 도시 생활에서 벗어나 해변에서 '휴식'을 취했음을 짐작할 수 있습니다. 따라서 문맥상 빈칸에 적합한 어휘는 (c) respite(휴식)입니다.

(a) hesitation[hèzətéiʃən] 망설임 (b) converse[kánvəːrs] 담화
(d) upheaval[ʌphíːvəl] 격변

해석 나의 주말 해변 여행은 도시의 바쁜 생활로부터의 반가운 휴식이었다.

13 accompany 동행하다

해설 '이미 밤이 늦었기 때문에, Nathan은 그녀가 안전하게 도착하는 것을 확인하기 위해 Victoria와 집까지 ___했다'는 내용에서 Victoria가 늦은 밤에 안전하게 집에 갈 수 있도록 '동행해' 주었음을 짐작할 수 있습니다. 따라서 문맥상 빈칸에 적합한 어휘는 (c) accompanied(동행하다)입니다.

(a) command[kəmǽnd] 명령하다
(b) marshal[mɑ́ːrʃəl] 정렬시키다 (d) steer[stiər] 조종하다

해석 이미 밤이 늦었기 때문에, Nathan은 그녀가 안전하게 도착하는 것을 확인하기 위해 Victoria와 집까지 동행했다.

어휘 safely[séifli] 안전하게

14 cemetery 묘지

해설 'Sakamoana는 Vava'u-Hunga 섬에 있는 전통적인 ___의 이름인데, 그곳에는 통가의 전사들과 왕족들이 묻혀 있다'는 내용에서 전사들과 왕족들이 묻힌 곳은 '묘지'라는 것을 짐작할 수 있습니다. 따라서 문맥상 빈칸에 적합한 어휘는 (d) cemetery(묘지)입니다.

(a) morgue[mɔːrg] 영안실 (b) funeral[fjúːnərəl] 장례식
(c) archive[ɑ́ːrkaiv] 기록 보관소

해석 Sakamoana는 Vava'u-Hunga 섬에 있는 전통적인 묘지의 이름인데, 그곳에는 통가의 전사들과 왕족들이 묻혀 있다.

어휘 warrior[wɔ́ːriər] 전사 bury[béri] 묻다

15 worry 걱정하다

해설 '의사들은 때때로의 가슴 쓰림은 정상적이며 ___할 것이 아니라고 말한다'라는 내용에서 때때로 가슴이 쓰린 것은 정상이므로 '걱정할' 일이 아니라는 것을 짐작할 수 있습니다. 따라서 문맥상 빈칸에 적합한 어휘는 (a) worry(걱정하다)입니다.

(b) scare[skɛər] ~를 겁나게 하다
(c) terrorize[térəràiz] 위협하다
(d) intimidate[intímədèit] ~를 두려워하게 하다

해석 의사들은 때때로의 가슴 쓰림은 정상적이며 걱정할 것이 아니라고 말한다.

어휘 occasional[əkéiʒənəl] 때때로의, 가끔의
heartburn[hɑ́ːrtbəːrn] 가슴 쓰림
normal[nɔ́ːrməl] 정상적인, 평범한

MINI TEST 2 p. 200

01 (c)	02 (a)	03 (a)	04 (a)	05 (a)
06 (b)	07 (d)	08 (b)	09 (d)	10 (d)
11 (a)	12 (c)	13 (a)	14 (b)	15 (b)

01 handle 처리하다

해설 '차고를 청소하는 데 도움이 필요하나요'라는 질문에 '제가 ___할 수 있어요. 그래도 고마워요'라고 대답했습니다. though(그래도)는 앞의 상황과 대조되는 내용을 연결하므로, 도와주겠다는 제의는 고맙지만 혼자서 '처리할' 수 있다는 내용이 오는 것이 자연스럽습니다. 따라서 문맥상 빈칸에 적합한 어휘는 (c) handle(처리하다)입니다.

(a) hold[hould] 들다, 견디다 (b) employ[implɔ́i] 쓰다, 고용하다
(d) succeed[səksíːd] 잇따르다

해석 A: 차고를 청소하는 데 도움이 필요하나요?
B: 제가 처리할 수 있어요. 그래도 고마워요.

어휘 clean out 청소하다

02 stuck 갇힌

해설 '시내에 전기가 나갔을 때 어디 있었어요'라는 질문에 '전 사실 엘리베이터에 ____했어요'라고 대답했으므로, 전기가 나가서 엘리베이터가 작동하지 않았고 그 안에 '갇혀' 있었음을 짐작할 수 있습니다. 따라서 문맥상 빈칸에 적합한 어휘는 (a) stuck(갇힌)입니다.

(b) extant[ékstənt] 현존하는
(c) temporary[témpərèri] 일시적인
(d) inserted[insə́ːrtid] 끼워진

해석 A: 시내에 전기가 나갔을 때 어디 있었어요?
B: 전 사실 엘리베이터에 갇혀 있었어요.

어휘 go out (불·전깃불이) 나가다, 꺼지다 actually[ǽktʃuəli] 사실, 정말로

03 jump on the bandwagon 동참하다

해설 '점점 더 많은 회사들이 소셜 네트워크 사이트에 계정을 만들고 있어요'라는 말에 '많은 회사들이 소셜 마케팅에 ____하고 있어요'라고 대답했으므로, 회사들이 소셜 네트워크 사이트에 계정을 만듦으로써 소셜 마케팅이라는 흐름에 '동참하고' 있음을 짐작할 수 있습니다. 따라서 이 문맥에 적합한 표현은 (a) jumping on the bandwagon(동참하다)입니다.

(b) put on the back burner 보류하다
(c) fly in the face 반대하다
(d) pass the torch 다른 사람에게 넘기다

해석 A: 점점 더 많은 회사들이 소셜 네트워크 사이트에 계정을 만들고 있어요.
B: 음, 많은 회사들이 소셜 마케팅에 동참하고 있어요.

어휘 set up 만들다, 시작하다 account[əkáunt] 계정

04 afraid 유감스러운

해설 'Ann이랑 Ed가 헤어졌다는 게 사실이에요'라는 질문에 '네. 결혼식도 없을 것 같아 ____해요'라고 대답했으므로, 결혼을 하기로 한 두 연인이 헤어진 상황에 대해 '유감스러워'하고 있음을 짐작할 수 있습니다. 따라서 문맥상 빈칸에 적합한 어휘는 (a) afraid(유감스러운)입니다.

(b) morose[məróus] 성미 까다로운 (c) uneasy[ʌníːzi] 불편한
(d) shameful[ʃéimfəl] 창피한

해석 A: Ann이랑 Ed가 헤어졌다는 게 사실이에요?
B: 네. 결혼식도 없을 것 같아 유감이에요.

어휘 break up 헤어지다

05 exhausted 진이 다 빠진

해설 '우리 코치님이 우리들을 오후 내내 연습시켰어'라는 말에 '너 지금 아주 ____하겠구나'라고 대답했으므로, 오후 내내 연습을 했기 때문에 '진이 다 빠진' 상태임을 짐작할 수 있습니다. 따라서 문맥상 빈칸에 적합한 어휘는 (a) exhausted(진이 다 빠진)입니다.

(b) extended[iksténdid] 연장한 (c) indolent[índələnt] 게으른
(d) languid[lǽŋgwid] 나른한

해석 A: 우리 코치님이 우리들을 오후 내내 연습시켰어.
B: 너 지금 아주 진이 다 빠졌겠구나.

어휘 practice[prǽktis] 연습하다

06 available 시간이 있는

해설 '여배우의 몹시 바쁜 일정을 고려했을 때, 기자가 그녀가 인터뷰에 응할 ____ 것을 고맙게 여겼다'는 내용에서 기자가 고마움을 느낀 이유는 그녀가 바쁜 일정에도 불구하고 인터뷰를 할 수 있는 '시간이 있기' 때문임을 짐작할 수 있습니다. 따라서 문맥상 빈칸에 적합한 어휘는 (b) available(시간이 있는)입니다. (d) possible은 주어가 사람일 때 사용되지 않으므로 오답입니다.

(a) comfortable[kʌ́mftəbl] 편안한
(c) susceptible[səséptəbl] 민감한 (d) possible[pásəbl] 가능한

해석 여배우의 몹시 바쁜 일정을 고려했을 때, 기자는 그녀가 인터뷰에 응할 시간이 있다는 것을 고맙게 여겼다.

어휘 hectic[héktik] 몹시 바쁜, 빡빡한 reporter[ripɔ́ːrtər] 기자
thankful[θǽŋkfəl] 고맙게 여기는, 감사하는

07 abstract 개요

해설 'Erin은 그녀의 학기말 리포트를 요약한 간단한 ____를 작성했다'는 내용에서 학기말 리포트의 내용을 간단히 요약하기 위해 '개요'를 작성했음을 짐작할 수 있습니다. 따라서 문맥상 빈칸에 적합한 어휘는 (d) abstract(개요)입니다.

(a) prose[prouz] 산문 (b) syntax[síntæks] 구문론
(c) epitome[ipítəmi] 완벽한 본보기

해석 Erin은 그녀의 학기말 리포트를 요약한 간단한 개요를 작성했다.

어휘 brief[briːf] 간단한 summarize[sʌ́məràiz] 요약하다
term paper 학기말 리포트

08 save 절약하다

해설 '대량으로 물건을 사는 것은 당신이 식료품 계산서 금액의 20퍼센트까지 ____할 수 있도록 돕는다'는 내용에서 물건을 대량으로 구매하면 더 싸게 살 수 있으므로 계산서 금액의 20퍼센트까지 '절약할' 수 있다는 것을 짐작할 수 있습니다. 따라서 문맥상 빈칸에 적합한 어휘는 (b) save(절약하다)입니다.

(a) allow[əláu] 허락하다 (c) stock[stak] 비축하다
(d) take[teik] 가지다

해석 대량으로 물건을 사는 것은 당신이 식료품 계산서 금액의 20퍼센트까지 절약할 수 있도록 돕는다.

어휘 in bulk 대량으로 grocery bill 식료품점의 계산서

09 responsibility 책임

해설 '지부장은 최고 경영자의 부재 중에 회사의 업무에 대해 ____을 질 것이다'라는 내용에서 최고 경영자를 대신하여 지부장이 업무를 '책임' 질 것임을 짐작할 수 있습니다. 따라서 문맥상 빈칸에 적합한 어휘는 (d) responsibility(책임)입니다.

(a) facility[fəsíləti] 시설 (b) hostility[hastíləti] 적개심
(c) formidability[fɔ̀ːrmidəbíləti] 무서움

해석 지부장은 최고 경영자의 부재 중에 회사의 업무에 대해 책임을 질 것이다.

어휘 regional[ríːdʒənl] 지역의 director[diréktər] 장, 감독
assume[əsúːm] (책임 등을) 지다, 맡다
operation[ὰpəréiʃən] 업무, 작업 absence[ǽbsəns] 부재, 없음

10 fulfill one's duties 임무를 완수하다

해설 '모든 직원들이 그들의 임무를 반드시 ____하도록 하는 것은 관리자의 책임이다'라는 문맥에 적합하면서, 빈칸 뒤의 명사 duties(임무)와 어울려 '임무를 완수하다'라는 뜻을 만드는 동사는 (d) fulfill(완수하다)입

니다.
(a) create [kriéit] 창조하다   (b) take [teik] 가지고 가다
(c) reach [ri:tʃ] 도달하다

해석 모든 직원들이 그들의 임무를 반드시 완수하도록 하는 것은 관리자의 책임이다.

어휘 responsibility [rispɑ̀nsəbíləti] 책임
supervisor [sú:pərvàizər] 관리자, 감독관
ensure [inʃúər] 반드시 ~하게 하다, 보장하다

11 sales 매출

해설 '운영자는 제과점의 ___을 증가시키기 위해 배달 서비스를 제공할 계획이다'는 내용에서 배달 서비스를 제공하는 목적은 '매출'을 올리기 위함임을 짐작할 수 있습니다. 따라서 문맥상 빈칸에 적합한 어휘는 (a) sales(매출)입니다.

(b) work [wə:rk] 일   (c) dozen [dʌ́zn] 12개짜리 한 묶음
(d) deal [di:l] 거래

해석 운영자는 제과점의 매출을 증가시키기 위해 배달 서비스를 제공할 계획이다.

어휘 offer [ɔ́:fər] 제공하다   delivery [dilívəri] 배달
increase [inkrí:s] 증가시키다

12 collaborative 공동의

해설 '그 음악가의 최신 앨범은 그의 예전 밴드 멤버들과 함께 ___한 노력으로 얻은 것입니다'라고 했습니다. 예전 밴드 멤버들과 함께 만든 앨범은 '공동의' 노력을 통해 이루어낸 결과임을 짐작할 수 있습니다. 따라서 문맥상 빈칸에 적합한 어휘는 (c) collaborative(공동의)입니다.

(a) conjunctive [kəndʒʌ́ŋktiv] 결합하는
(b) conducive [kəndjú:siv] 전도성의
(d) corrective [kəréktiv] 바로잡는

해석 그 음악가의 최신 앨범은 그의 예전 밴드 멤버들과 함께 공동의 노력으로 얻은 것입니다.

어휘 latest [léitist] 최신의   effort [éfərt] 노력
former [fɔ́:rmər] 이전의   bandmate [bǽndmèit] 밴드 멤버

13 alleviate 완화하다

해설 '의사는 환자에게 그녀가 겪고 있던 극심한 통증을 ___하는 방법으로 진통제를 주었다'라는 문맥상 빈칸에는 '완화하다'라는 뜻의 (a) alleviate이 들어가는 것이 자연스럽습니다. (b) divert는 사람의 마음을 위로해준다는 의미이므로 오답입니다.

(b) divert [divə́:rt] ~를 위로해주다   (c) grab [græb] 붙잡다
(d) surrender [səréndər] 포기하다

해석 의사는 환자에게 그녀가 겪고 있던 극심한 통증을 완화하는 방법으로 진통제를 주었다.

어휘 painkiller [péinkìlər] 진통제   intense [inténs] 극심한
experience [ikspíəriəns] 겪다, 경험하다

14 sluggish pace 느린 속도

해설 '그 프로젝트는 부적절한 계획으로 인해 ___ 속도로 진행되고 있었다'는 문맥에 적합하면서, 빈칸 뒤의 명사 pace(속도)와 어울려 '느린 속도'라는 뜻을 만드는 형용사는 (b) sluggish(느린)입니다.

(a) insolent [ínsələnt] 무례한   (c) sullen [sʌ́lən] 시무룩한

(d) inert [inə́:rt] 기력이 없는

해석 그 프로젝트는 부적절한 계획으로 인해 느린 속도로 진행되고 있었다.

어휘 progress [prɑ́gres] 진행되다   pace [peis] 속도
inadequate [inǽdikwət] 부적절한

15 age 시대

해설 '30여 년 전 개인용 컴퓨터의 개발은 컴퓨터 ___의 도래를 알렸다'라는 문맥상 빈칸에는 '시대'라는 뜻의 (b) age가 들어가는 것이 자연스럽습니다. (a) day는 computer에 's가 있어야만 '~의 시대'라는 뜻을 나타낼 수 있으므로 오답입니다.

(a) day [dei] 날   (c) moment [móumənt] 순간
(d) eon [i:ən] 영겁 <아주 긴 시간>

해석 30여 년 전 개인용 컴퓨터의 개발은 컴퓨터 시대의 도래를 알렸다.

어휘 development [divéləpmənt] 개발, 발전
usher [ʌ́ʃər] ~의 도래를 알리다

MINI TEST 3   p.202

01 (d)	02 (d)	03 (d)	04 (a)	05 (c)
06 (c)	07 (c)	08 (b)	09 (a)	10 (a)
11 (a)	12 (d)	13 (a)	14 (c)	15 (b)

01 borrow 빌리다

해설 '제가 이번 주말에 당신의 카메라를 ___할 수 있을까요'라는 질문에 '물론이죠, 하지만 저는 그것을 월요일까지 돌려받아야 해요'라고 대답했습니다. 따라서 문맥상 빈칸에는 '빌리다'라는 뜻의 (d) borrow가 들어가는 것이 자연스럽습니다. (b) loan은 돈을 빌려 주는 것을 의미하므로 오답입니다.

(a) return [rité:rn] 돌려주다   (b) loan [loun] 빌려주다, 융자하다
(c) acquire [əkwáiər] 습득하다

해석 A: 제가 이번 주말에 당신의 카메라를 빌릴 수 있을까요?
B: 물론이죠, 하지만 저는 그것을 월요일까지 돌려받아야 해요.

02 glorify 미화하다

해설 '이 그림들은 국가에 대한 화가의 깊은 애정을 드러내고 있어요'라는 말에 '맞아요, 그림들은 그의 조국에 대한 많은 중요한 특징들을 정말로 ___하고 있어요'라고 대답했으므로, 화가의 감정이 그림에 '미화되어' 아름답게 표현되어 있음을 짐작할 수 있습니다. 따라서 문맥상 빈칸에 적합한 어휘는 (d) glorify(미화하다)입니다.

(a) surround [səráund] 둘러싸다   (b) witness [wítnis] 목격하다
(c) testify [téstəfài] 증명하다

해석 A: 이 그림들은 국가에 대한 화가의 깊은 애정을 드러내고 있어요.
B: 맞아요, 그림들은 그의 조국에 대한 많은 중요한 특징들을 정말로 미화하고 있어요.

어휘 reveal [rivíːl] 드러내다   feature [fí:tʃər] 특징
homeland [hóumlænd] 조국

03 What a mess! 이렇게 지저분할 수가!

해설 '이렇게 ___일 수가! 네 방에 이 모든 물건들은 다 뭐니'라는 질문에 '과학 전시회에 출품할 과제를 만들고 있었어요. 나중에 치울게요'라고 대답했으므로, 빈칸이 포함된 문장에는 방이 '지저분하다'는 내용이 오는 것이 자연스럽습니다. 따라서 정답은 What a와 함께 '이렇게 지저분할 수가'라는 표현을 완성하는 (d) mess(지저분함)입니다.

(a) jam [dʒæm] 혼잡   (b) heap [hi:p] 쌓아놓은 더미
(c) stew [stju:] 뒤범벅

해석 A: 이렇게 지저분할 수가! 네 방에 이 모든 물건들은 다 뭐니?
B: 과학 전시회에 출품할 과제를 만들고 있었어요. 나중에 치울게요.

어휘 project [prádʒekt] 과제   fair [fɛər] 전시회, 박람회
clean up 치우다

04 pompous 거만한

해설 'Amy가 돈을 얼마나 버는지 자랑하는 게 마음에 안 들어요'라는 말에 '맞아요. 그녀가 그것에 대해 그렇게 ___하지 않았으면 좋겠어요'라고 대답했으므로, Amy가 수입에 대해 자랑하는 것이 '거만하게' 느껴짐을 짐작할 수 있습니다. 따라서 문맥상 빈칸에 적합한 어휘는 (a) pompous(거만한)입니다.

(b) reluctant [rilʌ́tənt] 마음 내키지 않는
(c) vigilant [vídʒələnt] 바짝 경계하는   (d) humble [hʌ́mbl] 겸손한

해석 A: Amy가 돈을 얼마나 버는지 자랑하는 게 마음에 안 들어요.
B: 맞아요. 그녀가 그것에 대해 그렇게 거만하지 않았으면 좋겠어요.

어휘 brag [bræg] (심하게) 자랑하다

05 leeway 자유

해설 '교수님께서 선택하신 에세이 주제들은 모두 흥미롭지 않아'라는 말에 '맞아. 교수님께서 우리에게 자신만의 주제를 선택할 수 있는 ___를 더 주셨으면 좋겠어'라고 대답했으므로, 학생들이 공부할 주제를 스스로 선택할 수 있는 '자유'를 원하고 있음을 짐작할 수 있습니다. 따라서 문맥상 빈칸에 적합한 어휘는 (c) leeway(자유)입니다.

(a) windfall [wíndfɔ̀:l] 뜻밖의 횡재
(b) feedback [fí:dbæ̀k] 반응, 의견
(d) meantime [mí:ntàim] 그동안

해석 A: 교수님께서 선택하신 에세이 주제들은 모두 흥미롭지 않아.
B: 맞아. 교수님께서 우리에게 자신만의 주제를 선택할 수 있는 자유를 더 주셨으면 좋겠어.

어휘 select [silékt] 선택하다
uninteresting [ʌnín̄təristiŋ] 흥미롭지 못한, 재미 없는
choose [tʃu:z] 선택하다

06 shift 옮기다

해설 '참가자 수의 증가로 인해 대회가 더 넓은 장소로 ___해졌다'고 했습니다. 많은 참가자를 수용할 더 넓은 공간이 필요하므로 대회 장소가 '옮겨졌다'는 것을 짐작할 수 있습니다. 따라서 문맥상 빈칸에 적합한 어휘는 (c) shifted(옮기다)입니다. (a) alter는 어떤 사물의 모양이나 성질을 '변경하다'라는 의미이므로 오답입니다.

(a) alter [ɔ́:ltər] 변경하다   (b) revise [riváiz] 교정하다
(d) adjust [ədʒʌ́st] 수정하다

해석 참가자 수의 증가로 인해 대회가 더 넓은 장소로 옮겨졌다.

어휘 convention [kənvénʃən] 대회, 협의회   venue [vénju:] 장소
increase [ínkri:s] 증가   attendee [ətendí:] 참석자

07 separate 독립된, 분리된

해설 '1993년, 체코슬로바키아 연방 공화국은 두 ___한 국가, 즉, 체코 공화국과 슬로바키아로 나누어졌다'는 내용에서 연방 공화국이 두 국가로 나누어졌으므로 두 국가는 서로 '독립된' 국가임을 짐작할 수 있습니다. 따라서 문맥상 빈칸에 적합한 어휘는 (c) separate(독립된)입니다.

(a) opposite [ápəzit] 반대편의   (b) remote [rimóut] 멀리 떨어진
(d) exact [igzǽkt] 정확한

해석 1993년, 체코슬로바키아 연방 공화국은 두 독립된 국가, 즉 체코 공화국과 슬로바키아로 나누어졌다.

어휘 federated [fédərèitid] 연방의, 연합한   divide [diváid] 나누다
namely [néimli] 즉, 다시 말해서

08 euthanasia 안락사

해설 '침울해하면서, 주인은 죽을 병에 걸린 애완 동물이 더 이상 고통받는 것을 없애주기 위해 ___를 선택했다'는 내용에서, 죽을 병에 걸린 애완 동물을 고통에서 벗어나게 해줄 수 있는 '안락사'를 선택했음을 짐작할 수 있습니다. 따라서 문맥상 빈칸에 적합한 어휘는 (b) euthanasia(안락사)입니다.

(a) eugenics [ju:dʒéniks] 우생학
(c) extirpation [èkstərpéiʃən] 근절
(d) extrication [èkstrikéiʃən] 구출

해석 침울해하면서, 주인은 죽을 병에 걸린 애완 동물이 더 이상 고통받는 것을 없애주기 위해 안락사를 선택했다.

어휘 with a heavy heart 침울하여   opt for 선택하다, 고르다
terminally ill 죽을 병에 걸린
relieve [rilí:v] (고통·부담 따위를) 없애다   suffering [sʌ́fəriŋ] 고통

09 discuss 논의하다

해설 '시의회는 최근에 홍수로 피해를 입은 시민 문화 회관을 재건하기 위한 추가 자금을 할당하는 것을 ___하기 위해 금요일에 모일 것이다'는 내용에서 시의회가 모이는 목적은 시민 문화 회관 재건에 필요한 추가 자금 할당을 '논의하기' 위한 것임을 짐작할 수 있습니다. 따라서 문맥상 빈칸에 적합한 어휘는 (a) discuss(논의하다)입니다.

(b) browse [brauz] 둘러보다   (c) suppose [səpóuz] 추측하다
(d) measure [méʒər] 평가하다

해석 시의회는 최근에 홍수로 피해를 입은 시민 문화 회관을 재건하기 위한 추가 자금을 할당하는 것을 논의하기 위해 금요일에 모일 것이다.

어휘 allocate [ǽləkèit] 할당하다   renovate [rénəvèit] 재건하다

10 subordinate 부하직원

해설 '그 관리자는 그의 ___에게 무례하다고 평판이 나 있다'고 했습니다. 관리자가 무례하게 구는 대상은 그의 '부하직원'이라는 내용이 오는 것이 자연스럽습니다. 따라서 문맥상 빈칸에 적합한 어휘는 (a) subordinates(부하직원)입니다.

(b) benefactor [bénəfæ̀ktər] 은혜를 베푸는 사람
(c) stakeholder [stéikhòuldər] 이해관계자
(d) constituent [kənstítʃuənt] 유권자

해석 그 관리자는 그의 부하직원들에게 무례하다고 평판이 나 있다.

어휘 reputation [rèpjutéiʃən] 평판

disrespectful [dìsrispéktfəl] 무례한

11 impose a ban 금지 조치를 시행하다

해설 '교장 선생님은 교내에서 휴대폰 사용에 대한 금지 조치를 ___하기로 결정했다'는 문맥에 적합하면서, 빈칸 뒤의 명사 ban(금지 조치)과 어울려 '금지 조치를 시행하다'라는 뜻을 만드는 동사는 (a) impose(시행하다)입니다.

(b) transmit [trænsmít] 전송하다   (c) summon [sʌ́mən] 소환하다
(d) abstain [əbstéin] 자제하다

해석 교장 선생님은 교내에서 휴대폰 사용에 대한 금지 조치를 시행하기로 결정했다.

어휘 principal [prínsəpəl] 교장   ban [bæn] 금지, 조치
premises [prémisiz] 내, 구내

12 stranglehold 완전한 지배력

해설 '최근의 선거전 승리는 녹색당에게 시의회에 대한 ___을 주었다'고 했습니다. 녹색당이 선거에서 승리함으로써 시의회에 더 큰 영향력을 끼치게 되었으므로, 시의회에 대해 '완전한 지배력'을 갖게 되었다는 내용이 오는 것이 자연스럽습니다. 따라서 문맥상 빈칸에 적합한 어휘는 (d) stranglehold(완전한 지배력)입니다. (b) mandate는 특정 정책을 수행할 수 있는 정부의 권한을 의미하므로 오답입니다.

(a) obstacle [ábstəkl] 방해물   (b) mandate [mǽndeit] 권한
(c) intervention [ìntərvénʃən] 개입

해석 최근의 선거전 승리는 녹색당에게 시의회에 대한 완전한 지배력을 주었다.

어휘 electoral [iléktərəl] 선거의   city council 시의회

13 bellicose 호전적인

해설 '서로 적대하는 두 국가 사이의 평화 회담은 양측이 ___하기보다는 외교적이었다면 성공했을 것이다'는 내용에서 두 국가가 서로에게 외교적이기보다는 적대적이고 '호전적'이었기 때문에 평화 회담이 성공하지 못했음을 짐작할 수 있습니다. 따라서 문맥상 빈칸에 적합한 어휘는 (a) bellicose(호전적인)입니다.

(b) remiss [rimís] 게으른
(c) complaisant [kəmpléisnt] 공손한
(d) unobtrusive [ʌ̀nəbtrúːsiv] 조심성 있는

해석 서로 적대하는 두 국가 사이의 평화 회담은 양측이 호전적이기보다는 외교적이었다면 성공했을 것이다.

어휘 peace talk 평화 회담   warring [wɔ́:riŋ] 적대하는
succeed [səksíːd] 성공하다, 잘 되다
diplomatic [dìpləmǽtik] 외교의

14 grant clemency 관대한 처분을 승인하다

해설 '대통령은 ___을 승인하여 죄수의 형벌을 사형에서 종신형으로 감형했다'는 문맥에 적합하면서, 빈칸 앞의 동사 granted(승인하다)와 어울려 '관대한 처분을 승인하다'라는 뜻을 만드는 명사는 (c) clemency (관대한 처분)입니다.

(a) patronage [péitrənidʒ] 후원
(b) atonement [ətóunmənt] 보상
(d) vindication [vìndəkéiʃən] 옹호

해석 대통령은 관대한 처분을 승인하여 죄수의 형벌을 사형에서 종신형으로 감형했다.

어휘 grant [grænt] 승인하다, 허락하다   commute [kəmjúːt] 감형하다
prisoner [prízənər] 죄수, 재소자   sentence [séntəns] 형벌
life imprisonment 종신형, 무기징역

15 objectionable 비난할 만한

해설 '그 남자의 범죄 기록은 그의 ___한 인격에 대한 증거였다'라는 내용에서 범죄를 저지른 그는 '비난할 만한' 인격을 가지고 있음을 짐작할 수 있습니다. 따라서 문맥상 빈칸에 적합한 어휘는 (b) objectionable (비난할 만한)입니다.

(a) obligatory [əblígətɔ̀ːri] 강제적인
(c) olfactory [alfǽktəri] 후각의
(d) overbearing [òuvərbɛ́əriŋ] 거만한

해석 그 남자의 범죄 기록은 그의 비난할 만한 인격에 대한 증거였다.

어휘 criminal record 범죄 기록   evidence [évədəns] 증거

MINI TEST 4   p.204

01 (d)	02 (a)	03 (c)	04 (b)	05 (d)
06 (b)	07 (c)	08 (b)	09 (c)	10 (b)
11 (a)	12 (a)	13 (d)	14 (a)	15 (d)

01 bring 가져다주다

해설 '객실 관리과죠? 여분의 수건을 303호실로 가져다주실 수 있나요'라는 질문에 '알겠습니다, 손님. 곧 ___하겠습니다'라고 대답했으므로, 직원이 손님에게 수건을 '가져다줄' 것임을 짐작할 수 있습니다. 따라서 문맥상 빈칸에 적합한 어휘는 (d) bring(가져다주다)입니다.

(a) guide [gaid] 안내하다   (b) sort [sɔːrt] 분류하다
(c) transfer [trænsfə́ːr] 옮기다

해석 A: 안녕하세요, 객실 관리과죠? 여분의 수건을 303호실로 가져다주실 수 있나요?
B: 알겠습니다, 손님. 곧 가져다드리겠습니다.

어휘 housekeeping [háuskìːpiŋ] (호텔·병원·사무실 건물 등의) 객실 관리과
extra [ékstrə] 여분의   in a moment 곧, 바로

02 ache 아프다

해설 '무슨 일이에요? 아파 보여요'라는 질문에 '하루 종일 허리가 ___했어요'라고 대답했으므로, 아파 보이는 이유가 하루 종일 허리가 '아파서'임을 짐작할 수 있습니다. 따라서 문맥상 빈칸에 적합한 어휘는 (a) aching(아프다)입니다.

(b) harm [hɑːrm] 손상시키다   (c) break [breik] 깨뜨리다
(d) hum [hʌm] 윙윙거리다, 콧노래를 부르다

해석 A: 무슨 일이에요? 아파 보여요.
B: 아, 하루 종일 허리가 아팠어요.

어휘 be in pain 아파하다   all day long 하루 종일

03 exaggerate 과장하다

해설 '그 영화는 내가 본 것들 중 최악이었어'라는 말에 '넌 ___하고 있어! 그렇게 나쁘지 않았어'라고 대답했습니다. 따라서 문맥상 빈칸에는 '과장하다'라는 뜻의 (c) exaggerating이 들어가는 것이 자연스럽습니

다. (d) elaborating은 어떤 것에 대해 정보나 세부 사항을 곁들여 상세하게 설명하는 것을 의미하므로 오답입니다.
(a) denote [dinóut] 표시하다
(b) deliberate [dilíbərèit] 심사숙고 하다
(d) elaborate [ilǽbərèit] 자세하게 말하다

해석 A: 그 영화는 내가 본 것들 중 최악이었어!
B: 오, 넌 과장하고 있어! 그렇게 나쁘지 않았어.

04 clear 맑게 갠

해설 '내일 비가 올 것 같나요'라는 질문에 '아마 안 올 거예요. 예보에서 ___한 상태일 거라고 했어요'라고 대답했으므로, 내일은 비가 오지 않고 '맑게 갠' 상태일 것임을 짐작할 수 있습니다. 따라서 문맥상 빈칸에 적합한 어휘는 (b) clear(맑게 갠)입니다.
(a) new [nju:] 새로운 (c) fresh [freʃ] 신선한
(d) cool [ku:l] 시원한

해석 A: 내일 비가 올 것 같나요?
B: 아마 안 올 거예요. 예보에서 맑게 갠 상태일 거라고 했어요.

어휘 probably [prábəbli] 아마 forecast [fɔ́:rkæst] 예보
condition [kəndíʃən] 상태

05 devoid ~이 전혀 없는

해설 'Mark의 노래를 어떻게 생각했어요'라는 질문에 '감정이 ___하다고 느꼈어요. 그가 진심으로 노래를 불렀다고 생각하지 않아요'라고 대답했으므로, 그의 노래에 진심이 담겨있지 않아 감정이 '느껴지지 않는다'는 것을 짐작할 수 있습니다. 따라서 문맥상 빈칸에 적합한 어휘는 (d) devoid(~이 전혀 없는)입니다.
(a) apparent [əpǽrənt] 분명한 (b) sufficient [səfíʃənt] 충분한
(c) mindful [máindfəl] ~을 의식하는

해석 A: Mark의 노래를 어떻게 생각했어요?
B: 감정이 전혀 없다고 느꼈어요. 그가 진심으로 노래를 불렀다고 생각하지 않아요.

어휘 emotion [imóuʃən] 감정 from the heart 진심으로

06 hold on 기다리다

해설 '임원들은 기술자가 전화 회의의 문제점들을 해결하는 동안 ___할 것을 요청받았다'는 문맥에 적합하면서 빈칸 뒤의 전치사 on과 어울려 '기다리다'라는 뜻을 만드는 동사는 (b) hold(버티다)입니다.
(a) rest [rest] 쉬다 (c) stand [stænd] 서다
(d) pause [pɔ:z] 멈추다

해석 임원들은 기술자가 전화 회의의 문제점들을 해결하는 동안 기다릴 것을 요청받았다.

어휘 executive [igzékjutiv] 임원 technician [tekníʃən] 기술자
conference call 전화 회의

07 share 분배하다

해설 '팀원들은 상금을 균등하게 ___하자는 그들의 결정에 만족했다'는 내용에서 그들이 결정에 만족한 이유는 상금을 균등하게 '분배했기' 때문임을 짐작할 수 있습니다. 따라서 문맥상 빈칸에 적합한 어휘는 (c) share(분배하다)입니다.
(a) bestow [bistóu] 주다 (b) enable [inéibl] 가능하게 하다
(d) deal [di:l] 다루다

해석 팀원들은 상금을 균등하게 분배하자는 그들의 결정에 만족했다.

어휘 decision [disíʒən] 결정 prize money 상금
equally [í:kwəli] 균등하게

08 true 실제의, 진정한

해설 '___한 이야기에 기반을 둔, 드라마 장르에 속하는 영화 'Selena'는 유명한 라틴 가수 Selena Perez의 삶과 경력에 대해 이야기한다'라고 했습니다. 그 영화가 특정 가수의 삶과 경력을 다루고 있다고 했으므로, 영화는 '실제' 이야기에 근거한 것임을 짐작할 수 있습니다. 따라서 문맥상 빈칸에 적합한 어휘는 (b) true(실제의)입니다.
(a) sure [ʃuər] 확실한 (c) firm [fə:rm] 확고한
(d) pure [pjuər] 순수한

해석 실제 이야기에 기반을 둔, 드라마 장르에 속하는 영화 'Selena'는 유명한 라틴 가수 Selena Perez의 삶과 경력에 대해 이야기한다.

어휘 base on ~에 근거를 두다 recount [rikáunt] 이야기하다, 말하다
career [kəríər] 경력, 직업

09 spare 피해를 면하게 해주다

해설 '런던 타워는 다행스럽게도 1666년 도시를 완전히 파괴했던 불로부터 ___했다'라고 했습니다. fortunately(다행스럽게도)를 통해, 도시를 파괴한 불이 런던 타워는 파괴하지 않았음을 짐작할 수 있습니다. 따라서 문맥상 빈칸에 적합한 어휘는 (c) spared(피해를 면하게 해주다)입니다.
(a) contain [kəntéin] 포함하다 (b) free [fri:] 자유롭게 하다
(d) char [tʃɑ:r] 태우다

해석 런던 타워는 다행스럽게도 1666년 도시를 완전히 파괴했던 불로부터 피해를 면했다.

어휘 devastate [dévəstèit] 완전히 파괴하다

10 inception 시작

해설 '1984년 그룹의 ___ 이후로 단 두 명의 원년 멤버만이 남았다'고 했습니다. 그룹의 원년 멤버들 중 단 두 명만이 그룹의 '시작' 이후에 계속해서 그룹에 남아 있다는 내용이 오는 것이 자연스럽습니다. 따라서 문맥상 빈칸에 적합한 어휘는 (b) inception(시작)입니다.
(a) conclusion [kənklú:ʒən] 결말
(c) anniversary [æ̀nəvə́:rsəri] 기념일
(d) incorporation [inkɔ̀:rpəréiʃən] 설립

해석 1984년 그룹의 시작 이후로 단 두 명의 원년 멤버만이 남았다.

어휘 original [ərídʒənl] 원래의, 본래의 remain [riméin] 남다

11 parody 패러디

해설 '전시품은 고전 미술에 대한 화가의 익살스러운 연출이 특징을 이루는 유명한 유화 작품들의 ___였다'는 내용에서 전시품들은 고전 미술을 익살스럽게 표현한 '패러디'임을 짐작할 수 있습니다. 따라서 문맥상 빈칸에 적합한 어휘는 (a) parody(패러디)입니다.
(b) gaffe [gæf] 실수 (c) fraud [frɔ:d] 사기
(d) joke [dʒouk] 농담

해석 전시품은 고전 미술에 대한 화가의 익살스러운 연출이 특징을 이루는 유명한 유화 작품들의 패러디였다.

어휘 exhibit [igzíbit] 전시품, 전시회 oil painting 유화

feature [fí:tʃər] 특징을 이루다   rendition [rendíʃən] 연출

12 confrontation 대립

해설 '경찰은 라이벌 폭력단들 간에 벌어진 폭력적 ____을 해결하기 위해 호출되었다'는 내용에서 경찰이 출동한 이유는 라이벌 폭력단 간의 폭력적 '대립'이 생겼기 때문임을 짐작할 수 있습니다. 따라서 문맥상 빈칸에 적합한 어휘는 (a) confrontation(대립)입니다.

(b) consensus [kənsénsəs] 동의
(c) consultation [kànsəltéiʃən] 상담
(d) conference [kánfərəns] 회의

해석 경찰은 라이벌 폭력단들 간에 벌어진 폭력적 대립을 해결하기 위해 호출되었다.

어휘 deal with ~을 해결하다   violent [váiələnt] 폭력적인

13 sacrilege 신성 모독

해설 '대부분의 종교에서 신이나 신적인 존재에 대하여 불손하게 말하는 것은 ____으로 여겨진다'고 했습니다. 종교에서 신에 대해 함부로 이야기하는 것은 신성 모독에 해당된다는 내용이 오는 것이 자연스럽습니다. 따라서 문맥상 빈칸에 적합한 어휘는 (d) sacrilege(신성 모독)입니다.

(a) duplicity [dju:plísəti] 이중성   (b) treason [trí:zn] 반역
(c) slander [slǽndər] 모략

해석 대부분의 종교에서 신이나 신적인 존재에 대하여 불손하게 말하는 것은 신성 모독으로 여겨진다.

어휘 religion [rilídʒən] 종교
irreverently [irévərəntli] 불손하게, 무례하게
deity [dí:əti] 신적인 존재   consider [kənsídər] (~로) 여기다

14 eloquent speech 유창한 연설

해설 '청중들은 졸업생 대표의 ____ 연설에 깊은 감동과 영감을 받았다'는 문맥에 적합하면서, 빈칸 뒤의 명사 speech(연설)와 어울려 '유창한 연설'이라는 뜻을 만드는 형용사는 (a) eloquent(유창한)입니다.

(b) banal [bənǽl] 지극히 평범한   (c) tedious [tí:diəs] 지루한
(d) inexorable [inéksərəbl] 거침없는

해석 청중들은 졸업생 대표의 유창한 연설에 깊은 감동과 영감을 받았다.

어휘 move [mu:v] 감동시키다   inspire [inspáiər] 영감을 주다
valedictorian [vælidiktɔ́:riən] 졸업생 대표

15 ratify 승인하다

해설 '회사의 이사회는 한 달간 계속된 물색 후에 선출된 새로운 최고 경영자의 임명을 ____했다'고 했습니다. 이사회가 물색하여 선출한 최고 경영자에 대해 이야기하고 있으므로 이사회가 최고 경영자의 임명을 '승인했다'는 내용이 오는 것이 자연스럽습니다. 따라서 문맥상 빈칸에 적합한 어휘는 (d) ratified(승인하다)입니다.

(a) substantiate [səbstǽnʃièit] 입증하다
(b) objectify [əbdʒéktəfài] 객관화하다   (c) elect [ilékt] 선출하다

해석 회사의 이사회는 한 달간 계속된 물색 후에 선출된 새로운 최고 경영자의 임명을 승인했다.

어휘 board of directors 이사회   appointment [əpɔ́intmənt] 임명
chief executive officer 최고 경영자, 최고 이사
select [silékt] 선출하다, 뽑다
monthlong [mʌ́nθlɔ:ŋ] 한 달간 계속된

MINI TEST 5   p.206

01 (b)	02 (a)	03 (a)	04 (c)	05 (b)
06 (c)	07 (b)	08 (b)	09 (b)	10 (c)
11 (a)	12 (a)	13 (a)	14 (a)	15 (d)

01 out of place 어울리지 않는

해설 '여기에 버거 식당이 있다니 믿을 수가 없어요'라는 말에 '맞아요. 호텔 안에는 정말 ____ 보여요'라고 대답했으므로, 호텔 안에 버거 식당이 있는 것이 믿기 어려울 만큼 '어울리지 않아' 보임을 짐작할 수 있습니다. 따라서 이 문맥에 적합한 표현은 (b) out of place(어울리지 않는)입니다.

(a) off the hook 궁지를 벗어나
(c) against all odds 모든 역경에도 불구하고
(d) beyond the pale 도리를 벗어난

해석 A: 여기에 버거 식당이 있다니 믿을 수가 없어요.
B: 맞아요. 호텔 안에는 정말 어울리지 않아 보여요.

02 direct 안내하다

해설 '실례합니다. 매표소가 어디 있나요'라는 질문에 '안내원에게 물어보세요. 어디로 갈지 ____해 줄 거예요'라고 대답했으므로, 안내원이 매표소가 어디에 있는지 '안내해' 줄 것임을 짐작할 수 있습니다. 따라서 문맥상 빈칸에 적합한 어휘는 (a) direct(안내하다)입니다.

(b) remind [rimáind] 상기시키다   (c) enable [inéibl] 가능하게 하다
(d) alert [əlɔ́:rt] 경고하다

해석 A: 실례합니다. 매표소가 어디 있나요?
B: 안내원에게 물어보세요. 어디로 갈지 안내해 줄 거예요.

어휘 ticket office 매표소   usher [ʌ́ʃər] 안내원

03 generous 후한

해설 'Sheena는 정말 ____한 사람이에요'라는 말에 '네, 그녀는 지난 크리스마스에 사무실의 모든 사람들에게 좋은 선물을 줬어요'라고 대답했으므로, Sheena는 모든 사무실 사람들에게 선물을 할 만큼 '후한' 사람임을 짐작할 수 있습니다. 따라서 문맥상 빈칸에 적합한 어휘는 (a) generous(후한)입니다.

(b) tolerable [tálərəbl] 참을 수 있는
(c) sympathetic [simpəθétik] 동정심 있는
(d) liberal [líbərəl] 자유주의의

해석 A: Sheena는 정말 후한 사람이에요.
B: 네, 그녀는 지난 크리스마스에 사무실의 모든 사람들에게 좋은 선물을 줬어요.

04 outraged 몹시 화가 난

해설 '정유회사에 왜 그렇게 화가 많이 난 거예요'라는 질문에 '회사들이 매주 가격을 인상하는 것 같아서 ____ 해요'라고 대답했으므로, 정유회사의 가격 인상에 대해 '화가 난' 상태임을 짐작할 수 있습니다. 따라서 문맥상 빈칸에 적합한 어휘는 (c) outraged(몹시 화가 난)입니다.

(a) anxious [ǽŋkʃəs] 걱정하는
(b) subdued [səbdjú:d] (기분이) 가라앉은
(d) restrained [ristréind] 자제된

해석 A: 정유회사에 왜 그렇게 화가 많이 난 거예요?
B: 회사들이 매주 가격을 인상하는 것 같아서 몹시 화가 나요.

05 invective 욕설

해설 '왜 코치가 리그에서 정직당했나요'라는 질문에 '심판을 질책할 때 그가 사용했던 ___이 용납되지 않았어요'라고 대답했으므로, 코치가 심판에게 해서는 안 될 언행으로 '욕설'을 했음을 짐작할 수 있습니다. 따라서 문맥상 빈칸에 적합한 어휘는 (b) invective(욕설)입니다.

(a) violation [vàiəléiʃən] 위반 (c) deviation [di:viéiʃən] 일탈
(d) cataclysm [kǽtəklìzm] 큰 홍수

해석 A: 왜 코치가 리그에서 정직당했나요?
B: 심판을 질책할 때 그가 사용했던 욕설이 용납되지 않았어요.

어휘 suspend [səspénd] 정직시키다 berate [biréit] 질책하다
referee [rèfərí:] 심판 tolerate [tálərèit] 용납하다

06 identity theft 신원 도용

해설 '사람들은 인터넷상에 개인 정보를 올릴 때 조심해야 하는데, 이는 신원 ___이 심상치 않은 속도로 증가하고 있기 때문이다'라는 문맥에 적합하면서, 빈칸 앞의 명사 identity(신원)와 어울려 '신원 도용'이라는 뜻을 만드는 명사는 (c) theft(도용)입니다.

(a) scandal [skǽndl] 추문 (b) theory [θí:əri] 이론
(d) deletion [dilí:ʃən] 삭제

해석 사람들은 인터넷상에 개인 정보를 올릴 때 조심해야 하는데, 이는 신원 도용이 심상치 않은 속도로 증가하고 있기 때문이다.

어휘 post [poust] (글을) 올리다, 게시하다
alarming [əláːrmiŋ] 심상치 않은, 걱정스러운

07 sloppy 너저분한

해설 '그 웨이터는 주름진 유니폼을 입고 닦지 않은 신발을 신어서, 보기에 ___했다'는 내용에서 주름진 유니폼과 닦지 않은 신발은 말끔하지 않은 '너저분한' 상태임을 짐작할 수 있습니다. 따라서 문맥상 빈칸에 적합한 어휘는 (b) sloppy(너저분한)입니다.

(a) flashy [flǽʃi] 호화스러운 (c) gaudy [gɔ́:di] 화려한
(d) fancy [fǽnsi] 장식이 많은

해석 그 웨이터는 주름진 유니폼을 입고 닦지 않은 신발을 신어서, 보기에 너저분했다.

어휘 in appearance 보기에는 uniform [júːnəfɔ̀ːrm] 유니폼, 제복
unpolished [ʌnpáliʃt] 닦지 않은, 윤을 내지 않은

08 jump 뛰어 오르다

해설 '대학 축구팀은 그들이 순위 12위에서 5위까지 계속 ___하는 동안 엄청난 위업을 달성했다'는 내용에서 축구팀의 순위가 '뛰어 오른' 것이 팀의 위대한 업적임을 짐작할 수 있습니다. 따라서 문맥상 빈칸에 적합한 어휘는 (b) jumped(뛰어 오르다)입니다.

(a) jolt [dʒoult] 심하게 흔들리다 (c) haul [hɔ:l] 세게 잡아당기다
(d) heave [hi:v] (무거운 것을) 들어올리다

해석 대학 축구팀은 그들이 순위 12위에서 5위까지 계속 뛰어오르는 동안 엄청난 위업을 달성했다.

어휘 varsity [váːrsəti] 대학의 achieve [ətʃí:v] 달성하다, 성취하다
feat [fi:t] 위업 all the way 계속 up to ~까지
spot [spat] 순위, 위치

09 dominate 지배하다, 좌우하다

해설 '우수한 논평을 받은 그들의 최신 상품을 가지고, 분석가들은 Pomme 주식회사가 소형 장치 시장을 ___할 것이라고 예상한다'는 내용에서 회사는 우수한 최신 상품을 내걸고 소형 장치 시장을 '지배할' 것임을 짐작할 수 있습니다. 따라서 문맥상 빈칸에 적합한 어휘는 (b) dominate(지배하다)입니다.

(a) challenge [tʃǽlindʒ] 도전하다
(c) terrorize [térəràiz] 공포로 떨게 하다
(d) exploit [éksplɔit] 착취하다

해석 우수한 논평을 받은 그들의 최신 상품을 가지고, 분석가들은 Pomme 주식회사가 소형 장치 시장을 지배할 것이라고 예상한다.

어휘 review [rivjú:] 논평, 비평 analyst [ǽnəlist] 분석가
handheld [hǽndhèld] 손바닥 크기의 device [diváis] 장치

10 paltry 얼마 안 되는

해설 '농부들은 농업 프로그램에 대한 추가적인 국가 재정 지원을 요구하고 있는데, 농업 프로그램은 현재, 예산의 ___한 2퍼센트를 지원받는다'는 내용에서 전체 중 2퍼센트는 극히 일부로 '얼마 안 되는' 것임을 짐작할 수 있습니다. 따라서 문맥상 빈칸에 적합한 어휘는 (c) paltry(얼마 안 되는)입니다.

(a) pragmatic [prægmǽtik] 실용적인
(b) lusty [lʌ́sti] 건장한 (d) vapid [vǽpid] 흥미롭지 못한

해석 농부들은 농업 프로그램에 대한 추가적인 국가 재정 지원을 요구하고 있는데, 농업 프로그램은 현재, 예산의 얼마 안 되는 2퍼센트를 지원받는다.

어휘 call for 요구하다 additional [ədíʃənl] 추가의, 부가적인
funding [fʌ́ndiŋ] 재정 지원, 자금 제공 receive [risí:v] 받다

11 voracious appetite 열렬한 욕구

해설 '그녀의 아파트에 있는 엄청난 양의 책더미가 증명하는 것처럼, Veronica는 문학에 대한 ___ 욕구를 가지고 있다'는 문맥에 적합하면서, 빈칸 뒤의 명사 appetite(욕구)와 어울려 '열렬한 욕구'라는 뜻을 만드는 형용사는 (a) voracious(열렬한)입니다.

(b) scrumptious [skrʌ́mpʃəs] 아주 맛있는
(c) gregarious [grigɛ́əriəs] 사교적인
(d) boisterous [bɔ́istərəs] 거친, 활기가 넘치는

해석 그녀의 아파트에 있는 엄청난 양의 책더미가 증명하는 것처럼, Veronica는 문학에 대한 열렬한 욕구를 가지고 있다.

어휘 appetite [ǽpətàit] 욕구 literature [lítərətʃər] 문학
evidence [évədəns] 증명하다 massive [mǽsiv] 엄청난 양의
collection [kəlékʃən] (물건·사람들의) 더미, 무리

12 mitigate 경감시키다

해설 '저 제방은 이 마을에 정기적으로 피해를 주는 홍수의 영향을 ___하는 것을 돕기 위해 건설되고 있다'라는 문맥상 빈칸에는 '경감시키다'라는 뜻의 (a) mitigate가 들어가는 것이 자연스럽습니다. (d) soothe는 마음을 달래거나 통증을 진정시킨다는 의미이므로 오답입니다.

(b) exclude [iksklú:d] 배제하다 (c) procure [prəkjúər] 구하다
(d) soothe [su:ð] 달래다

해석 저 제방은 이 마을에 정기적으로 피해를 주는 홍수의 영향을 경감시키는 것을 돕기 위해 건설되고 있다.

어휘 dike[daik] 제방, 둑 construct[kənstrʌ́kt] 건설하다, 공사하다
effect[ifékt] 영향 regularly[régjulərli] 정기적으로
beset[bisét] 피해를 주다, 괴롭히다

13 accolade 상

해설 '칸 영화제의 황금종려상은 영화가 받을 수 있는 가장 명망 있는 ____으로 널리 여겨진다'는 내용에서 황금종려상은 칸 영화제에서 주어지는 '상'의 종류임을 짐작할 수 있습니다. 따라서 문맥상 빈칸에 적합한 어휘는 (a) accolade(상)입니다.

(b) incentive[inséntiv] 장려금 (c) rating[réitiŋ] 평가
(d) insignia[insígniə] 휘장

해석 칸 영화제의 황금종려상은 영화가 받을 수 있는 가장 명망 있는 상으로 널리 여겨진다.

어휘 palm d'Or 황금종려상 widely[wáidli] 널리
consider[kənsídər] 여기다, 생각하다
prestigious[prestídʒəs] 명망 있는, 일류의

14 minutes 회의록

해설 '오늘 회의에 결석한 의회 의원들은 검토할 수 있는 ____ 사본을 제공받을 것이다'라는 내용에서 결석한 의원들이 회의 내용을 검토할 수 있도록 '회의록' 사본이 제공될 것임을 짐작할 수 있습니다. 따라서 문맥상 빈칸에 적합한 어휘는 (a) minutes(회의록)입니다.

(b) calendar[kǽləndər] 달력 (c) schedule[skédʒuːl] 일정표
(d) testimony[téstəmòuni] 증거

해석 오늘 회의에 결석한 의회 의원들은 검토할 수 있는 회의록 사본을 제공받을 것이다.

어휘 council[káunsəl] 의회, 자문 위원회 absent[ǽbsənt] 결석한
provide[prəváid] 제공하다 review[rivjúː] 검토하다

15 stun 경악하게 하다

해설 '1932년 Charles Lindbergh의 어린 아들이 납치된 사건으로 인해 전 세계는 너무나 ____하여 그 사건은 세기의 범죄로 알려졌다'라는 내용에서 납치 사건이 세기의 범죄로 불리게 된 이유는 전 세계가 '경악할' 만한 사건이었기 때문임을 짐작할 수 있습니다. 따라서 문맥상 빈칸에 적합한 어휘는 (d) stunned(경악하게 하다)입니다.

(a) rack[ræk] 괴롭히다 (b) jerk[dʒəːrk] 갑자기 움직이다
(c) mar[maːr] 손상시키다

해석 1932년 Charles Lindbergh의 어린 아들이 납치된 사건으로 인해 전 세계는 너무나 경악하여 그 사건은 세기의 범죄로 알려졌다.

어휘 kidnap[kídnæp] 납치하다 infant[ínfənt] 유아의 bill[bil] 알리다

ACTUAL TEST

p.209

1 (a)	2 (c)	3 (b)	4 (a)	5 (d)
6 (c)	7 (b)	8 (d)	9 (a)	10 (a)
11 (b)	12 (c)	13 (a)	14 (a)	15 (c)
16 (c)	17 (d)	18 (c)	19 (d)	20 (a)
21 (b)	22 (d)	23 (c)	24 (a)	25 (c)
26 (a)	27 (c)	28 (a)	29 (d)	30 (c)

1 transfer 갈아타다

해설 '쇼핑몰로 가는 가장 쉬운 방법은 무엇인가요'라는 질문에 '142번 버스를 타고 Oak 공원으로 가서 6번 버스로 ____하세요. 그곳으로 곧장 갈 겁니다'라고 대답했으므로, 한 버스에서 다른 버스로 '갈아타야' 함을 짐작할 수 있습니다. 따라서 문맥상 빈칸에 적합한 어휘는 (a) transfer(갈아타다)입니다.

(b) connect[kənékt] 연결하다 (c) trade[treid] 거래하다
(d) deliver[dilívər] 배달하다

해석 A: 쇼핑몰로 가는 가장 쉬운 방법은 무엇인가요?
B: 142번 버스를 타고 Oak 공원으로 가서 6번 버스로 갈아타세요. 그곳으로 곧장 갈 겁니다.

어휘 go straight 곧장 가다

2 sparsely 희박하게

해설 '이 마을은 수천 명의 거주민이 있어요'라는 말에 '정말이요? 10년 전만 해도 인구가 ____ 사는 마을이었는데요'라고 대답했으므로, 많은 사람들이 살고 있다는 것에 놀라는 이유가 예전에는 인구가 '희박하게' 사는 마을이었기 때문임을 짐작할 수 있습니다. 따라서 문맥상 빈칸에 적합한 어휘는 (c) sparsely(희박하게)입니다.

(a) ubiquitously[juːbíkwətəsli] 편재하여
(b) utterly[ʌ́tərli] 완전히 (d) specially[spéʃəli] 특별히

해석 A: 이 마을은 수천 명의 거주민이 있어요.
B: 정말이요? 10년 전만 해도, 인구가 희박하게 사는 마을이었는데요.

어휘 resident[rézədənt] 거주민 populate[pápjulèit] 살다, 거주하다

3 skeptical 회의적인

해설 '새로운 세금 안은 실행이 불가능할 것 같아요'라는 말에 '아마도요, 하지만 그것에 대해 너무 ____하지 않도록 해요'라고 대답했습니다. but(하지만)은 반대되는 의미를 연결하므로, 세금 안의 실행이 불가능해 보이더라도 너무 '회의적'이지 말자는 내용이 오는 것이 자연스럽습니다. 따라서 문맥상 빈칸에 적합한 어휘는 (b) skeptical(회의적인)입니다.

(a) cognizant[kágnəzənt] 인식하고 있는
(c) conscious[kánʃəs] 의식하는
(d) ambiguous[æmbígjuəs] 애매한

해석 A: 새로운 세금 안은 실행이 불가능할 것 같아요.
B: 아마도요, 하지만 그것에 대해 너무 회의적이지 않도록 해요.

어휘 implement[ímpləmənt] 실행하다

4 immaculate 티 하나 없이 깔끔한

해설 '전 부엌을 청소하는 데 몇 시간을 보냈어요'라는 말에 '확실히 그런 것 같아 보여요. 부엌이 ____한 걸요'라고 대답했으므로, 몇 시간 동안 부엌을 청소했기 때문에 부엌이 '티 하나 없이 깔끔한' 상태라는 것을 짐작할 수 있습니다. 따라서 문맥상 빈칸에 적합한 어휘는 (a) immaculate (티 하나 없이 깔끔한)입니다.

(b) transparent [trænspɛ́ərənt] 투명한
(c) festering [féstəriŋ] 지겨운
(d) substantial [səbstǽnʃəl] 상당한

해석 A: 전 부엌을 청소하는 데 몇 시간을 보냈어요.
B: 확실히 그런 것 같아 보여요. 부엌이 티 하나 없이 깔끔한 걸요.

5 gather 모으다

해설 '제가 발표해야 할 것이 있습니다'라는 말에 '그렇다면, 점심 식사 후에 모든 사람들을 ____하세요'라고 대답했으므로, 발표를 하기 위해 사람들을 '모을' 것임을 짐작할 수 있습니다. 따라서 문맥상 빈칸에 적합한 어휘는 (d) gather(모으다)입니다.

(a) compress [kəmprés] 압축하다   (b) select [silékt] 고르다
(c) hoard [hɔːrd] 저장하다

해석 A: 제가 발표해야 할 것이 있습니다.
B: 그렇다면, 점심 식사 후에 모든 사람들을 모으세요.

어휘 announcement [ənáunsmənt] 발표   in that case 그렇다면

6 muted 밝지 않은

해설 '새로 페인트칠 해놓은 것 어때요'라는 질문에 '좋아요. 당신이 밝은 것 대신에 ____한 색조를 써서 만족스러워요'라고 대답했습니다. instead of(~ 대신에)를 통해 B는 밝은 색상 대신에 '밝지 않은' 색을 좋아한다는 것을 짐작할 수 있습니다. 따라서 빈칸에 적합한 어휘는 (c) muted(밝지 않은)입니다.

(a) vivid [vívid] 선명한   (b) lucid [lúːsid] 명료한
(d) rapid [rǽpid] 빠른

해석 A: 새로 페인트칠 해놓은 것 어때요?
B: 좋아요. 당신이 밝은 것 대신에 밝지 않은 색조를 써서 만족스러워요.

어휘 shade [ʃeid] 색조   instead of ~ 대신에

7 There's no rush. 서두를 것 없다.

해설 '이 과제의 마감기한이 언제지'라는 질문에 '오늘부터 3일 후야'라고 대답했으므로, 빈칸이 포함된 문장에는 과제를 '서둘러' 할 필요가 없다는 내용이 오는 것이 자연스럽습니다. 따라서 정답은 There's no와 함께 '서두를 것 없다'라는 표현을 완성하는 (b) rush(서두름)입니다.

(a) dash [dæʃ] 돌진   (c) jump [dʒʌmp] 도약
(d) pass [pæs] 통과

해석 A: 이 과제의 마감기한이 언제지?
B: 오늘부터 3일 후야. 서두를 것 없어.

어휘 deadline [dédlàin] 마감기한   assignment [əsáinmənt] 과제

8 well 잘

해설 '전 지금 가야겠어요. 제가 탈 항공편이 탑승 중이에요'라는 말에 '여행하는 동안 ____ 지내길 바라요'라고 대답했으므로, 여행을 '잘' 다녀오라고 인사하는 것임을 짐작할 수 있습니다. 따라서 문맥상 빈칸에 적합한 어휘는 (d) well(잘)입니다.

(a) great [greit] 훌륭한   (b) fine [fain] 좋은
(c) back [bæk] 되돌아가는

해석 A: 전 지금 가야겠어요. 제가 탈 항공편이 탑승 중이에요.
B: 그래요, 잘 가요! 여행하는 동안 잘 지내길 바라요.

어휘 flight [flait] 항공편, 항공기   board [bɔːrd] 탑승하다

9 by leaps and bounds 급속히

해설 'Jon의 가게가 열 번째 지점을 열었어요'라는 말에 '그의 사업이 정말 ____ 성장했네요'라고 대답했으므로, Jon의 사업이 열 번째 지점을 열 만큼 '빠르게' 성장했다는 것을 짐작할 수 있습니다. 따라서 이 문맥에 적합한 표현은 (a) by leaps and bounds(급속히)입니다.

(b) by hook or by crook 수단과 방법을 가리지 않고
(c) by the same token 같은 이유로
(d) by the numbers 규칙적으로

해석 A: 우와! Jon의 가게가 열 번째 지점을 열었어요.
B: 그의 사업이 정말 급속히 성장했네요.

어휘 branch [bræntʃ] 지점   grow [grou] 성장하다

10 have qualms 거리낌이 있다

해설 '해외로부터 일자리 제의를 받는다면, 그것을 받아들이기 전에 신중히 생각해 볼 건가요'라는 질문에 '아니요. 저는 해외에서 일하는 것에 대해 아무런 ____이 없어요'라고 대답했습니다. 이 문맥에 적합하면서, 빈칸 앞의 동사 have(가지다)와 어울려 '거리낌이 있다'라는 뜻을 만드는 명사는 (a) qualms(거리낌)입니다.

(b) twinge [twindʒ] 찌릿한 통증   (c) notion [nóuʃən] 개념
(d) hunch [hʌntʃ] 예감

해석 A: 해외로부터 일자리 제의를 받는다면, 그것을 받아들이기 전에 신중히 생각해 볼 건가요?
B: 아니요. 저는 해외에서 일하는 것에 대해 아무런 거리낌이 없어요.

어휘 job offer 일자리 제의   abroad [əbrɔ́ːd] 해외에서
think twice 신중히 생각하다   accept [æksépt] 받아들이다, 수락하다

11 experience 겪다

해설 '교육자들은 많은 학생들이 일단 사춘기에 이르면, 학문에 계속 집중하는 데 어려움을 ____하다는 것을 관찰해 왔다'라고 했습니다. 학생들이 사춘기가 되었을 때 어떤 증상을 보이는지 이야기하고 있으므로, 학업에 집중하는 데 어려움을 '겪는다'는 내용이 오는 것이 자연스럽습니다. 따라서 문맥상 빈칸에 적합한 어휘는 (b) experience(겪다)입니다.

(a) resolve [rizálv] 결심하다   (c) solicit [səlísit] 간청하다
(d) counteract [kàuntərǽkt] 거스르다

해석 교육자들은 많은 학생들이 일단 사춘기에 이르면, 학문에 계속 집중하는 데 어려움을 겪는다는 것을 관찰해 왔다.

어휘 educator [édʒukèitər] 교육자   observe [əbzə́ːrv] 관찰하다
adolescence [ædəlésns] 사춘기
maintain [meintéin] ~을 계속하다

12 clime (기후가 ~한) 지방

해설 '겨울 동안, 북반구의 새들은 풍부한 먹이가 공급되는 기후가 더 따뜻한 ____으로 이동한다'는 내용에서 추운 겨울이 되면, 새들은 먹이가 있는 기후가 따뜻한 '곳'으로 이동한다는 것을 짐작할 수 있습니다. 따라서 문맥상 빈칸에 적합한 어휘는 (d) climes(지방)입니다.

(a) plot [plɑt] 구성   (b) ward [wɔːrd] 병동
(c) sector [séktər] 부문

해석 겨울 동안, 북반구의 새들은 풍부한 먹이 공급이 있는 기후가 더 따뜻한 지방으로 이동한다.

어휘 hemisphere [hémisfìər] 반구
migrate [máigreit] 이동하다, 이주하다   plentiful [pléntifəl] 풍부한
supply [səplái] 공급

13 install 설치하다

해설 '고장 난 것을 대체할 새 공기 조절 장치가 내일 오후에 ____ 될 것이다'라는 내용에서 고장 난 공기 조절 장치를 새 것으로 대체하기 위해서 새 장치를 '설치할' 것임을 짐작할 수 있습니다. 따라서 문맥상 빈칸에 적합한 어휘는 (a) installed(설치하다)입니다.

(b) post [poust] 게시하다   (c) attach [ətǽtʃ] 붙이다
(d) form [fɔːrm] 만들어 내다

해석 고장 난 것을 대체할 새 공기 조절 장치가 내일 오후에 설치될 것이다.

어휘 air conditioning 공기 조절   system [sístəm] 장치
replace [ripléis] 대체하다, 교체하다

14 persist 남아있다

해설 '일반적인 생각과 달리, 유아에게 진단된 천식은 성인기에도 ____ 할 수 있지만, 이것은 적절한 약물 치료로 조절될 수 있다'라고 했습니다. but(하지만)은 반대되는 의미를 연결하므로, 천식이 성인기에도 '남아 있을' 수 있지만 약물 치료로 조절될 수 있다는 내용이 오는 것이 자연스럽습니다. 따라서 문맥상 빈칸에 적합한 어휘는 (a) persist(남아있다)입니다.

(b) insist [insíst] 주장하다
(c) persevere [pə̀ːrsəvíər] 인내심을 가지고 계속하다
(d) interfere [ìntərfíər] 방해하다

해석 일반적인 생각과 달리, 유아에게 진단된 천식은 성인기에도 남아 있을 수 있지만, 이것은 적절한 약물 치료로 조절될 수 있다.

어휘 asthma [ǽzmə] 천식   diagnose [dáiəgnòus] 진단하다
adulthood [ədʌ́lthùd] 성인기
controllable [kəntróuləbl] 조절할 수 있는
medication [mèdəkéiʃən] 약물 치료

15 time 번

해설 'Ryan Berger는 TV 쇼에 여러 ____ 출연했지만, 정규 출연진이 된 적은 전혀 없었다'라고 했습니다. but(하지만)은 반대되는 의미를 연결하므로 TV 쇼에 여러 '번' 출연은 했지만 정규 출연진이 된 적은 없었다는 내용이 오는 것이 자연스럽습니다. 따라서 문맥상 빈칸에 적합한 어휘는 (c) times(번)입니다. (b) episode는 연속되는 TV 프로그램의 1회 방송분을 의미하므로 오답입니다.

(a) moment [móumənt] 순간   (b) episode [épisòud] 1회 방송분
(d) guest [gest] 손님

해석 Ryan Berger는 TV 쇼에 여러 번 출연했지만, 정규 출연진이 된 적은 전혀 없었다.

어휘 appear [əpíər] 출연하다   a number of 많은   cast [kæst] 출연자

16 enlistment 입대

해설 '42세 이상의 사람들은 미군에 ____ 할 자격이 없습니다'라는 내용에서 군대에 '입대'하는 것에는 나이 제한이 있음을 짐작할 수 있습니다. 따라서 문맥상 빈칸에 적합한 어휘는 (c) enlistment(입대)입니다.

(a) embarkation [èmbɑːrkéiʃən] 승선
(b) enumeration [injùːməréiʃən] 계산
(d) emplacement [impléismənt] 포상

해석 42세 이상의 사람들은 미군에 입대할 자격이 없습니다.

어휘 individual [ìndəvídʒuəl] (특정한 유형의) 사람, 개인
ineligible [inélidʒəbl] 자격이 없는, 부적격의   armed forces 군대

17 version 버전

해설 '브로드웨이 뮤지컬의 영화 ____ 에서는 많은 노래들이 삭제되었다'라는 내용에서 뮤지컬을 다른 예술 작품의 형태인 영화로 '버전'을 바꾼 것임을 짐작할 수 있습니다. 따라서 문맥상 빈칸에 적합한 어휘는 (d) version(버전)입니다.

(a) copy [kápi] 복사본   (b) scene [siːn] 장면
(c) sound [saund] 소리

해석 브로드웨이 뮤지컬의 영화 버전에서는 많은 노래들이 삭제되었다.

18 vulnerable 취약한

해설 '강아지들은 면역 체계가 아직 발달되지 않았기 때문에 광견병이나 개 간염과 같은 전염병에 매우 ____ 하다'라는 내용에서 면역 체계가 아직 발달되지 않은 강아지들은 전염병에 '취약한' 상태임을 짐작할 수 있습니다. 따라서 문맥상 빈칸에 적합한 어휘는 (c) vulnerable(취약한)입니다.

(a) desperate [déspərət] 필사적인
(b) perceptive [pərséptiv] 예리한
(d) endangered [indéindʒərd] 위험에 처한

해석 강아지들은 면역 체계가 아직 발달되지 않았기 때문에 광견병이나 개 간염과 같은 전염병에 매우 취약하다.

어휘 infectious [infékʃəs] 전염성의   rabies [réibiːz] 광견병
canine [kéinain] 개의   hepatitis [hèpətáitis] 간염
immune system 면역 체계
undeveloped [ʌ̀ndivéləpt] 발달되지 않은, 다 자라지 않은

19 confiscate 압수하다

해설 '교장 선생님은 그 학생의 MP3 플레이어를 ____ 했는데, 이는 학교가 그러한 장치들을 금하기 때문이다'라는 내용에서 학교에서 금지하는 장치들에 대해 교장 선생님이 취할 행동은 장치를 '압수하는' 것임을 짐작할 수 있습니다. 따라서 문맥상 빈칸에 적합한 어휘는 (d) confiscated(압수하다)입니다.

(a) hijack [háidʒæk] 납치하다   (b) preempt [priémpt] 선취하다
(c) extradite [ékstrədàit] 넘겨주다

해석 교장 선생님은 그 학생의 MP3 플레이어를 압수했는데, 이는 학교가 그러한 장치들을 금하기 때문이다.

어휘 principal [prínsəpəl] 교장   forbid [fərbíd] 금하다, 금지하다
device [diváis] 장치

20 semantic 의미상 유사한

해설 '테러리스트와 반체제 운동가 사이의 차이는 대체로 ____ 한데, 이는 두 용어가 모두 같은 집단을 묘사하는 데 사용되기 때문이다'라는 내용에서 다른 두 개의 용어가 같은 집단을 묘사하는 '유사한 의미'임을 짐작할 수 있습니다. 따라서 문맥상 빈칸에 적합한 어휘는 (d) semantic

(의미상 유사한)입니다.
  (a) satirical [sətírikəl] 풍자적인
  (b) significant [signífikənt] 중요한
  (c) stochastic [stəkǽstik] 확률적인

해석 테러리스트와 반체제 운동가 사이의 차이는 대체로 의미상 유사한데, 이는 두 용어가 모두 같은 집단을 묘사하는 데 사용되기 때문이다.

어휘 difference [dífərəns] 차이 terrorist [térərist] 테러리스트, 테러범 freedom fighter 반체제 운동가 largely [láːrdʒli] 대체로, 주로 term [təːrm] 용어

21 hold an orientation 오리엔테이션을 열다

해설 '인사 부장은 회사 정책과 절차에 대해 논의하기 위해 새로운 직원들을 대상으로 하는 오리엔테이션을 ___할 것이다'라는 문맥에 적합하면서, 빈칸 뒤의 명사 orientation(오리엔테이션)과 어울려 '오리엔테이션을 열다'라는 뜻을 만드는 동사는 (b) hold(열다)입니다.
  (a) bring [briŋ] 가져오다 (c) place [pleis] 놓다
  (d) draw [drɔː] 끌어내다

해석 인사 부장은 회사 정책과 절차에 대해 논의하기 위해 새로운 직원들을 대상으로 하는 오리엔테이션을 열 것이다.

어휘 HR (=Human Resources) 인사부 employee [implɔ́iiː] 직원 policy [páləsi] 정책, 방침 procedure [prəsíːdʒər] 절차, 순서

22 consensus 합의

해설 '그 학급이 축제를 위해 무엇을 할 것인지에 대한 ___에 도달하기까지 많은 논의가 있었다'라는 내용에서 그 학급이 많은 논의를 한 이유는 축제를 위해 무엇을 할 것인지 학급 전체의 '합의'를 얻기 위함임을 짐작할 수 있습니다. 따라서 문맥상 빈칸에 적합한 어휘는 (d) consensus (합의)입니다.
  (a) amity [ǽməti] 우호 (b) affinity [əfínəti] 친밀감
  (c) rapport [ræpɔ́ːr] 관계

해석 그 학급이 축제를 위해 무엇을 할 것인지에 대한 합의에 도달하기까지 많은 논의가 있었다.

어휘 deliberation [dilìbəréiʃən] 논의, 심사숙고 reach [riːtʃ] 도달하다

23 fatal 치명적인

해설 '초콜릿은 개와 고양이가 먹으면 ___일 수 있는데, 그것이 그들에게 유독한 물질을 함유하고 있기 때문이다'라는 내용에서 초콜릿이 유독한 물질을 함유하고 있으므로 이것을 먹었을 때 '치명적일' 수 있음을 짐작할 수 있습니다. 따라서 문맥상 빈칸에 적합한 어휘는 (c) fatal(치명적인)입니다.
  (a) putrid [pjúːtrid] 부패한 (b) hazy [héizi] 흐릿한
  (d) rotten [rɑtn] 썩은

해석 초콜릿은 개와 고양이가 먹으면 치명적일 수 있는데, 그것이 그들에게 유독한 물질을 함유하고 있기 때문이다.

어휘 consume [kənsúːm] 먹다 contain [kəntéin] 함유하다 substance [sʌ́bstəns] 물질 poisonous [pɔ́izənəs] 유독한, 유해한

24 replenish 보충하다

해설 '대부분의 상품을 판매한 뒤, 가게는 재고품을 ___해야 한다'라는 내용에서 가게가 계속 영업을 하기 위해 상품을 판매한 후 가게의 재고품을 '채워 넣어야' 한다는 것을 짐작할 수 있습니다. 따라서 문맥상 빈칸에 적합한 어휘는 (a) replenish(보충하다)입니다.
  (b) reinstate [rìːinstéit] 복귀시키다 (c) retrieve [ritríːv] 되찾다
  (d) reconcile [rékənsàil] 화해시키다

해석 대부분의 상품을 판매한 뒤, 가게는 재고품을 보충해야 한다.

어휘 inventory [ínvəntɔ̀ːri] 재고품

25 dreadful 끔찍한

해설 '지진으로 인해, 도시의 많은 구조물들은 ___한 폐허 상태이다'라는 내용에서 지진 피해를 입은 도시가 '끔찍한' 상태에 있음을 짐작할 수 있습니다. 따라서 문맥상 빈칸에 적합한 어휘는 (c) dreadful(끔찍한)입니다.
  (a) obstinate [ɑ́bstənət] 완강한 (b) inferior [infíəriər] 열등한
  (d) repentant [ripéntənt] 후회하는

해석 지진으로 인해, 도시의 많은 구조물들은 끔찍한 폐허 상태이다.

어휘 structure [strʌ́ktʃər] 구조물, 건축물 state [steit] 상태 decade-long 10년에 걸친 civil war 내전

26 flout 어기다

해설 '경찰은 벌을 받지 않고 법을 ___하는 범죄자 집단을 상대해야 한다'라는 내용에서, 경찰이 싸우는 범죄자들은 법을 '어기는' 사람들이라는 것을 짐작할 수 있습니다. 따라서 문맥상 빈칸에 적합한 어휘는 (a) flout(어기다)가 정답입니다.
  (b) defer [difə́ːr] 연기하다 (c) shunt [ʃʌnt] 비키다
  (d) curb [kəːrb] 억제하다

해석 경찰은 벌을 받지 않고 법을 어기는 범죄자 집단을 상대해야 한다.

어휘 gang [gæŋ] 집단, 패 criminal [krímənl] 범죄자 with impunity 벌을 받지 않고

27 be peppered with questions 질문 세례를 받다

해설 '기자 회견에서 그 여배우는 그녀를 재계의 거물과 관련시키는 소문에 대한 ___했다'라는 문맥에 적합하면서, 빈칸 앞의 was, 빈칸 뒤의 with questions와 어울려 '질문 세례를 받다'라는 뜻을 만드는 동사는 (c) peppered(퍼붓다)입니다.
  (a) sprinkle [spriŋkl] 약간 뿌리다 (b) litter [lítər] 어질러 놓다
  (d) crackle [krækl] 탁탁 소리를 내다

해석 기자 회견에서 그 여배우는 그녀를 재계의 거물과 관련시키는 소문에 대한 질문 세례를 받았다.

어휘 rumor [rúːmər] 소문 link [liŋk] 관련시키다 tycoon [taikúːn] (재계의) 거물 press conference 기자 회견

28 spoil 망치다

해설 '결혼식 중에 소동이 발생했는데, 그것이 행사의 즐거운 분위기를 ___했다'라는 내용에서 결혼식 중 발생한 소동이 즐거운 분위기를 '망쳤다'는 것을 짐작할 수 있습니다. 따라서 문맥상 빈칸에 적합한 어휘는 (a) spoiled(망치다)입니다.
  (b) exhaust [igzɔ́ːst] 다 써버리다
  (c) pronounce [prənáuns] 선언하다
  (d) disperse [dispə́ːrs] 확산시키다

해석 결혼식 중에 소동이 발생했는데, 그것이 행사의 즐거운 분위기를 망쳤다.

어휘 commotion[kəmóuʃən] 소동, 소란   break out 발생하다, 발발하다
joyous[dʒɔ́iəs] 즐거운   occasion[əkéiʒən] 행사

29 peruse 잘 살펴보다

해설 '커플은 그 식당에 익숙하지 않았기 때문에, 주문하기 전에 시간을 들여 메뉴를 ___했다'라는 내용에서 익숙하지 않은 식당에서 주문을 하기 위해 메뉴를 '잘 살펴봤다'는 것을 짐작할 수 있습니다. 따라서 문맥상 빈칸에 적합한 어휘는 (d) peruse(잘 살펴보다)입니다.

(a) construe[kənstrúː] 이해하다   (b) abridge[əbrídʒ] 요약하다
(c) equivocate[ikwívəkèit] 얼버무리다

해석 커플은 그 식당에 익숙하지 않았기 때문에, 주문하기 전에 시간을 들여 메뉴를 잘 살펴봤다.

어휘 unfamiliar[ʌnfəmíljər] 익숙하지 않은, 낯선
order[ɔ́ːrdər] 주문하다

30 fervent 열렬한

해설 'Marmots의 ___한 지지자인 Gil은 그 밴드가 공연한 모든 콘서트에 참석해 왔다'는 내용에서 Gil은 밴드의 모든 콘서트에 참석할 만큼 그 밴드의 '열렬한' 지지자라는 것을 짐작할 수 있습니다. 따라서 문맥상 빈칸에 적합한 어휘는 (c) fervent(열렬한)입니다.

(a) languid[lǽŋgwid] 힘없는   (b) taut[tɔːt] 팽팽한
(d) uptight[ʌ́pràit] 긴장한

해석 Marmots의 열렬한 지지자인 Gil은 그 밴드가 공연한 모든 콘서트에 참석해 왔다.

어휘 supporter[səpɔ́ːrtər] 지지자

해커스텝스 **HackersTEPS.com**

스타강사의
무료 적중예상특강

무료 매일 실전
텝스 문제

무료 텝스 단어시험지
자동생성기

해커스인강 **HackersIngang.com**

본 교재
인강

텝스 온라인
실전모의고사

무료 단어암기장
및 단어암기 MP3

해커스텝스와 함께라면 **취약영역은 없다!**
텝스 취약영역 **극.복.비.법!**

문법개념 강화

영어문법 베스트셀러 TOP3 장악!

그래머 게이트웨이 베이직 / 그래머 게이트웨이 베이직 Light Version / 그래머 게이트웨이 인터미딧

무료강의

아직 문법 개념이 헷갈린다면?
강한 기본서로 제대로 다지자!

유형별 문제 정복

영문법 베스트셀러
[그래머 스타트]

무료강의
GRAMMAR START 종합강의

어떤 문제가 나올지 걱정된다면?
다양한 유형별 문제로 완벽하게 대비하자!

기출어휘 암기

텝스 베스트셀러 1위
[해커스 텝스 기출 보카]

해커스 텝스 기출 보카 TEST
난이도별 학습가능

무작정 외우면 될까?
최신 기출·빈출 단어 중심으로 외우자!

Plus 꿀팁!

언제 어디서든 스마트하게 학습!

텝스 학습자를 위한 **필수 어플** — 해커스텝스
텝스 수험생의 기본! **보카 어플** — 해커스 텝스 기출 보카 인터미딧

▲ 해커스텝스 어플 다운로드
▲ 해커스 텝스 기출 보카 어플 다운로드

[영어문법 베스트셀러 TOP3] 교보문고 외국어 베스트셀러 영어문법 분야(2019.07.31. 온라인 주간집계 기준)
[그래머 스타트] YES24/알라딘 영문법 베스트셀러(2008~2017년 연간 베스트셀러 기준)
[해커스 뉴텝스 기출 보카] 교보문고 외국어 베스트셀러 텝스(Teps)분야 1위(2018.03.26. 온라인 주간집계, 2017년 6월 발행 개정 2판 기준)

텝스에 대한 모든 정보가 있는 곳 **해커스텝스** 검색